全国公安高等教育（本科）规划教材
公安部政治部　组编

侦 查 学

郝宏奎　陈　刚　主编

（公安机关内部发行）

中国人民公安大学出版社

·北　京·

图书在版编目（CIP）数据

侦查学/郝宏奎，陈刚主编. —北京：中国人民公安大学出版社，2014.9
全国公安高等教育（本科）规划教材
ISBN 978-7-5653-1906-8

Ⅰ.①侦…　Ⅱ.①郝…②陈…　Ⅲ.①刑事侦查学—高等学校—教材　Ⅳ.①D918
中国版本图书馆 CIP 数据核字（2014）第 198188 号

侦查学

郝宏奎　陈　刚　主编

出版发行：中国人民公安大学出版社
地　　址：北京市西城区木樨地南里
邮政编码：100038
印　　刷：北京市泰锐印刷有限责任公司

版　　次：2014 年 9 月第 1 版
印　　次：2019 年 8 月第 13 次
印　　张：24.25
开　　本：787 毫米×1092 毫米　1/16
字　　数：500 千字

书　　号：ISBN 978-7-5653-1906-8
定　　价：75.00 元（**公安机关内部发行**）

网　　址：www.cppsup.com.cn　www.porclub.com.cn
电子邮箱：zbs@cppsup.com　zbs@cppsu.edu.cn

营销中心电话：010-83903254
读者服务部电话（门市）：010-83903257
警官读者俱乐部电话（网购、邮购）：010-83903253
教材分社电话：010-83903259

全国公安高等教育（本科）规划教材

侦查学

主　编：郝宏奎　　陈　刚

副主编：马忠红　　张德智　　郁林涛

撰稿人：（按姓氏笔画排序）

马李芬　　马忠红　　肖　凝　　邹荣合

张德智　　陆才俊　　陈　刚　　郁林涛

周志涛　　郝宏奎

前　　言

　　教材是体现教学内容和教学方法的知识载体，是联系教与学的有效媒介。教材建设是公安教育训练的基础性工作，是实现公安院校教育现代化、提高教学质量的一项基本措施。改革开放以来，我们根据公安院校教学工作需要，先后组织编写了近 200 种公安院校专业课和专业基础课教材，为培养高素质的公安人才提供了有力支撑。近年来，我国执法环境和执法依据发生了深刻变化，公安理论和实践创新有了长足进步，公安高等教育实现了跨越式发展，原有统编教材难以满足现实需要，亟须重新编写。对此，公安部党委十分重视，郭声琨部长专门作出指示，成立了教材编审委员会，并在京召开了工作部署会推动教材编写工作顺利有序进行。

　　本套教材是公安院校的本科教学用书，也是公安民警培训、自学的母本教材或指导性用书，涵盖侦查、治安、经济犯罪侦查、交通管理工程、刑事科学技术、禁毒、网络安全与执法、公安视听技术、警务指挥与战术、边防管理、消防工程等公安类本科专业，共计 110 种教材，是公安高等教育史上规模最大、涉及最广的一次教材建设工程。

　　本套教材以培养应用型公安专门人才为目标，以习近平总书记系列重要讲话为指南，坚持院校专家学者与实务部门骨干相结合，深入基层、融入实战、贴近一线，在充分吸纳教学科研成果和警务实践成功经验的基础上编写而成。教材在内容上主要突出公安理论的基础性和公安工作的实践性，在阐述公安各学科基本原理的同时，注重实践运用能力的培养，既兼顾了学科专业的系统性，又强调了警务实战的特殊性。在体例规范上，既相对统一，又预留空间，鼓励学术上的研究和探讨，利于学生展开更深的探究。

　　本套教材是在公安部政治部的统一领导下分组集体编写而成的。为保证教材内容贴近实战，我们遴选了部分警务实战骨干参与编写工作。各门教材由编写组精心组织、反复论证、集思广益完成初稿，最后经有关实战部门业务专家和部分社会相关领域知名专家学者审核后定稿。

　　我们相信，经过组织者、编写者、出版者的共同努力，全国公安高等教育（本科）规划教材能够以体系完整、内容丰富、贴近实战、形式新颖的精品特质，服务公安院校的教学和广大民警自学，为培养高素质、高水平的应用型公安专门人才发挥重要作用。

公安部政治部

2014 年 8 月

编 写 说 明

　　《侦查学》是全国公安高等教育（本科）规划教材中的一部专业教材。在本教材撰写过程中，编写组成员多次对编写大纲进行了集体讨论和个别交流，对相关观点和编写体例及内容取舍进行了充分论证，并就侦查实践中的一些重点、难点、热点问题和新经验、新做法开展了深入的专题调研活动，力求体现侦查活动的法治化、数字化这两大时代特点。一方面根据侦查法治化的时代要求，严格遵循侦查程序规范；另一方面深入、系统地总结和抽象数字化时代国内外侦查活动的最新实践成果和最新理论动态。本教材力图实现内容的科学性、前沿性、实用性、准确性、认同性，以期能够对提升侦查质量和效益有所裨益。

　　本教材由郝宏奎、陈刚担任主编，马忠红、张德智、郁林涛担任副主编。参加编写的人员分工如下：马忠红撰写第一章，第二章第一节，第三章，第四章；郝宏奎撰写第二章第二节，第五章，第十九章，第二十四章；肖凝撰写第六章，第七章；陈刚撰写第八章，第十一章，第十二章，第十四章第二节；邹荣合撰写第九章，第十章；陆才俊撰写第十三章第一节、第二节、第三节、第五节、第七节，第十四章第一节、第三节、第四节、第六节；马李芬撰写第十三章第四节、第六节、第八节、第九节，第十四章第五节、第八节；周志涛撰写第十四章第七节，第十五章，第十七章，第十八章，第二十三章；张德智撰写第十六章，第二十章，第二十一章，第二十二章，第二十五章。

　　在本教材编写过程中，编写组全体成员精诚团结，紧密协作。根据主编的分工安排，马忠红负责第一编、第二编的统筹工作；邹荣合负责第三编的统筹工作；陆才俊负责第四编的统筹工作；张德智负责第五编的统筹工作。初稿完成之后，在主编审核、把关的基础上，马忠红对本教材多数章节提出了修改意见，并受主编委托承担整个教材的统稿工作。编写组唯一来自实战部门的同志——公安部刑事侦查局犯罪对策研究处处长郁林涛，对本教材进行了审核，提出了宝贵的修改意见。

　　由于编者水平有限，疏漏和不足之处在所难免，诚请批评指正！

《侦查学》编写组

2014 年 8 月

目　　录

第一编　绪　　论

第二编　侦查工作

第三编　犯罪现场勘查

第四编　侦查措施

第五编　刑事案件侦查

第一编　绪　论

第一章　侦查学概述

【教学重点与难点】

教学重点：侦查的概念；侦查学的概念。

教学难点：侦查学的研究对象；侦查学学科体系。

‖ 第一节　侦查学的概念 ‖

侦查是国家为维护自身安全和社会安定，保护公私财产和公民权益不受非法侵害所不可缺少的职能。侦查作为一种社会职能活动，在人类社会活动中很早就产生了，但侦查学作为一门学科则是在近代形成的。

一、侦查的概念

侦查，是指法定侦查部门为了查明犯罪事实、抓获犯罪嫌疑人、收集犯罪证据，依法进行的专门调查工作和有关强制性措施的活动。侦查活动一般从立案开始，到案件作出是否移送起诉的决定时止。

（一）侦查的主体

侦查是具有特定主体资格的机构和人员的活动，这种特定的主体资格由法律明文规定。在我国，能够进行侦查的部门只能是公安机关、人民检察院、国家安全机关、监狱、军队保卫部门，其他任何机关、团体或者公民个人都无权行使侦查权。

（二）侦查的客体

侦查活动只能针对刑事犯罪案件展开。没有刑事案件，就没有侦查活动。侦查活动所面对的刑事犯罪案件，是指除人民法院直接受理的自诉犯罪案件以外的所有刑事案件。

（三）侦查的内容

"专门调查工作"和"有关强制性措施"是侦查的内容。其中，侦查中的"专门调查工作"，是指侦查部门为完成侦查任务依法进行的勘验、检查、讯问、询问、搜查、扣押物证或书证、鉴定、通缉等活动。侦查中的"有关强制性措施"，是指侦查部门为保障专门工作顺利进行，排除各种障碍所进行的法定强制措施和有关的强制手段或方法。具体包括以下两类：一类是一些本身含有强制性的专门调查工作,如讯问、搜查、扣押、通缉等;另一类是强制措施,如专门针对犯罪嫌疑人适用的拘传、取保候审、监视居住、拘留和逮捕等。

(四)侦查的任务

侦查的任务是通过侦查破案,及时查明犯罪事实,收集犯罪证据,查获犯罪嫌疑人,揭露、证实、防范和打击犯罪行为,维护社会稳定、保护公共财产和公民合法权益。

(五)侦查的性质

侦查是刑事诉讼中的一个关键的、独立的诉讼程序。《中华人民共和国刑事诉讼法》(以下简称《刑事诉讼法》)将公诉案件分为立案、侦查、起诉、第一审、第二审、执行六个阶段。侦查是受理刑事案件以后进行的诉讼活动。侦查作为立案后和提起公诉前的必经程序,具有承上启下的重要作用。侦查是提起公诉和审判的基础和前提。

侦查作为一项诉讼活动,必须严格遵守《中华人民共和国刑法》(以下简称《刑法》)、《刑事诉讼法》的规定,同时还要遵守有关职能部门制定的关于侦查的工作法规。

二、侦查学的概念

"侦查学"一词,源于奥地利学者汉斯·格罗斯于1898年编写的《侦查工作指南》(又译《司法检察官手册》)。汉斯·格罗斯曾经是一名地方检察官,后转为大学教授,他在该书中通过总结犯罪调查中使用的侦查技术、侦查策略和侦查方法,提出自然科学知识在犯罪调查中的运用就是侦查学。《侦查工作指南》一书第一次使用"侦查学"这一术语,第一次提出了一个较为完整的侦查对策体系,是世界上最早的一本体系较为完善的侦查学专著。该书的出版标志着侦查学的创立。侦查学一经诞生,便迅速在世界各国得到承认和发展。英、美、日、俄等国都在本国司法实践的基础上,相继确立了侦查学的科学地位并致力于研究和发展这门学科,形成了各具特色的侦查学体系。

在我国,侦查学,是指在认识犯罪活动、侦查活动和二者互相关系、作用、规律的基础上,研究揭露、证实犯罪的方法和对策的一门应用性学科。

(一)侦查学是一门应用性学科

侦查学是一门研究如何查明案情、收集证据、揭露和证实犯罪的学科,是一门研究侦查方法和侦查对策的学科。一方面,侦查学的理论来源于侦查实践;另一方面,侦查学的理论研究成果需要侦查实践来检验和完善。侦查实践是检验侦查学理论研究成果的唯一标准。

(二)侦查学是一门综合性学科

犯罪活动的复杂性,决定了侦查活动的复杂性。侦查人员为了查明犯罪事实、收集犯罪证据、查获犯罪嫌疑人,必须综合运用刑法学、刑事诉讼法学(以下简称刑诉法学）、犯罪学等知识和理论。此外，侦查人员还要综合运用心理学、社会学、语言学、医学、生物学、物理学、化学、军事学等众多学科知识。侦查学的综合性决定了其研究发展必须综合利用各类自然科学和社会科学的研究成果。

（三）侦查学是隶属于公安学的二级学科

公安学是研究调整有关国家安全与社会治安秩序社会关系的行为规律的一门社会科学与自然科学相交叉的综合学科。公安学是关于中国公安工作规律和对策的知识体系，是中国人民民主专政下公安工作实践经验的总结和概括。公安学是所有公安学科的总称，具体包括侦查学、治安学、公安法制学、公安情报学、公安管理学、涉外警务学等二级学科。侦查学是隶属于公安学的二级学科。

三、侦查学的研究对象

任何一门科学都有其自身特有的研究对象，这种研究对象的特有性，是每门科学研究的基础，也是一门科学区别于其他学科的依据。侦查学作为一门学科，也有其特有的研究对象。

1. 犯罪行为及其规律。先有犯罪行为，后有侦查行为。犯罪行为决定侦查行为。侦查学作为一门研究与犯罪行为作斗争的学科，必须首先研究犯罪行为及其规律。

犯罪行为，是指犯罪行为人在实施犯罪活动的过程中所表现出的规律和特点。犯罪行为人在实施犯罪行为过程中的犯罪动机、犯罪心理、犯罪原因、犯罪行为表现都具有一定的规律和特点。"知己知彼，百战不殆"。侦查行为中侦查手段、侦查措施、侦查方法等侦查对策的有效性，取决于侦查人员对犯罪行为及其规律的了解和把握。犯罪行为是侦查学研究的起点和基础。

需要指出的是，刑法学、犯罪学等学科同样将犯罪行为作为研究对象，与这些学科相比较，侦查学在研究犯罪行为及其规律上具有独特的视角。刑法学是从定罪量刑角度研究犯罪行为的；犯罪学是从犯罪预防角度研究犯罪行为的。与这些学科不同的是，侦查学是从侦查破案角度研究犯罪行为的。侦查学重点研究各类案件的行为表现，痕迹、物证特点；重点研究各类犯罪行为人的行为特点和规律；然后依据这些特点提出揭露、证实犯罪的方法。

2. 侦查行为及其规律。侦查学是一门应用性学科，是在研究犯罪行为的基础上，研究打击犯罪的侦查对策，从而有效地揭露和证实犯罪。侦查学的主要研究对象是侦查部门对刑事犯罪进行侦查活动时所采用的侦查对策。侦查行为及其规律是侦查学研究的归宿和重点。

侦查行为及其规律的研究，具体包括发现、控制、揭露、证实犯罪的各种侦查技术、侦查措施、侦查手段和侦查方法等；包括侦查部门为达到侦查目的必须遵循的各类侦查原则、侦查方针、侦查指导思想；包括侦查部门为实现侦查效益的侦查体制、侦查机制等保障制度。

需要指出的是，刑诉法学也将侦查行为及其规律视为研究对象，但是刑诉法学与侦查学的研究视角不同：刑诉法学主要研究侦查办案的程序和规则；侦查学主要是研究侦查办案的具体方法。一个是"侦查程序"和"侦查规则"研究，另一个是"侦查方法"和"侦查策略"研究。

综上所述，侦查学是以犯罪行为及其规律、侦查行为及其规律为研究对象的。其中，犯罪行为与侦查行为是相辅相成、相互关联、相互影响的对立统一体。犯罪行为及其规律是侦查学研究的起点和基础，侦查行为及其规律是侦查学研究的归宿和重点。

四、侦查学的学科体系

学科体系，是指某一学科研究对象的内在逻辑结构及其理论框架。学科体系是由学科的研究对象决定的。侦查学的学科体系，是指这门科学所包含的各部分内容之间的内在联系和结构形式。侦查学的体系，取决于侦查学的研究对象和研究内容，反映这门学科本身的特殊性和规律性。侦查学体系是侦查学研究对象的具体表现形式。

我国侦查学体系由犯罪行为及其规律、侦查学基础理论、侦查学基本原理、侦查措施、案件侦查方法五大部分组成。侦查学的学科体系，是按从犯罪行为到侦查行为、从原理到方法、从基本原则到具体运用、从一般到个别严密的逻辑顺序排列的。

(一) 犯罪行为及其规律

犯罪行为及其规律是侦查学研究的基础，侦查学中侦查对策的研究都是建立在对犯罪行为特点和规律的把握之上的。具体包括宏观角度对犯罪活动的特点、发展趋势和规律的研究，以及微观角度对刑事案件的构成要素、特点等的研究。

(二) 侦查学基础理论

侦查学基础理论具体包括对以下问题的科学论述：侦查的概念，侦查学的概念，侦查学的研究对象，学科体系和研究方法，侦查工作的地位、任务、方针和基本原则，侦查体制，侦查机制等有关内容。

(三) 侦查学基本原理

侦查学基本原理，即侦查行为所遵循的规律和特点。这是侦查学赖以建立的基石和理论依据，是这门学科存在和发展的基础。具体包括辩证唯物主义原理、物质交换原理、因果关系原理、同一认定原理等。

(四) 侦查措施

侦查措施是国家赋予具有侦查权的侦查部门采取的专门措施和手段的总称。侦查措施是侦查部门为了查明案情、查清犯罪事实、监视与控制犯罪嫌疑人的犯罪活动、缉捕犯罪嫌疑人所采取的公开的或隐蔽的侦查方式，具体包括：犯罪现场勘查、摸底排队、调查访问、通缉通报、阵地控制、讯问、搜查、拘留、逮捕、跟踪、辨认、内线侦查等。

其中，鉴于犯罪现场勘查是侦查活动的起点，犯罪现场勘查基本上每案必用，而且一案多用。为了强调其在侦查中的重要地位和侦查价值，目前的侦查学教材普遍将其从侦查措施中单列出来，重点阐述。

（五）案件侦查方法

刑事案件的侦查方法，包括侦查刑事案件的一般方法和各类刑事案件的侦查方法。侦查刑事案件的一般方法，是指根据各类案件侦查中的共同点，研究发展起来的有关刑事案件普遍适用的侦查步骤和方法。各类刑事案件的侦查方法，是指以侦查的一般原理为指导，根据各类案件的不同特点，研究各类案件具有针对性、有效性的侦查手段、侦查措施和侦查策略，并形成一定的方法体系，即刑事案件分类侦查方法。

从侦查学学科体系可以看出，侦查学既涉及自然科学、技术科学方面的原理和方法，又涉及社会科学方面的原理和方法。一方面，它主要靠自然科学和技术科学来充实其侦查技术手段部分的内容。另一方面，它的侦查策略、侦查措施、侦查手段、侦查方法又主要靠社会科学来丰富和发展。侦查学是一门应用性学科，具有综合性、实践性和技术性的特点。

‖ 第二节　侦查学的研究方法 ‖

每门学科都有其特定的研究内容和研究方法，运用正确的研究方法对于发展和完善侦查学至关重要。侦查学的研究方法主要有以下几种。

一、案例分析法

人类所掌握的知识和理论均来源于对实践的探索、研究及总结，形成理论后再指导实践，并在实践中不断验证、不断完善，如此循环往复。侦查学的形成和不断完善就是靠对大量侦查实践的研究、总结取得的。解剖、分析、总结案例是研究侦查实践最基本的方法。案例分析的基本方法主要有：典型案例分析法、案例归类分析法、案例统计分析法。

（一）典型案例分析法

典型案例分析法，是指选择在某一方面具有典型意义的案例进行剖析，探索打击犯罪和破获案件的规律与方法。

（二）案例归类分析法

案例归类分析法，是指选择若干类或某一类的若干起案例进行归类比较，分析其异同点，探索发案和破案的规律。

（三）案例统计分析法

案例统计分析法，是指对若干案例的相关数据进行综合分析，以增强对刑事犯罪状况和侦查工作的全面认识。

特别是随着社会的发展进步，刑事犯罪不断出现一些新情况、新特点、新趋势，侦查活动也不断面临新机遇、新问题、新挑战，侦查学要与时俱进，就必须不断地认真剖析、研究实践中的具体案例，通过归纳、总结、提炼，发展和完善侦查学理论研究成果。

二、调查研究法

调查研究法是所有学术研究活动最基本的方法。侦查学要在认识犯罪行为、侦查行为和二者相互作用规律的基础上，研究揭露、证实犯罪行为的对策和方法，更需要通过调查研究加深对相关知识的理解和认识，使其更加完善。调查研究的方法一般有：综合调查法、典型调查法、抽样调查法等。

（一）综合调查法

综合调查法，即把不同种类、不同性质的侦查材料或相关材料组合在一起进行调查，通过调查，了解刑事犯罪活动的规律和特点，并在此基础上，提出有针对性的侦查对策。

（二）典型调查法

典型调查法，即对具有代表性侦查中涉及的人、事、物进行重点调查和提炼总结。

（三）抽样调查法

抽样调查法，即从大量的侦查材料或相关材料中抽取一定数量的事物或材料作为样本进行调查，进而总结提炼相关材料及侦查活动的总体特征。

侦查学调查研究的内容一般包括：社会政治、经济、文化发展变化与刑事犯罪增减、刑事案件性质变化之间的关系，刑事案件发案的规律、特点、趋势，刑事侦查措施的有效性研究，影响侦破刑事案件效率的因素研究，等等。

犯罪行为、侦查行为与社会活动方方面面的发展变化有着极为紧密的联系，对这些联系没有透彻的掌握，既难以学好侦查学的知识内容，也不利于做好侦查工作。研究侦查学必须对社会生活中与犯罪活动、侦查工作有联系的相关问题进行调查研究。

三、科学实验法

科学实验法是在科学技术领域中行之有效的研究方法，是人类认识世界的基本方法之一，也是侦查学研究的基本方法。

一般来说，科学实验法主要运用于以下几个方面：一是侦查部门和侦查人员在研究物证检验技术时，科学实验是常用的基本研究方法。二是在侦查破案过程中，侦查部门为了验证某种侦查措施、手段的效能、某种现象能否发生或在什么情况下发生，也要采用科学实验的方法。三是侦查部门在引进科学技术成果时，也要使用科学实验法。科学技术是第一生产力，现代物理学、化学、生物学、解剖学、心理学、人类学、医学、电子技术、通信技术等众多科学成果已被广泛运用于侦查实践中。但是，侦查人员在引进和运用这些科学成果时，不能盲目地引进或照搬、套用，需要结合刑事犯罪活动的规律和特点，结合侦查的目的、特点和要求，通过大量科学实验、模拟实验、临场实验等，将这些技术成果与侦查破案有机地结合起来，丰富和完善侦查措施与手段，使其适应刑事侦查工作的需要。

四、比较研究法

比较研究法是对侦查活动中两种或两种以上的同类事物辨别异同，寻找事物之间的本质特征，从而更加清楚地认识犯罪行为或侦查行为的特点。侦查学中的比较研究法，主要是通过研究中外、古今侦查活动的发展历史、理论成果、办案经验和刑事技术，从中借鉴科学成果，丰富我国当代侦查学的研究内容，提高侦查学研究水平。

（一）古今比较研究

古今比较研究，即从历史和发展的角度来研究我国的刑事侦查工作，通过分析、了解和掌握各个时期、各个地区、各类刑事犯罪活动以及侦查活动的规律和特点，研究有效地揭露、证实和控制犯罪的侦查对策。

（二）中外比较研究

中外比较研究，即研究国外侦查方面的研究成果，特别是在当前信息化社会、国际化社会、法治化社会背景下，学习借鉴境外先进的侦查理论、侦查技术和侦查方法，取长补短，不断丰富和推动我国侦查学的发展。

【小结】

侦查学，是指在认识犯罪活动、侦查活动和二者相互关系、作用、规律的基础上，研究揭露、证实犯罪的方法、对策的一门应用性学科。侦查学是一门综合性的应用性学科，是隶属于公安学的二级学科。侦查学的主要研究方法有案例分析法、调查研究法、科学实验法和比较研究法。

【思考题】

1. 如何理解侦查的概念？
2. 如何理解侦查学的概念？
3. 侦查学的研究对象具体有哪些？
4. 侦查学的研究方法有哪些？

【推荐阅读】

1. 任惠华. 侦查学原理. 法律出版社，2002.
2. 郝宏奎. 侦查论坛. 第 11 卷. 中国人民公安大学出版社，2013.

第二章　刑事案件

【教学重点与难点】

教学重点：刑事案件的概念；刑事案件的构成要素。

教学难点：刑事案件的横向静态要素；刑事案件的纵向动态要素。

‖ 第一节　刑事案件概述 ‖

刑事案件是刑事犯罪行为的外在表现形式与直接结果。侦查工作首先是从刑事案件开始的，并以侦破刑事案件而告终。刑事案件既是侦查活动的出发点，又是侦查活动的归宿。

一、刑事案件的概念

刑事案件，是指确有犯罪事实存在，需要由法定侦查部门立案侦查或直接受理，依照刑事法律进行处理的犯罪案件。任何一起刑事案件，都应当符合犯罪事实条件和立案程序条件两个条件。

（一）犯罪事实条件

刑事案件是具有社会危害性，已经触犯刑法，应受刑罚处罚的犯罪事件。犯罪事实是刑事案件的基础，如果没有犯罪事实存在，任何行为都不能成为刑事案件。

（二）立案程序条件

刑事案件是经过侦查部门审查并履行了立案手续的犯罪案件。刑事案件是犯罪事实已经发现，并经侦查部门审查，属于侦查部门管辖，依据办理刑事案件的有关规定，经过批准，履行了立案手续，决定进行侦查的犯罪案件。

犯罪事实条件是前提，立案程序条件是标志。只有同时符合上述两个条件才称为刑事案件。

二、刑事案件的分类

刑事案件复杂多样，有必要进行分类梳理。刑事案件从不同的角度和标准，有不同的分类结果。

（一）根据刑事案件侵犯的客体及管辖分工，可分为危害国家安全类案件、经济犯罪案件、毒品犯罪案件、普通刑事案件等

危害国家安全类犯罪案件，是指严重影响国家安全和社会政治稳定、影响国家统一和民族团结的案件。主要包括为境外窃取、刺探、收买、非法提供国家秘密、情报案件；组织、利用会道门、邪教组织、利用迷信破坏法律实施的案件；组织、利用会道门、邪教组织、利用迷信致人死亡案件等。危害国家安全类案件一般由国家安全保卫部门负责侦查。

经济犯罪案件，是指在市场经济运行过程中，利用法律许可的经济活动方式，违反法律、行政法规，严重破坏社会主义市场经济秩序的犯罪案件。经济犯罪案件一般由经济犯罪侦查部门负责侦查。

毒品犯罪案件，是指违反我国禁毒法律法规，从事与毒品有关的犯罪活动，需要追究刑事责任而决定立案侦查或者起诉审判的案件。毒品犯罪案件一般由禁毒部门负责侦查。

普通刑事案件，是指除危害国家安全类犯罪案件、毒品犯罪案件、经济犯罪案件等之外的普通刑事案件，如杀人案件、盗窃案件、诈骗案件、强奸案件等。普通刑事案件一般由刑事侦查部门负责侦查。

此外，还有治安、消防、边防等部门管辖的刑事案件，以及行业公安如海关侦查部门、铁道侦查部门、林业侦查部门等管辖的刑事案件。

（二）根据刑事案件的性质，可分为盗窃案件、抢劫案件、诈骗案件、强奸案件、杀人案件等

杀人案件，是指犯罪行为人凭借一定的物质和能量，非法剥夺他人生命的案件。盗窃案件，是指以非法占有为目的，秘密攫取数额较大公私财物的犯罪案件。抢劫案件，是指以非法占有为目的，使用暴力、胁迫或者其他方法强行劫取公私财物的犯罪案件。绑架案件，是指以暴力手段，非法劫持他人作为人质，并以剥夺人质生命或以折磨、残害人质为要挟，以达到勒索财物或其他目的的犯罪案件。强奸案件，是指使用暴力、胁迫或其他方法，违背妇女意志，强行与之性交的犯罪案件。爆炸案件，是指犯罪行为人故意使用爆炸的方法致人重伤、死亡或使公私财产遭受重大损失的犯罪案件。投毒案件，是指以故意投放毒物为手段，危害公共安全，致人死亡，或造成重大财产损失的犯罪案件。放火案件，是指故意纵火，危害公共安全，致使公私财物遭受重大损失或致人死亡的案件。

（三）根据刑事案件中犯罪行为的过程及状态，可以分为已经实施的案件、正在实施的案件、预谋案件

已经实施的案件，是犯罪人的犯罪行为已经实施，犯罪事实已经产生，危害后果已经造成，多数案件有犯罪现场和犯罪痕迹存在，犯罪嫌疑人已经逃离现场，刑事法律称为既遂犯罪。

正在实施的案件，是犯罪行为正在实施过程中，犯罪行为人的人身形象已经暴

露，危害后果正在酿成，即谓现行犯罪案件。

预谋的案件，即尚未完全实施犯罪的案件。这类刑事案件是犯罪行为已经开始实施，但无最终的犯罪结果，没有典型的被害人，危害后果尚未造成，刑法理论称为犯罪预备。

（四）根据刑事案件的危害后果和侦查机关制定的立案标准，可分为一般刑事案件、重大刑事案件和特大刑事案件

一般刑事案件，是指根据法律规定和立案条件应当立案侦查，但是犯罪情节和危害后果不是很严重的刑事案件。

重大刑事案件，是指已经达到立案条件中犯罪情节和危害后果严重的案件，如杀人致死或重大伤害案件、制造贩运毒品案件、持械抢劫案件等。

特大刑事案件，是指已够立案条件中的情节特别恶劣，后果特别严重的案件，如一次杀死杀伤数人或杀人碎尸案件，持枪杀人案件，抢劫、盗窃枪支案件等。

（五）根据刑事案件的数量，分为单一刑事案件和系列刑事案件

系列刑事案件，是指在一定时期内，同一个人或同一伙犯罪人员连续进行一种或多种犯罪活动，构成一批各自独立，而在作案时间、作案手段、侵害对象、痕迹、物证等方面表现出某种特定的共同特征，可以认定是同一个人或同一伙犯罪人员所为的案件。

三、刑事案件的特点

正确认识一个事物，就是在普遍性的基础上认识其特殊性。刑事案件是以犯罪行为为核心的复杂社会现象，每个犯罪行为都是共性和个性的统一体。

（一）隐蔽性

刑事案件的隐蔽性，是由犯罪行为的本质决定的。一般来说，刑事案件的犯罪行为人大都明白自己所实施的行为会产生危害社会的后果，必然要受到法律的严厉制裁。为逃避侦查及刑事处罚，犯罪行为人一般都采取隐蔽的方式作案，所以，绝大多数的刑事案件都具有一定的隐蔽性。刑事案件的隐蔽性具体表现在：

1. 作案时间和空间的隐蔽性。犯罪行为人对犯罪时空有较大的选择。作案人进行具体犯罪活动的时间、地点的秘密性，都是为隐蔽性这个前提服务的。

2. 作案手段的隐蔽性。犯罪行为人为了逃避打击，掩盖其犯罪行为，大都会精心选择作案的手段，以提高犯罪的成功率。

3. 作案人身份的隐蔽性。一切犯罪行为人都害怕受到法律的惩罚，他们往往以合法的身份来伪装掩护自己，混淆视听，转移侦查视线，以达到犯罪之目的。

侦查人员要善于识别刑事案件的隐蔽性，揭露其种种伪装。

（二）客观性

刑事案件的隐蔽性是相对的，刑事案件的客观性则是绝对的。刑事案件中犯罪行为人危害社会的行为必然要侵犯一定的客体，必然要同犯罪对象周围的事物发生

联系，必然会留下一些痕迹物证等，这些是不以犯罪行为人的主观意志为转移的客观规律。刑事案件的客观性主要表现在：

1. 刑事案件的犯罪行为是客观的。任何犯罪都是在一定的犯罪意识的支配下实施的，是有意识的行为，犯罪行为能够反映犯罪行为人实施犯罪的动机和目的。

2. 刑事案件的危害后果是客观的。犯罪行为一经产生，必然会侵犯一定的客体，具有社会危害性。

3. 刑事案件的痕迹物证是客观的。任何犯罪作用于客体物，都会引起客体的变化。犯罪行为人在现场留下的各种痕迹，是犯罪行为作用于客体物的自然反映。这是犯罪行为人本身不能克服的。

4. 证人证言、被害人陈述是刑事案件的形象反映，是一种思维再现。刑事案件大多是具体的物质活动，这种活动对人的感觉器官具有刺激作用。当人们感知这种活动时，犯罪行为人的形象及其行为动作的过程便会在大脑中产生感觉和知觉，并且在一段时间内可通过思维再现这些形象反映。

刑事案件的客观性，为侦查破案提供了基础和条件。

（三）复杂性

刑事案件是一种十分复杂的社会现象。从犯罪行为的作案主体、侵害对象、犯罪性质、种类、作案手段和危害结果等诸多方面都表现出复杂性的特点。

1. 作案人的复杂性。即犯罪嫌疑人的成分复杂，有青少年，也有中老年人；有男性，也有女性；有农民，也有工人；有在校学生，也有待业青年；有本地人，也有外来流动人员；有偶犯，也有惯犯。

2. 犯罪性质的复杂性。不同的人有不同的犯罪动机、目的，不同的案件有不同的因果关系。

3. 涉及空间范围的复杂性。既有城市的，也有农村的；既有国内的，也有涉外案件、跨国跨境犯罪案件。

4. 危害结果的复杂性。犯罪的危害有多元化的结果，有的一果多因，有的一因多果；有的结果表现为财物，有的是人身等。

5. 被害人的复杂性。被害人有男女老少，职业不同，被害原因不同，心理特点也不同。

侦查部门要认识到刑事犯罪案件的复杂性，在研究分析案情时，采取科学的方法，准确地确定侦查方向，划定侦查范围，及时、有效地侦破刑事案件。

（四）特定性

每一个刑事案件的构成要素都离不开人、事物、时间、空间等，不同案件这些要素不可能完全相同，任何一起刑事案件都因此而区别于其他刑事案件，这就是刑事案件的特定性。刑事案件的特定性是由刑事犯罪所具有的特殊矛盾所决定的。

‖ 第二节　刑事案件的构成要素 ‖

　　刑事案件构成要素，是指刑事案件的内在组成部分及各部分之间的相互关系和排列状况①。

　　就典型的有被害人的故意犯罪而言，可以从两个视角对刑事案件的构成要素进行考察和剖析（见图2-1）。一是纵向的动态剖析，即要剖析犯罪行为孕育、发生、发展演变的全过程，这可以说是刑事案件的纵向动态构成。二是横断面的静态剖析，即以犯罪实施阶段为横断面，剖析犯罪实施过程中有哪些基本的构成要素。这可以说是刑事案件（主要发展阶段上）的横向静态构成。忽略了上述任何一个方面，都将影响对刑事案件的全面认识。

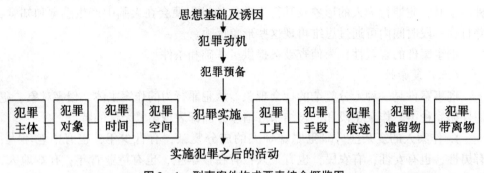

图2-1　刑事案件构成要素综合概览图

一、刑事案件的动态构成要素

　　从犯罪发生发展的角度考察，刑事案件是一个动态的演进过程，至少包括五个环节或阶段：犯罪思想基础及诱因的驱使；犯罪动机的形成；犯罪预备活动；犯罪实施；实施犯罪之后的相关活动。

　　（一）犯罪思想基础及诱因的驱使

　　犯罪思想基础主要是指犯罪者的世界观、人生观、价值观。个体的世界观、人生观、价值观会对其行为抉择产生一定的影响，积极、健康、向上的思想基础，犹如一道内在的控制屏障，对犯罪欲念起着抑制作用；消极、低俗、颓废的思想基础，犹如犯罪的催化剂，对犯罪具有一定的驱动作用。特定的诱发事件和因素又对犯罪欲念起着推波助澜的作用。一起犯罪案件的发生，往往先从特定思想基础的孕育和特定诱因的驱使开始。

---

① 郝宏奎.《刑事侦查学》的基石——刑事案件构成论. 社会公共安全，1993（2）.

（二）犯罪动机的形成

犯罪动机，是指推动犯罪行为人实施犯罪的意识上的起因。在如上所述的犯罪思想基础和直接原因的驱使和催化之下，个体会产生犯罪意念并形成犯罪决意，即形成犯罪动机。

一个人实施犯罪行为，总是基于一定的、具体的犯罪动机的推动，犯罪动机一旦形成，就会推动和驱使他去实施犯罪行为，以实现犯罪目的。

（三）犯罪预备活动

这是介于犯罪决意与着手实施犯罪之间的一个阶段。这一阶段，犯罪行为人的行为内容有准备犯罪工具、练习技能、查阅资料、窥视目标、扫除障碍、拟订计划、预习实验等，共同犯罪的预备活动还包括网罗同伙、进行犯罪分工等。

（四）犯罪实施

指犯罪行为人从接触（或接近）并侵害犯罪对象到侵害行为结束并离开现场这一时间区间。犯罪后果就是在这一阶段发生的。侦查学对犯罪实施情况的研究，目的在于发现、查找、证实犯罪和抓捕犯罪行为人，不是为了定罪量刑，因此，这里所说的犯罪实施阶段比刑法学意义上的犯罪实施要宽泛得多。

（五）实施犯罪之后的相关活动

从作案之后到归案之前，犯罪行为人还要实施一系列与案件有关的活动，这一阶段的活动主要表现为四个方面：一是犯罪的延续活动，如盗窃案件中犯罪行为人为了将赃物的使用价值转化为价值进行的销赃活动；二是犯罪后的毁证灭迹活动；三是实施犯罪后，犯罪行为人情绪和言行上的反常表现；四是犯罪行为人对侦查的反应和应变活动。

二、刑事案件的静态构成要素

从犯罪实施环节作横向的静态展开，犯罪案件至少包括九个方面的要素：犯罪主体；犯罪对象；犯罪时间；犯罪空间；犯罪工具；犯罪手段；犯罪痕迹；犯罪遗留物；犯罪带离物。

（一）犯罪主体

指实施犯罪行为和参与策划犯罪的人。细而言之，犯罪主体又包含以下几个要素：犯罪人数；犯罪行为人的性别；犯罪行为人的年龄；犯罪行为人的体貌特征和附加特征；犯罪行为人的身份状况；犯罪行为人的声音；犯罪行为人的心理状态与心理特征。

（二）犯罪对象

犯罪对象，即犯罪行为人作案所指向的目标。其目标指向有如下几种情况：一是指向人，如杀人、伤害、投毒等类犯罪，指向的目标都是人。二是指向物，如盗窃等类犯罪，犯罪行为人作案的目标就是指向财物。三是既指向人也指向物，如抢劫、抢劫杀人等。四是指向连带性对象——物主，即与犯罪行为人所侵犯（害）

的物品相连带的人，如被盗、被烧、被炸、被毁物品的物主。

（三）犯罪时间

时间是物质运动、变化的持续性的表现。犯罪时间则是指犯罪发生、发展的持续性。对于犯罪时间，可以从如下四重意义上加以分析理解。

1. 时间区间。犯罪时间是一个有起点、有终点，从起点持续到终点的时间段或时间区间。

2. 时间坐标。指区间时间在无始无终的时间纵轴上的坐标位置。时间区间仅表明了犯罪发生、发展持续的长短，如通过对某一现场的勘查，可分析出犯罪行为人大约在现场活动了两个钟头。但仅明确这一点还不够，还必须把这个时间区间的起点、终点的坐标位置确定下来。

3. 相对时间。即在无始无终的时间纵轴上，犯罪发生的时间与其他事件或现象发生的时间之间的先后顺序或间距关系。

4. 周期时间。即犯罪发生时间在各种各样的、周而复始的计时单位的一个周期中所处的位置，如对于具体案件应明确发生在一个星期中的星期几、一天中的早或中或晚、一夜中的具体时段等。

（四）犯罪空间

空间表示物体的广延性、排列顺序和数量关系。侦查破案中对犯罪空间的研究，必须考虑到表明某一犯罪活动涉足区域的特点的全部条件——无论其是犯罪行为作用的结果，还是该区域自身所固有的状态和特征。

1. 犯罪空间三维。它作为一种标度，能够从总体上反映出犯罪活动的跨度、犯罪活动的涉及面、犯罪活动的指向和犯罪活动的过程。

2. 犯罪痕迹、物品的空间布局。即各种犯罪痕迹、物品的排列顺序和组合关系。其中所载荷的犯罪信息是多方面的，挖掘这些信息，对于侦查破案来说有着非常重要的意义。

3. 犯罪空间的自然状态。刑事犯罪案件总是发生在特定的空间之内，而特定空间的地形、地物、地貌等一切自然因素都有其独具的特征。一旦某一特定空间中发生了犯罪案件，那么，这一特定空间的特定自然环境就会以其自身的特征从多方面反映和表征这起犯罪案件。例如，犯罪空间的自然状态在一定条件下可以反映出犯罪行为人的来去道路、犯罪行为人对现场的熟悉程度，甚至可以反映出犯罪行为人的落脚范围。

4. 犯罪空间的社会背景。犯罪空间的社会背景要比其自然环境复杂得多。自然环境状况是直观的、具体的，而社会背景则是一种无形的潜在因素，它是指某一地区在长期的生产和生活实践中所积淀下来的比较稳定的经济的、文化的、心理的、生产的、生活的风尚和习俗及规律等。

5. 犯罪空间构形。即标图研究犯罪活动涉足地的几何构形，如系列案件各个案件的空间位置、空间分布、空间结构等。

（五）犯罪工具

犯罪工具，按其在犯罪活动中的具体功能及其与犯罪活动关联程度高低的不同，可以分为破坏性犯罪工具和辅助性犯罪工具。

1. 破坏性犯罪工具。破坏性犯罪工具，是指直接作用于犯罪对象及犯罪场所障碍物的犯罪工具。

2. 辅助性犯罪工具。辅助性犯罪工具，是指在犯罪活动前后及犯罪过程中为犯罪行为人的犯罪活动提供了便利的工具，以及犯罪行为人在犯罪活动前后及犯罪活动过程中所借助或接触的工具。通常是指交通工具和通信工具。

（1）交通工具。犯罪行为人在犯罪活动过程中借助或接触的交通工具，有多种具体情况，包括自备的交通工具、租赁的交通工具、案前盗抢的交通工具、公共交通工具、借用的交通工具、从现场盗抢的交通工具等。

（2）通信工具。犯罪行为人在犯罪活动过程中借助或接触的通信工具，也有多种具体情况。

侦查过程中，侦查人员可以根据犯罪行为人与这些通信工具之间或直接或间接的关系，开展工作查找犯罪嫌疑人。

（六）犯罪手段

犯罪手段，是指犯罪行为人实施犯罪的行为方式。就局部或具体行为而言，有局部的具体行为方式，如入室有入室的具体方式，破坏有关物品有具体的破坏方式，毁证有具体的毁证方式。各个局部的具体行为方式的综合则构成了整个案件的犯罪手段。

犯罪行为人选择什么样的行为方式作案，受其自身的行为能力诸如身材、体质等生理特征的限制，同时，还受其职业、经历、知识、技能、心理特征及由此决定的行为习惯、生活习性（惯犯还受犯罪习性）等诸方面因素的制约。犯罪手段，在一定程度上是犯罪行为人日常行为方式在犯罪中的移植，对惯犯而言，在一定程度上体现的是犯罪行为方式的相对定型。

（七）犯罪痕迹

犯罪痕迹，是指犯罪活动所留下的印象和迹象。在作为刑事科学技术一个有机组成部分的痕迹检验理论中，人们习惯上将犯罪痕迹区分为广义痕迹和狭义痕迹。

广义痕迹，是指犯罪行为引起的与犯罪事实有关的一切变化。[1] 包括形象痕迹、客体分离痕迹、动作习惯痕迹、物质交换痕迹、射击痕迹、爆炸痕迹、燃烧痕迹、物体位移痕迹、心理痕迹、物品添减痕迹等。

狭义痕迹，是指造痕客体和承痕客体相互接触并发生作用，或客体本身发生分离，从而在接触或分离部位产生反映造痕客体接触部位的外部结构形态特征、力的

---

① 　罗亚平. 痕迹检验教程. 中国人民公安大学出版社，2004：1.

作用特征或分离体分离特征的反映形象。① 上述痕迹定义主要局限于物质性痕迹，现代侦查学研究中，有学者主张引入"意识痕迹"和"电磁痕迹"的概念，把目击人所感知的案件事实称为意识痕迹，把在犯罪活动中和犯罪前后形成的相关数据信号称为电磁痕迹。

（八）犯罪遗留物

犯罪遗留物，是指犯罪行为人在实施犯罪过程中丢弃、遗忘、失落、黏附在现场的一切物品。从这种意义上说，任何犯罪现场都有遗留物。犯罪遗留物主要有以下几类物品：一是犯罪行为人的人体组织物及人体分泌物，如遗留的毛发、唾液、精液，甚至断离后留在现场的指段等。二是犯罪行为人的随身穿戴物。三是犯罪行为人携带的其他物品，如雨具、扇子、钥匙、烟具、证件、票证、信函、食品等日常随身用品。四是犯罪工具，包括犯罪工具整体物、犯罪工具主件、犯罪工具附件、犯罪工具局部等。

在侦查活动中，犯罪遗留物是确定侦查范围、刻画犯罪条件、查找犯罪嫌疑人、证实犯罪嫌疑人的重要依据。

（九）犯罪带离物

犯罪带离物，是指犯罪行为人作案后离开现场时带离的现场原有之物。犯罪带离物是与犯罪遗留物相对而言的。

犯罪带离物主要有两类：一类是赃物，即犯罪行为人将一部分犯罪对象物带离现场，以攫取其价值或使用价值，这部分物品即称为赃物；另一类是黏附物，即犯罪行为人在作案过程中黏附在工具上、身体上或衣物上的现场物质。这些黏附物，在寻找到犯罪嫌疑人之后，对于认定其犯罪事实具有重要的证据价值。如果黏带物比较明显，也可以作为查找犯罪嫌疑人的依据。

【小结】

刑事案件，是指确有犯罪事实存在，需要由侦查部门立案侦查，依照刑事法律进行处理的事件。刑事案件具有隐蔽性、客观性、复杂性和特定性的特点。刑事案件的构成要素具有纵向动态构成和横向静态构成两方面。从犯罪发生发展的角度考察，刑事案件是一个动态的演进过程，至少包括五个环节或阶段：犯罪思想基础及诱因的驱使；犯罪动机的形成；犯罪预备活动；犯罪实施；实施犯罪之后的相关活动。从犯罪实施环节作横向的静态展开，犯罪案件至少包括九个方面的要素：犯罪主体；犯罪对象；犯罪时间；犯罪空间；犯罪工具；犯罪手段；犯罪痕迹；犯罪遗留物；犯罪带离物。

---

① 罗亚平. 痕迹检验教程. 中国人民公安大学出版社，2004：1.

【思考题】

1. 如何理解刑事案件的横向静态要素？
2. 如何理解刑事案件的纵向动态要素？

【推荐阅读】

1. 郝宏奎. 侦查破案的基本规律. 山东警察学院学报，2008（1）.
2. 任克勤. 论刑事案件（一）——刑事案件的概念、构成与形成. 中国人民公安大学学报，1999（3）.

第三章　侦查学原理

【教学重点与难点】

教学重点：物质交换原理；同一认定原理。

教学难点：辩证唯物主义认识论与方法论；同一认定原理。

　　侦查的过程是侦查人员收集、运用证据，查明案件事实，使自己对案件的认识从未知走向已知的过程①。侦查的本质，乃是一种认识活动。与普通认识活动的重大区别是：其一，在认识对象上，侦查所针对的是已经发生、不能重演的事件，侦查认识活动是一种逆向性认识活动；其二，侦查所认识的刑事案件是在犯罪嫌疑人有意识、有目的的情况下实施的，侦查认识活动是一种侦查与反侦查的活力对抗性认识活动；其三，在认识规则上，侦查不仅要遵循逻辑、经验和思维规律，更要接受法律程序和规则的约束，侦查认识活动是一种法律性认识活动。

　　侦查学原理就是指导侦查这种特殊认识活动的科学道理和理论依据。侦查学原理是侦查学自身的理论依据和研究起点。侦查学是一门综合性的交叉学科，其基本理论也不局限于某单一类别和层次，而是具有多层次性和综合性。

‖ 第一节　辩证唯物主义的认识论与方法论 ‖

一、辩证唯物主义物质观是刑事侦查活动的认识基础

（一）辩证唯物主义物质观的内容

　　物质性原理是辩证唯物主义的一个重要原理，具体包含三层含义：世界是物质的；物质是客观的；客观的物质是可以认识的。

　　辩证唯物主义肯定世界的物质性。"世界上形形色色的事物和现象都是物质的具体形态。世界的统一性，在于它的物质性"，并认为"物质是客观实在的哲学范畴，这种客观实在是人通过感觉感知的，它不依赖于我们的感觉而存在，为我们的感觉所复写、摄影、反映"。客观物质世界是不以人的意志为转移的客观存在。

---

① 王庆明. 刑事侦查学总论. 北京大学出版社，1994：70.

（二）犯罪是物质运动的形式

犯罪行为是客观物质世界的一种社会现象，也是客观存在的。犯罪行为，从本质上看都是受犯罪意图支配的人，在特定的时空条件下，对特定的人或物进行侵害的行为。由此可见，一切犯罪行为都是由人、空、时、事、物等基本要素构成的，其全部内容都具有客观实在性。犯罪这一客观事物不以人们的意识为转移，不论人们是否感觉到或主观上是否承认它，它依然以固有的运动形式存在，是客观存在之物。

（三）物质性原理的侦查意义

犯罪行为的物质性和客观实在性，是决定犯罪行为可知性的根本依据；也是侦查原理的根基和出发点。因此，我们可以说，物质性原理是侦查的可知性原理。

虽然侦查实践中有一些案件久侦未破，但是"未破"并不意味着不能破，而只是由于主客观条件的制约，在一定时间内案件的全部情况暂未被认识。随着侦查的深入和推进，未破案件始终都存在破获的可能性。

二、辩证唯物主义认识论是指导刑事侦查认识活动的科学方法

（一）辩证唯物主义认识论的内容

认识论是研究人的认识活动的，只有人的认识活动才能成为认识论的对象。辩证唯物主义认识论认为，实践是认识的基础。侦查实践是一种特殊的社会实践活动，具有客观的物质性和有意识、有目的的能动性，同时也是社会性、历史性的活动。侦查实践对侦查认识活动具有决定性作用。这种决定性的作用表现为侦查实践是侦查认识活动的来源，是侦查认识发展的动力，是检验侦查认识正确与否的唯一标准，也是侦查认识的目的和归宿。

（二）侦查认识活动必须符合认识论关于认识发展的辩证过程

侦查认识活动要经历实践、认识、再实践、再认识的循环往复过程，而实践和认识的每一循环的内容，都比前一阶段进入更高级的程度。任何一个侦查方案，都是首先在最初侦查实践的基础上提出的，然后放入侦查实践中去检验和完善。在侦查实践中，又根据情况的变化对侦查方案进行调整、修改和补充，再把经过修正的方案拿到侦查破案实践中去继续接受检验，直到破案。

三、辩证唯物主义关于联系和发展的学说是刑事侦查活动的思维向导

（一）辩证唯物主义关于联系和发展的内容

辩证唯物主义认为世界万物是普遍联系的，又是发展运动的。侦查人员必须根据普遍联系的观点，来认识和思考侦查活动中的一切相关因素，直至认识一起刑事案件的全部发生、发展过程。

（二）刑事案件各要素之间具有相互联系的客观性和普遍性

刑事案件各要素之间普遍联系的特点，是侦查人员破案推理判断的基础。一起

刑事案件是案件各要素相互联系所构成的一个完整的整体，刑事案件各种因素之间的普遍联系是客观存在的，侦查人员要坚持用普遍联系的观点来观察和思考侦查活动中遇到的一切问题，而且要善于从整体上把握、分析犯罪行为及其结果。

（三）刑事案件诸因素联系的多样性，决定了侦查思维活动应是多方位的

物质统一是多样性的统一，犯罪活动的普遍联系也是多种多样的。侦查人员要从多层次、多角度、多侧面进行思维活动，通过犯罪事物的间接联系，推断出其直接联系；通过外部联系，推断出其内部联系；通过非本质联系，推断出其本质联系；通过偶然联系，推断出其必然联系。联系和发展是相互的，侦查人员不能静止地对待各种犯罪和与之相关的各种因素之间的联系，而必须把这种联系放在发展变化中加以考查。

‖ 第二节　物质交换原理 ‖

一、物质交换原理的概念

物质交换原理是由法国侦查学家、法庭科学家埃德蒙·洛卡德（1877～1966年）在20世纪初提出的，故也被称为洛卡德交换原理。

物质交换原理的基本含义是两种物质客体在外力的作用下相互接触、摩擦、撞击，都会引起这两种物质客体接触面上的物质成分相互交流和变化。这种交流和变化的现象就是物质交换。

物质转移原理有着深厚的科学基础，它反映了客观事物的因果制约规律，体现了能量转换和物质不灭的定律。物质交换原理包含两个基本内容：一是物质相互交换的原理；二是交换后的物质能量守恒的原理。

二、物质交换原理在侦查中的意义

物质交换原理从诞生到发展至今，对刑事侦查工作产生了巨大的影响。

首先，物质交换原理使侦查人员找到了侦查破案的途径和模式。根据物质交换原理，侦查人员通过发现、记录和检查物质交换的种类、性质、范围和内容，分析判断物质交换所反映出的犯罪信息，从而了解掌握犯罪行为人及其犯罪行为过程。

其次，物质交换原理的产生使侦查工作摆脱了对证人陈述的过分依赖，而更多地依靠真实的证据。物质交换原理改变了侦查人员以往过多依赖言词证据的情况。

另外需要明确的是，物质交换原理并不等于说犯罪现场必然存在可被发现提取和利用的痕迹物证，发生物质交换虽然是理论必然，但它并不能填补犯罪侦查的现实局限。受犯罪方式、反侦查行为的实施以及侦查人员的学识经验欠缺、现有物证技术不足等因素的影响，侦查实践中经常出现在现场没有提取到有利用价值的痕迹物证的情况，但这并不是对物质交换原理的否定，而正是物证技术和侦查学在该理

论基础上进一步发展的必要性与可能性所在。

三、物质交换原理的发展——与信息理论的结合

随着信息化社会的不断发展，信息理论被广泛运用于各个领域。我国有学者结合信息理论，将物质交换原理进行横向扩展和纵向深化，进而提出"信息交换原理"，认为：既然犯罪是一种物质的运动，那它必然会破坏事物原有的状态，引起信息转移的出现。一方面，犯罪人通过实施犯罪行为会促使被害人、犯罪现场与犯罪环境发生变化，将其自身的信息保存在变化后的被害人、犯罪现场与犯罪环境中；另一方面，犯罪人实施犯罪以后还会造成自身的变化，将被害人、犯罪现场与犯罪环境的信息存储在自己身上。作案人在实施犯罪的过程中必然会同被害人、犯罪现场与犯罪环境之间发生信息转移甚至互换①。

信息转移原理的提出在于指导侦查人员：不仅要注意物质的转移，还应有效地利用包括表现为痕迹物证的物质性信息及表现为当事人陈述、证人证言的意识性信息、大量的反侦查信息、干扰信息、无关信息等各方面信息。

‖ 第三节　因果关系理论 ‖

一、因果关系理论的内容

（一）因果关系的概念

客观世界到处都存在引起与被引起的普遍关系，这种引起与被引起的关系称为因果关系或因果联系。引起某一种现象的现象叫作原因，而被某种现象所引起的现象叫作结果。

（二）因果关系理论

因果关系是具有时间顺序的（原因在前，结果在后）必然性的内在联系。世界上任何事物都具有因果关系，既没有无因之果，也没有无果之因。犯罪作为一种社会现象，也必然是其他社会现象的结果。一起具体案件的发生，是由其具体的原因所引起的。从一定意义上说，侦查的认识过程是由结果追溯原因，不断揭示案件及其相关事物之间复杂的因果关系的过程。因此，因果关系理论是侦查学中的一个重要原理。

二、侦查中的因果关系

在侦查的认识活动中，原因与结果的区分既是确定的又是不确定的。当我们把特定事物的原因与结果从普遍联系中抽取出来，进行单独考察时，每一组具体的因

---

① 刘品新. 论犯罪过程中的信息转移原理. 福建公安高等专科学校学报，2003（1）.

果关系都有自己确定的内容，这是原因与结果区分的确定性。但当我们把一组因果关系放在相互联系的因果链条之中，同一现象在一种关系中是结果，在另一种关系中就可能转化为原因，这就是原因与结果区分的不确定性。例如，犯罪行为人在犯罪动机的支配下实施犯罪行为，造成犯罪现场的环境改变和危害后果，犯罪行为的实施是犯罪动机作用的结果，而同时又是犯罪现场环境改变和产生危害后果的原因。

原因与结果的关系是复杂多样的。一般来说，侦查中因果联系的多样性和复杂性有三种类型：

1. 一因多果，同因异果。例如，在犯罪现场分析及犯罪现场重建中，多个现场现象可以由同一个犯罪行为所引起，由这种因果关系分析可以将复杂的现场现象汇集至一个共同的行为或某种存在状态的原因。例如，在命案现场中，室内地面上的拖鞋印、茶几上的茶杯、沙发扶手上的掌纹、门窗的完好无损等，都集中指向被害人与犯罪行为人熟识这一特点。

2. 一果多因，同果异因。造成同一犯罪结果可以有多种原因，如杀人犯罪中，动机是多种多样的，既可以是图财害命，也可以是私仇报复，也可以是情感纠纷，还可以是性欲满足。而造成同一种现场现象，有时既可以是犯罪行为直接造成，也可能是犯罪行为人的故意伪装等。

3. 多因多果，复合因果。例如，在侦查活动中，从大的方面说，社会的发展包括政治的、经济的、文化的以及上层建筑诸多方面的发展，共同导致如以毒品为纽带的连锁犯罪、涉枪涉爆等严重暴力犯罪、黑社会性质的有组织犯罪、经济犯罪、计算机犯罪及网络犯罪等多种犯罪发生的改变。从具体案件上看，某一犯罪行为的实施，既可由犯罪动机、犯罪行为人的认识水平、犯罪实施时的客观环境条件、犯罪行为人与被害人接触的方式以及被害人的自身状态等多方面原因共同导致，同时也可造成在犯罪侵害对象、危害后果以及犯罪行为方式等方面的多种不同结果。当然，在原因方面，又有主要原因与次要原因之分、外部原因与内部原因之分，以及直接原因与间接原因之分，在侦查认识过程中把握因果关系时都需予以注意。而在进行侦查决策、采取侦查措施时，既要努力争取积极结果的发生，也要尽量避免或减少消极结果的出现。

三、因果关系理论在侦查中的意义

原因和结果的辩证关系为侦查活动提供了方法论指导。一方面，既然一定的结果都是由一定的原因造成的，侦查活动中就要善于从某一行动的后果分析其原因，总结成功的经验和失败的教训，从中引出什么原因将会引起什么后果的规律性。这是不断提高侦查认识水平和实际工作水平的重要条件。另一方面，分析事物的因果关系又是进行预测犯罪活动的基础，对犯罪活动近期及远期的后果和未来趋向进行超前的分析，以使侦查对策更具有前瞻性和针对性，使侦查活动更具自觉性和调控性。

因果关系原理是认识案情的基础和前提条件，是推进侦查活动的动力，是提高侦查自觉性的必要条件，同时，因果关系还是防范控制犯罪的重要理论依据。

‖ 第四节 同一认定原理 ‖

一、同一认定的概念

同一认定是一种专门的认识活动，即在侦查过程中，具有专门知识的人或了解客体特征的人，通过比较先后出现的客体的特征而对这些客体是否同一问题所做出的判断。

从同一认定的概念中，可以看出：认定的主体是了解侦查客体特征的人；认定的客体是与侦查相关或与侦查案件相关的客体，或人或物；认定的目的是解决客体自身是否同一；认定的方法为对客体特征的比较研究。

二、同一认定的依据

（一）事物的特殊性

任何事物各有其特殊的本质。这种特殊的本质，一方面决定了事物具有自己的特点和特殊本质，另一方面决定了该事物与其他事物的区别和差异。这就是世界诸种事物之所以千差万别的内在原因或根据。它表现出：第一，由于事物具有自身的特殊性和特殊本质，使其区别于他事物；第二，各种实物的特殊性和特定性，使其区别于他事物，同一也仅仅剩下自身的同一。

（二）事物的稳定性

事物的稳定性，是指事物的本质特性能在一定时期内保持相对不变的状态。事物的相对稳定、静止使事物有可能保持自身与自身的同一；也使人们有可能认识和把握事物的具体形态，区别各种事物的性质。但是，静止本身是运动变化的一种形式，所以，绝对稳定的事物是不存在的，绝对的同一也是不存在的，"真实的、具体的同一性包含着差异和变化。"所以，事物自身与自身同一只能是事物本质特性暂时的、相对的同一。

（三）事物的客观性

事物的客观性，是指事物及其本质特性都是不依赖于人的感觉而独立存在的客观实在。人对事物及其特征的认识，只是事物和特性在人们头脑中的反映，而不是人们头脑中的主观产物。对于被认定同一的两个事物来说，也因为它们原本是同一个事物。

事物的特定性是同一认定的根据；事物的相对稳定性是被寻找客体与受审查客体之间的关系及其对同一认定的意义；事物的客观性说明客体同一认定的条件。

三、同一认定的类型

（一）根据鉴定客体的属性，可分为人身的同一认定、物体的同一认定、场所的同一认定

人身的同一认定，是指根据人身的特征来判断人身是否同一的认识活动。物体的同一认定，是指根据物体的特征来判断其是否同一的认识活动。场所的同一认定，是指根据场所的综合特征来判断是否同一的认识活动。

（二）根据被鉴定客体的特征，可分为客体的形态特征同一认定、客体的物质成分结构特征同一认定和客体的运动习惯特征同一认定

客体的形态特征同一认定。客体的形态特征是外表形态、结构、图像、颜色等特征，包括客体的外表形态特征及其反映形象特征，如指纹与指印、牙齿与咬痕、鞋底花纹与鞋印、工具与工痕等。

客体的物质成分结构特征同一认定。客体的物质成分结构，是指客体的组成、含量、内部结构等特征，如血型、DNA、分子结构、微量元素的种类和含量等。

客体的运动习惯特征同一认定。客体的运动习惯特征，是指反映客体特殊运动规律的特征，如人的书写习惯反映出的笔迹特征，人的说话习惯反映出的语音（声纹）特征，人的走路习惯反映出的足迹特征等。

（三）根据被鉴定客体的完整性，可分为整体同一认定、分离体的同一认定

整体同一认定的客体具有完整的结构和功能，如根据射击弹头、弹壳认定枪支，根据尸体认定死者身份等。

分离体的同一认定，是根据整体被分离后，物证（遗留物）与其剩余物之间的整体分离关系进行的同一认定。同一认定是解决它们是否原属同一个体，如书本与其撕下的纸页及被肢解的尸体等。

（四）根据同一认定的方法，可分为技术性同一认定和非技术性鉴定

技术性同一认定是使用专门的仪器来分析识别和比较客体的特征。非技术性鉴定：是由对被寻找客体物的外表特征有所了解的犯罪目睹人以及被害人等在侦查人员的组织和主持下进行的同一认定，如辨认等。

（五）根据鉴定的结论，可分为肯定同一认定和否定同一认定

肯定同一认定：经特征比较，得出被寻找客体与受审查客体是同一的结论，从而确定某客体与案件事实的联系。

否定同一认定：经特征比较，得出被寻找客体与受审查客体不是同一的结论，从而排除某客体的嫌疑。

四、同一认定理论在侦查中的意义

同一认定原理的侦查意义在于：刑事案件不仅可以认识，可以通过物质交换下来的痕迹物证认识，而且可以最终达到"同一"的结果。即侦查人员最终抓获的

犯罪嫌疑人就是过去实施犯罪行为的犯罪行为人；侦查人员最终查明的案件事实就是过去存在而现在已不在的犯罪行为。因此，刑事案件实质上是可以破获的，而且是可以正确破获的。

（一）同一认定贯穿于侦查活动的全过程

同一认定贯穿于侦查活动中受案与立案、侦查和破案等全过程的每一个阶段。在受案与立案阶段，侦查人员接报案后，需对案件事实进行一般事实与犯罪事实、一般行为与犯罪行为的同一认定，决定是否予以立案。在侦查阶段，运用各种侦查措施和手段的目的就是寻找可以进行同一认定的人、物、信息等；而只有在对人、物、信息等进行客观的同一认定后，侦查才能进入破案阶段。

（二）同一认定运用于侦查活动的多项侦查措施和侦查手段中

虽不能说各种侦查措施和侦查手段都是同一认定过程，但多种侦查措施和侦查手段都运用了同一认定的方法或结果，这却是毋庸置疑的。也就是说，侦查措施及手段在实施中的突出特点是实施主体在思维、操作和标准上严格依照同一认定的理论指引而进行，离开了同一认定理论，各项侦查措施和侦查手段都将在法律上失去意义。

具体来讲，在摸底排队、调查访问、并案侦查、侦查实验、辨认等常规性侦查措施中，同一认定即它们的侦查学本质。例如，辨认就是了解客体特征的人对与案件有关的人、未知名尸体、物品及场所进行识别的同一认定过程；侦查实验就是侦查人员对案件真实情况与实验再现过程和结果等模拟情况所进行的同一认定；并案侦查是侦查人员对数起案件的犯罪手段和内容，与犯罪有关的痕迹、物证以及其他相关因素，最终对犯罪嫌疑人进行的同一认定。在搜查、追缉堵截、通缉通报、控制销赃、警犬追踪等查缉性侦查措施中，需要运用同一认定的方法确定查缉对象；警犬追踪是对特定气味的同一认定；追缉堵截需要在对犯罪嫌疑人同一认定的基础上进行等。在阵地控制、刑嫌调控等基础性侦查措施中，也需利用同一认定的方法收集犯罪情报和侦查线索，确定和控制刑事犯罪嫌疑人员。在拘传、拘留、取保候审、监视居住、逮捕等强制措施中，必须利用对犯罪嫌疑人同一认定的结论，也就是在对人进行了同一认定后，在经过又一次核对的情况下进行，从这个意义上看，也是同一认定的一种作用表现形式。在秘密性侦查手段方面，跟踪监视是对犯罪嫌疑人和犯罪行为的同一认定，卧底侦查是侦查人员根据案情对犯罪嫌疑人和证据的同一认定。[①]

【小结】

刑事侦查学的基本原理，是指在本学科领域内具有普遍性意义和对侦查活动具

---

① 王大中，丁信. 同一认定理论在侦查中的继承与拓展. 新疆公安司法管理干部学院学报，2001（3）.

有指导性意义的科学道理。刑事侦查学的基本原理有辩证唯物主义认识论和方法论；物质交换原理；因果关系原理；同一认定原理。

【思考题】

1. 如何理解物质交换原理？
2. 如何理解同一认定原理？
3. 如何理解辩证唯物主义认识论和方法论在侦查中的意义？

【推荐阅读】

1. 杨立云. 侦查认识原理研究. 群众出版社，2009.
2. 何家弘. 从相似到同一. 中国法制出版社，2008.

第二编　侦查工作

第四章　侦查工作概述

【教学重点与难点】

教学重点：侦查的任务；侦查工作方针；侦查工作的基本原则。

教学难点：侦查工作的机制；侦查工作的基本原则。

‖ 第一节　侦查工作的概念与性质 ‖

一、侦查工作的概念

侦查工作是侦查部门依据法律和国家赋予的权力，运用各种侦查措施、手段和刑事技术发现、控制、揭露、证实刑事犯罪的一项专门工作。

二、侦查工作的性质

侦查工作是一种法律行为，是一种专门工作，是一种逆向性认识过程。

（一）侦查工作是一种法律行为

侦查工作是实现刑事法律规范的手段和工具，是刑事诉讼活动的必经程序和首要环节，是由享有侦查权的法定部门实施的一种严肃的法律行为。侦查工作必须受到法律约束，必须严格遵守法律规范。

（二）侦查工作是一种专门工作

侦查工作是侦查部门进行的专门工作。这项专门业务工作，包括各种立案、侦查、结案等专门程序；包括侦查部门采取的现场勘查、摸底排队、阵地控制、调查访问、并案侦查等专门措施；包括痕迹检验技术、文件检验技术、毒化检验技术、刑事摄影技术等专门技术；包括技术侦查、刑嫌调控等专门手段；包括视频侦查、网络侦查等专门方法。

（三）侦查工作是一种逆向性认识过程

相比一般的认识活动，在侦查工作中，侦查人员的思维、认识和行为过程，具有明显的逆向性特点。侦查是侦查人员通过犯罪行为人的犯罪行为结果，分析、认识作案人实施犯罪行为的具体过程及特点，寻找发现犯罪嫌疑对象。

三、侦查工作体制

（一）侦查工作体制的概念

体制，是指行政系统的权力、组织结构、职能配置、运行机制等的关系模式。侦查体制，是指侦查部门的机构设置和侦查权限划分的管理制度。

（二）侦查工作体制的内容

1. 公安部设刑事侦查局、经济犯罪侦查局和禁毒局。刑事侦查局、经济犯罪侦查局和禁毒局是公安部的职能部门，是管理和指导全国刑事侦查、经济犯罪侦查和同毒品犯罪作斗争的最高行政机构。其主要职责是：掌握、指导、检查全国刑事侦查工作；依据法律规定和斗争需要，起草、制定刑事侦查工作方针、规章、条例等；通过调查研究，提出刑事侦查工作计划、规划、总结、对策等；指导、协调全国刑事案件的侦查破案工作，直接参与、指导部分特大刑事案件的侦查破案和跨省刑事大案的并案侦查工作；办理国际刑警组织中国国家中心局的日常事务等。

2. 省、直辖市、自治区公安厅（局）设刑事警察总队（或刑事侦查局）和相应的经济犯罪侦查、禁毒机构。刑事警察总队是公安厅（局）的职能部门，对公安厅（局）长负责。其主要职责是：负责本行政区刑事犯罪情况的调查研究，刑事侦查工作的规划、管理和宏观指导，为领导决策当好参谋；办理公安部和省、直辖市、自治区党委、政府交办的大案要案；组织协调有关支队侦破跨市的大案要案；为下级刑事侦查部门提供信息、技术等方面的服务等。

3. 省辖市公安局、地区公安处设刑事警察支队，是地（市）公安机关的职能部门。其主要职责是：担负对本辖区犯罪情况的调查研究，为领导决策服务；主办本辖区重大涉外犯罪、重大经济犯罪和重大集团性犯罪案件，指导、协调县（市）、区刑警大队侦破跨区域大案要案和疑难案件；指导、检查、督促刑警大队开展侦查破案工作和业务建设；为刑警大队提供信息、技术和业务培训等方面的服务。

直辖市和较大省辖市刑事侦查部门是整个刑事侦查系统的骨干机构，侦查、技术力量较强，能够发挥地区性业务的枢纽作用。

4. 县（市）、区公安机关设刑事警察大队，是刑事侦查系统的基层机构。其主要职责是：负责侦破本辖区发生的重大疑难案件、系列性案件、有组织犯罪案件；组织协调刑警中队侦破跨责任区的刑事案件；指导刑警中队搞好基础业务建设，提供信息、技术、业务培训等方面的服务。

5. 刑警大队下设责任区刑警中队，是刑事侦查系统基层的战斗实体。城市公安分局和县（市）公安局根据本辖区行政区域面积、人口数量、治安状况等因素综合考虑，科学划分为若干个侦查破案责任区，每个责任区建立一个刑警中队，承担责任区内刑事案件的侦破任务，搞好阵地控制、刑嫌调控等基础工作。

6. 铁路、交通、民航、林业公安机关和海关缉私警察部门设置相应的刑事侦查工作机构，负责管辖范围内刑事案件的侦破工作，接受本系统上级业务部门和当地上级刑事侦查部门的双重业务指导。

（三）侦查工作体制的特点

1. 条块结合制。我国公安机关的侦查体制属于中央和地方结合型的侦查体制，确切地讲是以分散为主、集中为辅的侦查体制。

2. 队建制。我国侦查部门统一实行队建制。队建制的最大特点是强调刑侦部门的"行动性"。队建制便于侦查部门的快速反应、协调反应、主动反应。

3. 分级管理制。刑事案件施行分级管理制度。责任区刑警队驻在责任区内开展对刑事案件的侦查工作；重大案件由县公安局和城市区公安分局刑侦部门负责侦查，地（市）公安机关刑侦部门负责指导，并直接参与一部分重大案件的侦查。特别重大案件由地（市）公安机关刑侦部门组织侦查，省、自治区公安机关刑侦部门督促指导，并直接参与一部分特别重大案件的侦查工作。

4. 责任制。侦查部门普遍建立起一种任务到人、奖优罚劣，能上能下、能进能出，人人有责任、人人有压力的侦查破案体制和机制。

5. 充实基层制。为适应形势需要，刑警大队下设若干个责任区刑警队和专业队，这是刑侦最基层的作战单位。现有刑侦体制中特别强调了"责任区刑警队"的建设问题。

四、侦查工作机制

（一）侦查工作机制概念

侦查工作机制是侦查工作系统的组织或部分之间相互作用的过程和方式。机制是工作机构运转的规程和模式。机制的建立必须符合整体工作目标的要求和体制的特征。

（二）侦查工作机制内容

1. 破案责任机制。责任机制的建设目标是建立和创造一种使侦查人员"能够、愿意、必须"好好做事的机制。责任机制的主要内容包括：责任制、考核制、激励制、倒查制等多个环节。这种机制就是责权利相统一的机制，目的是"给人以做事的权利，让人能够好好干；给人提供一定的利益，让人愿意好好干；给人赋予一定的责任，让人必须好好干"。促进人好好做事的这种机制就是责任机制。

2. 侦审一体化机制。侦审一体化机制的基本内容是改变侦查预审机构分设的工作机制，实行立案、侦查、审讯、提请逮捕、移送起诉由刑事侦查部门同一探组或侦查人员从头至尾全部完成的工作机制。实行这项工作机制有利于保证办案时效，提高办案效率和办案质量，有利于明确责任，严格执法，强化打击力度。

3. 快速反应机制。快速反应机制的基本内容是以 110 报警服务系统和指挥中心为龙头，以刑警、巡警为骨干，治安、交通、派出所等多警种密切配合的快速反应的办案工作机制。实行这项机制，刑事侦查部门要牢固树立快速反应意识，切实提高快速反应作战能力，搞好与指挥中心以及其他警种的工作衔接。

4. 协同作战机制。协同作战机制的基本内容是以现代信息技术为手段，组织、调度各地区、各警种的力量，充分发动和依靠群众，取得社会各界的支持与配合，形成整体功能优势的工作机制。实行整体作战机制能够有效克服时间、空间对侦查破案工作的制约，是强化同现代犯罪作斗争的基本手段。

5. 依法办案机制。侦查部门和侦查人员是执行法律的部门，他们的活动直接决定法律及其实施效果的好坏。依法办案机制应当以内部规范化的操作流程为基础，以案件质量考核评估机制为依据，以办案质量监督检查机制为保障，以新情况、新问题迅速反馈和研究解决机制为检验，共同构成一个有机联动的整体，以提高侦查工作质量，保证公正执法。

‖ 第二节　侦查的任务 ‖

侦查的任务，是指侦查活动应当完成和实现的具体目标。即侦查部门通过侦查活动，在案件侦查终结时必须达到的要求。侦查任务不能涵盖通过侦查活动所能起到的直接的、间接的作用。任务与作用不能混淆。

一、有关侦查任务的法律及法规规定

侦查工作的任务，是指刑事诉讼程序中的侦查主体所担负的职责和需要完成的工作，是由一个国家的侦查工作性质和其所在刑事诉讼中的地位所决定的。

我国《刑事诉讼法》第2条规定：中华人民共和国刑事诉讼法的任务，是保证准确、及时地查明犯罪事实，正确应用法律，惩罚犯罪分子，保障无罪的人不受刑事追究，教育公民自觉遵守法律，积极同犯罪行为作斗争，维护社会主义法制，尊重和保障人权，保护公民的人身权利、财产权利、民主权利和其他权利，保障社会主义建设事业的顺利进行。公安部《公安机关办理刑事案件程序规定》第2条对公安机关在刑事诉讼中的任务作出了相同的规定。

我国《刑事诉讼法》还规定了侦查阶段的具体任务。例如，第113条规定："……对已经立案的刑事案件，应当进行侦查，收集、调取犯罪嫌疑人有罪或者无罪、罪轻或者罪重的证据材料。对现行犯或者重大嫌疑分子可以依法先行拘留，对符合逮捕条件的犯罪嫌疑人，应当依法逮捕。"第160条规定："公安机关侦查终结的案件，应当做到犯罪事实清楚，证据确实、充分，并且写出起诉意见书，连同案卷材料、证据一并移送同级人民检察院审查决定；同时将案件移送情况告知犯罪嫌疑人及其辩护律师。"

综合相关法律及法规的规定内容，我们可以将侦查的任务概括为：查明犯罪事实，收集证据，查获犯罪嫌疑人。这是法定的侦查任务。

二、侦查任务的具体内容

（一）准确、及时地查明犯罪事实

对于发现的犯罪行为、犯罪事实或者犯罪嫌疑人，侦查部门应当按照案件管辖范围，依据法律规定的程序及时收集、调取证据，查清犯罪事实，抓获犯罪嫌疑人，追缴犯罪所得。

1. 查明犯罪事实。所谓犯罪事实，是指作案人实施犯罪行为的时间、地点、目的、动机、手段、过程，侵害、侵犯的对象和所造成的危害后果以及作案人作案时的年龄、精神状态（即是否符合刑事责任年龄，具备刑事责任能力）等。

2. 要求准确。准确是核心，即侦查中对犯罪事实的认定应当准确，对实施犯罪行为的要查准，不能把事实认定错，更不能冤枉好人。

3. 要求及时。及时很重要。如果侦查中时间延误，时过境迁，就可能难以收集到有力的证据，难以保证准确地查明犯罪事实。

（二）客观、全面地发现、收集、审查证据

证据，是能够用于证明案件事实的材料。侦查人员对案件事实的认识只能来自于，也必须来自于对证据的发现、收集、固定、提取、整理、分析和运用。侦查人员的逻辑推理、生活经验和工作经验，以及侦查直觉等只能是发现和收集证据的途径，或者是分析和运用证据的方法，而不能是证据本身。因此，任何事实的发现和确定必须有相应的事实作为证实和支撑。此外，任何证据必须经过查证属实，才能作为认定案件事实的根据。也就是说，侦查人员只能通过收集足够的、真实的证据来查明案件事实。对此，一方面，侦查人员应当具有深厚的证据意识，能够迅速及时、灵活机智地发现和运用证据，另一方面，侦查人员应当具有切实的固定和提取证据的方法和技术，善于运用有针对性的、科学性的方法及技术固定和提取证据。

客观、全面地发现、收集、审查证据，即实事求是、点滴不漏，无论是有罪证据还是无罪证据，无论是罪重证据还是罪轻证据，无论是此罪证据还是彼罪证据，都应认真收集，不得先入为主，各取所需。同时，必须对各种证据材料予以仔细审查并进行综合分析、研究，以鉴别其真伪，认识其与案件事实的内在联系，最终作出对全部案情的正确判断。

（三）查明并拘捕犯罪嫌疑人

侦查破案的根本任务是揭露犯罪、证实犯罪，并抓获犯罪嫌疑人。如果犯罪嫌疑人不能被抓获并接受诉讼处理，刑罚的功能就无法实现，为此，公安部在追逃新机制中明确规定：严格执行"犯罪嫌疑人或主要犯罪嫌疑人已经抓获"的破案标准。公安机关在破案统计、破案成绩考核、刑警中队等级评定等工作中坚持犯罪嫌疑人或主要犯罪嫌疑人、或犯罪集团作案的首要分子和主要实施犯罪的嫌疑人已经抓获的破案标准，把缉捕在逃犯罪嫌疑人作为侦查工作的一项重要任务。

犯罪嫌疑人在作案之后，除少数投案自首者外，大都千方百计地逃避侦查和打击，而及时将其查缉归案，并作为法定意义上的犯罪嫌疑人付诸起诉、审判，则是完成整个刑事诉讼任务的客观需要。因此，在查明作案人之后，为防止其逃跑、自杀或继续实施犯罪活动，应立即依法采取拘留、逮捕等强制性措施。

此外，在一些侵财类案件如盗窃、抢劫、诈骗等案件的侦查中，收缴赃款赃物也是侦查的重要任务之一。侦查人员应采取有效措施，对赃款赃物及时予以追缴，以尽可能避免或减少给国家、集体或个人造成的经济损失，同时，赃款赃物也可作为诉讼证据使用。

‖ 第三节 侦查工作的方针和原则 ‖

一、侦查工作的方针

侦查工作的现行方针是依靠群众、抓住战机、积极侦查、及时破案。侦查工作的十六字方针之间是相互联系、相互制约、互为条件、相互促进的有机整体。

（一）依靠群众

依靠群众不仅是我党的基本政治路线，也是侦查工作的指导方针。这是由我国政体和公安机关的性质决定的；是由刑事犯罪活动的社会性特点决定的；是由同刑事犯罪作斗争的局限性、复杂性决定的。

1. 群众普遍具有对抗犯罪的意识。打击犯罪，维护社会治安秩序，保护国家和人民群众生命、财产的安全，符合广大群众的根本利益，反映了广大群众的要求，这是侦查工作能够依靠群众的基础和前提。

2. 群众是侦查工作的信息源。人民群众生活于社会的各个领域，获取信息的渠道多、面广，是我们获取刑事犯罪情报信息的重要来源。侦查中深入发动和依靠群众，可以多方面、多角度搜集侦查破案的情报和线索。

3. 群众可以在侦查各个环节提供支持和帮助。侦查破案的各个环节都离不开群众的支持和协助。侦查人员需要依靠群众及时报案、保护犯罪现场、提供犯罪线索、追缉堵截犯罪嫌疑人等。

4. 群众可以弥补侦查所需的专业知识。侦查工作所涉及的知识面广泛，不论侦查人员知识多么渊博，社会经验多么丰富，终究不可能是"万事通"，有许多专门知识，需要请教群众和具有专门知识的人。

依靠群众是侦查工作的基础和力量源泉。不管先进的科学技术在侦查工作中运用得多么广泛，依靠群众这一指导方针都始终不变。

（二）抓住战机

侦查破案工作的战机，是指一切有利于发现、揭露、证实犯罪和缉获犯罪嫌疑人的时机。

1. 侦查战机存在于侦查破案工作的全过程。从接受报案开始，直到侦查终结前的每个侦查工作环节都存在抓住战机的问题。相对来说，在初始侦查阶段侦查破案的战机更多一些，如果能够把握好战机并加以有效利用，其效益也就更大。

2. 侦查战机具有客观性。侦查战机蕴含于侦查与反侦查这对矛盾相互斗争发展变化的过程中，侦查人员不能脱离案情，凭主观臆想去制造战机，但可以利用战术和谋略使战机提前或推后出现，使隐伏的战机显露出来，以便更好地利用战机。

3. 侦查战机具有瞬间性、偶然性和相对性。侦查中战机是客观存在的，但战机的出现又是偶然的。"机不可失，时不再来"。一旦战机出现，侦查人员应当立即反应，迅速决策。

4. 抓住战机既有速度问题，又有时机选择问题。一方面，不讲速度，行动迟缓，可能贻误战机；另一方面，急于求成，仓促行事，又可能破坏战机。因此，抓住战机要以速度为基础，重视时机的准确选择，机动灵活地施策。

（三）积极侦查

积极侦查是侦查的基本要求。其含义就是要以认真负责的精神，实事求是的科学态度，雷厉风行的作风，快速反应的能力，主动进攻的侦查措施，努力提高破案效率。

1. 侦查态度积极。侦查人员要有必胜的信心。面对发生的刑事案件，要积极开展侦破工作，树立"不破不休"的信念。当侦破工作出现"僵局"时，更要防止畏难情绪、厌战情绪，要锲而不舍、千方百计发现新线索，直至破获案件。当然，由于人的认识能力、技术水平以及其他因素的限制，总会有一些案件不能破获。但是，侦查人员对每一起案件，特别是重大案件都要做到尽心尽力。

2. 侦查作风积极。积极的工作态度需要靠踏实的工作作风来保障，侦查人员对承担的工作必须认真负责，不浮不躁，坚决落实。工作不实是侦查破案之大忌，一个环节出了漏洞，就可能功亏一篑，满盘皆输。

3. 侦查措施积极。侦查人员在破案工作中应当增强侦查意识、情报意识、战术意识、证据意识和协作意识，提高综合运用各种侦查措施、手段以及施计用谋的意识和能力，克服因循守旧的思想观念和粗放型办案的工作方式，不断增强侦查破案工作的力度。

（四）及时破案

及时破案是侦查工作要达到的基本目标，这一目标是针对刑事犯罪活动的特点提出来的。刑事犯罪活动不仅具有现实危害性，并且具有潜在危害性，易给国家和人民群众造成严重损害，只有及时破案才能避免或减轻危害的蔓延和扩大，实现维护国家和人民生命财产安全的根本目的。

通常情况下，犯罪嫌疑人及其刑事案件相对独立，往往与其他犯罪嫌疑人、其他刑事案件以及国家的安全稳定没有复杂的联系。及时破案，一般不会影响对其他刑事案件、其他犯罪嫌疑人的侦查。所以侦查刑事案件，只要查明了主要犯罪嫌疑人，查清了主要犯罪事实并取得了确凿证据，就应该及时破案。不过，针对某些特定类型的犯罪以及刑事犯罪活动中出现的一些新趋势和新特点，如有组织犯罪案件的侦查，在强调"及时"破案的同时，也应把握好"适时"，通过精心设计，选择有利的破案时机。

（五）侦查工作方针的发展与完善

我国现行侦查工作方针是"依靠群众，抓住战机，积极侦察，及时破案"，形成于1978年全国刑侦工作会议。随着社会的不断发展，刑事犯罪情况出现许多新特点，侦查工作面临许多新问题和新挑战，各级侦查实践部门与理论研究者都呼吁发展完善侦查工作方针。

综合理论与实践部门的观点，大家普遍认为侦查方针应当包括以下内容：第一，刑侦工作必须坚定地依靠群众，积极整合社会资源；第二，刑侦工作必须明确严格依法办案的思想，体现现代法治社会的要求；第三，刑侦工作必须充分利用情报信息，必须以信息化为依托，以情报信息主导侦查，体现信息化社会的特点；第四，刑侦工作必须强化和依托基础工作和专门手段建设，特别是要加强刑事科学技术工作，创新侦查工作机制，拓宽侦查工作的途径和模式；第五，刑侦工作必须加强正规化建设，通过刑侦队伍的正规化建设和业务工作的规范化建设，推动刑侦工作质量的提高；第六，刑侦工作必须加强协作、完善协作机制，提高工作效率和效益①。

特别是，郝宏奎教授在综合各家之长的基础上，深入探讨，提出了"利用社会资源，依托信息科技，整体协同侦查，依法高效办案"的侦查工作新方针②。其中，利用社会资源，是指现代侦查工作必须充分利用人力资源和信息资源等社会资源，以缓解侦查专业资源不足的压力，提高侦查能力和效果。依托信息科技，是指现代侦查必须以信息和科技为支撑点和基础。整体协同侦查，是指通过有效的协作方式，对分散的侦查警力资源及其他侦查资源进行有效的整合，使侦查活动由行政地域封闭走向行政地域开放，由警种领域封闭走向警种领域开放，使侦查资源的整体功能在侦查中得到充分发挥，使侦查效能得到整体提高。依法高效办案，包括依法办案与高效办案两方面的含义。依法办案，是指侦查办案活动必须严格依法进行。高效办案，是指侦查办案必须追求高效率、高效益、高破案率的侦查目标。

二、侦查工作的基本原则

侦查工作的基本原则是侦查人员在侦查活动中必须遵循的思想和行为准则。侦查工作的基本原则有：实事求是原则；侦查资源优化配置原则；专门工作与群众工作结合原则；依法办案原则。

---

① 郝宏奎. 刑事侦查工作方针修改再探讨. 人民公安报, 2005 – 12 – 28.
② 郝宏奎. 刑事侦查工作方针修改再探讨. 人民公安报, 2005 – 12 – 28.

（一）实事求是原则

"实事"，是指客观存在的一切事物；"求"是研究；"是"，是指客观事物的内部联系，即规律性。实事求是的根本出发点就是侦查工作一切要从实际出发。只有坚持实事求是的科学态度，深入调查研究，才能查清案情的真相，获取真实的证据材料，从而查获犯罪嫌疑人，为起诉和审判提供充分可靠的证据。在侦查工作中，实事求是原则主要体现在以下几个方面：

1. 在接到报案之后，立案之前，必须认真、细致地查明被检举、指挥或自首的犯罪事实是否存在，根据事实和有关法律、法规的规定，需要追究刑事责任的应当立案，认为不需要立案的就不予立案。立案与否，都必须以事实为根据，以法律为准绳，不能偏听偏信，更不能主观臆断。

2. 在侦查破案过程中，要从案件的客观实际出发，查明与犯罪有关的人、事、物、空间、时间等真实情况，从中找出它们之间内在的、特定的必然联系，对案件做出符合客观实际的正确判断，保证立案、侦查、破案的准确性。

3. 案情分析要建立在客观事实的基础上。对侦查人员而言，绝大多数刑事案件都是既过的事实，不可能重现，侦查人员只能通过联想、假设、推理等方式"再现"犯罪的原因和过程。侦查人员要"再现"犯罪的过程，反映出犯罪的原貌，只能依靠侦查所获取的证据材料而不能主观臆断。侦查联想、侦查假设、侦查推理等都要建立在客观事实的基础之上。

4. 要以实践作为检验真理的唯一标准，敢于坚持真理，及时修正错误，做到不枉不纵。侦查工作中，要充分发扬民主，允许发表不同看法和主张，只有这样，才能集思广益，防止主观片面。

（二）侦查资源优化配置原则

侦查资源，是侦查人力资源、物力资源、财力资源以及信息资源等侦查要素的总称。资源一般具有稀缺性，资源的使用都强调以最小的成本获取最大的收益。同样，在侦查资源十分有限的情况下，侦查部门必须优化侦查资源配置，合理有效地调整人力、物力、财力的使用，提高侦查效益。

1. 有效地整合公安内部及外部侦查资源。有效地整合以刑侦为主，以网侦、技侦、技术、视频等重要补充的各类侦查资源；整合治安、户籍、交通、边防、出入境、派出所等公安内部资源；整合金融、电信、网络、民航、交通等社会外部资源，在统一指挥下，按照各自职能分工开展工作，增强协作，提高工作效率。

2. 优化资源配置，突出重点。在侦查资源稀缺情况下，侦查部门对于性质恶劣、危害严惩的重特大案件，应当加大侦查成本的投入，调动一切可以利用的侦查资源确保及时破案；对公众关注度较高、具有广泛社会影响的多发性侵财类案件，应当适当倾斜，如电信诈骗案件、涉众群型案件等；对某一时期，影响社会安全稳定的案件，要区分轻重缓急，突出侦查工作重点，严厉打击某类刑事犯罪。

3. 充分利用信息资源。信息化社会，信息成为社会的主要财富；信息流成为社会发展的主要动力；信息（情报）源成了新的权力源。信息资源，成为侦查资源的重要组成部分。信息资源不受资源稀缺性的制约，可以通过共享性实现再生。侦查部门要充分拓展侦查信息资源，充分利用现代信息技术，建立信息资源共享系统，从而有效地提高侦查效益。

正如美国著名警察学家罗伯特·考特说："最优化的威慑效应并不是铲除所有犯罪，因为这样做的代价很高，而且社会效益很低。政策制定者需要对有限的资源加以配置，争取以最小的成本实现威慑目标。"①

（三）专门工作与群众工作相结合的原则

群众路线是我们党的生命线和根本工作路线。在侦查工作中，实行专门工作与群众工作相结合的原则是党的群众路线在侦查工作中的具体体现，也是我国侦查工作的优良传统。

犯罪不仅严重干扰国家经济管理秩序，扰乱国家机关、企事业单位的正常活动，而且直接损害国家、集体和公民个人的利益，因此，打击犯罪和保护群众利益是一致的，侦查工作是能够得到群众的支持和配合的，侦查工作具有广泛、牢固的群众基础。

首先，群众可以提供大量揭露和证实犯罪的线索和证据。犯罪活动作为社会活动之一，发生、发展在社会当中，犯罪嫌疑人作为社会中的一分子，也必然生活在社会当中，其形迹难免不被群众察觉，犯罪嫌疑人的经济状况、社会交往、行为表现等会在群众中或多或少有所暴露。因此，群众可以以检举、揭发、控告等方式为侦查部门提供线索和证据。

其次，群众可以帮助解决案件中的专业问题或其他疑难问题。当前，不少犯罪活动借助高科技手段或专门技术实施，特别是一些涉及经济领域的犯罪行为，如金融欺诈、偷漏税款、非法经营等犯罪，更具有较强的专业性，侦查这类犯罪也需要运用到相关专业知识，这就需要具有一定经验的会计人员、审计人员等协助调查取证。

最后，群众可以在侦查工作各个环节给予监督和支持。我国《刑事诉讼法》第43条规定："必须保证一切与案件有关或者了解案情的公民，有客观地充分地提供证据的条件，除特殊情况外，并且可以吸收他们协助调查"，这一规定为群众参与侦查办案提供了法律依据。

侦查部门和侦查人员必须从发动群众、宣传群众、教育群众、组织群众、服务群众等各个环节做好群众工作。专门工作与群众工作是侦查工作中相辅相成的两个方面，在打击和防范、控制刑事犯罪活动中，侦查部门的专门工作仍然处于主导地位。

（四）依法办案原则

侦查人员在侦查过程中必须严格遵守我国刑法、刑事诉讼法的有关规定及主管

---

① 王光，魏永忠. 和谐社会警务创新现代化进程中的警务管理国际论坛文集. 中国人民公安大学出版社，2007：447.

部门根据法律制定的有关条例。即从立案侦查开始，一直到侦查终结并移送起诉全过程，都应依法办案。

1. 有法必依。在侦查工作中，必须严格依法办案，无论立案和破案，或是运用侦查措施、侦查手段，还是采取拘留、监视居住、逮捕等强制措施，都必须按照有关法律、法规规定的程序进行，在任何情况下，都不得以"情况特殊"、"工作需要"为借口而不依法办案。

2. 执法必严。执行法律要严肃、认真，不枉不纵。要做到执法必严，就必须忠于事实，忠于法律，坚持以事实为根据，以法律为准绳，坚定不移地坚持"法律面前人人平等"的原则。

3. 违法必究。要求对一切违法行为都要依法认真追究，使违法者承担相应的法律责任，对其实行相应的制裁。这样才能够维护法律的尊严，从而有效地打击犯罪行为。

此外，侦查中还要特别强调人权保障的原则：保障无罪之人或不应追究刑事责任的人不受刑事追究；保障犯罪嫌疑人或应当追究刑事责任的人受到合法追究；保障刑事案件中被害人及其他诉讼参与人的实体性权利。

【小结】

侦查工作是侦查部门依据法律和国家赋予的权力，运用各种侦查措施、手段和刑事技术发现、控制、揭露、证实刑事犯罪的一项专门工作。侦查工作的方针是依靠群众、抓住战机、积极侦查、及时破案。侦查工作的基本原则是实事求是原则；侦查资源优化配置原则；专门工作与群众工作结合原则；依法办案原则。

【思考题】

1. 如何理解侦查工作的任务？
2. 如何理解侦查工作的方针？
3. 如何理解侦查工作的原则？

【推荐阅读】

1. 郝宏奎，马丁. 侦查中的隐性知识——专家观点与经典案例. 中国人民公安大学出版社，2011.

2. 陈刚. 信息化侦查教程. 中国人民公安大学出版社，2012.

3. ［美］韦恩·W. 贝特尼，凯伦·M. 希斯. 犯罪侦查. 但彦铮等译. 群众出版社，2000.

4. ［苏］拉·别尔金. 刑事侦察学随笔. 群众出版社，1983.

第五章　数字化时代侦查活动的演进

【教学重点与难点】

教学重点：数字化侦查的特点；数字化时代侦查活动的演进路向。

教学难点：数字化时代侦查活动的协调发展。

‖ 第一节　社会转型期侦查活动的总体演进与模式特点 ‖

数字化时代侦查活动的演进，是以社会转型期侦查活动的总体演进为背景和基础的。

一、社会转型期侦查活动的总体演进轨迹

自 20 世纪 70 年代末实行改革开放之后，中国一直处在一个典型的社会转型阶段。在社会转型期，侦查工作已经并持续地沿着以下十个方面发展演进：由人力密集型侦查方式向信息密集型侦查方式演进；由粗分工向细分工演进；由侦查专业化的初级形态向侦查专业化的高级形态侦查职业化演进；由粗放型侦查向精确型侦查演进；由倚重"从案到人"侦查模式向多种侦查模式并举演进；由以口供为中心的侦查方式向综合收集利用证据的侦查方式演进；由片面追求实体真实、单纯追求侦查效率的侦查观向实体真实与程序正当并重、侦查效率与人权保障并重的侦查观演进；由封闭型侦查向开放型侦查演进（强化区域协作与警种协作）；由注重侦查打击的暂时效果向注重侦查打击长效机制建设演进；由经验型侦查向科学型侦查演进。简言之，中国侦查工作正在朝着信息化、专门化、职业化、精确化、多元化、人性化、法治化、整体化、理性化、科学化的方向发展迈进。[①]

二、社会转型期侦查模式的时代特点

侦查模式，是指侦查的标准式样。在社会转型期，尤其是在人类进入数字化时代之后，已经很难概括出一个或几个"侦查的标准式样"，现代侦查组织形式呈现出多样化、多变性、非典型的特点。

---

① 郝宏奎. 科学的侦查发展观. 人民公安报，2005 – 7 – 20（5）.

（一）多样化

多样化，是指侦查活动不再拘泥于一种或几种组织形式，而是呈现出林林总总的多种形态。现代侦查实践中，即使是同一类型的案件，甚至是案情基本相似的案件，由于案发地点、时间的不同，尤其是由于案发当地基础工作及信息化水平不同，从侦查的组织指挥、警力投入规模，到侦查步骤的安排、侦查环节的衔接，再到侦查途径的选择、侦查措施与手段的采取，以至到犯罪嫌疑人的发现与查证、追踪与缉捕，都会呈现出较大甚至是巨大的差异，使得侦查组织形式形态各异。

（二）多变性

多变性，是指侦查的组织形式随着经济社会广泛而又深刻的急剧变化、科学技术日新月异的发展、侦查基础工作水平突飞猛进的提升以及犯罪手段的不断花样翻新，呈现出稳定性较差、变化较快的特性。一种适应于某种类型、某种情况的案件的侦查组织形式，可能刚刚成熟，就会随着经济社会背景、科学技术背景、侦查基础工作及犯罪规律特点的发展变化而发生变化。

（三）非典型性

非典型性，是指侦查的组织形式的多样性和多变性，这决定了它的不确定性。侦查组织形式处于一种不定型的静态开放、动态发展的状态，因此，很难为它勾画出一个定格定式。

‖ 第二节　数字化时代与数字化侦查 ‖

社会转型有其广阔而深厚的内涵，也有各种不同的研究视角。其中，社会转型期数字化时代的到来对侦查活动产生了巨大的影响。

一、数字化时代的特征

数字化是以发达的网络技术为基础而产生的一种管理、处理信息的方式。数字化时代的主要特征：一是数字技术的产业化，数字技术已经成为一个发展迅猛、应用广泛的产业。二是数字技术的超工具性。数字技术的功能和价值已经超越了简单传统意义上的工具功能和价值。三是数字技术的无边界性。数字信息，只要有网络相连，可以不受时间、空间限制地跨时空传输与利用。四是数字技术运用于社会管理和运作，可以促进社会管理和运作模式的规范性、程序性。

二、数字化侦查

数字化时代为数字化侦查提供了技术和资源两方面的保障。侦查人员借助于各种数字信息，利用数字信息的五大功能即身份识别功能、定时定位功能、联结纽带功能、行为再现功能、诉讼证据功能开展数字化侦查。

（一）数字化侦查的概念

数字化侦查，是指借助于数字信息、数据库、数字信息系统、数字信息网络等数字信息资源、数字信息载体、数字信息平台、数字信息传输途径与方式，获取侦查线索和犯罪证据，揭露和证实犯罪的活动。

数字化侦查是信息化侦查发展的高级形态，当信息化侦查中所利用的信息资源均体现为数字信息时，信息化侦查就发展到了数字化侦查的阶段。

（二）数字化侦查与实体侦查

数字化侦查是与实体侦查相对而言的。实体侦查，是指利用形态痕迹、实物证据、目击证人及知情人人证，包括犯罪嫌疑人供述等实体性侦查资源所展开的侦查。数字化侦查与实体侦查既相互区别，又紧密联系。

两者的区别主要表现在：第一，依托的资源属性和形态不同。实体侦查主要依托实体性侦查资源展开；数字化侦查主要依托数字化侦查资源展开。第二，实施的方式不同。实体侦查以侦查主体与实体性侦查资源之间直接互动的方式展开；数字化侦查通常是通过人机（计算机）互动的方式进行。

两者的联系主要表现在：第一，部分数字化侦查资源是实体性侦查资源的数字化或数据库化。数字化侦查资源有两大组成部分：一部分是原生性的，如电信数据、互联网数字信息；另一部分是由实体侦查资源转化而来的，如作为实体侦查资源的现场指纹和犯罪嫌疑人指纹等。第二，在许多案件侦查过程中，数字化侦查和实体侦查通常是配合进行的。数字化侦查通常是依托实体侦查开展的，甚至可以说，数字化侦查寓于实体侦查之中。

三、数字化侦查的基本形式与功能

借助于不同的数字信息来源及其传输网络，可以开展不同形式的数字化侦查，每种形式不同的数字化侦查又包含不同的技战方法，发挥诸多不同的侦查功能。

（一）借助公安内部专网开展的数字化侦查

借助于公安内部专网的各类信息系统、数据库、数字平台、数字信息网络开展的数字化侦查活动，是数字化侦查的主阵地、主渠道，主要可以实现以下侦查功能：网上锁定实施预备犯罪的人员；网上并案；网上排查犯罪嫌疑人；网上控制赃物；网上追踪及缉控涉嫌犯罪人员；网上进行人案双向认定；网上追捕在逃犯罪嫌疑人；网上扩大战果；等等。其具体侦查技战法体系庞大且处于不断的发展变化之中。

（二）借助互联网开展的数字化侦查

借助互联网上的数字信息、数据库、数字信息网络、各类搜索引擎开展的数字化侦查，是数字化侦查的一个重要方面，主要可以实现以下侦查功能：网上查询未知犯罪案件线索和犯罪嫌疑人；网上调查犯罪嫌疑人的身份；网上调查犯罪嫌疑人踪迹；搜寻与案件有关的网上信息查找犯罪嫌疑人；网上监控销赃信息以赃找人；

网上并案；网上查找犯罪嫌疑人同伙；了解犯罪嫌疑人既往网上活动，为确定追逃方向和范围提供依据；发动群众进行网上举报；网上通缉犯罪嫌疑人等。搜索引擎查控、人肉搜索、网络即时通信信息发掘与分析等，是借助互联网开展数字化侦查的最常用方法。

（三）借助通信数字信息开展的数字化侦查

电信数据侦查，涉及内容很多，其最为常见也最为主要的功能是查询特定时空的电信数据，锁定犯罪嫌疑人曾使用过的移动电话号码，锁定犯罪嫌疑人。电信数据侦查的基本步骤是：通过确定犯罪嫌疑人在作案时的动态活动时空点及时空轨迹，确定犯罪嫌疑人使用移动电话或可能使用移动电话的时空点、时空轨迹；查询相应时空点、时空轨迹的电信数据，锁定嫌疑人使用的移动电话号码；再通过机主身份信息查询、话单查询、手机卡与电子串号关联查询、购卡环节调查、手机定位、通话内容监听等途径，获取犯罪嫌疑人的身份信息或活动地点信息。

侦查活动中，还可以根据所查询到的犯罪嫌疑人不同时间、不同地点使用的公用电话数据，分析其落脚点和潜逃轨迹。

（四）借助视频监控数据开展的数字化侦查

视频侦查技术是继刑事科学技术、行动技术（即技术侦查）、网络侦查技术之后的第四大侦查技术。视频侦查技术将随着视频监控系统建设和应用的不断发展而发展，也将随着视频监控系统建设和应用的不断普及而普及，是一个具有广阔发展前景的侦查领域。

视频侦查在侦查活动中可以实现以下主要功能：预先控制、破获预谋案件；同步遏止、抓获现行犯罪；案后速控、动态追踪目标；回溯查明、寻找认定犯罪嫌疑人；证明犯罪、有效推进诉讼。[①] 并且，视频侦查已经成为数字化侦查中具有基础性意义的一种侦查形式，它可以为其他各种形式的数字化侦查提供推进的基础，也可为多种数字化侦查方式的关联运用提供结合点，并且视频侦查自身常常与其他数字化方式关联运用。

（五）借助 GPS 卫星定位系统开展的数字化侦查

借助 GPS 卫星定位系统的数字信息，可以通过数据查询查明已知涉案车辆运行轨迹，然后在车辆运行沿线开展调查，获取侦查线索与证据，推进侦查；也可以通过查询已知涉案车辆的运行轨迹，同步调取同行车辆视频资料，获取侦查线索与证据，如可以通过已知被盗抢车辆的运行轨迹，获取结伙作案的犯罪嫌疑人作案时自备的同行交通工具的特征、牌照等信息；还可以通过查询已知犯罪时空内过往的未知车辆，锁定犯罪嫌疑人作案时使用的车辆，或者锁定证人车辆。

（六）其他数字化侦查基本形式

数字化信息资源范围广泛，内容丰富，具有开放性和动态性特征，这就决定了

---

① 郝宏奎. 论视频监控系统在侦查中的运用. 山东警察学院学报，2008（5）：71-73.

数字化侦查的基本形式同样具有开放性和动态性。

四、数字化侦查的特点

数字化侦查具有过程的快捷性、指向的精准性、主体的广泛性、时空的超越性、对象的全面性、形式的无限性、方法的关联性、步骤的聚集性。[①]

（一）过程的快捷性

过程的快捷性，是指数字化侦查方法可以借助于信息网络、信息系统、数据库、信息平台，通过人机（计算机）互动的方式实施，瞬时产生形式不同、功效各异的侦查结论，具有实体侦查方式无可比拟的快速、便捷性。

（二）指向的精准性

指向的精准性，是指数字化侦查方法凭借相关数字信息与特定人员、时间、空间、物品、事件及其他特定案件构成要素之间的确定性联系，有针对性地推进侦查，使侦查指向以及侦查目标、过程、结论均具有极强的精确性和准确性。

（三）主体的广泛性

主体的广泛性，是指数字化侦查方法为全警乃至全民（广大互联网网民）参与某些环节、某些方面的侦查活动提供了稳定、规范、常态化的机会和条件，乃至于赋予他们以特定的侦查职责与义务，使他们成为侦查活动的关联主体，从而使参与性侦查主体得到极大扩展。

（四）时空的超越性

时空的超越性，是指数字化侦查方法，在技术上和理论上，可以不受任何时间和空间限制地通过信息网络获取侦查线索和犯罪证据等对侦查有价值的信息，高效推进侦查。

（五）对象的全面性

对象的全面性，是指数字化侦查方法可以通过对所有犯罪案件信息的全面采集和充分利用，消除侦查活动对犯罪案件管理、控制、侦查等环节的死角，实现侦查活动对所有犯罪案件的全覆盖。

（六）形式的无限性

形式的无限性，是指数字化侦查形式没有定数、没有定型、没有止境、永无穷尽，随着数字技术的发展、信息资源的扩展、侦查活动需求的提升、侦查人员创造性思维的无限拓展尤其是想象力的无限拓展，会不断产生新的数字化侦查形式。

（七）方法的关联性

方法的关联性，是指各种各样的数字化侦查方法可以并且应该关联运用、组合运用，通过各种数字化侦查方法的优化组合，破解不同的侦查难题，全面推进侦查，实现多种数字化侦查手段整体效能的最大化。各种数字化侦查方法的关联形式

---

① 郝宏奎. 论数字化侦查的特点//郝宏奎. 侦查论坛. 第 9 卷. 2010：1—6.

具有无限性，数字化侦查方法的关联形式创造出来的越多，侦查效率也就越高。

（八）步骤的聚集性

步骤的聚集性，是指数字化时代案件侦查活动的推进，明显地不同于按部就班的传统侦查步骤，在时间上呈现出聚缩性、时序上呈现出交集性、时效上呈现出快速性的特点。传统侦查步骤中先后时序非常明确的各个环节的侦查活动，在数字化侦查时代既可以先后开展，又可以同步开展，还可以交叉开展，甚至可以逆向开展。

‖ 第三节　数字化时代侦查活动的演进路向 ‖

数字化时代的到来，为数字化侦查提供了可能性。数字化时代，推动了侦查要素的变革和侦查活动的发展演进。①

一、侦查资源类型结构的演进

数字化时代的到来，使侦查资源在传统实体性侦查资源即形态痕迹、实物证据、目击证人及知情人人证、犯罪嫌疑人供述等基础上，又增加了数字信息等数字化侦查资源。数字化为侦查活动提供了线索引导和证据支撑的一个全新领域，重构了侦查线索与证据资源的类型，使据以查明案情、查找犯罪嫌疑人、证明犯罪的证据形式更加丰富。

二、侦查基础业务内部结构和总体水平的演进

一方面，数字化整合了侦查基础工作的内部结构。传统侦查基础工作，如阵地控制、××调控、刑事犯罪情报资料等，是彼此分离的，数字化促成了侦查基础工作由分散到整合的演进，实现了侦查基础工作信息化，侦查信息工作基础化。另一方面，数字化提升了侦查基础工作的整体水平。数字化在整合侦查基础工作内部结构的同时，使侦查基础工作由传统的手工、粗放、静态、任意的建设方法与水平演进为信息化、规范化、动态化、程序化的现代建设方法与水平。

三、侦查时空格局的演进

传统侦查活动中，许多有价值的侦查信息由于受时空阻隔而难以发挥应有的功能作用。数字化打破了侦查信息获取、交流与共享的时空限制，最大限度地减少甚或消除了侦查信息传递和利用的死角。并且，数字化可以使侦查工作更好地适应侦查流动性犯罪、连续性犯罪、系列性犯罪、有组织犯罪的需要，为"立足本地本职本岗破全国案件、抓全国逃犯"侦查战略的实施，提供途径保障、载体保障和

---

① 郝宏奎. 数字化时代与侦查转型. 人民公安报，2008 - 8 - 4（5）.

机制保障。

四、侦查方式与模式的演进

首先，数字化促成了侦查方式的新发展。数字化催生了人机互动的侦查方式和智能化的侦查方式。其次，数字化促成了侦查模式的转型。数字化侦查推动了被动、粗放、人力密集、低效率效益型侦查模式演进为主动、精确、信息密集、高效率效益型侦查模式。再次，数字化促成了侦查步骤由按部就班到高度聚集的转变。最后，数字化时代侦查资源的日益丰富，促进了以口供为中心的侦查模式逐步演进为围绕多种证据展开侦查的侦查模式。

五、侦查主体结构的演进

传统侦查活动主要依赖于侦查专业警种。数字化侦查则具有主体广泛性的特点，也就是说，数字化促成了全警参与侦查工作、多警联动实施侦查的侦查格局。数字化时代，侦查以外的警种在客观上承担着侦查工作相关环节、相关方面的职责，成为关联性的侦查主体，从而实现了侦查主体结构的发展变化。

六、侦查组织形式整体结构的演进

传统侦查工作重大案轻小案。但是，小案高发，小案关乎千家万户，小案侦破始终是社会转型期的一大侦查难题，数字化侦查有效破解了这一难题。它以对大案、小案信息的全面采集为基础，结合对相关涉案信息的综合利用，最终通过对人人关系、案案关系、人案关系动态的智能碰撞或人工碰撞，进行整体性侦查、经常性侦查、动态性侦查、经营性侦查、智能性侦查，从而认定哪些人是哪些案件的实施者，哪些案件是哪些人实施的，实现动态破案、随时破案、批量破案、全面破案。数字化借此促成了传统大案小案"眉毛胡子一把抓"（抓不到就只好弃之不顾）的侦查组织形式结构向现代二元侦查组织形式（专案侦查和"网络控制破案机制"侦查）结构的转变，实现了侦查组织形式的层次化（两个层次破案）、系统化（全面破案）。

‖ 第四节　数字化时代侦查活动的协调发展 ‖

数字化时代，为确保侦查活动科学、协调、均衡发展，应把握十个方面的统筹协调。①

---

① 郝宏奎. 数字化时代侦查工作应把握好十个统筹//陈刚. 信息化侦查大趋势. 中国人民公安大学出版社，2010：3-15.

一、实体侦查与数字化侦查

实体侦查与数字化侦查相结合，构成了数字化时代侦查活动的总体特征。数字化时代，单一的实体侦查或单一的数字化侦查都是残缺不全的。必须防止在两种侦查方式的运用上顾此失彼，厚此薄彼，畸形发展。必须推进实体侦查与数字化侦查的密切配合，"无缝结合"，使两者比翼齐飞，各显神通，促进侦查效能的全面提升。

二、专业化侦查与全警参与型侦查

一方面，要根据需要与可能，拓展各警种利用公安信息系统和公安业务信息平台参与侦查活动的深度、广度和力度，发展和完善多警联动；另一方面，要切实加强专业侦查队伍的建设，提升专业侦查队伍的侦查能力和水平。在多警联动的侦查格局中，侦查专业警种的功能不仅不能削弱，而且急需大力加强。专业侦查警种对侦查工作的整体规划、对侦查事务的统一管理、在专案侦查中的牵头作用、在侦查办案中的独特责任，如侦查活动中的法定手续办理、证据体系完善、诉讼案卷形成、诉讼活动推进等职责，是其他警种无法取代的。

三、本地案件侦查与外地案件侦查

管辖区案件侦查与非管辖区案件侦查协调发展，就是要充分发挥数字化侦查具有时空超越性特点的优势，通过建立科学的绩效考核机制，鼓励各地侦查部门结合对管辖区案件的侦查，积极开展对非管辖区案件的侦查。特定地域的公安机关在依照法律规定的地域管辖原则，受理和侦查本辖区发生的犯罪案件的同时，应确立全国侦查"一盘棋"的观念和全球化侦查的意识，加强与外地侦查部门的协作。同时，在侦查基础建设、侦查信息化建设过程中，最大限度地消除地域壁垒，最大限度地实现侦查信息资源的跨区域共享。

四、大案侦查与小案侦查

大案侦查与小案侦查协调发展，就是要充分利用数字化侦查具有对象全面性的特点，在理念上既要重视对具有严重社会危害性的大案侦破，又要重视对影响广大群众切身利益的小案侦破，防止小案由于长期不破而向大案发展；在方法上既要注意通过对大案的侦破带动小案侦破，又要注意通过对小案的侦破带动对大案的侦破。

五、硬件建设与思维创新

数字化时代，精良的数字化侦查硬件设施，是开展数字化侦查的基础。但是，必须明确的是，数字化时代的本质是对想象力的充分挖掘，在侦查硬件设施一定的条件下，数字化侦查活动效果的大小，主要取决于侦查人员想象力的丰富程度和侦查人员的思维创新能力。只有将侦查硬件建设与思维创新有机地结合起来，软硬兼施，协调发展，才能真正不断提升数字化侦查的实际水平。

六、技术方法与战术方法

数字化侦查的效果既依赖于娴熟的数字化侦查技术，又依赖于灵活多样的数字化侦查战术。如果没有数字化侦查技术方法的支持，侦查的战术方法只能停留在思维层面，只能是纸上谈兵，无法具体操作落实；同样，如果没有数字化侦查战术方法的指引，数字化侦查技术方法就难以得到充分的开发利用。只有将数字化侦查的技术方法和战术方法两个方面有机地结合起来，才能取得良好的侦查效果。

七、信息采集与信息利用

数字化时代的侦查工作，必须统筹基础信息采集的系统性与信息利用的深入性。一方面，要充分采集和整合各类信息资源，同时要最大限度地整合公安信息资源，最大限度地利用社会信息资源，充分提高信息综合采集的数量和质量。另一方面，应该注重对信息资源的深度利用，首先加强科学、实用的分类；其次对数据进行实时维护和动态更新；最后借助各种业务平台，对信息进行深度关联比对，并借助于各种技战方法，推进侦查，破获案件。

八、单项侦查手段与综合侦查手段开展数字化侦查活动，必须统筹单项数字化侦查手段的精耕细作与整体数字化侦查手段的关联运用

一方面，要推进单项数字化侦查手段的精细化、深入化、系统化，以实现单项数字化侦查手段效能的最大化；另一方面，要实现各种数字化侦查手段的互通互联：以意识上的互通互联促进思路上的互通互联，以思路上的互通互联推动技术上的互通互联，以技术上的互通互联保障战法上的互通互联，实现多种数字化侦查手段整体效能的最大化。

九、破案的数字化与办案的数字化

开展数字化侦查活动，必须统筹侦查破案的数字化与侦查办案的数字化。既要发挥数字化侦查手段在查明案件真相、查找和证实犯罪嫌疑人方面的实体性功能作用，加快侦查进程，提高破案效率，又要充分发挥数字化技术在侦查文书生成、侦查活动审批、侦查事项变更、侦查卷宗制作、诉讼环节推进方面的程序性功能作用，提升侦查活动的规范化程度，加大侦查活动的网上监督力度，提高办案质量。

十、侦查效能与人权保障开展数字化侦查活动，必须统筹侦查效能的价值诉求与人权保障的价值诉求

一方面积极扩展数字化侦查的效能，追求数字化侦查效能的最大化，使之在侦查工作中发挥更大、更多、更好的作用；另一方面努力加强数字化侦查中的人权保障，确保数字化侦查依法进行、规范进行、合理进行。

【小结】

本章探讨了数字化侦查的内涵和外延、数字化侦查的特点，阐述了数字化侦查时代对传统侦查模式的颠覆，以及数字化时代侦查活动的演进路向，论述了数字化时代如何推进侦查活动的协调发展。本章内容的学习应当把握数字化侦查不同于实体侦查的特点，并积极利用这些特点，提高侦查质量和效率；学习中应深入认识数字化时代侦查活动的演进路向对侦查活动的整体影响，推进侦查活动的协调发展。

【思考题】

1. 数字化侦查的特点有哪些？案件侦查中数字化侦查是否可以孤立开展？
2. 数字化时代侦查活动的演进路向及其对侦查活动的整体影响如何？

【推荐阅读】

1. 陈刚. 信息化侦查教程. 中国人民公安大学出版社，2012.
2. 陈刚. 信息化侦查大趋势. 中国人民公安大学出版社，2010.
3. 杨郁娟. 侦查模式研究. 中国人民公安大学出版社，2009.

第三编　犯罪现场勘查

第六章　犯罪现场与犯罪现场勘查概述

【教学重点与难点】

教学重点：犯罪现场的概念及其含义的理解；现场勘查的任务与要求。

教学难点：犯罪现场的特性。

‖ 第一节　犯罪现场 ‖

犯罪现场是侦查学的基本概念，往往也是侦查主体对侦查客体犯罪行为认识的起点。研究犯罪现场勘查，必须首先明确犯罪现场这一基本概念，并研究其特性、构成及分类。

一、犯罪现场的概念

（一）现场的概念

现场是一个时空概念，"现"具有时间的含义，"场"具有空间的含义。从语义上理解，现场是指存在于当前时段的特定空间。一般来说，现场是指某一事实发生的地方。现实生活中，存在多种多样的现场，有人为因素形成的，如生产现场、会议现场、比赛现场以及犯罪现场等；也有自然因素形成的，如地震现场、泥石流现场、雷击现场等。随着现代科技的发展，计算机网络和智能通信工具普遍应用，使得网络空间的活动占据了人类社会生活越来越重要的位置。如果仅仅将现场理解为实体的空间，在信息时代就显得过于狭隘了。因此，现场应具有以下几重含义：

第一，现场是承载一定事实的空间；

第二，现场现象呈现着特定事实的进行状态或结果状态；

第三，现场状态蕴含着所发生事实的内容和事实发生的过程乃至原因；

第四，现场具有多样性，包括了实体现场与虚拟现场。

了解现场的这些内在属性，也是认识犯罪现场的前提。

（二）犯罪现场的概念

犯罪现场，是指犯罪行为人实施犯罪行为的地点和其他遗留有犯罪物证的一切场所，包括实体空间与虚拟空间。犯罪现场是犯罪活动的遗址，是储存犯罪信息和犯罪证据的宝库。

由犯罪现场的概念可知，犯罪现场是特定犯罪事实发生的空间，记载着所发生犯罪事实的内容及特定犯罪事实发生的过程乃至原因。

对犯罪现场概念的理解及运用，应注意以下几点问题：

1. 犯罪现场有着比较广泛的外延。从犯罪实施的一般过程来看，犯罪行为包括犯罪的准备行为、犯罪的实施行为和犯罪的逃避行为三个典型阶段。所以，与犯罪行为有关的场所中的犯罪行为具体应指上述犯罪行为的总和。实施犯罪活动的地点，即犯罪行为人向犯罪对象实施侵犯行为的地点，如财物被盗地点，抢劫、强奸行为所发生地点等；遗留有犯罪物证的一切场所，是指作案人作案时进出现场的路线，作案后隐匿罪证、处理赃物等场所。这些与实施犯罪活动有关的场所，往往遗留有足迹、手印、血迹、作案工具、凶器或其他物证。犯罪现场的概念从地域上对犯罪现场作了完整的描述，"地点"与"场所"两者紧密相连，相辅相成，缺一不可。

2. 在信息化时代，犯罪现场的传统观念应当更新。伴随着计算机与网络技术的不断发展，人们的生活、工作与思维发生了重大变化，作案人所依存的社会环境和行为模式也同样发生着变化。未来，大数据、云计算、社交网络等相互联动，更会对整个人类社会的生产和生活带来巨大影响。犯罪现场作为侦查学的基本概念在内涵与外延上也自然应该与时俱进。犯罪现场应是系统证据和犯罪行为信息的载体，而不仅仅是单一的实体空间场所。

3. 应树立"疑罪现场"的理念。现场勘查作为一项技术性调查措施，其首要目的就是通过现场勘查确定是否存在犯罪行为从而为立案提供依据。侦查人员接到报警的现场，是一个法律性质尚未明确的现场，有可能存在犯罪行为，也有可能并不存在犯罪行为。应将未经勘查的现场定位为"疑罪现场"。只有经过现场勘查之后，证明确有犯罪事实发生并需要追究刑事责任的现场，才是真正法律意义上的"犯罪现场"。

二、犯罪现场的特性

(一) 客观性

犯罪现场的客观性，是指犯罪行为一旦发生，犯罪现场必然会留下与犯罪相关的痕迹、物证，这是不以人的意志为转移的客观规律。作案人只要在一定条件下实施了犯罪行为，必然会引起被侵害对象及其物质环境发生某种形态变化，如杀人、投毒等犯罪行为所造成的人、畜伤亡；盗窃行为使现场财物短少，保险柜、桌、箱等发生位移。这些现场的变化直接反映了作案人与犯罪事实的因果联系。

即使作案人为了逃避侦查采取各种手段伪装、破坏犯罪现场，也无非是用一种犯罪行为掩盖另一种犯罪行为，根本无法彻底毁灭证据和掩盖犯罪事实，同时还会增添新的痕迹、物证，继续向侦查人员传递犯罪信息。所以，犯罪现场是客观存在的，具有客观性，这也是犯罪现场最为本质的特性。这一属性又派生出犯罪现场的反映性和可知性。

（二）复杂性

尽管犯罪现场是一种客观存在，但由于各种人为因素和自然因素对现场的影响，加之痕迹、物品本身的复杂多样性，使得犯罪现场呈现出明显的复杂性。这加大了侦查人员对犯罪现场的认知难度。

1. 原因与结果之间的复杂关系。犯罪现场表现出的某种结果，可能是一因一果，如故意驾车撞击致人死亡；也可能是多因一果，如谋杀致人死亡这一结果，可能是投毒、勒颈、器械打击所致；还有可能是一因多果，即某一原因造成多种结果发生，如有的纵火案件，既烧毁了房屋，又烧死了人。由于原因与结果之间的这种复杂关系，犯罪现场尽管暴露出种种可以看得见的现象，但其形成的原因却一时难以查明。

2. 现象与本质之间的复杂关系。现象是事物的外部表现，事物的本质是通过无数的现象从各个不同方面表现出来的。现场暴露出来的现象虽然很多，但有的现象是犯罪事件的正面反映，有的现象是犯罪事件的侧面反映，还有的现象则是假象。例如，伪造现场，尽管虚构的案情和现场蓄意的设计本身存在矛盾和破绽，但仍然容易将侦查工作引入歧途；又如伪装、破坏现场，犯罪分子作案后故意对现场进行伪装和破坏，以达到转移侦查视线、毁痕灭迹的目的，从而逃避打击。这类现场中，犯罪活动的真相被假象所覆盖，给侦查人员透过现场现象认识犯罪事件的本质增加了难度，给现场勘查工作带来了困难。

此外，现场遗留的痕迹、物品复杂多样，既有工具痕迹、枪弹痕迹等稳固的痕迹，又有手印、足迹等易损的痕迹；既有粉末、油脂等微量物质，又有汽车、搅拌机等大型物品。物质形态的多种多样，真相假象的并存，使现场显得千头万绪，纷繁复杂。侦查人员必须沉着冷静、全面分析，才能将犯罪现场的复杂性充分化解，确保现场勘查工作顺利进行。

（三）易变性

犯罪现场的易变性，是指现场状态很容易受到人为或自然因素的影响而发生变化的属性，如现场各种物品之间的组合关系发生变化，现场痕迹、物品的变形、变性、毁坏、消失、混杂等。现场状态的变化，主要由以下因素所决定：

1. 自然因素。宇宙间一切事物都处在不停顿的运动变化之中，静止不变是相对的，运动变化是绝对的。犯罪现场形成后，现场的痕迹、物品及整个现场状态时时刻刻都在发生着变化。首先，物理、化学作用会引起变化。例如，随着时间的推移，现场的无色汗液手印会因为汗液的蒸发而导致难以显现；尸体发生腐烂变得面目全非；血迹在一定的温度、湿度的条件下会出现变色、变质等。其次，气候变化和自然灾害造成现场发生改变，如大风刮走了现场遗留的纤维、毛发，大雨冲刷了室外现场遗留的足迹；泥石流覆盖了整个犯罪现场。最后，动物也会造成现场的变化，如野生动物对野外尸体进行啃噬、拖拉、踩踏等造成的破坏。

2. 人为因素。人的行为对现场状态造成的改变多数是无意的行为，如事主、被害人和围观群众出于种种原因，无意中对现场造成变动和破坏；在现场保护及现场勘验过程中，保护人员和侦查人员的操作不当同样会对现场造成无意的破坏和污染。也有故意对现场造成破坏的情况，如作案人的同伙故意破坏现场，毁灭犯罪痕迹。此外，杀人、放火、爆炸等案件现场，往往因急救人命、抢救财物、排除险情等，也会使现场受到破坏或变动。

正确认识犯罪现场的易变性，可以使侦查人员从现场的变化中，透过现象抓住本质，正确认识案件的真实情况，为侦查工作的顺利开展创造有利条件；有助于提高侦查人员对现场保护和及时勘查的重视意识，减少或避免因现场保护和勘查不及时所带来的困难。

三、犯罪现场的构成、分类

(一) 犯罪现场的构成要素

1. 时间、空间要素。任何犯罪分子在进行犯罪活动时，都离不开一定的时间和空间条件。时间和空间是一切客观事物存在的基本形式，如果离开时间和空间条件，犯罪行为就无从表现出来，犯罪现场也就不可能存在。

犯罪时间，从狭义上讲，是指犯罪分子为实施犯罪活动而在现场停留的此段时间。从广义上讲，犯罪时间不仅包括犯罪分子实施犯罪活动而在现场停留的这段时间，还包括犯罪分子实施犯罪活动前预备犯罪的时间和实施犯罪后掩盖犯罪的时间。

犯罪空间，通常是指作案分子实施犯罪活动所涉及的具体地点、场所和范围。空间是物质存在的一种客观形式，如果没有空间这个要素，犯罪行为和结果就失去了所依附的载体。所以，任何一个犯罪行为的实施，都必然是在一定的空间范围内进行的。应当指出的是，犯罪空间不仅包括现实的物理空间，还包括虚拟空间。随着网络以指数速度渗透到社会生活的各个角落，创造出了人类活动的第五维空间——网络电磁空间，即"赛博空间"。这一空间是基于真实的物理架构下的一个数字化虚拟空间。人们通过各种数字化的界面，可以与真实空间相似地通过网络来完成各种活动。

犯罪时间与空间是构成犯罪现场的必备要素。一个人在同一个单位时间内，只能在一个处所活动，而不可能既在甲地又在乙地进行活动，即一个人在一个单位时间内不能同时占有两个空间。因此，确定犯罪现场存在的时间、空间，对于查明犯罪活动情况、收集犯罪证据、确定侦查方向和范围，都有非常重要的作用。

2. 行为要素。犯罪现场构成中的行为要素包括两个方面，即作案人的犯罪行为和被害人的行为，其中犯罪行为的存在是形成犯罪现场的核心要素。

犯罪行为，是指作案人为了实施犯罪意图而采取的犯罪行动。犯罪现场必须有作案人的犯罪行为，缺少了犯罪行为这一要素，就不能称之为犯罪现场。这是犯罪现场与其他现场相区别的最本质特征。因此，在刑侦工作中，大量未勘查前的现场都应属于疑罪现场，只有通过现场勘查确定犯罪行为的存在，才能称之为犯罪现场。被害人的行为是作案人的行为所派生的或者说是由作案人的行为直接导致的行为。不同的被害人在应对作案人时所表现出的行为各不相同，往往也直接影响到现场的状态和案件的性质。

因此，全面研究构成犯罪现场的行为要素，把握作案人的行为和被害人的行为，是侦查人员深入认识行为要素的关键所在，有利于侦查人员辨识犯罪现场中的真相与假象，进而科学地收集、审查证据。

3. 被侵害对象及物质形态变化要素。犯罪活动是一种物质运动，这种物质运动的结果，必然要引起犯罪现场物质形态的改变。只要作案人在特定地点实施了犯罪行为，必然引起这个特定地点上被侵害对象及其物质形态的一定变化，呈现出特定的现场形态。例如，杀人、投毒等犯罪行为造成现场人、畜的伤亡；盗窃行为造成现场财物损失，桌、箱、柜等物品发生位移以及由此而留在事主、被害人、知情人头脑中的各种反映形象等。这些形态变化是犯罪行为的必然结果，它反映了作案人的行为特点。有些犯罪分子为了逃避打击，伪装或破坏犯罪现场，妄图掩盖犯罪事实，转移侦查视线。但是，伪装会留下伪装的行为痕迹，破坏会留下破坏的行为痕迹，破坏了原有的痕迹，又会留下新的痕迹。因此，犯罪现场被侵害对象及物质的形态变化是不以人的意志为转移的客观存在。

构成犯罪现场的三个要素是互相联系、相互依存，缺一不可的。作案人的犯罪行为，必然与时间、空间和被侵害对象及其物质环境的变化同时存在，这是构成犯罪现场的基本要件。

(二) 犯罪现场的分类

依据不同的标准可以对犯罪现场进行不同的分类。研究犯罪现场的分类，能够使侦查人员根据不同类型现场的不同特征，正确掌握现场勘查的重点，并采取针对性的勘查方法，借以提高现场勘查工作的效率和质量。

1. 原始现场与变动现场。依据犯罪现场形成之后至勘查前有无变动情况，可将犯罪现场分为原始现场和变动现场。

原始现场，是指自形成之后到勘查伊始，现场状态没有发生改变而保持作案后原始状态的犯罪现场。原始现场能够真实地反映出作案人实施犯罪行为的方法、手段、犯罪动机及整个犯罪活动的结果，较好地保全有关犯罪证据和侦查线索。

变动现场，是指犯罪现场形成后至勘查前，犯罪现场的状态发生了部分或全部改变的犯罪现场。犯罪现场产生变动的原因主要有两个：一是人为因素，包括故意与非故意；二是自然因素。这类犯罪现场真相与假象共存，给正确地勘查和分析造成了一定的困难。

将犯罪现场划分为原始现场和变动现场的意义在于：它可以使现场勘查人员在观念上树立一个"原始"与"非原始"、"变动"与"未变动"的概念，以便在勘查现场时能首先考虑到现场有无变动，以免把非犯罪原因形成的痕迹、添减或破坏的物品误认为是犯罪行为所致，把侦查引入歧途。

2. 主体现场与关联现场。依据犯罪现场在犯罪中所处的地位和作用不同，可将犯罪现场分为主体现场与关联现场。

主体现场，是指犯罪行为人实施主要犯罪行为的处所。具体地说，就是犯罪行为人对犯罪对象直接实施侵犯（害）行为的场所。主体现场是每一起犯罪案件不可缺少的要素。一般情况下，一起案件只有一个主体现场，有时也会出现一起案件有多个主体现场的情况。

关联现场，是指与实施主要犯罪行为有关的处所。主要是指犯罪预谋活动和处理赃物、罪证等活动所涉及的处所。

划分主体现场与关联现场的目的在于强调勘查工作的全面性和有序性。所谓全面性，也就是系统性和联系性，即在勘查现场的过程中，对面临的现场的地位做出判断之后，可以上下延伸，推断出其他可能存在的或应该存在的现场，以便于勘查工作的全面展开。所谓有序性，就是指通过对现场主次的划分，可以区别勘查工作的轻重缓急，以便合理安排勘查顺序和勘查力量。从主体现场获取的情况和从关联现场所获取的情况可以互相衔接、互相补充。

实践表明，犯罪行为人为了逃避打击，在主体现场往往比较注意毁证灭迹，有时还要对主体现场进行伪装，而在关联现场则容易疏忽大意。因此，将两类现场的勘查结合起来，所获得的材料就会更完整、更有价值。

3. 预备现场、实施现场、掩盖现场。根据犯罪现场在犯罪发展过程中形成阶段的不同及其在犯罪功能上的差异，可将犯罪现场划分为预备现场、实施现场和掩盖现场。

预备现场，是指犯罪行为人在犯罪预备阶段实施预备犯罪行为所形成的犯罪现场，如装配、制作犯罪工具的场所，作案前的隐蔽场所等。

实施现场，是指犯罪行为人对犯罪对象直接实施侵犯（害）行为的场所，如杀人地点、强奸地点等。

掩盖现场，是指犯罪行为人为了掩盖罪责、逃避打击而隐藏或销毁赃物、罪证的场所。

这种划分并不意味着每起案件都存在这三种现场。这种划分的目的，在于正确地分析、推断犯罪活动的过程和顺序，全面地发现、收集各种犯罪证据，为查找犯罪嫌疑人和证实犯罪提供充分的依据。需要说明的是，预备现场、实施现场和掩盖现场同前述的主体现场和关联现场之间有着一种对应关系。实施现场即是前述的主体现场，预备现场与掩盖现场即是前述的关联现场。

对于犯罪现场的分类还有许多其他的标准：如依据犯罪现场所处位置的环境不同，可分为室内现场和室外现场；根据现场真伪情况不同，可分为真实现场、伪造现场；根据现场形成的先后次序，可分为第一、第二、第三场等；根据案件的不同性质，可分为杀人现场、盗窃现场、抢劫现场、强奸现场、爆炸现场、投毒现场、放火现场等。以上各种对犯罪现场的分类，有助于侦查人员在现场勘查时充分估计到可能出现的各种情况，进行全面分析，确保现场勘查工作的顺利进行。

‖ 第二节　犯罪现场勘查的任务与要求 ‖

一、犯罪现场勘查的概念

犯罪现场勘查，是指在刑事案件发生后，侦查人员为了查明犯罪事实，获取侦查线索，收集犯罪证据，而依法运用一定的策略方法和技术手段，对与犯罪有关的场所、痕迹、物品、人身、尸体所进行的勘验、检查，对事主、被害人及其他知情人员所进行的调查访问活动。现场勘查是一项法定的侦查措施。现场勘查这一概念包含了现场勘查的主体、对象、方法、内容和目的。它具有以下几点含义：

（一）现场勘查的主体是侦查人员

现场勘查必须由侦查人员或在侦查人员的主持下进行。我国《刑事诉讼法》第101条规定："侦查人员对于与犯罪有关的场所、物品、人身、尸体应当进行勘验或者检查。在必要的时候，可以指派或者聘请具有专门知识的人，在侦查人员的主持下进行勘验、检查。"由此可见，现场勘查是侦查人员的职责，应由侦查人员或在侦查人员主持下进行现场勘查，才具有法律效力。

（二）现场勘查的对象和范围具有特定性

从现场勘查的概念可以看出，现场勘查的对象仅限于同犯罪有关的场所、物品、人身（包括被害人、被告人）、尸体，现场勘验检查和现场调查访问，都是围绕着与犯罪有关的情况及其后果进行的，凡与犯罪无关的场所和人、事、物，均不在勘查之列。现场勘查对象和范围的特定性，决定了现场勘查必须严格依据法律规定的条件和程序进行。随着刑事司法改革的不断推进和证据立法的不断完善，现场勘查工作必须强化正当程序意识，否则勘查过程中获取的证据的可采性就可能面临问题。

（三）现场勘查的方法、手段

为了查明犯罪事实，收集犯罪证据，揭露和证实犯罪，现场勘查必须综合运用当代各种刑事科学技术手段，才能完成对与犯罪有关的场所、物品、人身、尸体等进行勘验、检查的任务。同时，在现场勘查中，侦查人员还必须深入现场及周围的群众中进行调查访问，及时收集与案件有关的线索和证据。因此，现场勘查是一项技术性、专业性、综合性很强的侦查措施。

（四）现场勘查的法定内容

《公安机关刑事案件现场勘验检查规则》第5条规定："现场勘验、检查的内容包括：现场保护、现场实地勘验检查、现场访问、现场搜索与追踪、现场实验、现场分析、现场处理、现场复验与复查等。"这几方面内容彼此相辅相成，互相印证，互相补充，缺一不可。

（五）现场勘查具有特定的目的

现场勘查对象和范围的特定性决定了现场勘查具有特定的目的。现场勘查的目的在于充分地揭示现场现象，查明事件性质，判明案件性质，研究现场现象与犯罪行为之间的因果联系，查明犯罪活动情况，刻画犯罪嫌疑人的个体特征和犯罪条件，获取侦查线索，收集犯罪证据，为准确确定侦查方向和范围、揭发和证实犯罪嫌疑人、顺利推进诉讼活动打下坚实的基础。

二、现场勘查的任务

现场勘查的任务，主要是通过对犯罪现场的勘验、检查和访问，查明作案人在现场的活动情况，发现和收集犯罪证据，分析研究案情，判断案件性质，确定侦查方向和范围，为案件侦破提供线索、为诉讼提供证据。具体主要包括以下几个方面：

（一）查明事件的性质

查明事件的性质，是现场勘查的首要任务。只有通过现场勘查才能查明所发生的事件究竟属于什么性质，是刑事犯罪案件还是意外事故，如交通事故、自杀事件、灾害事故等；是正常的自然现象，还是伪造现场的假案。侦查人员只有在确认是犯罪行为引起的事件并达到刑事案件立案标准的情况下，才能立案侦查。

（二）查明犯罪活动情况

现场勘查过程中主要需要查明以下犯罪活动情况：犯罪时间，即作案人何时侵入现场，实施侵害行为所经历的时间，逃离犯罪现场的时间；犯罪地点，即作案人实施侵害行为的场所及关联现场；犯罪行为及后果，即作案人实施了何种犯罪行为，造成了什么后果；作案人的情况，即作案人的人数、个人特点和犯罪条件；实施侵害行为的过程，即作案人进出犯罪现场的路线，侵入现场的部位，实施犯罪活动的先后顺序，逃离的方向等情况；现场的反常情况，即现场存在的与犯罪发生发展规律不符的反常情况。

（三）发现、固定、提取与犯罪有关的痕迹、物证及其他信息

现场勘查的过程，就是运用各种刑事科学技术手段，发现、固定、提取有关的痕迹、物证及其他信息的过程。把现场留下的各种各样与犯罪有关的痕迹、物证及其他信息，尽可能毫无遗漏地收集和掌握起来，是现场勘查的一项重要任务。

犯罪现场遗留的痕迹、物证往往是零散而隐蔽的。现场勘查中必须根据犯罪行为人的活动规律，采取各种有效手段，及时发现、提取、保全与犯罪有关的各种痕迹、物证及其他信息，为侦查工作和诉讼活动提供有利的线索和证据。在实施勘查时，不仅要注意发现、收集能够据以确认犯罪嫌疑人、揭露与证实犯罪的相关证据，也要注意发现、收集能够证明某一犯罪事实存在的证据；不仅要注意收集有罪

证据，也要注意收集无罪证据；不仅要收集犯罪嫌疑人遗留的痕迹、物品，也要收集被害人遗留的痕迹、物品。

（四）记录现场情况

现场所获得的各种情况和材料都是重要的证据来源，应当用现场勘查记录的方法加以固定。现场勘查记录是法定的证据种类之一。在实施勘查中，运用文字笔录、绘图、照相、录像等方法，将现场客观情况以及勘查所见、勘查工作过程，如实客观地记载下来，形成完备的现场勘查记录，是现场勘查的重要任务。

（五）适时采取紧急措施

勘查现场，特别是勘查重大暴力犯罪案件现场时，经常会遇到各种紧急情况。例如，抢救被害人、排除爆炸物、扑救火灾、排除现场险情和隐患、追缉堵截犯罪嫌疑人等。根据《公安机关办理刑事案件程序规定》，无论是否是刑事案件现场，当紧急情况出现时绝不能坐视不管，应当履行职责，及时采取紧急措施进行处理。

（六）分析案情，确定方向，划定范围，选择途径

现场勘查结束后，要对现场情况进行分析研究。通常要汇集现场勘查、现场访问、尸体检验，以及技侦、网监、视频等各方面的信息材料，对现场勘查情况进行综合深入的分析和研究。通过现场分析，一方面确定现场是否需要继续复查和如何复查；另一方面根据现场情况确定案件的侦查方向、划定侦查范围、选择侦查途径、制订侦查工作方案，为下一步侦查工作的开展打下基础。

三、现场勘查的要求

犯罪现场勘查，往往时间紧、任务重且情况复杂，经常会遇到一些意想不到的困难和险情，以及各种外来因素的干扰。如果稍有延误，就有可能丧失捕捉犯罪嫌疑人的战机，工作稍有疏漏，就有可能使现场遗留的犯罪痕迹物证遭到破坏或散失，给侦查破案工作带来无法弥补的损失。因此，现场勘查必须坚持实事求是的科学态度，一切从实际出发，切忌主观片面和先入为主，并严格遵循"依法、及时、全面、细致、客观"的基本要求进行。

（一）现场勘查必须依法

侦查人员在现场勘查时，必须严格按照我国《刑事诉讼法》、《公安机关办理刑事案件程序规定》和《公安机关刑事案件现场勘验检查规则》的要求进行。这些相关的法律、法规是制约勘查人员现场勘查行为的规范，也是现场勘查法律效力的重要保证。勘查人员不仅要了解、明确相关的法律规定，而且要严格执行。

（二）现场勘查必须及时

所谓及时，就是要求勘查人员必须抓住案发不久、犯罪痕迹比较明显、证据未遭破坏、群众记忆犹新、犯罪嫌疑人未及远逃、赃物尚未脱手等有利时机，迅速组织实施勘查，及时了解案情，取得证据，采取紧急措施，以提高勘查效果。为了保证这项要求的具体落实，侦查人员必须常备不懈，一旦发生案件要勇于克服困难，

不论白天黑夜，条件多么恶劣，都必须雷厉风行。同时，建立必要的规章制度。这样才能切实做到"招之即来，来之能战"。

（三）现场勘查必须全面

勘查人员必须全面、深入、系统地进行勘验检查和调查访问，凡是与犯罪有关的场所都要全面勘验，凡是与犯罪有关的人和事都应全面调查，凡是能够认定和证实犯罪及对侦查工作有价值的案件材料，都要全面收集，凡是与犯罪案件有关的事实都要全面分析。

（四）现场勘查必须细致

勘查人员对现场的勘查必须仔细认真，不能放过任何蛛丝马迹，切忌"走马观花，粗枝大叶"。在现场勘查中，一些看起来微不足道的细小痕迹或物品，一个看起来好像无关紧要的普通情况，往往能成为发现犯罪嫌疑人的重要依据、认定犯罪嫌疑人的重要证据。反之，就可能把有价值的信息或重要的痕迹、物品丢失，给侦查工作带来极大损失与被动性。

（五）现场勘查必须客观

勘查人员在现场勘查时不能先入为主，必须实事求是从现场实际出发，按照现场的具体状况去勘查现场、认识现场和反映现场。客观勘查现场是对现场勘查的基本要求，是现场勘查的生命线。如果现场勘查失去了实事求是的客观要求，也就失去了现场勘查的原本意义。

【小结】

犯罪现场勘查是侦查人员依法对犯罪现场进行的调查研究活动，是刑事案件侦查开始阶段的一项重要的法定侦查措施。犯罪现场是犯罪行为人实施犯罪的客观记录载体，也是现场勘查的客观依据，现场勘查的各种手段与措施体系都是围绕"犯罪现场"这一中心展开的。因此，正确认识犯罪现场的概念、特性和分类，以及犯罪现场勘查的任务与要求，对做好犯罪现场勘查工作具有重要意义。

【思考题】

1. 什么是犯罪现场？掌握犯罪现场的概念对侦查实践工作有何意义？
2. 犯罪现场具有哪些特性？
3. 犯罪现场的构成要素有哪些？具体含义是什么？
4. 现场勘查有哪些任务和要求？

【推荐阅读】

1. 郝宏奎. 犯罪现场勘查. 中国人民公安大学出版社，2006.
2. 高春兴，苑军辉，邹荣合. 犯罪现场勘查. 中国人民公安大学出版社，2011.

第七章 犯罪现场前期处置

【教学重点与难点】

教学重点：现场保护的方法；现场紧急措施的掌握。

教学难点：各类犯罪现场的保护方法。

‖ 第一节 犯罪现场保护 ‖

犯罪现场保护，是指刑事案件发生后，为了使犯罪现场的痕迹、物证免受破坏，由公安机关对现场进行的封锁、警戒和对痕迹、物证实施的一系列保全、维护措施。犯罪现场保护既是公安机关的法定职责，也是任何公民和单位的法定义务。应当注意的是，犯罪现场保护是一个动态的过程，它贯穿于现场勘查工作的始终，不仅在勘查前需要对现场进行保护，在现场勘查过程中，勘查人员也要有高度的现场保护意识。

一、犯罪现场保护的意义

（一）有利于查明现场发生的犯罪行为

犯罪现场保护是一项基础性的工作，现场保护工作质量的高低会直接影响到后续现场勘查工作质量的好坏。如果现场保护工作中出现失误，就会导致犯罪现场痕迹、物证的灭失和现场原始状态的改变，给现场勘查工作造成无法弥补的损失。

（二）有利于收集犯罪证据和发现侦查线索

任何一个犯罪现场都存在着一定的犯罪证据和侦查线索，但并不是所有的犯罪证据和侦查线索都能被侦查人员所发现，虽然这受很多因素的影响，但现场勘查质量的高低是其中一个重要的因素。而现场勘查质量的高低一定程度上又取决于犯罪现场保护工作的优劣。

（三）有利于保守现场勘查工作的秘密

保护好犯罪现场，将现场和围观群众隔离开，有利于保守犯罪现场和勘查工作的秘密。现场勘查是一项重要的侦查措施，犯罪现场的情况和现场勘查的情况都需要严格加以保密，这些情况一旦被犯罪分子获悉，他们就会立即采取相应的反侦查伎俩逃避侦查，影响侦查工作的顺利进行。另外，在确保现场及现场勘查秘密的情况下，犯罪现场的状态及现场勘查中所提取的痕迹、物证也可用来甄别犯罪嫌疑人口供的真伪。

二、犯罪现场保护的任务

犯罪现场的保护工作要与后续的犯罪现场勘查工作紧密结合起来，犯罪现场保护的总体目标有两个：一是对犯罪现场中的一切痕迹、物证进行保护；二是对被害人、现场周围的知情人等有关人员予以固定或登记，并进行初步访问。民警在到达犯罪现场后，主要的工作任务包括：

（一）核实现场情况，迅速上报

刑事侦查部门发现犯罪现场的途径通常有两个：群众报案，或民警自己发现。如果是群众发现后报案，民警应立即对报案群众进行初步询问，制作接受刑事案件登记表。民警无论是接到群众报案赶赴犯罪现场还是自己发现的犯罪现场，首要任务都是到犯罪现场进行初步的核实，确认是否有犯罪行为发生。如果确认现场的确发生了刑事案件，应当立即向上级公安机关的刑事侦查部门报告，请求派员勘查现场。

（二）确定保护的范围、封锁现场

民警到达现场后，应立即采取保护措施，封锁现场，防止无关人员进入现场。保护范围确定的原则是宁大毋小，即保护的范围要略大于实地勘验的范围。现场封锁后，任何人员不得随意进入现场。如果现场范围较大，现场情况混乱，或保护现场的警力不够，民警应就地组织现场附近的相关人员（如企事业单位的保卫人员、街道干部等）协助进行工作，确保犯罪现场不遭受破坏。

（三）对紧急情况进行处置

民警在采取保护措施的同时，要迅速对现场的情势进行评价和判断，如果犯罪现场有紧急情况发生，则立即组织力量，采取相应的措施进行正确的处置。民警在进行紧急处置时，如需对现场的物品等进行变动，则要尽可能减少对现场原始状态的破坏，在变动前要对现场的原始状况进行记录，记录应根据具体条件采用文字、照相、绘图或录音录像的方式进行。

（四）进行初步调查访问

民警在稳住现场情势后，应抓紧时间，对知情群众、报案人、现场发现人进行初步访问，收集现场被发现后至保护前的各种情况、犯罪嫌疑人的情况，及时登记所有在场的证人。民警对有关人员的初步访问与正规的现场访问相比，在重点和访问内容上都有所区别。初步访问的重点主要包括两个方面：一是要进一步查清发现现场的过程及现场的变动情况；二是要将与犯罪现场有关的证人的基本情况固定下来，问清其姓名、住址、工作单位、联系方式等。

（五）向现场勘查人员介绍犯罪现场保护的情况

《公安机关刑事案件现场勘验检查规则》第23条规定："负责现场保护的人民

警察应当将现场保护情况及时报告现场勘验、检查指挥员。"当侦查人员到达现场后，保护现场的民警应当将了解到的有关案件情况及现场保护情况，向侦查人员作详细汇报。汇报的内容应包括：案件发生、发现的经过；现场的原始状态及变动情况；相关证人的情况等。

三、犯罪现场保护的方法

（一）警戒法

警戒法，是指在现场的外围和周边地带，设岗看守现场物证和中心现场部位的保护方法。

1. 室外现场的警戒。划出保护范围，设置警戒线和告示牌。民警首先应根据现场情况，划出一定的禁入区，禁入区应用醒目的警示标记如警示带、绳索等加以圈定，同时设置告示牌并设立岗哨进行警戒，严禁无关人员进入警戒范围。

2. 室内现场的警戒。

（1）封锁出入口。进入室内现场的通道是固定而明显的，如门、窗等，因此室内现场的保护首先是在现场出入口处布置一定的民警进行警戒，禁止无关人员进入现场。

（2）确定外围保护范围。根据现场的具体环境和犯罪痕迹、物证的分布情况，在现场外围划出一定的警戒范围，设立岗哨，禁止围观群众靠近现场。

（二）对现场物证的保护方法

1. 标示法。是指在保护现场过程中，由于特殊情况民警必须进入现场，为了保护现场内的物证，对比较明显的物证用粉笔圈划、放置标识牌等方法标示出来，以提醒其他民警对此痕迹物证加以保护的方法。

2. 记录法。是指在保护现场过程中，由于急救抢险等需要变动现场物品和人体的位置时，民警将移动前现场的物品或人身的状况详细记录下来的方法。一般可以使用文字、绘图、照相和录像等方法。

3. 遮盖法。是指当犯罪现场的气候发生变化时，为了使现场的痕迹、物证免受破坏，现场保护人员用洁净的遮盖物对现场明显的痕迹、物证加以遮盖保护的方法。

4. 转移法。是指在现场保护过程中，为了急救抢险必须对现场的原始状态进行改变时，或遇气候变化现场物品的痕迹有受到破坏的可能时，负责保护现场的民警将一些可能遗留有犯罪痕迹的现场物品移动到安全处所进行保护的方法。

应当注意的是，即使是在勘查过程中，勘查人员也应加强自身对现场物证的保护。勘查人员在进入现场前必须佩戴手套、鞋套、头套，并戴上口罩。禁止在现场内吸烟、进食、吐痰、梳头和使用现场内的任何物品及交通、通信工具。移动或触动现场内的物品进行观察和研究时，尽量选择一些非常规的着力点，如杯子的边沿、物体的棱角处、门的上缘等。勘查人员进入现场工作后，应当按照既定的顺序进行勘验，尽量避免反复多次进出现场。

（三）对现场两类特殊对象的保护方法

1. 对现场中尸体的保护方法。

（1）对吊挂着的人体的处置和保护。当发现现场中有吊挂着的人体时，应首先判断其是否死亡，如尚未死亡需进行抢救时，可在颈部未打结处剪断绳索，移出人体进行抢救。如确已死亡，则不必将尸体卸下，只要将现场保护好即可。在抢救吊挂着的人体的生命时，要注意以下几点：在蹬高剪断绳索时不能使用现场的物品作为垫脚物；保护绳结的完整性；不要触摸系绳点。

（2）对处于室外恶劣气候条件下的尸体保护。在夏季，如果尸体处于室外的高温状态下，则尸体的腐败速度很快，应当使用洁净的物品对尸体加以遮盖，以减缓腐败速度。在冬季，对在野外发现的尸体不要将其移入室内，应就地进行保护，以避免冷冻的尸体随着环境温度的升高而解冻融化，导致尸体上的伤口变形及尸表的冷凝水破坏尸体身上的血迹形态，给后续的尸体检验工作带来困难。如遇下雨、下雪等天气变化时，应用塑料布等洁净的防雨材料加以遮盖，以防尸体上附着的毛发、血迹、精斑等痕迹物证散失或被污染、破坏。

（3）对水中尸体的保护。对于江河湖泊中漂浮的尸体，一般只需设法将其固定住不再继续漂流，而不必急于打捞上岸。如水流过急，无法固定时可将其打捞上岸，但在打捞过程中，要十分细致小心，不能直接抓握尸体的四肢拖拉，而应用干净的布匹从水下将尸体兜住，再行移出，放在安全的处所加以保护。

（4）对火场中尸体的保护。如现场的火势已得到控制，建筑物没有倒塌的危险，应对尸体就地予以保护。如遇到火势有继续蔓延或建筑物行将倒塌的危险时，则应设法将尸体移出火场进行保护。在移动尸体时应尽量避免在尸体上形成新的痕迹。

（5）对处在旷野、山林中尸体的保护。对在旷野、山林中发现的尸体，应注意立即安排专人负责看管，以防尸体受到兽食鸟啄的破坏。

2. 对现场电子数据的保护。电子数据，是指以数字化形式存储、处理、传输的数据。人类社会已进入数字信息时代，电子数据存在于人们日常生活中的方方面面，如计算机网络数据、电磁信息数据、视频监控信息数据以及其他电子设备中所存储的数据等。

对现场电子数据进行保护要做到以下几点：

首先应立即停止现场计算机及相关设备的使用，封锁整个区域并禁止任何人携带电子数据存储介质离开现场；断开计算机、手机等智能电子产品同外界系统的联系，以保持设备的独立性；不随意开启或关闭现场电子存储设备，保持设备的原始性；尽快协同相关部门对现场周围的通信基站及视频监控系统所采集的信息数据进行保护，避免因时间推移而导致数据的丧失；其次应查封所有涉案的电子设备，如计算机、手机、U 盘、移动硬盘、数码相机、扫描仪、GPS 定位仪、自动应答设备等，这些设备都可以存储、传输、储存电子数据。

‖ 第二节 现场紧急措施 ‖

现场勘查人员到达现场后，常常会遇到意想不到的紧急情况。面对紧急情况，应当立即报告现场指挥员并根据现场指挥员的指示和要求，有针对性地采取相应的紧急措施，果断地进行现场处置。

一、抢救人命

对于现场的伤者，特别是有生命危险者，必须进行紧急救护或者立即送医院抢救。由于人的生命权高于一切，因此，即便因为急救伤者使一些有价值的证据遭到破坏，也不能放弃救治。即使是受伤的犯罪嫌疑人，也应当加以救治。这既符合人道主义原则，也便于查明案情和扩大线索。但同时应注意对其进行严密的监控，以防发生行凶、自杀、逃跑或毁灭罪证等意外情况。对于有生命危险的被害人，要在尽力抢救的同时抓紧询问与案件有关的重要情况。需要注意的是，在采取救护措施时，要尽可能减少对现场的破坏，确实需要变动现场物品时，应事先记明变动前的原始状况。

二、排除险情

现场环境中如有某种可能威胁到现场周围群众或勘查人员人身安全的险情存在，应当首先排除险情。尤其是勘查涉爆、涉枪、放火、触电等案件现场时，应当立即组织力量排除险情，避免继续造成灾害，减少损失。紧急情况下，还应尽快疏散现场周围的群众，防止造成人身伤亡和财产损失。在排除险情过程中，要采取严格的防护措施并使用相应的个人防护装置，以确保安全。同时，应当尽量减少现场的变动程度，并注意观察、记录在此过程中发生的各种变动、变化情况。

三、现场搜索

现场搜索既是一项现场紧急措施，也是现场勘验、检查的一个重要组成部分。侦查人员到达现场后，如果判断作案人隐藏在现场或者现场周围，以及现场周围可能窝藏有赃物、作案工具或尸体、尸块等情况，应当立即组织人员进行现场搜索。

（一）现场搜索的任务

现场搜索的任务因案件情况不同而有所差异。一般说来，主要有以下几个方面：

第一，搜索、缉捕隐藏在现场周围或者尚未逃离的作案人；

第二，寻找、发现作案人来去现场的路线及遗留下的相关痕迹、物品；

第三，寻找、发现被害人尸体、尸块、人体生物检材、衣物等；

第四，寻找、发现可能隐藏或丢弃在现场周围的赃款赃物、作案工具等；

第五，发现并排除可能危及现场安全的隐患。

（二）现场搜索的方法

现场搜索，应根据搜索的对象和范围、搜索地点的地形地物特点以及参加搜索的人员等情况进行确定。在某些情况下，还必须考虑天气条件和光线条件对选择搜索方法的限制。通常情况下，现场搜索的方法有以下几种：

1. 条幅式。亦称条状搜索法，是将搜索区域分成狭长的若干部分，所有参加搜索的人员或小组一起从搜索区域的一端推进到另一端进行搜索。这种方式适用于搜索藏在深山密林或大面积的高秆农作物田间的犯罪嫌疑人。

2. 连环式。如果搜索区域较大，而搜索人员相对不足，无法采用条幅式的方式，则可采用此种方法来进行。搜索人员从第一搜索区域的边缘开始，穿过区域到达另一个边缘，又从第二搜索区域的边缘开始，如此往返现场，直到整个搜索区域被查遍为止。

3. 辐射式。这是以搜索中心为起点，搜索线路呈放射状向四周延伸的搜索方式。

4. 分片式。是把整个搜索区域划分成面积大致相等的若干区域，然后指派不同的小组或人员分别搜索不同区域。

5. 螺旋式。搜索路线呈螺旋状，一般从中心开始，以等距离宽度向外缘铺开搜索，也可以逆向从外缘逐步收缩旋转至搜索中心。

6. 包围式。这是针对范围不大的住宅区、农田、树林等采取的四面包围、步步收缩以发现查出犯罪嫌疑人的一种搜索方式。

7. 夹击式。这是两面夹击、同时推进的搜索方式，也可一面推进，一面负责监视。适用于对大面积农田、山林、丘陵、公路、河道的搜索。

8. 网格式。这种方法是先把划定的搜索区纵、横分割为若干条块，搜索人员先按纵向进行平推搜索，再按横向进行平推交叉搜索，防止搜索目标遗漏。适用于搜索范围大、目标不易发现的现场。

四、追缉堵截

追缉和堵截是两种既有联系又有区别的现场紧急措施，由于在侦查实践中两者经常结合使用，因此一般将二者合称为"追缉堵截"。

（一）追缉

追缉，是指在作案人可能的逃跑方向、路线上进行追踪缉拿。侦查人员到达现场后，如判明作案人逃跑不久，应立即组织力量，顺其可能逃跑的方向、路线进行追缉。常用的追缉方法有：

1. 寻踪追缉。一旦判明现场痕迹为作案人所留，应迅速组织人员根据痕迹的行进方向、形态特征、遗留时间、痕迹中的其他遗留物及气味进行追缉。

2. 依貌、依物追缉。这是根据现场访问中了解到的作案人的体貌特征或所携物品特征进行追缉。侦查人员到达现场后应迅速开展现场访问工作，如果被害人或目击者提供了作案人的体貌特征或携带之物、所用交通工具特征并明确了逃跑的方向、路线，且判明作案人尚未逃远，应立即组织力量沿着作案人可能的逃跑路线进行追缉。必要时，可请被害人、目击者一同参加，以便辨认犯罪嫌疑人。

（二）堵截

堵截，是指在作案人逃跑时可能经过的地点设卡进行拦捕。在现场勘查过程中，如判明作案人逃跑不久，可立即通知有关单位组织力量在其可能途经的地点进行堵截。常用的堵截方法有：

1. 守候抓捕。根据现场所获作案人的情况，在其可能经过的地方设岗置卡，守候缉拿作案人。

2. 寻找抓捕。在现场勘查中遇到作案人去向不明，但可判断其尚未逃远，应派员在一定的地区内寻找缉查作案人。

侦查人员在进行追缉堵截时一定要注意快速反应、行动迅速，务求不给犯罪分子以喘息之机。采用上述追缉堵截的方法时，不应只单独采取某一项，需根据案件的具体实际情况，充分利用地形、地物，对各种追缉堵截方法加以灵活的综合运用。

五、账户控制

侦查实践表明，案发后如不对涉案账户进行及时有效的控制，作案人会在短时间内提取、转移涉案款项，导致当事人的财产蒙受损失。因此，勘查此类案件现场，应及时采取措施做好涉案账户的控制工作。

侦查人员在勘查现场时，应及时向事主或知情人详细询问涉案账户的具体信息。根据现场所获的情况，尽快对涉案的账户进行查封，并对相关银行卡、存折等进行挂失。同时还应对银行账户进行严密监控，以便发现作案人的活动轨迹，为侦查提供线索。

账户控制作为一项紧急措施，一定要突出一个"快"字。要迅速对涉案账户进行监控，一旦时间延误，作案人将款项转移或提取，不仅会导致损失，甚至也会失去发现犯罪嫌疑人的重要战机。

其他控制赃物的措施可以随着现场勘查和侦查活动的推进陆续展开，对其中一些不及时控制就会丧失控制时机、必须在犯罪现场前期处置环节布置控制的赃物，也应同账户控制一道及时布控。

【小结】

为了给现场勘查工作创造最有利的条件，先期赶到现场的民警一定要采取应急措施，做好犯罪现场勘查的前期处置。针对现场的不同情况，应采取不同的处置方法，妥善对现场进行保护，并减少现场的伤亡和财产损失。犯罪现场前期处置是勘查工作的延伸，也是一种主动的动态保护措施。

【思考题】

1. 为什么要进行现场保护？
2. 现场保护的方法有哪些？
3. 现场紧急处置的措施有哪些？

【推荐阅读】

1. 陈志军. 犯罪现场勘查学. 中国人民公安大学出版社，2006.
2. 孟宪文. 刑事侦查学. 中国人民公安大学出版社，2004.
3. 陈刚. 犯罪现场勘查辅导教程. 中国人民公安大学出版社，2010.

第八章　犯罪现场勘查的组织与指挥

【教学重点与难点】

教学重点：现场勘查的准备工作；现场勘查指挥工作的实施。

教学难点：现场勘查指挥工作的实施。

犯罪现场勘查是一项时间性、技术性、法律性很强的侦查措施，需要由专业人员进行临场的组织与指挥，才能保障现场勘查工作高质、高效地实施和完成。

‖ 第一节　犯罪现场勘查的组织 ‖

一、犯罪现场勘查的主体

《公安机关刑事案件现场勘验检查规则》对犯罪现场勘查主体人员的资格和职责作出了明确的规定。其中，第 7 条规定："公安机关现场勘验、检查人员，应当具备现场勘验、检查的专业知识和专业技能，具有现场勘验、检查资格。"第 32 条规定："执行现场勘验、检查任务的人员，应当佩戴《刑事案件现场勘验检查证》。《刑事案件现场勘验检查证》由公安部统一制发。"第 28 条第 1 款规定："公安机关对刑事案件现场进行勘验、检查不得少于二人。"由此可见，现场勘查只能由具有勘查资格的侦查人员进行或者在具有勘查资格的侦查人员主持下才能进行，并具有法律效力。

二、犯罪现场勘查的准备工作

（一）迅速核实情况，处置紧急事件

接受报案后，出警人员应当立刻到达现场核实报案情况，汇报现场的保护情况，并确定是否需要进一步采取相关保护措施。如果现场出现紧急情况，应当及时采取紧急处置措施，如援助被害人、抢救现场的受伤人员，排除险情，排除交通障碍，控制、监视现场的犯罪嫌疑人等。

（二）决定参加现场勘查的人员和应携带的勘查设备

指挥员要根据案件的性质和复杂程度，以及需要解决的问题，明确需要赶赴现场的人员类型结构及具体数量。

现场勘查涉及的知识范围很广，经常会遇到一些专门问题和技术难题，因此，可根据《刑事诉讼法》第 126 条的规定，指派或聘请具有专门知识的人参加勘验、检查，以解决某些方面的专门问题和技术难题。这里所指的具有专门知识的人，既包括有关方面的专家、学者、技术人员，也包括各行各业长期从事专门工作、具有丰富经验的人。勘查人员应向指派或聘请的具有专门知识的人员讲明其职责和应遵守的纪律，并主动向他们介绍情况，为其提供必要的工作条件。接受指派或聘请的专家和技术人员，应在侦查人员的主持下进行工作，其工作范围仅限于解决某些专门性问题。如果需要作为证据使用的，还必须经过专门的鉴定程序，由具备鉴定资格的人员出具鉴定意见。

勘查严重暴力犯罪案件或需要采取追踪搜索的案件现场，应召集警犬训练员带上警犬参加搜索、追踪和鉴别物证；必要时应召集特警、巡警、防暴警等参与现场处置；勘查命案现场和强奸案件现场，应通知法医参加。有电信数据发掘、筛选、分析、利用条件的案件现场，应通知行动技术部门参加。涉及计算机和计算机网络的犯罪案件，应通知计算机网络监察部门参加。涉及特定领域技术的案件，应该聘请相关领域的专家参加。

如果案情重大或特别重大，指挥员在派员赶赴现场的同时，应根据有关规定向上级报告情况，以便在较大范围内或全方位地迅速采取有效措施。必要时应迅速向车站、空港、码头、堵卡网点等发出通报，并及时通报友邻地区侦查部门，以便及早进行控制。

需要排除险情（如灭火、排除爆炸装置）和急救人命的，还应及时与有关部门取得联系，要求其派员迅即赶赴现场，采取相应措施，防止造成更严重的危害后果。

下级公安机关对特定现场的勘查，如果需要上级公安机关提供专家支持或准备支持的，应及时提出支援请求，上级公安机关应积极提供技术支援。

（三）检查和落实现场保护措施，调整和确定现场勘查范围

现场勘查指挥员到达现场之后，应首先在案发地段进行初步巡视，调整原先由接警人员所划定的现场保护范围。同时，检查现场保护措施，发现保护措施不当的，应当适当调整；保护力量不足的，要进行补充。

（四）了解并掌握重要知情人

在现场停留或围观人员中，通常有耳闻目睹犯罪有关情况的重要知情人。勘查人员赶赴现场后，应及时调查了解清楚哪些人系知情人员。能当场进行询问的应及时进行询问；如果不能当场进行询问，应将其姓名、工作单位、住址等逐一登记。必要时也可让知情人出示能够证明其身份的证件，加以核实。掌握重要知情人，也可以借助照相或摄像的方法，将现场围观的人员拍摄下来。

（五）了解掌握现场情况

指挥员到达现场后，应迅速了解案件和现场情况，一方面了解案件发生、发现的经过和简要情况，紧急情况的处理过程和结果，现场的变动、变化情况，初步访问获取的信息；另一方面应该对现场进行巡视，以明确勘验的范围、重点、顺序与方法。

三、明确犯罪现场勘查指挥关系

公安机关对刑事案件现场的勘验、检查应当统一指挥，周密组织，明确分工，落实责任，及时完成各项任务。现场勘验、检查的指挥员由具有现场勘验、检查专业知识和组织指挥能力的人民警察担任。

一般案件的现场勘查，由县（市）级以上公安机关刑侦部门负责人指定的人员负责指挥；重大案件的现场勘查，由承担案件侦破任务的县（市）级以上公安机关负责人或刑警队负责人负责指挥；涉及两市、县以上的重大案件的现场，由承担现场勘查的主要一方或上级公安机关的刑侦部门负责人统一指挥；对于案情重大、现场复杂的案件，上级公安机关认为有必要时，可以直接组织领导现场勘验、检查。

四、犯罪现场勘查人员的确定

参加现场勘查的人员，应综合考虑案件的类型、危害程度以及现场的实际情况来确定。一般由刑侦部门指挥员、侦查人员、刑事技术人员以及案发地区的派出所民警、巡警等人员组成，也可根据需要吸收部分政府机关、企事业单位的保卫组织的人员参加现场保护工作。

对于一般刑事案件的现场勘查需要的人员较少，通常可将现场勘查人员分为现场保护、现场勘验、现场访问三个小组。案发地点所在辖区的派出所民警负责犯罪现场保护工作，刑事技术人员负责现场实地勘验、检查工作，承担案件侦破任务的侦查员负责现场访问及视频监控等相关电子数据的调取工作。按照公安部相关规定，至少由 2 名刑事技术人员负责现场勘验、检查工作，2 名侦查员负责现场调查访问工作。

对于重特大刑事案件的现场勘查，需投入较多警力，可根据案件情况将现场勘查人员分为现场保护组、现场访问组、现场勘验组、现场电子数据采集组、现场情况组等，并明确每组的具体责任人和工作内容。勘查严重暴力犯罪或需要采取紧急措施的案件的现场，应集中优势警力，必要时还应指派或聘请具有专门知识的人员参加；勘查某些重大、特别重大案件现场，应商请人民检察院派员参加。

现场保护组负责保护现场、维护现场周围秩序及疏导交通等，一般由辖区派出所民警、发案单位或小区的治安保卫人员组成。现场访问组负责寻找案件证人、相关知情人并及时收集证人证言和侦查线索，一般由负责案件侦破的侦查人员和辖区派出所民警组成。现场勘验组负责对犯罪现场的勘验检查，由刑事技术人员组成。现场搜查组负责对犯罪现场外围进行搜索，以发现犯罪痕迹和未来得及逃跑的犯罪嫌疑人，一般由侦查员、刑事技术人、派出所民警及警犬训练员与警犬组成。现场电子数据采集组负责现场及周边相关电子数据的采集，包括视频监控录像的拷贝、手机基站信数据的调取、相关区域网吧上网数据的调取、相关区域旅馆住宿数据等的调取等工作，一般由视频侦查部门人员、行动技术部门人员、计算机网络监察部门人员组成。现场情况组负责现场勘查中各种情况的汇总，由专案内勤和其他侦查人员组成。

五、邀请见证人

为了保证现场勘查的客观性和合法性，使发现的痕迹和其他物证以及勘验记录具有充分的证据作用，在实地勘验以前，必须根据《刑事诉讼法》和公安部制定的《公安机关办理刑事案件程序规定》、《公安机关刑事案件现场勘验检查规则》的规定，邀请一名至两名与案件无关、为人公正的公民作见证人。

（一）见证人的条件

凡是与案件无利害关系、为人公正的公民均可以作见证人。下列人员不宜作见证人：

1. 当事人、被害人及其近亲属；

2. 在职的公安、检察、审判人员和刑事技术鉴定人员；

3. 有犯罪嫌疑或者因犯罪受过刑罚处理的人；

4. 未成年人；

5. 精神上、生理上有缺陷（视觉、听觉等障碍）妨碍履行见证人义务的人；

6. 在本地临时居住的人员。

为了确保所邀请的见证人符合法定条件，侦查人员在邀请见证人时应取得现场所在地派出所或内部保卫组织的协助。

（二）见证人的权利和义务

见证人到场后，侦查人员应向其交代法律所规定的权利和义务。见证人在勘查中有与其见证职能相适应的特定权利和义务。

1. 见证人的权利。①对现场上发现、提取的痕迹、物品都有权进行观察；②如果见证人认为勘查人员在实地勘验中有不正确的行为，可以提出意见，并可要求把这些意见记录在现场勘查笔录中。

2. 见证人的义务。①自始至终观察、见证勘验过程，不能随意离开，也不得随意走动和触动现场的任何痕迹、物品；②证实提取的痕迹、物品的真实来源；③证明现场勘查笔录中记载内容的客观、真实性和勘查方法、手段的科学、可靠性；④严格保密，不得泄露所见证的情况；⑤勘验结束后在现场勘查笔录上签名或盖章。

‖ 第二节 犯罪现场勘查的指挥 ‖

一、犯罪现场勘查指挥员的工作

犯罪现场勘查指挥员是犯罪现场勘查工作的灵魂,犯罪现场勘查工作质量的高低与其有非常紧密的关系。因此,《公安机关刑事案件现场勘验检查规则》明确了犯罪现场勘查指挥员具有以下的工作职责:决定和组织实施现场勘验、检查的紧急措施;制订和实施现场勘验、检查的工作方案;对参加现场勘验、检查人员进行分工;指挥、协调现场勘验、检查工作;确定现场勘验、检查见证人;审核现场勘验、检查工作记录;组织现场分析;决定对现场的处理。此外,由于现场调查访问工作也是犯罪现场勘查的有机组成部分,犯罪现场勘查指挥员还要对现场访问工作进行协调和指挥。

在信息化时代背景下,犯罪现场勘查指挥员不仅要关注现场传统的实体型物证和人证,还要对以电子数据为代表的虚拟型证据加以关注。电子数据以其特有的数据结构、种类记录着信息传递的过程和结果,如视频监控可能会录下某个时段现场的实时画面,手机信号的存在表明手机使用者的活动轨迹等。在犯罪现场勘查的指挥工作中,指挥人员要有高度的信息观,应特别注意搜索可能存在的电子信号或者电子数据存储设备,这些电子数据存储设备既可能在现场范围内,也可能在现场范围外,还有可能需要技术侦查手段才能加以捕捉。

二、犯罪现场勘查指挥的实施

(一)实地勘验的指挥要点

指挥员对实地勘验工作应重点把握以下要点:

1. 着重抓好实地勘验方案的拟订,明确勘验、检查的范围,搜索的范围,勘验、检查的重点,勘验、检查的顺序和方法等。

2. 以避免造成现场破坏和提供勘查效果及效率为目标,正确选择勘验起点和进入现场中心的路线和方法。

3. 以全面发现和提取痕迹、物证为目标,把握实地勘验重点。

(1)对市内现场的勘查,要重视对出入口的实地勘验。

(2)重视对犯罪行为人最感兴趣部位的实地勘验。

(3)重视对犯罪行为人实施犯罪时间最长部位的实地勘验。

(4)重视对现场外围部位的实地勘验。

(5)重视对关联现场的实地勘验。

(6)重视对反映犯罪行为人心理特征和心理活动痕迹的分析和勘验。

(7)重视法医在现场勘验中的功能作用。

（8）重视对微量物证的勘验。

（9）重视对现场的搜索工作。

4. 使用信息化手段，及时发现、提取信息化线索与证据。

（1）查明现场周围范围内的各种摄像探头的安装位置，及时通知有关安装单位、个人，提取案发时间段内的视频资料，如小区、停车场、现场周围路段、银行、ATM 自动柜员机、网吧、旅馆、道路收费站等场所的视频资料。

（2）通知有关部门，提取案发前后在现场周围以及嫌疑人可能来去的路线上，通信基地记录的手机信息。

（3）及时提取现场周围网吧案发前后的上网人员登记信息。

（4）及时提取现场周围旅馆案发前后的住宿人员登记信息。

5. 确保现场痕迹、物证的全面、科学，依法提取和妥善保管。

6. 严把现场勘查记录关，确保记录的客观性、全面性、一致性、合法性。

7. 及时、全面、深入、科学地甄别现场痕迹、物品。

8. 注意现场勘查的保密工作。

9. 以充分吃透现场现象为目标，注重对现场现象的技术分析、研究。

（二）现场访问的指挥要点

1. 抓住有利时机，及时布置现场访问。

2. 分清轻重缓急，安排访问顺序。

3. 组织访问人员观察现场，以利访问工作的开展。

4. 认真做好知情人的工作。

5. 重点访问对象，指挥员应亲自询问或对询问情况重点掌握。

（三）现场分析的指挥要点

1. 情况汇集环节，应确保信息的客观、全面、细致，应特别注意对信息可靠性的探索和验证。

2. 分析讨论环节，既要注意讨论主题的引导，又要注意发扬民主、集思广益。

3. 总结阶段应注意全面归纳，科学分析。应在现场勘查指挥员的主持下对依据勘验、访问等活动所获的证据和信息等材料，充分地讨论和研究，对事件性质和案件情况作系统剖析、推断。

（四）现场勘查善后工作的指挥要点

1. 根据需要与可能决定对现场和尸体的处理方式。勘查指挥员要根据具体情况作出保留与否的决定。并根据不同的决定及尸体的不同情况做好相应的善后工作。

2. 确保对现场提取和扣押的痕迹、物品、文件的依法、科学保管、管理和利用。对现场痕迹、物品、文件的提取、扣押、保护、运送、鉴定、保管，应严格按照《公安机关刑事案件现场勘验检查规则》第七章"现场痕迹物品文件的提取与扣押"的规定及相关管理规范和科学规范进行。

3. 组织必要的现场复勘、复查。犯罪现场勘验有时并非是一次完成的，第一次勘验结束之后，遇有下列情形之一，应当对现场进行复验、复查：①案情重大、现场情况复杂的；②侦查工作需要从现场进一步收集信息、获取证据的；③人民检察院审查案件时认为需要复验、复查的；④当事人提出不同意见，公安机关认为有必要复验、复查的；⑤其他需要复验、复查的。

对人民检察院要求复验、复查的，公安机关复验、复查时，应通知人民检察院派员参加。

4. 对现场提取的信息进行梳理，及时录入现场勘查信息。现场勘查工作是对犯罪现场中犯罪信息的全面收集，现场勘查人员必须树立起高度的信息意识，严格按照信息化工作的步骤，及时准确地将现场勘验检查中的相关信息录入现场勘验检查信息系统中，更好地为侦查破案服务。

【资料链接】

无论在哪一个国家，无论发生什么案件，勘查人员都可能在犯罪现场发现这样或那样的证据。这给侦查人员研究案情提供了依据，为揭露、证实犯罪提供了证据。现场勘查是一项重要的刑事诉讼措施，也是一项重要的侦查措施，作为立案侦查的依据、查明事件性质、确定侦查范围和方向，对大多数已经发生的案件来说，它是最初的侦查措施，是侦查的基础。现场勘查的质量直接关系到能否进一步开展侦查，就多数案件而言，这是破获案件的关键所在。因此，各国都在相应的法律中有现场勘查的规定，并对现场勘查制度作了规定，现就几个典型国家的现场勘查制度作一剖析。①

一、英国的现场勘查制度

1. 机构设置情况。英国的警察系统主要有两个部分组成：一是中央警务管理机关，即内政部；二是地方警察机构。英国全国共有 52 个地方警察机构。此外，还有附属于行政、军队的专业警察机构。其中负责刑事案件的有内政部警政司第三处，它主要负责刑事案件的侦查。有 9 支地区犯罪侦缉队活动于苏格兰、威尔士地区，他们收集的证据，由法庭科学实验室鉴定。各地犯罪侦缉队附属于伦敦警察厅。国防部有自己的法庭科学实验室，各区警署负责现场勘查、收集物证工作。

2. 现场勘查的主体及其职责。负责现场勘查的主体包括：侦查人员、从事法庭科学鉴定的技术人员、基层巡警（负责巡逻、侦查职能的巡警）。在英国，一般刑事案件的现场勘查由上述机构的技术人员负责，但是法官与陪审员都可以参加，而且法官有权决定是否进行现场勘查。根据有关规则规定，现场勘查的任务是查明和记录现场情况，寻找并提取有关证据。对在现场发现的证据必须做好标记，并用

---

① 王大中. 刑事案件现场勘查主体研究新版. 公安司法管理干部学院学报，2000（1）.

文字或照片注明其在现场的准确位置，然后认真包装好再送到犯罪侦查实验室。物证的运送和保管都要由专人负责。英国有着重视尸体检验的良好传统，因为在涉及可疑死亡的案件中，现场勘查工作由验尸官负责。目前，全国共有三百多名验尸官，其中大多数人都同时具有法律和医学的专门知识与经验。管辖区以尸体发现地为准，验尸官必须是从事高级律师、初级律师或医师5年以上的人，经由郡议会任命。验尸往往在验尸官法院中进行，而且有验尸官陪审团参加，其主要任务是查明死者身份和确定死亡原因。验尸的形式类似于审判。可见其对人权的重视，但它不是定罪量刑。验尸时警察、当事人、证人、律师也应到场，在听取律师评议后才能交给陪审团。评审后认为有犯罪发生则由验尸官移交侦查、起诉，若案情简单则直接起诉到法庭。

英国未采用鉴定权制度，当事人自行决定由什么人作鉴定。因此，内政部经常公布一些具有鉴定名望的专家。证据制度没有区分证人和鉴定人，不同的当事人聘请的鉴定人所做的鉴定结果在法庭上受到质证，对方律师可以进行盘诘，只有法官才能决定是否作为证据使用。

二、美国的现场勘查制度

1. 机构设置情况。在美国，最先到达现场的多为巡警，他们负责保护现场，并且对现场进行初步勘验。正式的勘查由侦查人员、技术人员负责。较小的警察局一般采用一般化的侦查；较大的警察局一般采用专业化的侦查，对重大、特大案件可在2人基础上增加人员。辩护律师可以聘请私人侦探进行现场勘查。物证鉴定人员进行侦查活动都是独立进行的。尽管如此，这种活动必须经警方的同意。美国也没有鉴定资格制度，而是采用了鉴定人制度。根据案件情况和法官、陪审团来确定资格，当然必须经过对方律师的盘诘。

2. 勘查程序。美国的现场勘查程序主要有：制订勘查计划和确定人员分工；初步勘查和提取痕迹及其他物证并进行照相；绘制现场图和制作现场勘查笔录；必要时进行现场重建等。与英国不同之处在于：美国建立了完善的痕迹与其他物证的保管制度。在现场勘查中发现的各种痕迹与其他物证必须由专人保管，以构成完整的保管链。这一"保管链"要说明物证从现场到法庭的每一环节，说明什么人接触过该物以及该物证，它们有无变化，从而能够证明在法庭上出示的物证就是在现场提取的物证。美国的法官对物证"保管链"的要求非常苛刻。因此，侦查人员在现场提取物证之后要将物证放在适当的容器内再加上标签。标签上一般写明下列情况：①证据收集人和保管人的姓名；②提取和送交证据的日期；③办案单位、案件编号和案件种类；④受害人和嫌疑人的姓名；⑤对该物证特征的简要摘要或说明。美国的"保管链制度"独具特色，无论在实践上，还是在法制建设上，都是一个十分有价值的创举。美国许多的科研实验室也承担刑事鉴定。

【小结】

本章以《公安机关刑事案件现场勘验检查规则》为基础对我国现场勘查的组织与指挥的主体、职责、实施等基本问题进行了阐释，这些基本范畴是认识和把握我国现场勘查实施过程的基础。在此基础上，对英国、美国现场勘查制度进行了拓展，了解英国、美国现场勘查机构设置以及勘查程序有助于充分认识现场勘查的组织与指挥。本章内容的学习应当以我国《刑事诉讼法》、《公安机关办理刑事案件程序规定》、《公安机关刑事案件现场勘验检查规则》为基础，对相关内容理解并牢记。

【思考题】

1. 谈一谈对犯罪现场勘查主体的认识。
2. 犯罪现场勘查的准备工作包括哪些？
3. 哪些人不能成为见证人？见证人的权利与义务分别是什么？
4. 现场勘查指挥员的职责有哪些？
5. 现场勘查的指挥工作如何实施？

【推荐阅读】

1. 许爱东. 现场勘查学. 北京大学出版社，2011.
2. 杨正鸣. 犯罪现场勘查案解. 复旦大学出版社，2011.
3. ［苏联］拉·别尔金. 刑事侦察学随笔. 外语教学与研究出版社，1983.

第九章　犯罪现场访问

【**教学重点与难点**】

教学重点：发现访问对象的途径；犯罪现场访问的内容。

教学难点：犯罪现场访问的技巧。

犯罪现场访问是侦查人员以收集侦查线索和犯罪证据为目的，围绕犯罪现场对有关人员进行面对面调查的一项侦查活动。要做好现场访问工作，重点是要明确并及时发现现场访问的对象，把握现场访问的技巧，熟悉现场访问的具体内容，并区别情况进行客观记录。

‖ 第一节　犯罪现场访问的对象 ‖

犯罪现场中与犯罪相关的信息无非存在于两类载体中：一是人的大脑，二是现场的痕迹物品。存在于人脑中的信息，通常需要通过针对感知者的现场访问才能获取。虽然不同案件所涉及的访问对象在人员种类和数量上有一定差别，但总体上包括以下几种：

一、犯罪现场的发现人和报案人

犯罪现场的发现人，是指案发后最早发现犯罪现场的人。由于犯罪现场发现人所提供的信息更具有原始性和客观性，具有更高的线索价值和证据价值，因此，犯罪现场的发现人通常是现场访问的重点对象之一。

报案人，是指直接将案件情况报告给公安机关或公安机关侦查部门的人。在实践中，有时报案人与发现人为同一人，但有些时候，报案人并不是最初的发现人。如果报案人与发现人为不同人员，发现人所掌握的情况往往更有价值，应注意通过报案人去查找发现人。

二、案件的被害人及其亲属

被害人是犯罪行为直接侵害的对象，往往对整个案件有切身的感受。尤其是在抢劫、强奸、诈骗等案件中，由于被害人与作案人之间有过正面接触，甚至能提供作案人的语言特点、体貌特征、作案过程等详细情况。即使是对作案过程缺乏直接经历的被害人，也至少可以对案发时间、案件损失以及案发前后的反常情况提供有价值的信息。所以，对被害人的访问往往是现场访问的重中之重。

被害人亲属往往对被害人的经济情况、社会交往、家庭关系、居住环境以及案发前被害人的活动情况比较熟悉，从而成为现场访问的重点对象。尤其在被害人失踪、死亡或者重伤而无法访问的案件中，对被害人亲属的访问对于案件侦破将至关重要。

三、案件的目击人及其他知情人

案件的目击人泛指感知到案发过程或案发过程某一情节的人。由于案件目击人对案发情况掌握着第一手资料，他们所提供的情况，具有更高的价值。虽然并非每个案件都有目击人，但侦查人员可以根据案发时间和现场环境情况来分析判断。一旦发现案件有或可能有目击人，都应当努力去寻找。

有相当一部分案件，除了目击人外，还有其他知情人，这些知情人涉及范围比较广泛，通常包括被害人的同事、邻居、同学、朋友以及现场周围居住、生活、工作的或者对被害人有所了解的其他人员。这些人员涉及面广、工作量大，访问获取信息的价值具有不确定性，需要侦查人员有一定的甄别和分析判断能力。

‖ 第二节　发现访问对象的途径 ‖

现场访问的对象具有确定和不确定两种情形。一般情况下，报案人、被害人及其亲属往往容易确定，而其他访问对象则需要侦查人员通过寻找才能发现。在实际工作中，发现访问对象的途径可概括为以下几种：

一、从犯罪现场围观人员中发现

案发以后，甚至在案发过程中，现场周围有大量的围观人员。这些围观人员对案件发生过程的了解程度不尽相同，他们或者是在现场附近生活、工作、居住的固定人员，或者是路过的流动人员。但无论哪种人员，一旦离开现场，都不易再寻找确定。所以，侦查人员到达现场以后，首先应通过观察与初步交流，从围观的人员当中发现对案件情况了解比较全面的人员，作为访问的对象。如果情况紧急或不宜做现场访问的，可以通过一定的方法，将这些围观人员的家庭住址、工作单位、联系方式等记录下来，作为以后联系的线索。对于有视频监控的案件现场，即便是事后，也可以通过对视频资料中的围观人员进行辨认发现有价值的访问对象。

二、从犯罪现场通讯录中发现

现场一旦发现有受害人或者是作案人遗留的通信工具，都会成为破案的关键线索。手机里储存的通讯录、最近通话信息、短信信息、微信信息等都显示出机主重要的联系人。另外，还有一些老年人、农民、做事谨慎的人会保存原始的通讯录。它们可以是专用的通讯记录本，也可以是普通的记事本、便笺，甚至粘贴在固定电话机旁边的装饰画或者直接书写在白墙上，对这些通信记录的观察、分析，同样可以利用其记录特征和使用痕迹发现重要的访问对象。

三、从犯罪现场电脑及网络信息中发现

在信息时代，电脑不仅是人们了解外界的窗口，也是人们相互联系的终端和信息存储的介质。通过对电脑本地及远程存储和记录信息的勘验，同样可以发现了解案件情况的访问对象，如通过对聊天记录、微信、微博信息，电子邮件的收发情况、网购情况，甚至通过电脑备份的电子通讯录等这些电子信息的分析判断，都可以发现有价值的访问对象。需要指出的是，智能手机的出现使其和电脑具有越来越近似的性能，渐成微型移动电脑，对这些手机的勘验可以发现更丰富的信息，包括发现重点访问对象。

四、从上游访问中发现

现场访问对象的发现往往具有连续性和传递性，前期的访问可能为后续的访问指示出更多的访问对象，前期的访问被称为后续访问的上游访问。通过不断的访问，访问的对象会不断拓展。事实上，侦查实践中相当多的访问对象是通过这种途径不断被发现的，如通过对现场一个目击人的访问，会发现更多的目击人，通过对受害人一个朋友的访问会发现更有访问价值的人员。当然，通过这种途径，可能会发现超出现场范围之外的访问对象，可将其在后续的侦查中作为调查访问对象对待。

五、通过现场走访去发现

有些了解案件情况的人，可能工作、生活、居住在案件现场附近，但一时又缺乏准确的线索，侦查人员可以根据案件现场的环境情况，采取边走边访问的方式，来发现访问的对象。在实际工作当中，可以是沿街访问、沿途访问，也可以是分小区、分单位访问；甚至可以根据基本案情对过往人员进行访问，从中发现因工作或生活原因有规律地途经现场并了解案件情况的访问对象。

在现场勘查这段有限的时间内，通常采用以犯罪现场为中心由近及远的方法进行走访，抑或沿作案人的来去路线由近及远进行走访。现场走访涉及人员多、范围广、工作量大，而且具有很大的不确定性，这就需要侦查人员具有很强烈的工作信心和高度的责任感。

六、通过发布公告去发现

利用现代通信和媒体平台在短时间内快速发布社会公告，或者根据案情初步分析，在一定的行业内发布公告，必要时可发布悬赏公告，使了解案件情况的有关人员主动出现而成为访问对象。实践中，出租车行业是公告发布最常见的行业，出租车从业人员也是通过发布公告发现最多的访问对象。

‖ 第三节 犯罪现场访问的技巧 ‖

在实际工作中，现场访问即便是找到合适的访问对象，访问活动也未必能顺利进行。很多时候访问对象会因为种种原因不愿配合，甚至连受害人及其亲属也有不愿配合访问的情形。因此，侦查人员掌握一定的访问技巧十分必要。

访问技巧的运用是系统性活动，具有很强的针对性，因而也具有很强的经验性，需要侦查人员认真体验，灵活掌握。但总体而言，要有效地开展现场访问，施展访问技巧，通常需要注意以下方面的问题：

一、了解访问对象的个体信息

虽然由于现场访问有时间上的紧迫性，侦查人员不可能对每一个访问对象的个体信息都做到事先了解，但在条件允许的情况下，应尽可能了解访问对象的家庭情况、性格特点、职业类型、文化程度、生活经历等，这是侦查人员采取有针对性的技巧，有助于成功访问的重要参考信息。

二、选择合适的访问地点

地点的实质内涵即环境，包括地理环境和人文环境，环境对人们的交流有一定的影响，有时有很大的影响，对现场访问更是如此。合适的访问地点不仅可以消除访问对象内心的顾虑，同时也便于访问对象调理情绪、梳理思路。在实际工作中，关于现场访问地点的选择，侦查人员通常有以下几种做法：或是现场就地访问，或是在交通工具上访问，或是在受害人家中进行，或是到就近的公安机关办公场所进行，或是选择现场就近的其他合适地点。不同的访问地点适合于不同的访问对象。可以在对访问对象侧面了解的基础上，以及根据现场的实际条件由侦查人员来决定，或者通过征求访问对象的意愿由双方协商确定。总之，现场访问地点的选择以有助于、有利于现场访问工作的顺利开展为原则。

三、挑选适当的访问时机

现场访问的时机也即现场访问的时间和机会，在发现访问对象以后，选择什么样的访问时机，取决于访问对象当时的具体状态，包括生理状态、心理状态、行为状态。访问对象在身体受伤、身患疾病、情绪不稳、忙于应酬、正在劳作等情况下，都不利于访问的开展，立即访问可能会因为访问对象精力无法集中甚至遭到心理抵触，而难以收到理想的访问效果。除非情况紧急，否则，应等候恰当时机。现场访问对象是给侦查部门侦破案件提供帮助的人，理应得到更多的尊重，访问时机的选择实质上是这种尊重的体现，同时也是人和人之间交流的科学要求。

四、把握恰当的询问语言

人与人之间的交流，主要通过语言来进行，询问是交流的方式之一，询问能力主要体现在询问语言技巧的运用上。现场访问中，侦查人员如何巧妙运用询问语言，也是一个侦查人员基本的业务素质，需要在实践中逐渐积累经验。

询问的语言方式大致分为：直白式、含蓄式或者是直入式、迂回式。含蓄式询问多适用于获取线索以及访问对象有所顾虑时的现场访问，如在正式询问之前做好语言的铺垫，以缓解紧张气氛，取得访问对象的信任等。这需要根据不同对象及可能涉及的访问内容来区别对待。语言技巧的把握，多表现在询问交流之初，一旦询问全面展开，涉及实质性内容，访问人员则不易过多地隐藏意图，需要用直白的方式提出问题。对具有证据作用的访问内容，更需要直白、准确的语言表达。

五、适当地帮助回忆

现场访问所要了解的事实，都是过去式，需要访问对象通过回忆来回答。但人的认知、回忆和表达能力会存在个体差异，往往受到人的年龄、职业、文化水平、现场注意程度等因素的影响。这样，当访问对象在表述不清的情况下，侦查人员要运用自己的经验，对其记忆和表达情况进行判断，适当帮助访问对象回忆，在现场访问中也是一种技巧。人的回忆常常以联想的方式出现，因此，帮助回忆事实上是启发访问对象的联想活动。这种启发可以分为接近联想、相似联想、对比联想、因果联想四种方式。需要注意的是，帮助回忆要把握一定的限度，不得超越启发的范畴，这样取得的访问结果才会真实可靠，否则容易演绎为替代回答。

六、重视几种特殊对象的访问

在实际工作中，多数访问对象通过侦查人员以适当的方式接触，运用得当的方法都可以顺利取得访问好的访问效果，但也有几种特殊的访问对象，在访问中应特别注意技巧的运用，否则访问难以达到预期效果，甚至无法进行。

（一）未成年人

对未成年人的访问除了遵循《刑事诉讼法》及《未成年人保护法》的询问规则以外，还要注重未成年人的身心发育未成熟的特点。他们往往对回答问题的后果无法预料，一种是不愿实话实说，另一种是急于迎合侦查人员的心理，这些均为询问时应避免的。访问未成年人应注意在宽松的气氛中进行，耐心引导他们如实提供情况。切忌操之过急，严禁恐吓、暗示、诱导。

（二）老年人

现场访问中的老年人，往往有两种情况需要注意：一是经历复杂、世故，害怕承担后果而一味拒绝；二是由于身体或文化程度较低的原因，判断不清、表述不准。对前一种老年人，应该多做思想工作，用真情实感去打动；对后一种老年人，要进行耐心细致的引导帮助。同时，对老年人的访问要注意老年人体弱，思维反应较慢，自尊心强，更希望得到别人尊重的特点，采取更加有针对性的访问技巧。

（三）强奸案件的受害人

在强奸案件现场勘查中，由于案发不久，有的受害人情绪不稳，思绪混乱，甚至语无伦次；有的羞于启齿，无法表达。对于这样的受害人，侦查人员需要通过真切的关怀，让其产生安全感和信赖感，从而稳定情绪、仔细回忆、准确表达。实践中，侦查人员可以不急于提出实质性的问题，先围绕其家庭、工作、生活进行交流铺垫，待其情绪平稳后再进入正题；而且，为方便沟通，可以让有经验的、年龄偏大的女侦查人员进行询问。

（四）聋哑人

聋哑人属于更为特殊的一类访问对象，有的受过正规聋哑语言训练，有一定的文化基础；有的未受过正规聋哑语言训练，没有文化基础。对于前者的访问，可以通过哑语翻译人员辅助进行；而后者，由于其聋哑语言的非通用性，多数只能满足与亲属之间的交流，在访问时，只能由其亲属，甚至只能由共同生活的家人担任翻译。应当注意的是，当被访问的聋哑人与案件有利害关系时，选其家人承担翻译需慎用。同时，需要指出的是，聋哑人学习与获取知识和经验的渠道单一，对世界的认识有较大的局限性，甚至存在一定的偏差，侦查人员在访问时应注意消除紧张气氛，防止给其造成心理压力。另外，聋哑人员对抽象词汇不易理解和表达，故访问时应注意语言的平常化、形象化，且提问要简短明了，便于他们理解。

（五）不良品格人员

不良品格人员在生活中往往诚信度低，容易言过其实，在接受访问时，甚至主动回答，随意发挥。实践中，有经验的侦查人员通过初步交流即可识别。对这类人员的访问，要特别注意从其回答问题的态度、内容的合理性、逻辑性等方面对其提供的信息进行甄别判断，对看似有价值的信息，要注意核实，不可盲目采信。

（六）与案件有利害关系的人

与案件有利害关系的人通常有以下三种：一是与潜在嫌疑人有利害关系的人，二是与受害人有利害关系的人，三是与案件本身有利害关系的人。基于利害关系不同，这些人有的拒绝提供情况，有的会提供部分真实情况，有的会夸大事实，有的甚至会提供虚假信息，意图扰乱侦查视线。因此，在现场访问时，侦查人员要注意通过了解、观察、分析访问对象和案件有否利害关系，情况允许时，最好在访问之前做一些外围调查，这样更有利于判断获取信息的真伪和价值。实践中，受害人及其亲属为使案件引起侦查机关的重视而故意夸大事实的情况最为常见，对这种情况，一方面，侦查人员在现场访问中要注意核实，另一方面，对这类访问对象要讲清后果、申明利害，引导其如实回答问题。

‖ 第四节　犯罪现场访问的内容 ‖

当侦查人员通过一定的途径发现访问对象，且访问对象愿意接受访问后，具体访问什么内容，侦查人员应做到心中有数。访问对象作为普通群众，往往被动接受提问，对需要回答的内容往往没有系统的考虑，这就需要侦查人员主动地、系统地围绕案件情况来进行提问，这就是调查访问的内容。

调查访问的内容总体上可以分为程序性内容与实质性内容。程序性内容是侦查人员在进行调查访问时遵守的程序性问题，涉及的内容包括访问对象的个人基本情况、法律规定应当告知的义务，以及调查对象对自己反映情况真实性的承诺。现场访问的实质性内容也是现场访问的重点内容，往往围绕案件及现场情况，以发现线索、收集证据为目的来展开，且因案因人而异。

一、对案件发现人和报案人访问的重点内容

对案件发现人访问的重点内容包括：发现案件或犯罪现场的时间、地点、过程；看到的案发现象；有否看到作案人或可疑人员，其行为表现、活动细节、体貌特征、随身物品乃至逃跑方向路线；发现时是否有同行人员，同行人员的基本信息；发现犯罪现场后有否进入现场、翻动现场以及有否直接报案等情况。

对报案人访问的重点内容包括：报案的具体时间、地点、方式、内容；报案信息的直接来源，是亲身经历、直接目击还是听人转述、道听途说。

有些案件的报案人同时也是案件的发现人，甚至又是案件的受害人或受害人亲属。此时，现场访问还应拓展至对发现人或被害人、被害人亲属访问的有关内容。

二、对案件被害人访问的重点内容

对案件被害人访问的重点内容包括：案发的时间、地点；案发前被害人的活动过程；有否亲身经历案发过程；有否同行人员及其基本信息；作案人的作案方法、手段、工具；与作案人有否语言交流，交流的过程与内容，作案人的口音和语言特点；作案人的体貌特征、衣着特点；作案人是否有同案人员，同案人员的体貌、衣着、行为表现；被害人有否反抗、是否受伤、受伤部位与程度；作案人有否受伤、受伤的部位与程度；有否财物损失；损失财物的名称、型号、用途、价值、来源与特征；作案人的逃跑方式、方向、路线；有否怀疑对象及怀疑的基本根据；被怀疑对象的基本信息；案发后被害人的行为表现；有否直接报案，未及时报案的原因；等等。

需要说明的是，对被害人的访问涉及内容往往具体、复杂，以上列举只是侦查人员提问的第一层面问题，在实际访问时，侦查人员会根据被害人对第一层面问题的回答，对发现有需要弄清的第二、第三层面的问题进行追问。这就是访问内容的发掘和拓展。

三、对被害人亲属访问的重点内容

对被害人亲属访问的重点内容包括：被害人的基本情况、日常表现、性格特点、社会交往、人际矛盾、工作性质；案发前后有无反常现象；最近的交往人员；最近的社会活动内容；生活规律；家庭状况；经济条件；爱好与嗜好；技能与特长；通信和网络联系方式；等等。

对于杀人案件、绑架案件、人员失踪案件，由于无法访问被害人，对被害人亲属的访问所涉及的内容尤其要详尽。

四、案件目击人及其他知情人访问的重点内容

对案件目击人访问的重点内容包括：案发前目击人的活动过程；目击到的情况，具体包括目击内容发生的时间、地点，目击对象的人数、年龄、性别、体貌特征；每个人的行为表现、随身物品、使用工具、语言信息；目击对象的行走路线、来去现场的方式方法；是否认识目击对象。

由于其他知情人范围广且不确定，故对其他知情人访问的重点内容所涉及的问题比较琐碎，价值亦有高有低。但归纳起来，包括三个方面：一是被害人情况；二是可疑现象；三是可疑人员情况。对知情人的访问将依据知情人了解的情况不同而有所侧重，如对被害人同学、朋友的访问重点是被害人的基本情况和案发后的有关信息；又如，对被害人邻居的访问除被害人及其家庭的基本情况外，重点是案发当时看到的可疑现象、可疑人员或听到的可疑声响。

在现场访问过程中，虽然不同的访问对象所涉及的内容有差别，但也常常会有相同问题的交叉重叠，在实践中不可回避，应当全部收集，根据不同对象对相同问题的回答是否一致，来判断涉及内容的真伪，甚至可以从中分析判断出真实情况。

‖ 第五节　犯罪现场访问笔录 ‖

虽然现场访问记录理论上可以采用笔录、录音、录像三种形式，但是鉴于现场访问任务的紧迫性，在实践中多采用现场笔录这种便捷的方式来记录现场访问的过程和内容。在现场访问时，如果现场访问的对象没有提供有价值的信息，可不作笔录。对于所提供的信息需要笔录的，视该信息的价值和作用不同分为非规范性笔录和规范性笔录两种。

一、非规范性笔录

在现场访问中，侦查人员发现访问对象提供的信息不确定、不准确或者属于转述内容甚至道听途说，往往真假难辨，须认真分析或进一步调查核实，属于侦查线索的范畴，为了提高访问效率，往往不做规范笔录，只在工作记录簿上记下访问的时间、地点、访问对象的基本情况以及访问的基本内容，以便于顺线线追踪访问或者作为汇报内容，作为案件下一步的分析交流之用。

二、规范性笔录

如果访问对象所提供的情况初步感觉客观真实，和案件具有很强的关联性，能够作为证据或潜在证据使用，通常需要进行认真的笔录。这种笔录不仅强调内容的客观性，同时还要有形式的规范性。规范性笔录首先需要规范性访问，按《刑事诉讼法》有关人证的收集规则，此时的访问人不得少于两名侦查人员；访问对象需单独接受询问；在形成笔录时按下列要求和格式进行：

（一）首部

包括笔录名称，现场访问的时间、地点，侦查人员、记录员的姓名、单位以及被访问对象的基本情况。其中，名称通用"询问笔录"，访问时间要写明访问起止时间并具体到某时某分；访问地点，要具体到门牌号或房间名称。

（二）正文

正文是现场访问笔录最实质的内容，一律使用"问"和"答"的形式表示，而不能用其他符号代替，主要包括：

1. 表明身份。侦查人员在对有关证人、被害人进行现场访问时，应当首先出示公安机关的证明文件，或者是侦查人员的工作证件，并在笔录上予以记载。

2. 告知被访问对象诉讼权利、义务。侦查人员向访问对象告知其权利、义务的内容，可统一印制诉讼权利义务告知书供其阅读，并在笔录中注明。

3. 向访问对象了解案件的有关情况。对访问对象提供的案件有关情况，包括案件涉及的人物、时间、地点、经过、结果等都应详细记录。记录时，略记提问，详记陈述，对陈述内容原则上要求原话记录，对于生僻字和方言土语如果无法书写的可以同义词替代；对于词不达意或重复叙述的内容可进行整理加工，但不得违背原意。如果访问对象对有的细节忘记或者记忆不深或者不能肯定的，都应如实记录。

（三）尾部

现场访问结束时，侦查人员应当将笔录交访问对象核对，没有阅读能力的，要向其宣读。如记载有差错或者遗漏，应当允许被访问对象更正或者补充。经被访问对象核对无误后，由其在笔录的末尾写明"以上笔录我看过（或向我宣读过），和我说的相符"，并签名。最后所有参加询问的人员在笔录末尾签名，包括侦查人员、未成年人的监护人或老师、翻译人员等。

  捺指印和签名是为保证笔录原始性和客观性而设计的必要程序规则，在《刑事诉讼法》、《公安机关办理刑事案件规定》和《刑事案件现场勘验检查规则》中都有不同层次的要求。指印捺印主要是针对访问对象，一般采用右手食指在笔录上逐页进行，通常指印需覆盖在重要人名、数据和文中删改、添加的内容上，捺印时应保证手指的中心纹理清晰呈现，以备笔录内容出现争议时，指印有足够的鉴定条件。签名是相对于所有参与询问的人员，尤其是访问对象须逐页签名。签名要认真规范，反映出个人平时的书写习惯。

  现场访问笔录的具体式样如下：

  犯罪现场访问笔录样式

询问笔录

时间：_____年_____月_____日_____时_____分至_____年_____月_____日_____时_____分

地点：_____

询问人：_____、_____ 工作单位：_____

记录人：_____ 工作单位：_____

被询问人：_____ 性别：____ 年龄：____ 出生日期：_____

身份证件种类及号码：_____

现住址：_____ 联系方式：_____

户籍所在地：_____

问：_____

答：_____

_____

_____

_____

_____

_____

询问人：（签 名）（签 名）

被询问人：（签 名）

第 页 共 页

【小结】

犯罪现场访问是犯罪现场勘查的重要内容之一，是发现侦查线索的重要手段，也是收集诉讼证据的常见方法，具有很强的法律程序性和实践操作性，要搞好犯罪现场访问工作，实践中，重点把握五个关键环节：第一，知道在具体犯罪现场应该访问哪些对象；第二，要了解访问对象通过什么途径去发现；第三，面对访问对象采取什么技巧进行访问；第四，在访问对象愿意配合访问时，提出哪些问题；第五，对访问的过程和内容如何记录。

【思考题】

1. 犯罪现场访问的常见对象有哪些？
2. 发现访问对象的常见途径有哪些？
3. 对不良品格人员的访问应注意哪些问题？
4. 对受害人访问的主要内容有哪些？

【推荐阅读】

1. 郝宏奎. 犯罪现场勘查. 中国人民公安大学出版社，2006.
2. 高春兴，苑军辉，邹荣合. 犯罪现场勘查. 中国人民公安大学出版社，2013.

第十章　犯罪现场实地勘验检查

【教学重点与难点】

教学重点：犯罪现场实地勘验检查的原则、步骤；犯罪现场物证的常见类型；发现犯罪现场物证的重点部位和方法；犯罪现场物证的甄别方法。

教学难点：发现、提取犯罪现场物证的方法。

在犯罪现场勘查过程中，除犯罪现场访问以外，犯罪现场实地勘验检查是另外一项重要内容，也是收集物证发现侦查线索的重要方法，这一活动具有涉及面广、技术可操作性强的特点。犯罪现场实地勘验检查质量的高低，对整个犯罪现场勘查和后续现场分析工作有着决定性影响。

‖第一节　　犯罪现场实地勘验检查概述‖

一、犯罪现场实地勘验检查的概念

犯罪现场实地勘验检查是侦查人员为发现侦查线索、收集犯罪证据，利用一定的科学技术方法，对与犯罪有关的场所以及存在于这些场所的痕迹、物品、尸体、人身等进行临场查看及相应处理的侦查活动。对此概念的理解，应着重把握以下两个方面的问题：

（一）犯罪现场实地勘验检查的主体

作为侦查活动的现场勘验检查，其主体毫无疑问是侦查人员。根据刑事诉讼证据收集规则的要求，《公安机关办理刑事案件程序规定》和《公安机关刑事案件现场勘验检查规则》都明确规定，现场勘查的侦查人员不得少于两人。同时还规定，勘验检查现场时，应当邀请两名与案件无关的公民作为见证人；必要时，可以聘请有专门知识的人参与现场勘验检查。需要指出的是，无论什么人员参与现场勘验检查活动，都必须在侦查人员的主持之下进行。

由于现场勘验检查对专业技能要求高、涉及的专业领域多（常用专业包括痕迹检验、法医、图像处理、计算机应用等），因此，在实践中，从事现场实地勘验检查的侦查人员，也被称为刑事技术人员。

（二）犯罪现场实地勘验检查的对象

犯罪现场勘验检查的对象通常包括如下几个方面：

1. 与犯罪有关的场所。这些场所通常既包括主体现场，也包括相关联的现场。对这些场所的勘验检查，主要是弄清楚该场所的地理环境、所处位置、结构布局以及现场物品分布等情况。同时，应该明确，与犯罪有关的场所包括实体空间和虚拟空间。

2. 痕迹。依据作案的手段和现场特点的不同，犯罪现场的痕迹虽然各种各样，但常见的痕迹通常包括：手印、足迹、工具痕迹、枪弹痕迹、车辆痕迹、牙齿痕迹等。对这些痕迹的勘验检查，通常不仅表现为对痕迹的寻找、发现、显现、固定与提取勘验过程，同时也表现为弄清这些痕迹的存在部位、遗留方向、形成方法和外部形态的检查过程。电子数据作为一种电磁痕迹，是数字化时代犯罪现场勘查的重要对象。

3. 物品。不同案件的现场所涉及物品的种类数量差别较大，哪些物品与犯罪有关，哪些物品与犯罪无关，需要仔细的检查。其中，和犯罪有关联的物品，视为物证，通常包括物证本体及承载物证的载体。物证和犯罪事实的关联程度直接决定物证作为证据的证明力，而物证的种类、具体位置、存在方向、相互关系和内在状态等则是影响其与犯罪事实关联程度的重要因素。视听资料和电子数据的载体，是数字化时代现场勘查必须给予高度关注的勘查对象。

4. 尸体。尸体在现场可以表现为完整的尸体，也可以表现为尸块或者尸骨，对尸体的勘验检查，不仅要弄清楚死者的衣着、体貌特征和附着物，同时还要弄清楚死者的死亡时间、死亡原因和致死的方法手段等。因此，尸体是命案现场极其重要的物证集合体。对尸体的检验是一项专业性很强的工作，通常由法医来完成。

5. 人身。对人身的检查也是现场勘查中常见的一项活动，通常是为了弄清楚被害人或犯罪嫌疑人的个体特征、伤害情况或生理状况。根据刑事诉讼法和相关规章，检查妇女的身体，应当由女侦查人员或者医师进行。实践中，多由女法医进行。

二、犯罪现场实地勘验检查的原则

犯罪现场实地勘验检查作为一项专门性活动，有其遵循的必要原则。这些原则是由这项活动的技术性所决定的，也是这项活动法律性的要求。它不仅能够保证所收集物证的客观性，也能够保证犯罪现场实地勘验检查活动的效率和质量。根据《公安机关刑事案件现场勘验检查规则》，主要包括以下几个原则：

（一）先静后动

即先静观后动手，这是基于对现场物证的保护而制定的原则。在现场勘查时，如需改变现场物品的现有状态，须在认真观察的基础上进行，防止贸然动手而导致物体表面的痕迹或附着物的改变。此原则多适用于痕迹物证的发现阶段。

（二）先下后上

先下后上是当勘验的对象为上、下分布且有一定高度时，为防止在勘验中先上后下、出现破坏下部痕迹物证的情形而制定的一个原则。例如，在破坏电力设备案件现场，对矗立的电线杆的勘验检查；在攀爬入室盗窃案件现场，对攀爬痕迹的勘验检查，常遵循此原则。

（三）先重点后一般

先重点后一般不仅是一般的行为原则，也是现场勘验检查的工作原则。在犯罪现场，应将作案人活动集中、遗留痕迹物证及犯罪信息比较多的地方确定为现场勘验检查的重点部位，对重点部位首先进行勘验检查，其他部位后续进行。这一原则是基于现场痕迹物证的特点和为保证勘验检查工作的效率而制定的。

（四）先固定后提取

提取犯罪现场中的痕迹物证，必然会改变现场的原始状态，造成现场的局部变动，至少会使痕迹物证的位置、方向发生改变。因此，在提取之前，要首先对其原始状态进行固定，这种固定方法通常包括笔录、绘图、照相、录像等。这一原则是由物证的客观性所派生出来的原始性，进而对犯罪现场勘验检查所提出来的要求。当然，先固定后提取也是保证提取痕迹物证在技术失误时能有效弥补的操作原则。

在实践中，侦查人员还总结出了先易后难、先易消失后稳定的操作原则，这些原则的应用对保证现场勘验检查的效率，提高现场勘验检查的质量发挥着重要的作用，也可以称为经验性原则。

三、犯罪现场实地勘验检查的步骤

犯罪现场实地勘验检查的步骤是为了保证现场实地勘验检查工作全面有序、系统高效，而在实践中总结出来的科学有效的工作顺序。通常包括以下三个层面：整体巡视、局部观察、个体勘验。这三个层面体现出由宏观到微观、由大到小、由粗到细的观察事物的一般行为模式。

（一）整体巡视

即围绕整个犯罪现场涉及范围所进行的宏观巡查，目的是通过宏观的观察弄清犯罪现场所处的位置、地理环境、建筑环境和总体结构布局，确定现场几部分之间的相互关系和现场重点部位，选择侦查人员进出现场的路线。同时，根据具体现场特点，确定现场勘验检查的顺序，实践中，通常有以下几种顺序：对室内现场一般自房门开始，沿物品的摆放顺序勘验；对室外现场，在弄清作案人活动过程的前提下，按照作案人的活动顺序勘验；对沿路、沿河分布的犯罪现场，采取沿线勘验的顺序进行；对于爆炸、放火等涉及范围广、物证分布多的现场，采取划片、分段的顺序进行。

（二）局部观察

即是针对案件现场的某些部位进行仔细查看。这些部位通常是犯罪现场的重点部位,常见的有:现场尸体及其所在部位、血迹分布集中的部位、物品变动比较明显的部位、被盗被抢物品所处的原始位置、遗留痕迹及其他物证的位置。对这些部位的观察,主要是为了弄清楚是否存在痕迹物证以及痕迹物证遗留的具体位置、所处的方向、载体的性状。查看时,可以直接用自然光肉眼观察,也可以借助特种光源(如紫外光、蓝光、激光)和滤色眼镜观察。这是进行个体勘验的基础工作。

(三)个体勘验

即针对案件现场的具体痕迹物证所进行的发现、显现、固定、提取活动,是犯罪现场实地勘验检查的核心内容,是可操作性最强、对侦查人员个人技术素质要求最高的一项活动,同时也是收集保全物证的直接行为。

|| 第二节　犯罪现场物证的发现、提取 ||

犯罪现场物证的发现、提取是现场实地勘验检查的核心内容,它涉及的内容广、方法多,对操作的熟练性要求高。但归纳起来包括如下问题:犯罪现场物证有哪些常见类型、现场物证主要存在于哪些部位、发现显现现场物证的方法有哪些、如何提取现场物证、如何甄别犯罪物证。

一、犯罪现场物证的常见类型

犯罪现场涉及人们日常生活、工作、学习的各种场所,作案方式多种多样,因此犯罪现场物证纷繁复杂,难以一一列举,其分类标准难以统一。但就常见类型而言,在实践中通常分为如下七类:

(一)痕迹类物证

所谓痕迹,是指一个物体作用于另外一个物体上所形成的印迹。形成痕迹的物体被称为造痕体,承载痕迹的物体被称为承痕体。侦查学中,常以造痕体的种类不同,把痕迹分为手印、足迹、工具痕迹、枪弹痕迹和其他痕迹。

1. 手印。在犯罪现场,常见手印包括汗液手印、灰尘手印、血手印、精斑手印、饮料手印等,可分为平面手印和立体手印。

2. 足迹。足迹可分为鞋印、赤脚和袜印等,它们又可以分为平面足迹(以灰尘足迹、血足迹最为常见)、立体足迹。

3. 工具痕迹。由于工具种类多种多样,工具痕迹难以用工具的类型详细列举,一般对工具痕迹的分类,是以形成工具的作用力的性质为标准,通常包括撬压痕迹、打击痕迹、剪切痕迹、擦划痕迹、刺切痕迹、削割痕迹。

4. 枪弹痕迹。枪弹痕迹从严格意义上讲属于工具痕迹,但由于枪支的特殊结构和枪弹痕迹独特的形成原理,往往独立于其他工具痕迹单独进行研究和利用。该类痕迹通常包括枪支在发射过程中,于弹头、弹壳上分别形成的痕迹,即枪痕;子弹在飞行过程中,于目标物上形成的痕迹,即弹痕;在近距离或贴近射击时,同时也会因高温、高压和射击残留物形成痕迹。

5. 其他痕迹。除以上四种痕迹以外，在犯罪现场还会经常见到车辆痕迹（车体痕迹、轮胎痕迹、车辆支撑物痕迹）、牙齿痕迹、玻璃破碎痕迹、纺织品痕迹和整体分离痕迹，这些痕迹被称为其他痕迹。

（二）文书类物证

文书类物证基于文书类物品而产生，通常包括成为文书内容的文字、图表以及这些内容的载体、颜料和文书的装订物、黏合物等。通常以文书形成的机理为标准将其分为如下几类：

1. 书写文书。也称为手写文书，其中的内容即是笔迹。

2. 印刷文书。常见的为各种报刊、书籍、票证、纸币、印鉴等。

3. 打印和复印文书。目前以电脑打印文书以及复印文书最为常见，偶尔会看到手工打印文书。

这些文书装订成册，就会出现相应的装订物、黏合物。

（三）生物类物证

生物类物证通常是指生物体以及从生物体上分离、分泌、排泄、脱落下来的带有细胞组织的物证，在实际工作中多指和人体有关的生物物证，即法医物证。这类物证主要包括尸体、人体组织、血液、精液、阴道分泌物、毛发、唾液、粪便、尿液、泪液、奶水、皮屑等。其中人体组织又包括肌肉、骨骼、指（趾）甲，毛发包括头发、汗毛、阴毛、腋毛、鼻毛、睫毛、眉毛。

这一类物证在案件现场广泛存在，并由于 DNA 技术的拓展和普遍运用，这类带有生物活性的物证因可以进行同一认定和遗传关系认定而在侦查实践中日益发挥出巨大作用。

（四）工具类物证

工具是人们在生产劳动和生活学习中为提高效率而借以使用的器具。作案人在作案过程中为了达到作案的目的，常常使用作案工具，作案工具种类繁多、五花八门，具体案件涉及的作案工具取决于作案人为达到作案目的而作的选择。犯罪现场遗留作案工具的现象时有发生，有的是作案人携带并遗留在现场的工具，有的是作案人就地取材遗留在现场的工具。这些工具归纳起来可以分为如下几类：

1. 日常工具。这类工具不仅在日常生活当中最为常见，作案时由于方便取得，在现场也最为常见。例如，菜刀、斧头、匕首、钢丝钳子、螺丝刀等。

2. 专用工具。这类工具是指生产、加工、制造、维修等行业专门使用、人们日常生活当中较少使用的工具。例如，医疗用具、汽车维修工具、机床加工生产工具等。这类工具的分析检验对推断作案人的职业与技能具有很重要的作用。

3. 自制工具。自制工具通常是指作案人为了某种特殊的作案行为而专门加工生产的工具。例如，在盗窃案件中作案人专门制造的防盗门专用撬压工具和保险柜专用撬压工具。这类工具由于自行制作，带有显著的个性特点。利用这样的工具，不仅可以分析、确定作案人的惯犯特征，而且也可以通过对其痕迹的同一认定，将不同案件予以并案侦查。同时又可以就工具的制作技能和工艺特点，分析作案人所具备的条件。

4. 代用工具。所谓代用工具，是指人们在日常生活当中，没有将其作为工具对待，而作案人将其作为工具使用的替代物品。这类工具多为生产原料、生活用品、机器零件等，如砖石、皮鞋、树枝、玻璃、钢筋等。

（五）生活类物证

生活类物证是和犯罪行为有关联的普通生活用品。这类物证涉及人们的衣食住行，范围广、种类多，不易准确概括和列举，我们可以借用商业零售部门对商品的分类方法，来对其进行归纳。大致包括：服装鞋帽类、眼镜首饰类、洗涤化妆类、食品药品类、烟酒饮料类、纸张文具类、报刊书籍类、器皿试剂类、五金建材类、数码电子类等。

利用这类物证的种类、品牌、材质、颜色、型号等排查其生产、销售渠道是划定侦查范围、确定侦查方向的重要方法。经过使用后的生活物证往往具有明显的附加特征，这是进行同一认定的重要依据。同时，生活类物证往往会遗留有作案人案前的痕迹类物证或生物物证，这便使其具有更高的线索和证据价值。

（六）微量物证

微量物证，是指在犯罪现场发现的、与犯罪行为有关联的质量轻体积小的细微物质。这类物证通常需要借助一定的仪器设备或化学方法，对其结构或者化学成分进行理化分析，才能弄清其物质类型。但是在实践中，由于有自身独特的检验技术和方法，国内外均未把毒品、毒物和生物物证列入微量物证。微量物证虽然量小体微，在案件现场不易发现，但由于目前先进的检验技术能够深入发掘其包含的信息，而在侦查破案中具有独特的、不可替代的线索和证据价值。

这类物证常见的有微量的油漆、纤维、玻璃、塑料、油脂、纸张、油墨、泥土、金属、矿物、各类黏合剂及植物孢粉，在涉枪涉爆案件中常见的有火药、炸药、纵火剂及爆燃残留物。

该类物证因量小体微的特点，往往也被作案人所忽视，且难以消除，在案件现场只要认真地勘验检查，通常不难发现。

（七）毒品与毒物

毒品一般是指多次使用可以使人形成癖瘾、长期使用会对人体的功能、代谢产生损害的药物。通常可以分为天然毒品、半合成毒品和合成毒品，或者也可以分为麻醉药品和精神药品，在实践中也把其分成传统毒品和新型毒品。常见的传统毒品包括：鸦片、海洛因、吗啡、大麻、可卡因、古柯、杜冷丁。新型毒品包括：甲基苯丙胺（冰毒）、摇头丸、K粉、三唑仑（俗称迷药、蒙汗药、迷魂药）等。毒物指在日常接触条件下，以较小剂量进入肌体后，能与生物体之间发生化学或理化作用，导致肌体组织细胞代谢功能或形态结构损坏的化学物质。毒物分类所依据的标准不同，其类型也有较大差异。按照常用的混合分类法，主要包括：腐蚀性毒物、金属毒物、神经官能障碍性毒物、呼吸功能障碍性毒物、农药、杀鼠剂、有毒动物、有毒植物。在实践中，案件现场最常见的毒物有：硫酸、三氧化砷、一氧化碳、氰化物、有机磷农药、毒鼠强、安眠药、蛇毒等。

二、发现犯罪现场物证的重点部位

有相当一部分物证由于体积大、有形有色，在现场的存在相当明显，无须专门的方法即可发现，如血泊、立体足迹、日常用品等。对于体积小、色差弱、位置隐蔽、潜在的不明显物证则需要通过认真观察，甚至需要借助于专门的器材才能发现。要做到这一点，首要的是先确定这些物证可能存在的位置，即重点部位。不同的物证由于其形成的原因和产生的方式不同，存在的现场部位也不相同。

（一）发现手印的重点部位

由于犯罪手印是作案人作案过程中用手触摸现场物品所留，那么从逆向思维的角度来概括，作案人有可能触摸的物品或物品部位即是手印发现的重要部位。根据一般的作案特点，作案人有可能触摸过的物品或物品部位，主要集中在以下几点：

1. 现场的出口、入口部位。尤其是现场出入口障碍物的握手部位。

2. 现场遗留物。在作案人遗留于犯罪现场的物品上最易发现犯罪手印，尤其是被作案人带入犯罪现场的遗留物，即使作案人戴手套作案，由于其案前的接触，遗留手印也在所难免。

3. 现场物品被破坏的部位。

4. 现场的散落物。

5. 被翻动、移动的物品表面。

光滑或覆有灰尘的物体表面遗留的手印，其细节特征由于能够得到良好反映，往往具有检验、鉴定的价值。

在实际操作中，围绕以上重点部位，根据不同性质的承痕体，结合适当的方法，不难发现现场手印。

（二）发现足迹的重点部位

同样，从逆向思维的角度来判断，作案人走到哪里、蹬踩到哪里，足迹就可能遗留到哪里。这些部位通常包括：

1. 出入口的墙壁、台面、门板、地表上。这些往往是作案人必经之处或必然存在某种动作，最易留下足迹。

2. 现场散落的纸张、被褥、衣物上。这些物品有一定的弹性和吸附性，是遗留足迹的理想载体，有时遍布现场，作案人在现场活动时很容易在上面遗留足迹。

3. 中心现场的地面上。中心现场是作案活动最集中的部位，也是足迹最集中的部位，尤其是瓷砖地面、木地面、有灰尘的地面最易发现足迹。

4. 尸体表面及尸体覆盖部位。命案现场的尸体会由于作案人的蹬踹而留下足迹；在尸体被移动的情况下，尸体下方很容易掩盖足迹，即使现场遭到破坏，被掩盖的足迹也依然完好。

5. 作案人来去路线和其他外围现场。在作案人来去路线比较明显的情况下，顺线追踪可发现作案人足迹，尤其是室外松软地面上更易发现。有时在现场外围作案人隐藏、守候的地点，也是发现作案人足迹的常见场所。

（三）发现工具痕迹的重点部位

工具在案件现场主要起破坏作用，哪里被破坏哪里就可能遗留工具痕迹。因此发现工具痕迹的重点部位通常包括：

1. 房门、窗户、抽屉、锁具、柜门、栅栏等障碍物。

2. 造成机械性损伤的人体或尸体。对人体或尸体上的工具痕迹，法医学上称为损伤，由于人体结构的复杂性和作为承痕体的肌体的特殊性，在实践中，多由痕迹技术人员和法医协同勘验检查和研究。

3. 其他被损坏的现场物体。在持械毁坏公私财物案件的现场，被毁坏物上常常有破坏工具留下的打击、撬压、削割等痕迹。

足迹、手印和工具痕迹的形成往往是同一种行为方式所遗留的不同痕迹，这三种痕迹往往互为伴生痕。因此，在同一个重点部位应注意发现这三种痕迹。特别是当工具痕迹出现时，往往其周围会同时遗留下手印和足迹。

（四）发现枪弹痕迹的重点部位

在涉枪案件中，枪弹痕迹是以弹头、弹壳和射击目标物为承痕体，寻找到这几种物体就找到了相应的痕迹。这几种物体的出现往往和枪支及射击位置、角度、方向、距离密切相关。

1. 弹头多存在于人体或尸体的非贯通性的枪弹创里，或者存在于被射物体上的弹着点内或相应地面上。在弹头跳弹时，可根据现场情况，分析判断跳弹弹道，依弹道方向追踪弹头可能遗留的部位。

2. 弹壳在现场的位置往往不易准确确定，可在分析、确定射击方向和位置的基础上，以射击位置为中心、十米为半径的范围内寻找、发现，多出现在射击方向的右前方。在射击位置不易确定时，根据弹孔的形态和现场结构、布局，以射击目标物的弹着点或弹孔为参照，逆射击方向扩大寻找范围。

3. 射击目标物上的痕迹主要是弹孔、弹着点和射击残留物痕迹。由于弹头的特殊物理作用，弹孔和弹着点往往容易发现和确认，而射击残留物痕迹除遗留在嫌疑人手臂、衣服和掩蔽物外不受射击距离影响外，其余只有在近距离或贴近距离射击时，才会出现。

（五）发现生物物证的重点部位

生物物证的出现和案件性质及作案人的行为方式密切相关，但总体概括起来，不同的生物物证往往出现在以下重点部位：

1. 除大面积的血迹容易发现以外，其他少量血迹往往出现在现场出入口部位或者被翻动的带尖刃的物体上，以及逃跑路线的丢弃物上。对于杀人碎尸案件的第一现场还要注意踢角线、地板缝、家具内侧、天花板、电风扇的上下叶面以及墙壁上的粘贴物和覆盖物下面。

2. 现场精斑多存在于受害者或者尸体体表、衣服、体内，或者现场的衬垫物或丢弃的擦拭物上。

3. 现场毛发主要从现场丢弃的衣服、帽子、面罩、口罩，强奸案件现场的地面、床单等衬垫物以及杀人案件的尸体上寻找。

4. 除以上重点部位以外，案件现场上的水杯、酒杯、未食用完的水果食品、丢弃的烟头、工具或其他物品，被害人被咬伤的体表、强奸案件被害人的乳头周围及尸体的指甲缝隙，都是可能发现生物物证的部位。

（六）发现毒品、毒物的重点部位

涉毒案件现场勘验检查往往是以搜查的名义按程序进行，对现场毒品的搜寻，在弄清现场结构布局的基础上，只要认真细致地进行，便不难发现。

毒物在案件现场很难当场确认，在初步确定案件性质为投毒或疑似投毒案件时，要注重毒物物证检材的提取。这些物证检材往往存在于以下重点部位：

1. 尸体的肝脏、胃内容、血液。

2. 未食用完的食物饮料。

3. 食物饮料的加工原料、盛装物、加工器皿。

4. 被害人的呕吐物、排泄物。

5. 现场的可疑物品。

现场提取的物证检材经化验后才能最终确认是否有毒物存在。

（七）发现微量物证的重点部位

尽管微量物证量小体微，但只要在以下部位仔细寻找，仍不难发现：

1. 现场出入口。作案人在翻墙、爬窗、撬门时，很难避免身体或随身物品不和相关的障碍物发生刮擦，因此，现场出入口，特别是在障碍物的毛糙尖利等易擦刮部位，易留下衣服纤维或衣服附着物等微量物证。

2. 手印、足迹的形成部位。作案人在遗留手印、足迹时，附着于人手、脚、鞋子上的油腻、染料、灰尘、泥土等也会同时遗留在痕迹部位，成为微量物证。有的手印和足迹本身就是由这些物质形成的平面加层痕迹。

3. 现场遗留物上。现场遗留物，特别是作案人携入现场的遗留物，往往带有该物日常使用过程中形成的附着物，这些附着物种类多样、成分复杂，对于分析判断遗留物的生活用途、使用环境甚至作案人的特点有非常高的价值。

4. 工具痕迹内部及周围。工具痕迹在形成时，工具的原料及工具在使用过程中的附着物易留在痕迹内或痕迹周围。例如，螺丝刀、锤子在形成撬压和打击痕迹时，常常留下油漆、油腻、铁锈、金属颗粒等微量物证在痕迹内。

5. 尸体及嫌疑人身体上。尸体上附着的微量物证对于分析判断尸源有很高的价值，特别是抛尸现场尸体往往附着有来自第一现场的微量物证，这种物证的特殊性是分析判断第一现场的重要依据。

三、发现犯罪现场物证的常用方法

对于体色明显的物证只要重点部位明确，通常不难发现。但对于色弱、体微和潜在隐蔽物证的发现一般在确定重点部位的基础上，需要一定的发现方法。这类不同物证涉及的发现方法亦不相同，总体上可以归纳为如下几种：

（一）直接观察法

直接观察法就是用肉眼直接在可疑部位寻找隐蔽物证的常见方法。对于透明的物体一般借助透射光观察；表面光滑的非透明物体主要借助反射光观察；对于非渗透性的光洁物体表面，甚至可以采用哈气后的反射光观察；对于微量物证或者粉尘痕迹用低角度或零角度光源照射的方法更能够达到观察的效果。

直接观察法在现场潜在手印和灰尘足迹的发现中最为常见。

（二）激发光源显现法

激发光源通常是利用自身的能量激发物证并使其产生荧光的光源。这类光源主要有：蓝紫光、紫外光和激光光源。这种方法主要适用于显现包括生物物证在内的常见斑痕物证（如血斑、精斑、饮料斑、尿斑、奶渍等以及辅助于荧光粉末处理后的潜在手印）。

其中，激光光源由于能量高、使用范围广且携带、操作方便，在现场物证的发现中越来越受欢迎。目前这类光源分为单色和双色两种。

（三）染色显现法

染色显现法是对现场的痕迹物证特别是手印，在发现时常用的一种方法，包括物理染色法和化学染色法两种。物理染色法是利用和物证载体表面有明显色差的有色粉末对手印进行显现的一种方法。常见的粉末有金粉、银粉、磁性粉、荧光粉以及由碘升华后形成的细小颗粒（俗称碘熏法）。化学染色法，是指利用一定的化学试剂和现场物证起反应，产生和物证载体表面有明显色差的生成物，而发现物证的一种显现方法。这种方法主要适用于现场潜在手印和赤脚足迹的显现。常见的化学试剂有：硝酸银、茚三酮、"DFO"和"502"。

（四）静电转印法

静电转印法是利用能够产生高压静电的专门静电发生器，通过中介物对可疑部位进行静电吸附，而后在中介物上观察物证的一种发现方法。这种方法多用来发现平面粉尘足迹，因此，该静电发生器也叫足迹静电吸附器。

四、犯罪现场物证的常用提取方法

现场物证必须通过恰当的方法提取才能够成为重要的诉讼证据，发挥物证的证明作用。在现场勘验检查中，常用的物证提取方法归纳起来有如下几种：

（一）照相提取法

通过现代照相技术提取现场物证，是最简便、最常用的方法。这种方法适用于两种情况：

1. 通过拍照固定记录物证所处的环境、位置及外观形态，以便通过图片的形式来展示物证的客观性。

2. 通过照相的方法记录现场物证内容和表面细节特征。因此这种方法也被称为细目照相。经常使用于现场手印、足迹等痕迹类物证和文书类物证的提取。

照相提取要求照片清晰、颜色真实且能够缩放还原，因此，拍照时，要对焦准确、色温正常并放置比例尺；数字照相在后期制作时要保存原始照片，并不可随意调整照片的关键内容，以保持照片的真实性。

（二）实物提取法

实物提取法，是指直接提取现场物证本体或者物证载体的一种方法。这种方法适用于提取体积、重量适中，便于包装运送的普通物证，以及需要做理化检验的微量物证和需要做 DNA 检验的生物物证。

微量物证的提取，多采取镊子夹取、毛刷扫取或专用胶带、火棉胶粘取，以及小型吸尘器吸取。在提取微量物证的同时，要注意空白对照样本的提取。

生物物证的提取可以根据生物物证的不同采取擦刮、擦拭以及夹取原物的方法。

有的物证附着于一定的载体上，为安全起见，对于便于拆卸、对载体原物损害较小的，可使用载体提取法。例如，遗留有足迹的凳子、遗留有手印的窗玻璃、遗留有血迹的纸张、遗留有精斑的床单等均可直接提取载体。

（三）制模提取法

制模提取法即制取物证模型的提取方法。此法主要适用于案件现场存在的立体痕迹类物证，如立体足迹、立体手印和工具痕迹。

现场立体足迹由于体积较大，通常利用石膏制模提取法，在制作足迹石模型时，要注意根据足迹的不同情况，来把握石膏液的浓度。通常，对于斜坡上的立体足迹，可使用浓度较大的石膏液，对于水平路面上的立体足迹，石膏液的浓度可相对降低。在灌取模型时，要注意把握石膏液下落的高度，通常在十公分左右。距离过高时，石膏液容易损毁足迹花纹中的细节特征。同时注意石膏液从足迹的低端注入，使石膏自然灌满整个足迹，防止石膏液流动速度过快，破坏足迹花纹的细节特征。

对立体手印的提取可使用石膏或石蜡制模提取。在用石蜡提取时，为了便于后续拍照、观察，可在石腊中加入一定的染料。

以上两种制模提取方法对立体痕迹都具有破坏性，属于有损提取，因此，需要一次提取成功。为防止操作失误，在制模前需照相固定。

工具痕迹无论是线条痕迹还是凸凹痕迹，都属于立体痕迹，且小型工具痕迹的细节特征轻微、复杂，在制模时需用专门材料。常见的材料有硬塑料和醋酸纤维素及硅橡胶。用硬塑料提取时，需先将硬塑料在热水中浸泡，使其柔软可塑，揉搓均匀后，在洁净的玻璃上挤压出平面，然后以平面部位对工具痕迹用力挤压，以保证立体痕迹内不出现空隙和虚假特征，随后分离。由于硬塑料的细腻度有限，所以此法仅限于提取凸凹类痕迹。特制的醋酸纤维素薄膜在使用前需在丙酮溶液中浸泡，然后对准痕迹部位用力挤压，分离即可。醋酸纤维素反应细腻，主要使用线条类痕迹的提取。硅橡胶属于胶体类物质，使用硅胶体灌注工具痕迹时，注意灌注均匀，防止出现空隙；在灌注后停留一段时间，使硅橡胶充分氧化，条件许可时，可进行烘烤，促使其加速凝固。此法多使用于线条类及浅凹型的凸凹类工具痕迹的提取。

（四）静电吸附法

静电吸附法是利用专门的静电吸附器提取现场物证的一种方法。这类方法主要用于现场粉尘足迹的提取。在操作时注意选取和粉尘有色差的静电吸附板，同时注意吸附的足迹和原足迹左右相反的特点，防止在检验中发生错误。此法有时也用于提取粉尘类的微量物证，在提取微量物证时，注意提取板的清洁，防止污染。

（五）透明胶带粘取法

透明胶带粘取法主要用于由粉尘形成的明显的夹层手印或足迹，以及以粉末法显现的手印或赤脚印的提取。此法在运用时，要注意透明胶带和痕迹载体必须贴实，防止产生气泡和褶皱。在透明胶带揭下后，均匀地黏附在有色差的光滑物面上，或者轻薄的载玻片上，以便于后续观察和拍照。

五、犯罪现场虚拟物证的发现提取

目前信息技术的发展和应用已深入社会的各个领域，日益改变着人们的生产、生活和学习方式，也影响着社会管理和服务活动，当然也刺激着作案人的现场行为，同时丰富着公安机关侦破案件的方法手段，特别是通信、电脑与网络、图像与视频监控等技术带来的影响更为明显。作案人利用现代信息技术或相关设备作案，甚至在电子信号覆盖的环境中作案都将不可避免地留下相关电子数据痕迹，这些痕迹便以数据信息的形式存储在相关电子介质中。在实践中最常见的有手机或固定电话的使用信息、电脑使用与上网信息、电子卡证的使用信息、图像与视频监控信息。这些信息的客观性决定了电子数据痕迹的物证属性，但它又有别于一般的实体物证，因此被称为虚拟物证。

虚拟物证的大量存在给公安机关侦破案件带来了极大的便利，近几年，利用虚拟物证侦破案件的比例越来越高，犯罪现场发现提取虚拟物证的方法也越来越成熟，概括起来，主要有以下几种：

（一）虚拟物证的发现方法

1. 利用犯罪现场固定电话的记忆功能查看一定数量的来去电信息。如要查询更大范围的通话信息可利用特定设备获取，或向固定电话运营商调取。

2. 对遗留在犯罪现场的移动通信设备，可直接通过该设备的相关功能检查其来去电信息和短信、飞信内容以及微博、微信、消费等网上交流信息。侦查人员也可以利用特定设备在犯罪现场一定范围内收集相关移动通信基站的过往收发信息，通过分析研判，从中甄别出和犯罪有关的虚拟物证。也可以在犯罪现场查询已知通信号码的相关通信信息，从中发现侦查线索。

3. 通过现场电脑勘验检查，发现该电脑及网络使用信息，包括电脑本地和网络远程存储的各种文件、电子邮件、QQ聊天记录等网上通信信息、网上网页浏览信息、网上消费信息等，甚至可以利用专门电脑软件对已删除的电子信息进行恢复。

4. 对犯罪现场发现的电子刷卡设备，可直接利用其阅读功能检查刷卡信息，或通过其管理服务部门检查其联网服务器，发现其刷卡远程记忆信息，甚至相关卡证的数据库信息。

5. 对犯罪中心现场以及作案人来去路线上发现的各种监控探头，要首先弄清其运行状态、所属部门，然后依据对案发时间的推断，对服务器存储内容进行有重点的检查，以发现有价值的图像或视频信息。

（二）虚拟物证的提取方法

虚拟物证的常用提取方法包括：原存储介质提取法；转换存储介质拷贝法；照相拍屏法。由于虚拟物证的多样性、无形性和易损性，在提取时，除要遵循证据收集的一般程序性规则外，还要注意以下问题：

1. 提取原存储介质时，要注意安全保存，防止磕碰、受潮、高温等造成损坏。

2. 文件下载、复制时，注意原文件的存在环境的记录，包括所处网站、网页，以证明其存在的客观性，对该类信息也可以采用照相拍屏的方法提取。

3. 用转换存储介质的方法拷贝提取时，要注意转换介质的清洁，防止带病运行，对信息造成破坏。

4. 提取图像和视频信息时，首先检查电子设备的时间功能，并和标准时间进行时差校对；其次由于视频格式多种多样，在拷贝视频信息时，要连同播放软件一起进行，保证拷贝后的信息能顺利播放。

‖ 第三节　犯罪现场物证的甄别方法 ‖

犯罪行为是犯罪现场重要的构成要素，但并不排除在犯罪现场于案后或案前存在非犯罪行为。犯罪行为会形成犯罪物证，非犯罪行为也会形成非犯罪痕迹，涉及一般物品。二者在外观表现上具有很大的相似性，不能准确地对两者进行区分，在日后的侦查中，不仅会浪费侦查资源、降低侦查效率，也难以有效地利用犯罪物证来排查确定犯罪嫌疑人，更难使其成为诉讼证据。对二者的准确有效区分，即是对现场犯罪物证的甄别。在现场勘验检查过程中，常用的甄别方法主要有以下几种：

一、调查甄别法

通过向受害人及其亲属或其他熟悉案件现场情况的人进行调查，弄清现场案前状况，是甄别犯罪现场物证的首选方法。在弄清现场物品是否发生状态变化，或是否为现场遗留物时，常用此法。对此法的运用关键在于调查要全面、细致、准确。

二、形成物甄别法

此法适用于犯罪现场夹层痕迹类物证的甄别。夹层痕迹是由一定的物质形成，其形成物往往和作案人的行走路线、进出现场方法、作案手段和作案过程密切相关。通过现场分析判断，在弄清形成物为犯罪物证的情况下，由该形成物所形成的痕迹多属犯罪痕迹。此法要根据痕迹遗留的位置、形成的顺序、载体的具体情况综合分析判断。必要时，用调查法加以补充。

三、形成时间甄别法

犯罪物证都是在作案过程中形成于现场；非犯罪痕迹物品往往形成于案前或案后，二者之间存在时间差。这种时间上的差别有时会表现在各自的变化上。我们可以利用这种不同的变化来区分其形成时间和区分案中、案前、案后的关系。这里的时间可分为绝对时间和相对时间，绝对时间是指在现场勘验检查时该物证已经经历过的时间，其无须参照点，如现场的血迹、尿渍、唾液斑从形成到现场勘验检查所经历的时间。相对时间，是指现场物证的遗留相对某一事件所经历的时间，如雨前、雨中、雨后的脚印，或者雪前、雪中、雪后的遗留物。弄清了参照事件和案件的关系也就弄清了物证和案件的关系。

四、位置关系甄别法

犯罪物证的形成与整个犯罪过程存在必然联系，后者为因前者为果。同时，犯罪过程的连续性，也必然导致不同物证位置的内在关联性。在犯罪过程明确的前提下，何处应该产生何种物证是可以分析推断的。甄别现场物证时，注意发现可疑物证所处位置是否是犯罪行为应该涉及的部位，不同的物证在位置关系中是否有内在联系性，弄清这些问题后，便不难甄别犯罪物证。

五、作用力方式甄别法

犯罪现场各种现象的形成离不开作用力这一物理因素。犯罪行为和人们的日常行为由于目的不同，其作用力的表达方式也必然不同，而作用力的方式包括力的大小、方向、作用点三个基本要素，这些要素决定了受力对象的不同状态，也必然导致犯罪现场物证和日常行为在现场引起的变化有所区别。现场勘验检查人员能够把握这种区别，就能甄别犯罪现场物证。

六、内容关联甄别法

此法适用于犯罪现场文书物证和虚拟物证的甄别。犯罪现场物证所载内容充分、意思表达明确、图像视频清晰时，是否与案件有关联，往往一目了然。当物证内容不足、缺乏逻辑性、表达含蓄，或者图像视频模糊时，则需要认真辨读，并结合案情和其他证据、线索分析研判，甚至需要进行必要的调查，进而确定其是否为犯罪物证。

七、技术检验甄别法

有的现场物品是否和案件有关联，能否成为犯罪物证，需要以其准确的化学或生物成分分析来确定，这就需要相应的技术检验来支持。例如，微量物证、毒物、毒品及法医物证往往无法直接确认，现场只能将其列为检材、试纸，待检验完成后，是否为犯罪物证方可确定。对这样的物品，只要无法现场排除，皆应列为可疑物证加以提取。

以上甄别方法，在使用时，注意同步采用，相互印证，综合判断。这样，对犯罪物证的甄别，才会更加准确。

‖ 第四节　犯罪现场实地勘验检查的注意事项 ‖

犯罪现场勘验检查，除了要遵循程序性规则和技术性规范以外，为保证现场勘查的质量，特别是为了保证现场物证能够发挥证据效能，应注意以下几个方面的问题：

一、犯罪现场实地勘验检查人员的自身防护

作为现场实地勘验检查主体的侦查人员，在现场勘验检查中，对自身的防护十分重要。首先，犯罪现场形式多样、内容复杂，这涉及犯罪现场自身的环境、作案人作案的手段以及犯罪行为引起的严重后果。有的现场甚至充满危险性，如爆炸现场残留的爆炸物和高坠隐患物，放火案件现场弥漫的有毒气体和燃烧隐患，甚至带有传染性病毒的生物性检材，这些都会对现场勘验检查人员构成潜在威胁。所以，在现场勘验检查之前，一方面，要排除案件现场的危险隐患，另一方面，侦查人员要善于和习惯使用防护措施，包括穿防护服、戴防护手套、头套、脚套，甚至穿着防静电的鞋子，必要时要使用防毒面具。此外，现场勘查人员对自身的防护也是对现场的保护，无论什么样的犯罪现场勘验检查行为，都会造成现场的变动，这种变动必须是科学的、必要的，甚至是可以还原的。如果现场勘验检查人员在操作过程中，采用不科学的方法，对现场造成无法逆转的变动，将对现场造成毁灭性破坏。例如，现场勘验检查人员在现场留下自己的手印，或者踩踏了现场物证，甚至留下

头发、唾液等生物性材料等。为防止这种现象出现，在现场勘查时，勘验检查人员要按规定有效使用防护装备，并注意控制自己现场行为的随意性。

二、犯罪现场物证记录要准确、客观、细致

现场物证的客观性、与案件的关联性，不仅表现在物证本身的实体真实上，还表现在物证所处的位置环境以及发现、提取该物证的方法手段的真实上。对物证的记录便是这种客观性和关联性的记载和佐证，也是现场勘验记录的重要组成部分。无论是通过现场照相、现场笔录、现场绘图，还是现场录像的方法来记录现场物证，都要注重对物证客观情况的详尽与准确反映，并且不同记录的内容之间要一致，尤其是现场存在同类物证的情况下，记录一定要清晰明确。否则，物证本身与记录及不同记录之间的情况存在差异，将会严重影响物证的客观性，甚至使人对物证和案件的关联性产生怀疑，这将最终影响物证的证明力，甚至使物证失效。

三、坚持犯罪现场物证发现、提取的无损方法优先

在发现、提取现场物证的诸多方法中，有相当一部分方法会对物证本身造成损害。例如，现场手印的各种显现方法、立体痕迹的制模提取法、现场文检物证的载体分离提取法等，这些方法一旦操作失误，将会对物证造成无法弥补的损害。因此，在发现、提取时，应首先考虑无损方法。在无损方法中最常用的当数物证照相，在数码照相技术普遍运用的今天，可以在现场即时查看拍照效果，给无损方法发现、提取现场物证提供了极大的便利。无损提取法通常还包括实物提取法，尤其对生物物证、微量物证更是如此。

四、对犯罪现场物证要规范包装、安全运送

现场物证存在各种状态，为将其安全地带离现场，送回实验室或物证保管室，要先进行规范包装，再安全运送。

首先，在包装时，要遵循独立包装原则，即一物一包装。包装物可根据物证的不同采用专门的纸袋、塑料袋、试剂瓶等，对有些物证还要进行防震处理，避免物证和包装物之间、包装物相互之间磕碰摩擦，同时要在包装物上以标签注明物证和案件名称及发现、提取该物证的时间、地点、位置。

其次，在运送时，也要防止多个物证之间的相互挤压、碰撞。在长距离运输时，更要注意交通工具的颠簸对物证造成的损害。在实际的工作中，现场勘查人员可以预先制作一些适合于常见物证的包装物和防震物，以备现场勘验检查之用。

五、防止犯罪现场物证的腐败与污染

腐败和污染是犯罪现场生物物证与微量物证的致命损害。因此在提取此类物证时，从提取工具到物证的包装物都要保持绝对的洁净，切不可用普通生活用具及报

纸、普通书写用纸张进行包装，同时要坚持个体物证独立包装原则，不可混装。对生物物证，还要进行防腐处理。通常将含有水分的生物物证自然晾干后包装，或者采用低温方法保存运送，夏季尤其如此，切忌烘烤和暴晒。

【小结】

犯罪现场实地勘验检查是犯罪现场勘查活动的核心内容，它涉及专业多、技术要求高。在实践中，作为犯罪现场实地勘验检查的技术人员不仅要熟知常见的物证类型，更要了解发现这些物证的现场重点部位，还要熟练掌握发现、提取各类物证的方法技巧，同时还能够依据犯罪现场情况对犯罪现场物证进行甄别。只有这样，才能保证犯罪现场实地勘验检查的质量，以便为案件侦查提供可靠线索，为刑事诉讼提供有效证据。

【思考题】

1. 犯罪现场物证通常可分为哪些类型？
2. 常见的生物物证有哪些？
3. 常见的微量物证有哪些？
4. 发现手印的现场重点部位有哪些？
5. 提取生物物证和微量物证应注意哪些问题？
6. 现场犯罪足迹如何甄别？
7. 犯罪现场勘验检查人员应如何做好自身防护？

【推荐阅读】

1. 郝宏奎. 犯罪现场勘查. 中国人民公安大学出版社，2006.
2. 高春兴，苑军辉，邹荣合. 犯罪现场勘查. 中国人民公安大学出版社，2013.
3. 陈世贤，利焕祥. 命案现场工作手册. 群众出版社，2009.
4. ［美］李昌钰，蒂莫西·M. 帕姆巴奇，玛丽莲·T. 米勒. 犯罪现场勘查手册. 中国人民公安大学出版社，2006.

第十一章 犯罪现场勘查记录

【教学重点与难点】

教学重点：犯罪现场勘查记录的构成；现场勘验检查笔录的结构和内容；犯罪现场图的种类和绘制步骤；犯罪现场照相类型和编排。

教学难点：犯罪现场状态的文字描述规范；犯罪现场平面示意图的绘制方法；犯罪现场照片的编排技巧。

犯罪现场勘查记录，是指在现场勘验、检查工作中，侦查人员运用文字、图形和视听资料等形式对勘验、检查相关情况进行客观记录的一种法定刑事证据。完整的现场勘查记录必须全面反映现场勘验、检查工作的情况，通常由现场勘验检查笔录、现场图、现场照片、现场录音和现场录像构成。

‖ 第一节 犯罪现场勘查笔录 ‖

犯罪现场勘查笔录是刑事技术人员在现场勘验、检查过程中运用文字的形式，对犯罪现场的原始状态和勘验、检查情况所作的客观真实的记录。它作为现场勘查记录的重要方法和表现形式之一，是侦查机关分析、研究案情的重要依据，对案件的侦破具有重要作用。[①] 根据我国《刑事诉讼法》和《公安机关刑事案件现场勘验检查规则》及公安部关于现场勘查笔录的相关规定，有其自身的制作要求。

一、犯罪现场勘查笔录的结构与内容

犯罪现场勘查笔录属于叙述型文书，由前言、正文以及结尾三部分构成。

（一）前言部分应记述的内容

前言部分的内容包括：标题（即某某案件现场勘验检查笔录）和笔录文号 [公（ ）勘〔20 〕 号]；接报案的情况和勘验检查派员情况，接报案情况应记述接警时间、接报警人姓名、单位、职务、报警方式、内容等，勘验检查派员情况只需简要记述勘验检查指挥人员带领侦技人员赶赴现场即可；现场保护情况应记述现场保护人的姓名、到达时间、保护措施、方法及保护过程中发现的问题；现场

---

① 高春兴，苑军辉，邹荣合. 犯罪现场勘查. 中国人民公安大学出版社，2011：166.

勘验、检查的起始和结束时间应按公历 24 小时制填写；现场的详细地址应包括省、地市、县区、街道、门牌号，有单位的现场应写明单位名称；现场天气情况应包括温度、相对湿度、风向、气候条件（阴、晴、雨、雪、雾等）；勘验检查前现场的条件应说明现场为原始现场或变动现场；现场勘验检查利用的光线应填写利用自然光或辅助光源；现场勘验检查的指挥人员应填写指挥人员所在单位、职务和姓名。

（二）正文部分应记述的内容

正文部分是现场勘验、检查笔录的核心部分，重点记录与犯罪有关的痕迹和物品的名称、提取部位、数量、性状、分布等情况，尸体的位置、衣着、姿势、损伤、血迹分布、形状和数量等。

现场方位的描述应包括现场所处的地理方位、现场周围环境、设施，现场周围的道路及建筑物的结构、布局、功能。

现场中心的描述应包括现场中心的结构，及现场中心范围内与本案相关的设施、物品的名称、位置、数量、状态（如门、窗、家具、陈设物品等）。

对尸体的描述应包括：尸体的位置、姿势、衣着、附着物及尸体与其他物体的关系。

对现场中提取的犯罪物证应记明已提取及提取方法，包括与本案有关的犯罪物证（如指纹、足迹、唇纹、血液、精斑、毛发、凶器等）的名称、发现部位、数量、形态及具体的提取方法手段。

现场勘验检查提取痕迹、物证登记表填写时，提取方法应具体明确。

（三）结尾部分应记述的内容

填写制作的现场图、现场照片、现场录音及现场录像的数量；填写现场勘验检查记录人员、现场勘验检查人员；现场勘验检查人员及见证人需本人签名；制作日期填写无误并加盖主勘单位行政章。

现场勘验检查笔录完成后应编写页码，并在页码右侧加盖骑缝章。改动现场勘验检查笔录内容，记录人应当在修改处的两端加盖个人名章，并注明修改日期。经过审定的现场勘验检查笔录将作为正式法律文书归诉讼卷，现场勘验检查情况分析报告由办案单位归入侦查工作卷。

此外，如在现场勘查中进行了尸检、人身搜查和侦查实验，应单独制作笔录，并在勘验检查笔录中予以注明，单独制作的这些笔录应附在勘查记录之后。对现场进行多次勘验、检查的，在制作首次现场勘验、检查笔录后，逐次制作补充勘验、检查笔录。

二、犯罪现场勘查笔录的制作要求

1. 现场勘验检查情况的记述应与现场勘验检查的顺序一致，提取的犯罪物证要与勘验检查笔录内容相吻合，现场勘查记录与现场勘验检查制图、现场照相、现场录像的内容相一致，同一客体在笔录中使用的名称应前后一致。

2. 现场勘验、检查笔录的内容必须客观、准确。制作现场勘验、检查笔录的人员必须客观地记录现场状况，不能将个人的判断和推测记入笔录，但可以反映诸如触觉、嗅觉、听觉所感知的情况。

3. 现场勘验、检查笔录用语必须准确。在笔录中严禁使用"大概"、"左右"、"旁边"、"不远"等不准确的语言来叙述现场客体及痕迹、物体之间的距离和位置关系。[1] 笔录用语要符合统一标准，不能使用非标准化的字、词、语句，不能滥用方言土语，不能自造词语；度量衡单位应符合现行国际、国内标准。

4. 现场勘验、检查笔录要详略得当、用语简练、重点突出。与案件无关或关系不大的情况不作记录或作简要记录；[2] 与案件关系密切的情况，一定要记录清楚（如犯罪行为人进出现场的出入口、翻动的物品等）。

【资料链接】

犯罪现场勘查笔录标准格式

某某案件现场勘验检查笔录

公（　）勘〔20　〕　号

20＿＿年＿＿月＿＿日＿＿时＿＿分＿＿＿＿＿＿＿＿＿＿＿＿＿＿＿＿＿＿＿
接到的＿＿＿＿＿报告□/指派□：＿＿＿＿＿＿＿＿＿＿＿＿＿＿＿＿＿＿＿＿
＿＿＿＿＿＿＿＿＿＿＿＿＿＿＿＿＿＿＿＿＿＿＿＿＿＿＿＿＿＿＿＿＿＿＿＿＿
＿＿＿＿＿＿＿＿＿＿＿＿＿＿＿＿＿＿＿＿＿＿＿＿＿＿＿＿＿＿＿＿＿＿＿＿＿
＿＿＿＿＿＿＿＿＿＿＿＿＿＿＿＿＿＿＿＿＿＿＿＿＿＿＿＿＿＿＿＿＿＿＿。

现场勘验检查于20＿＿年＿＿月＿＿日＿＿时＿＿分开始，至20＿＿年＿＿月＿＿日＿＿时＿＿分结束。

现场地点：＿＿＿＿＿＿＿＿＿＿＿＿＿＿＿＿＿＿市（区、自治州、盟）
县（市、区、旗）＿＿＿＿＿＿＿＿＿＿＿＿＿＿＿＿＿＿＿＿
＿＿＿＿＿＿＿＿＿＿＿＿＿＿＿＿＿＿＿＿＿＿＿＿＿＿＿＿＿。

天气情况：温度＿＿℃；相对湿度＿＿＿＿；风向＿＿＿＿；阴□/晴□/雨□/雪□/雾□＿＿＿＿。

勘验检查前现场的条件：变动现场□/原始现场□。

现场勘验检查利用的光线：自然光□灯光□。

共　页　　　第　页

---

① 井晓龙. 犯罪现场勘查综合实训指导书. 中国人民公安大学出版社，2014：54.
② 严庆芳. 现场勘查笔录制作中存在的问题及制作要求. 法律写作，2007（8）.

· 112 ·

现场勘验检查指挥由＿＿＿＿＿＿＿＿＿＿＿＿＿＿＿＿＿＿＿＿担任。

勘验检查情况：＿＿＿＿＿＿＿＿＿＿＿＿＿＿＿＿＿＿＿＿＿

＿＿＿＿＿＿＿＿＿＿＿＿＿＿＿＿＿＿＿＿＿＿＿＿＿＿＿＿＿＿＿

＿＿＿＿＿＿＿＿＿＿＿＿＿＿＿＿＿＿＿＿＿＿＿＿＿＿＿＿＿＿＿

＿＿＿＿＿＿＿＿＿＿＿＿＿＿＿＿＿＿＿＿＿＿＿＿＿＿＿＿＿＿＿

＿＿＿＿＿＿＿＿＿＿＿＿＿＿＿＿＿＿＿＿＿＿＿＿＿＿＿＿＿＿＿

＿＿＿＿＿＿＿＿＿＿＿＿＿＿＿＿＿＿＿＿＿＿＿＿＿＿＿＿＿＿＿

＿＿＿＿＿＿＿＿＿＿＿＿＿＿＿＿＿＿＿＿＿＿＿＿＿＿＿＿＿＿＿

＿＿＿＿＿＿＿＿＿＿＿＿＿＿＿＿＿＿＿＿＿＿＿＿＿＿＿＿＿＿＿

＿＿＿＿＿＿＿＿＿＿＿＿＿＿＿＿＿＿＿＿＿＿＿＿＿＿＿＿＿＿＿

＿＿＿＿＿＿＿＿＿＿＿＿＿＿＿＿＿＿＿＿＿＿＿＿＿＿＿＿＿＿＿

＿＿＿＿＿＿＿＿＿＿＿＿＿＿＿＿＿＿＿＿＿＿＿＿＿＿＿＿＿＿＿

＿＿＿＿＿＿＿＿＿＿＿＿＿＿＿＿＿＿＿＿＿＿＿＿＿＿＿＿＿＿＿

＿＿＿＿＿＿＿＿＿＿＿＿＿＿＿＿＿＿＿＿＿＿＿＿＿＿＿＿＿＿＿

＿＿＿＿＿＿＿＿＿＿＿＿＿＿＿＿＿＿＿＿＿＿＿＿＿＿＿＿＿＿＿

＿＿＿＿＿＿＿＿＿＿＿＿＿＿＿＿＿＿＿＿＿＿＿＿＿＿＿＿＿＿＿

＿＿＿＿＿＿＿＿＿＿＿＿＿＿＿＿＿＿＿＿＿＿＿＿＿＿＿＿＿＿＿

＿＿＿＿＿＿＿＿＿＿＿＿＿＿＿＿＿＿＿＿＿＿＿＿＿＿＿＿＿＿＿

＿＿＿＿＿＿＿＿＿＿＿＿＿＿＿＿＿＿＿＿＿＿＿＿＿＿＿＿＿＿＿

＿＿＿＿＿＿＿＿＿＿＿＿＿＿＿＿＿＿＿＿＿＿＿＿＿＿＿＿＿＿＿

＿＿＿＿＿＿＿＿＿＿＿＿＿＿＿＿＿＿＿＿＿＿＿＿＿＿＿＿＿＿＿

＿＿＿＿＿＿＿＿＿＿＿＿＿＿＿＿＿＿＿＿＿＿＿＿＿＿＿＿＿＿＿

＿＿＿＿＿＿＿＿＿＿＿＿＿＿＿＿＿＿＿＿＿＿＿＿＿＿＿＿＿＿＿

＿＿＿＿＿＿＿＿＿＿＿＿＿＿＿＿＿＿＿＿＿＿＿＿＿＿＿＿＿＿＿

＿＿＿＿＿＿＿＿＿＿＿＿＿＿＿＿＿＿＿＿＿＿＿＿＿＿＿＿＿＿＿

＿＿＿＿＿＿＿＿＿＿＿＿＿＿＿＿＿＿＿＿＿＿＿＿＿＿＿＿＿＿＿

＿＿＿＿＿＿＿＿＿＿＿＿＿＿＿＿＿＿＿＿＿＿＿＿＿＿＿＿＿＿＿

第　页

现场勘验检查提取痕迹、物证登记表

序号	名 称	提 取 部 位	提取方法	数量	提取人

第　　页

现场勘验检查制图____张；照相____张；录像____分钟；录音____分钟。

现场勘验检查记录人员：

笔录人_____

制图人_____

照相人_____

录像人_____

录音人_____

现场勘验检查人员：

单位_____职务_____本人签名_____

单位_____职务_____本人签名_____

单位_____职务_____本人签名_____

单位_____职务_____本人签名_____

单位_____职务_____本人签名_____

单位_____职务_____本人签名_____

现场勘验检查见证人：

性别_____年龄_____岁，单位或住址_____签名

性别_____年龄_____岁，单位或住址_____签名

二〇_____年____月____日

第　　页

‖ 第二节　犯罪现场绘图 ‖

犯罪现场绘图，是侦查人员运用制图学的原理和方法，利用图形、符号固定和反映犯罪现场客观情况的现场记录形式。犯罪现场图是现场勘查记录的重要组成部分，也是侦查部门分析、研究案情的重要依据。

一、犯罪现场图的类型

犯罪现场图按不同的分类标准可以分为不同的类型。

（一）按表现的范围可分为现场方位图、现场全貌图和现场局部图

1. 现场方位图。现场方位图主要反映现场所在的位置及与周围环境之间的关系。例如，反映现场与本案有关联的其他场所、遗留犯罪物证的地点间的关系、犯罪行为人进出路线和方向等。[1] 如果同一案件有几处现场时，绘制时要弄清各个现场的位置和它们之间的关系，最好用一张图表示出来。由于现场方位图通常反映的

---

[1]　陈志军. 犯罪现场勘查学. 中国人民公安大学出版社，2006：474.

◎侦查学

范围较大，测量难度较大，可以借用地图册或在互联网上下载相关区域的平面地
图、立体地图等作为绘制现场方位图的基础。

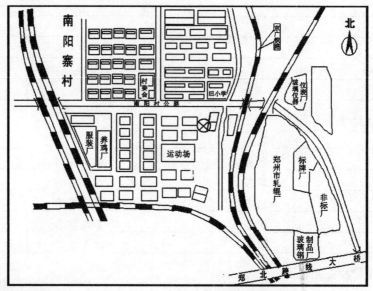

案发时间　2005年5月5日　　　制图单位　某市公安局
案发地点　某市南阳村公路52号　制图人　　陈某某
　　　　　　　　　　　　　　　　制图时间　2005年5月6日

图 11 - 1　"5·5"杀人案件现场方位示意图

制图单位　苏州市公安局刑警支队三大队
制图人　　周某某
制图时间　2002年4月24日

图 11 - 2　苏州新区"4·17"特大凶杀案现场方位平面图

2. 现场全貌图。现场全貌图是以整个犯罪现场为表示内容，反映现场内部全面情况的一种图形。绘制时要以案发地点为中心，以犯罪行为人实施犯罪行为的范围为界限，把犯罪行为人的活动空间、犯罪遗留下的犯罪物证以及它们相互间的位置关系等反映清楚。

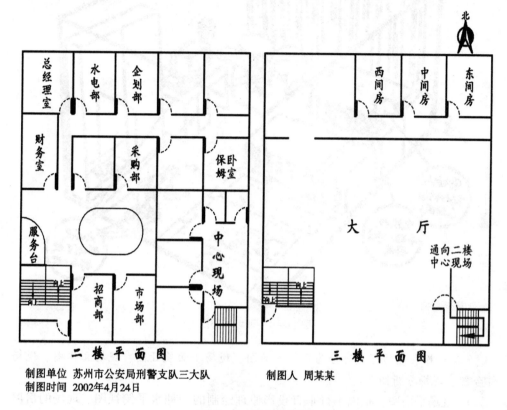

制图单位 苏州市公安局刑警支队三大队
制图时间 2002年4月24日

制图人 周某某

图 11 - 3　现场全貌图

3. 现场局部图。现场局部图是以犯罪现场中重要物体或重要地段的情况为表示内容的一种图形。现场局部图应表明与犯罪行为直接相关联的重要物体的空间结构、内部构造、痕迹物证分布等内容。

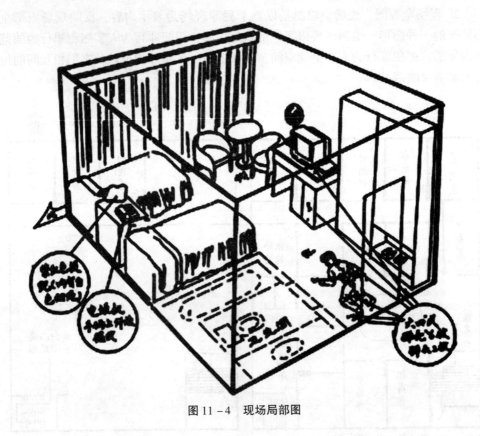

图 11－4 现场局部图

（二）按表现的形式可分为现场平面图、现场平面展开图、现场立体图、现场综合图、现场分析图

1. 现场平面图。是以平行垂直投影原理绘制的一种水平俯视图。现场的房屋和各种物体、痕迹位置、距离以及相互间关系，都以平面的形式标明在图纸上，具有简明、清晰的特点。

案发时间 2002年12月14日	制图单位 公安大学刑事科技系勘查四组
案发地点 公安大学01号家居	制图人 崔某某
	制图时间 2002年12月14日

图 11 – 5 现场平面图（计算机专用软件绘制的平面图）

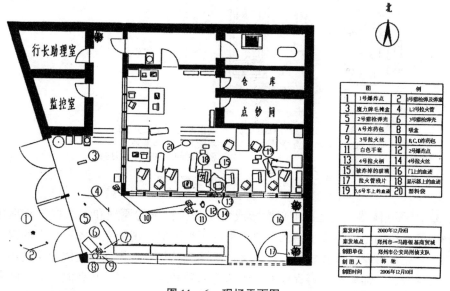

图		例	
1	1号爆炸点	2	5号猎枪弹及弹壳
3	魔力牌毛掸盒	4	1,2号拉火管
5	2号猎枪弹壳	6	3号猎枪弹壳
7	A号炸药包	8	烟盒
9	3号拉火丝	10	B,C,D炸药包
11	白色手套	12	2号爆炸点
13	4号拉火柄	14	4号拉火丝
15	被炸掉的玻璃	16	门上的血迹
17	拉火管残片	18	显示器上的血迹
19	1,6号车上的血迹	20	塑料袋

案发时间	2000年12月9日
案发地点	郑州市一马路银基商贸城
制图单位	郑州市公安局刑侦支队
制图人	韩某
制图时间	2006年12月10日

图 11 – 6 现场平面图

2. 现场平面展开图。是综合运用水平投影与垂直投影的原理和方法，在现场平面图的基础上，展示犯罪现场其他几个立面或顶面情况的一种图形。必要时也可以按照需要，只展开其中一两个与犯罪物证有关系的立面或顶面，它是一种特殊的

◎侦查学

现场平面图。

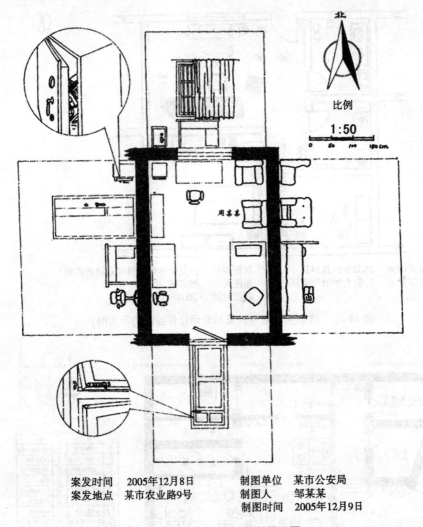

案发时间	2005年12月8日	制图单位	某市公安局
案发地点	某市农业路9号	制图人	邹某某
		制图时间	2005年12月9日

图 11 - 7　现场平面展开图

3. 现场立体图。这是以中心投影或角度平行投影的原理和方法将犯罪现场重要物体和痕迹的空间位置、结构反映出来的一种图形。现场立体图适合人的视觉习惯要求，生动形象，真实感强，较为接近犯罪现场状态。但现场立体图绘制难度较大，要求较高，需要有一定程度的透视理论基础和绘画功底，且费时费力。随着计算机技术的不断发展，出现了许多专业的现场制图软件，利用计算机绘制现场立体图大大提高了工作效率，也使绘制现场立体图变得更为简单易用。

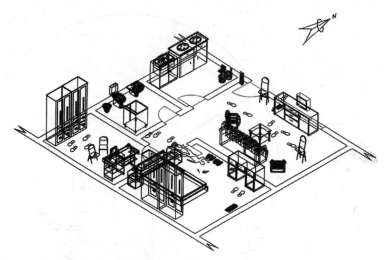

图 11 -8　现场立体图（计算机专用软件制立体图）

4. 现场剖视图。这是现场立体图的一种特殊形式，是将立体图中一组阻挡视线部分删除，只反映现场内部或物体内部情况的一种图形。如表示室内犯罪现场的情况，可以部分或全部除去房顶来表现室内犯罪现场的情况。

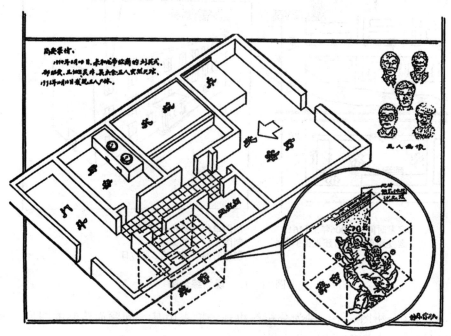

图 11 -9　现场剖视图

5. 现场综合图。这是综合运用多种绘图手段绘制的图形。主要由现场方位图、现场平面图、现场平面展开图、现场立体图、现场剖视图等组成。

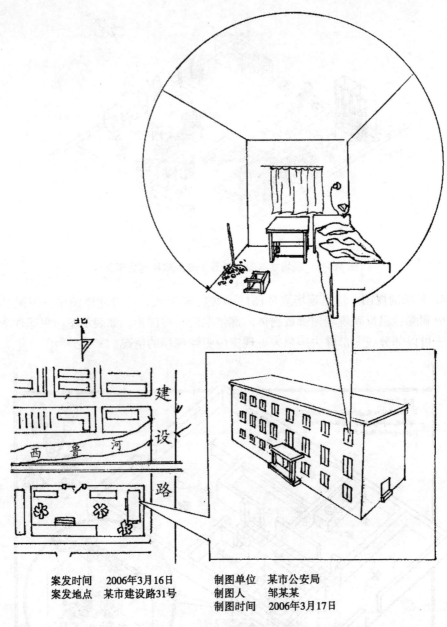

案发时间 2006年3月16日	制图单位 某市公安局
案发地点 某市建设路31号	制图人 邹某某
	制图时间 2006年3月17日

图 11 - 10 现场综合图

6. 现场分析图。是一种为分析解决现场勘查中某一问题而绘制的图形。该图可以用任何一种表现形式进行绘制。

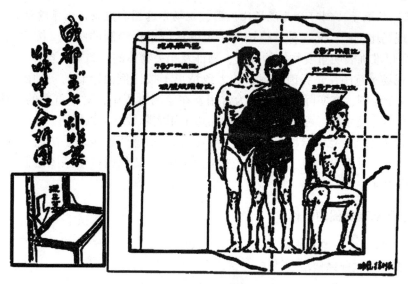

图 11 - 11　现场分析图（一）

×××坠楼死亡现场分析图

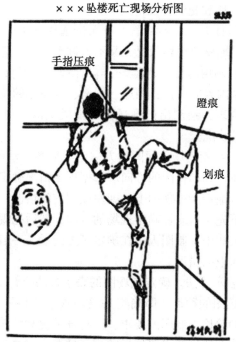

根据外窗台上手指压痕、墙上蹬划痕迹
分析×××姿态动作，痕迹形成原因。

图 11 - 12　现场分析图（二）

（三）按表示比例可分为现场比例图、现场示意图和现场比例示意结合图

1. 现场比例图。是一种严格按照一定的比例进行绘制的图形。按比例绘制的现场图可以准确表明重要物体的位置、物证及相关物体的距离等内容。

2. 现场示意图。是凭肉眼观察的大致情形不按比例而绘制的一种图形，现场示意图易于绘制，在实际工作中最为常用。在绘制过程中，对于重要的物体距离、痕迹的大小、尺寸等，可在相关痕迹物品边上用实际数字加以标明。

3. 现场比例示意结合图。是综合运用比例和示意两种表现手法绘制的一种图形。其特点是对重要物体、关键部位按比例测绘，其他则按示意图绘制，繁简得当，表现力强。

二、犯罪现场图的制作

（一）绘制现场图的步骤

1. 掌握犯罪现场情况。

（1）全面地了解案情。

（2）巡视现场，了解现场状况。

（3）观察被害人尸体和犯罪物证情况。

2. 选择并确定图形种类。现场制图人员无论选择哪类图形都要根据实际需要与可能，既要客观真实地反映现场状况，又不要过于复杂，应讲究实用。

3. 构思画面。构思画面时要合理地安排设计现场图所反映的内容，其中包括绘制的先后顺序；绘制内容的选择；图题、图例、方向标的位置；图形的大小和比例尺等。画面设计得合理，绘制出的现场图才能既美观、协调、大方，又突出主题，能客观地反映现场状况。

4. 确定图的方向。绘制现场平面图的方向应与地图表示的上北、下南、左西、右东的方向一致，立体图和剖视图的方向应根据现场情况确定，方向标在图纸上应朝向上方或斜向上方，绝不能出现朝下、朝左或朝右的情况。现场确定方向时应使用指北针，一般情况下先用指北针确定现场的方向，然后把现场图的方位与现场方位统一起来。在实际工作中，制图人员在确定了方向后，一般都会选择面朝北进行绘制，以避免出现方向上的错误。

5. 确定现场图的表示方法。确定现场图的表示方法要解决两个问题：

（1）确定绘制现场图的种类。即确定是绘制现场比例图、示意图还是比例示意结合图，按照现场勘验检查制图的要求，除特殊情况和特殊图形外，现场图都应按比例绘制，因为比例图能比较准确地反映现场情况，对复现现场有重要作用。当犯罪现场范围很大或者存在两个以上犯罪现场，其间距较大时，可以用示意图或比例示意结合图的形式表示。

（2）确定比例尺的大小。确定比例尺的大小要根据所绘制现场的大小和图纸大小进行，一般犯罪现场方位图通常使用1∶500、1∶1000、1∶2000等，现场局部图

常使用1:40、1:60等几种比例。①

6. 绘制现场草图。绘制现场草图是按绘图的要求，在现场绘制出的现场图的初稿。绘制现场草图要分两步进行：第一步，先在现场上绘出图样；第二步，对草图进行加工制作，按绘图要求绘制出完整的现场草图。

7. 审图。审图主要审核以下两方面内容：

（1）现场图的内容与要反映的犯罪现场情况是否一致，现场图与现场状况有无不符和遗漏。

（2）现场图的内容与现场勘验、检查笔录有关内容是否一致，现场图有无不符或遗漏。现场图与现场勘验检查工作记录内容的一致性必须符合犯罪现场的实际情况，在审图过程中如果发现现场图与现场勘验检查工作记录的有关内容不符，应当同时审核工作记录内容是否准确，不应盲目地修正现场图。

审图应当分两次进行，第一次是在现场草图绘制完成后，对草图进行全面、严格的审核；第二次是在绘制出现场图的"清样"之后和描墨线之前，把绘图"清样"与现场草图进行仔细对照和审核，如果一切正常，即可完成下一道工序。

8. 完成墨线。描绘墨线要用绘图笔和绘图墨水按照各种图线规格（粗细）进行细致描绘。描绘图线应按照先上后下，先左后右，先曲线后直线，先细线后粗线的顺序进行。

9. 标注及签名。各种图绘完之后，要写上图题、指向标、比例尺、图例说明、绘图单位、绘图时间以及绘图人等。

（二）现场方位图的绘制方法

1. 熟悉现场情况，确定现场中心位置。在绘制方位图前，制图人员必须先对现场情况进行了解，在此基础上确定现场各个部分的位置及周围的环境。

2. 进行测量。

（1）测量距离的方法。

①步测法。步测法是最简单的一种测量方法，只要测量出准确步幅和步数就能测出现场的实际距离。步测法的优点是快速、简便。其缺点是易出误差，误差的大小跟测距人测量工作的实际操作状况有关。步测法适用于地形很不规则和范围较大的犯罪现场的测量。

②直线丈量法。直线丈量法，是指用皮尺或钢卷尺直接测量出现场的实际距离。直线丈量法测出的距离比较准确、误差较小，适用于形状比较规则的现场。

（2）测量高度的方法。常用的方法是直角三角板测量法：用45度角的直角三角板找出与物体高度等距的某点，用皮尺测地面距离，即得物体高度。

（3）测量物体和物证的方法。绘制现场方位图时测量的重点是犯罪物证及周围的物体。由于室外遗留物证很少，测量重点就转移到现场图内涉及的各种物体，

---

① 孟宪文. 刑事侦查学. 中国人民公安大学出版社，2004：134.

主要反映这些物体在现场图上的具体位置。对于范围较大的现场可以分片分段或者按照物体的排列顺序进行。分片测量法：即以现场中心部位为中心点，把现场分成东、南、西、北四个片，从东片开始，然后向北、向西、向南逐片进行测量。顺序测量法：可以按照现场各种物体的位置确定某一物体为起点，沿着该物体向顺时针或逆时针方向逐个进行测量。

测量物证，首先要测出该物证的大小、长短，再测出物证与周围物体的距离。

3. 绘制现场方位草图。

（1）设计画面。设计方位图的画面时要构思现场各种物体的布局。首先要考虑并确定现场中心在现场图上的位置。无论是室内或室外现场，现场中心部位一般都安排在现场图的中心或靠近中心位置为好，这样能比较全面地反映现场中心四周的环境、物体以及地形地物等实际情况。如果现场中心部位的南面和北面活动较多，与现场中心部位关系密切或者留有犯罪物证，能反映进出现场路线，就应当把现场方位图的主要部分安排在南面或北面，现场的其他部分只反映一般状况即可。

现场中心部位在图上的位置确定之后，再考虑中心部位周围的物体、道路和地形地物的选择与安排。现场方位图中应当反映哪些物体没有固定的标准和模式，要根据图的种类、绘图目的和侦查需要灵活确定。一般情况下应当包括：

①现场的各种建筑物。

②现场周围的所有道路。

③现场比较明显的物体，如路标、树木、水塔、围墙、花坛、草地、水井、大型标语牌、广告牌等。

④犯罪行为人可能隐藏、躺卧、攀爬过的物体。

⑤对分析判断犯罪活动有价值的物体。

确定了需要在现场图上反映的物体之后就要考虑整个画面的安排。从图的东、西、南、北四个方向看，哪个方向需要反映的物体较多，现场图上安排的画面就要大些，这样可以比较清楚地看出这些物体的位置以及与犯罪现场的关系，现场图的结构才能合理。

（2）确定现场方位图的比例。现场图是实际现场的缩写，不可能按照现场的实际大小绘制现场图，因此要选择一定的比例将现场实际状况缩小绘制在图纸上。现场方位图反映的现场范围较大，但选择的比例不要过大；否则，图纸过大，绘图时既费工费时又很不方便。一般情况下，绘制现场方位图选择 1:500 或 1:600 为适中。如果现场范围很大，可以绘制现场方位示意图，然后在主要物体和道路之间用数字注明。

（3）确定图线规格和种类。绘制不同的物体和反映不同状况，要使用不同规格、种类的图线，绘制草图时不必按照各种规格的图线进行表示。为了防止画错，可在草图上的有关物体旁加以注明，此处应用标准实线或中实线、细实线，绘制正式图时就可避免画错图线。如需反映行走路线，可在草图上直接画出点线。

4. 审核现场方位草图。审核现场方位草图的重点是：

（1）现场中心部位安排的位置是否合理，有无必要进行调整。

（2）现场应当反映的物证和物体是否有遗漏，尤其是不要遗漏物证。

（3）现场应当测量的物体和有关部位的距离是否已经进行测量，有无测量数据。

（4）图例中要注明的物体、文字和数字是否齐全，与实际状况有无不符之处。

（5）方向标、图题、图例、比例尺和签名等部分安排的位置是否合理。

经过审核，如果没有发现不当之处就可绘制正式方位图。正式方位图完成后，为了防止出现错误，最好将正式图与草图对照检查。如两图完全一致，即可完成最后的绘图。

在绘图过程中，应当注意保持图面的整洁、清晰、标准，尽量不要到处涂改。

（三）现场平面图的绘制方法

现场平面图是最基本、最常见的一种现场图，应按比例绘制。

1. 确定现场方向。现场平面图应按上北下南方向绘制。有些建筑物受地形地物的限制，建筑物的正面不是正北正南而是偏北偏南，在同一建筑物内的一些房屋的方向也不一致。遇到这种情况可以先确定室内现场方向，根据室内方向再确定方向标在图纸上的方向和位置。如果不是正南正北的房屋，可以变换方向标的角度或位置，方向标斜向上，使建筑物在图纸上的方向不变。

2. 测量室内的长、宽和墙的厚度。按照室内墙基线的测量长度和宽度，如果墙角是弧形，还要测量出墙角的弧度。与此同时，从窗台内外直接测出墙的厚度。

3. 测量有关物体和物证的距离。

4. 确定比例尺。室内现场通常使用 1∶50 左右的比例即可。如果现场面积较大，比例可以适当放大。

5. 画出墙基线和门、窗。先按比例画出内外墙的墙基线，然后画出房门和窗户。门的关闭状况要用标准图例表示，是全开、半开，还是全关。窗户的关闭状况也可以用图例表示，如果在图上不易表示，可在图上加以注明。

6. 画出现场的主要物体和物证。主要物体是指体积较大，比较明显或者留有痕迹物证和翻动破坏痕迹的物体。在现场平面图内能够反映的物证都要画在图上。有些痕迹物证在室内平面图上不好表示，可以用数字①、②表示，然后在图例中具体表示。此外，也可运用"引出图"的方式表示，即把要表示的物证用引线引到画面以外，再另画图形进行表示。但是这种"引出图"不能过多，否则画面会显得杂乱。

7. 画出图例、写出注明和绘图日期并签名。

【资料链接】

随着计算机技术的广泛应用，利用计算机绘制现场图替代手工制图已成为现实。目前常用的绘图软件主要有两类，一类是非专业软件，如 Windows 中附带的"画图"软件、Office 家族中的 Visio 绘图软件、计算机辅助设计用的 AutoCAD 等；另一类是专用于现场绘图的专业软件。

但由于专业软件售价都较为昂贵，在公安基层的普及率不是很高，笔者倾向于使用常见的非专业绘图软件进行现场图的绘制，甚至可以使用 Office Word 中的绘图功能绘制现场图，尤其是在学生学习中，方便易学，可以尽快掌握现场绘图的技巧。

1. Office Word 的绘图方法简介。

（1）打开 Office Word 界面，通过"页面设置"选择"横向"排版并设置好"绘图区"的大小；

（2）使用"文本框"输入"图题"；

（3）在"自选图形"中的"箭头总汇"绘制箭头表示指北标志；

（4）利用绘图工具栏中的各项功能进行绘图，例如，利用"矩形"绘图工具进行墙体绘制，线条的粗细通过"设置自选图形格式"进行调整；

（5）使用"文本框"输入注解文字或插入图片；

（6）使用"文本框"插入"表格"，输入图例说明和绘图人以及绘图日期。

这种方法最为简便，但现场的比例不易反映，很多图例只能用其他软件制作好后插入使用，也无法绘制出立体图。Windows 自带的"画图"功能与这种方式基本相似。

图 11-13　Office Word 的绘图方法示例

2. Office Visio 的绘图方法简介。

（1）打开 Office Visio，通过"页面设置"选择"横向"、"A4"排版；

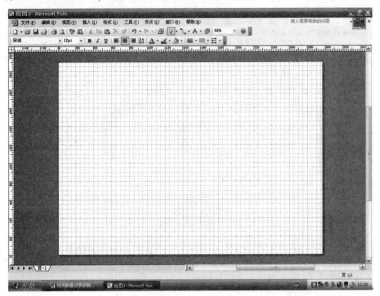

图 11-14 Office Visio 的绘图方法示例步骤一

（2）在"形状"中选择"墙壁、外墙和结构"绘制室内现场的大致结构，如墙壁、门窗等；

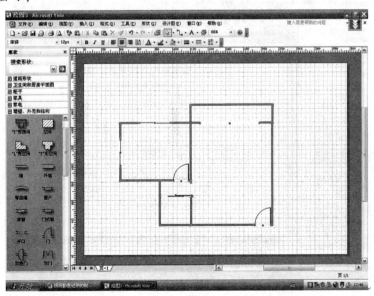

图 11-15 Office Visio 的绘图方法示例步骤二

（3）在"形状"分别选择"家具"、"家电"、"卫生间和厨房平面图"等图例
绘制室内现场的细节；

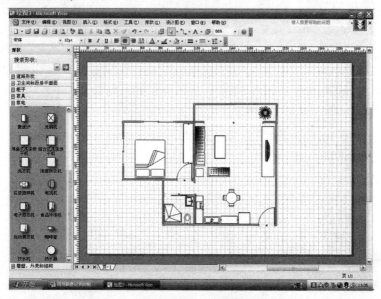

图 11 – 16　Office Visio 的绘图方法示例步骤三

（4）插入图例、指北标志、图题与图片；

图 11 – 17　Office Visio 的绘图方法示例步骤四

（5）保存与打印输出；

这种绘图方法可以严格按照现场测量尺寸绘图，图例多，比例真实，可以充分

应用各种绘图技巧（现场方位图也能很好地绘制），但某些图例仍需要其他软件制作后输入，如尸体、脚印、血泊等。

（四）现场绘图的基本要求

1. 标明案件名称及图的类型；

2. 完整反映现场的位置、范围；

3. 准确反映与犯罪活动有关的主要物体，标明犯罪物证、成趟足迹、尸体、作案工具等具体位置等；

4. 文字说明简明、准确；

5. 布局合理，重点突出，画面整洁，标识规范；

6. 注明测量方法、比例、方向、图例、绘图单位、绘图日期和绘图人。

附录：常用图例

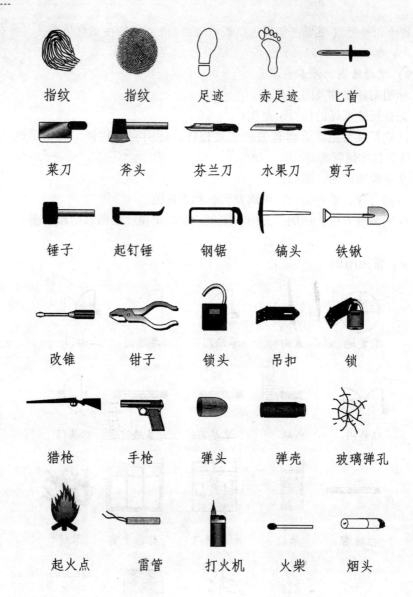

指纹	指纹	足迹	赤足迹	匕首
菜刀	斧头	芬兰刀	水果刀	剪子
锤子	起钉锤	钢锯	镐头	铁锹
改锥	钳子	锁头	吊扣	锁
猎枪	手枪	弹头	弹壳	玻璃弹孔
起火点	雷管	打火机	火柴	烟头

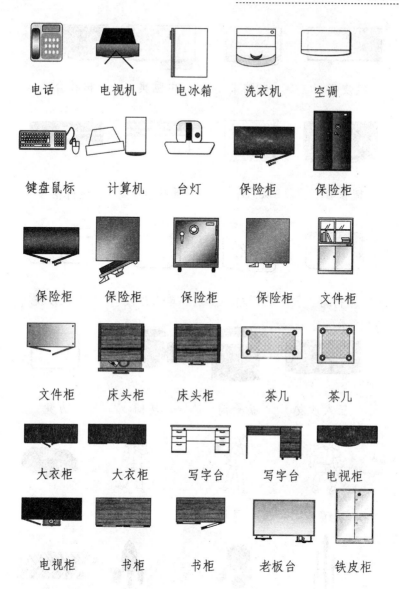

电话	电视机	电冰箱	洗衣机	空调
键盘鼠标	计算机	台灯	保险柜	保险柜
保险柜	保险柜	保险柜	保险柜	文件柜
文件柜	床头柜	床头柜	茶几	茶几
大衣柜	大衣柜	写字台	写字台	电视柜
电视柜	书柜	书柜	老板台	铁皮柜

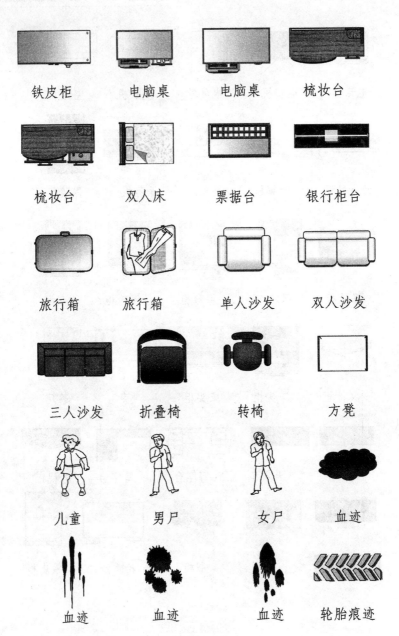

铁皮柜	电脑桌	电脑桌	梳妆台
梳妆台	双人床	票据台	银行柜台
旅行箱	旅行箱	单人沙发	双人沙发
三人沙发	折叠椅	转椅	方凳
儿童	男尸	女尸	血迹
血迹	血迹	血迹	轮胎痕迹

‖ 第三节　现场照相、录像 ‖

现场照相是现场照相人员把犯罪现场状况及与犯罪有关的痕迹物证用拍摄照片的方法进行固定和记录的现场记录形式。[①] 现场照相也是现场勘查记录的必要组成部分。犯罪现场照片能直观、形象地反映出现场所处的环境位置和现场内部状况，使没有到过现场的人根据现场照片即能对现场环境及内部状况一目了然。

现场录像是将案件发生的场所和与案件有关的痕迹、物品，用录像设备客观、准确、全面、系统记录的专门手段。现场录像与现场笔录、现场绘图、现场照相相比较，记录的信息具有声画并茂、生动形象、连续完整、即时再现等特点。[②]

一、现场照相

（一）现场照相的种类

1. 现场方位照相。现场方位照相，是以整个现场和现场周围环境为拍摄对象、反映犯罪现场所处的位置及其与周围事物关系的照相记录方法。

它以反映犯罪现场整体为内容，目的在于反映现场所在位置及其与周围环境的关系。方位照相的要求是把犯罪现场放在照片的中心部位，同时把犯罪现场周围的房屋、道路及一些特征性标志等拍摄进去，通过照片能清楚地反映犯罪现场所在位置及周围环境。方位照相包括的内容多、范围大，一般要求一张照片就能全面反映所有需要反映的景物。所以，拍摄地点要尽量选择较远、较高的位置。同时，也应尽可能选择广角镜头，以扩大镜头对景物的包容量。如果受地域等拍摄条件限制，不可能用一个镜头反映所有的景物，则可以采用回转连续拍摄法或直线连续拍摄法拍摄，用多个画面反映现场的整个方位。但拍摄接片时，画面衔接处应避开现场的重点部位。

拍摄方位照片应主要用自然光，除必须外，可在白天补拍。如果需要在夜间拍摄，可用三脚架固定相机，延长曝光时间的方法拍摄。

2. 现场概貌照相。现场概貌照相又称为现场全貌照相，是以整个现场或现场中心地段为拍摄内容，反映现场的全貌以及现场内各部分关系的照相记录方法。

拍摄概貌照片的目的是记录犯罪现场的全景。虽然现场概貌照相拍摄的范围不如方位照相那么大，然而具体内容却较多，要把现场中心与现场外围的有关状况全面地反映出来，如犯罪现场的范围、现场内部空间结构、犯罪人的进出口、被侵害客体状态、犯罪物证的分布及其相互关系等。

为了达到现场概貌照相的要求，拍摄时要注意选择适当的位置和角度，要在镜

[①] 陈刚. 犯罪现场勘查辅导教程. 中国人民公安大学出版社，2010：26.
[②] 陈刚. 犯罪现场勘查辅导教程. 中国人民公安大学出版社，2010：27.

头里反映现场的全貌，包括现场主要犯罪物证的分布及其相互关系。注意不要使重要场景、物证互相遮挡、重叠或遗漏。必要时，可采用多种拍摄手段。同时，还要把现场的中心部位和勘验的重点对象放在照片的中心位置。

现场概貌照相，一般采用相向拍摄法或多向拍摄法，也可采用连续拍摄的方法。

3. 现场重点部位照相。现场重点部位照相又称为现场中心照相，是记录现场重要部位或地段的状况、特点以及与犯罪有关痕迹、物品与所在部位的照相记录方法。

这种照相的目的是记录现场中与犯罪有关的重点部位和客体状况，犯罪物证的分布与状态。有的现场重点部位只有一处，而有的现场重点部位有几处，要拍摄几张现场中心照片应视现场情况而定，以能清晰、完整地反映现场中心部位状况为原则。

对现场重点部位的照相，要保持清晰、不变形，拍摄时，要选择好拍摄的角度和位置，尽量不用广角镜头，以免变形。

4. 现场细目照相。现场细目照相又称痕迹物证摄影，是以现场所发现的与犯罪有关的细小局部状况和各种犯罪物品为拍摄对象，以反映其形状、大小、细节特征等的照相记录方法。

这种照相的目的是记录和固定现场与犯罪有关的单个痕迹、物品的状况，尤其是这些痕迹物品在外界条件作用下易发生变化和损毁时，要及时进行细目照相。在拍摄时，被拍摄的痕迹或物品应当基本占满整个画面，为此，拍摄细小的痕迹物品时，应当使用近摄接圈，在紧靠被拍摄痕迹或物品一侧的同一水平面上放上比例尺，将比例尺一并拍入照片中。为使被拍摄的痕迹、物品在照片上不变形，真实地反映其形状和特征，拍摄时镜头的光轴应垂直对着被拍摄客体的中心。

（二）犯罪现场照相方法

1. 相向拍摄法。相向拍摄法，是以现场中心为拍摄对象，从相对的两个方向分别对现场中某一物体或某一地段进行拍摄，以反映被拍对象前后或左右与周围环境的关系，或者反映现场中心部位与周围痕迹物品的关系。运用相向法拍摄时，要使两个相向的拍摄点与现场中心的距离、角度尽可能一致，这样拍得的两张照片上的被拍摄物体的大小才会基本相等，具有对应关系。运用相向照相法对现场尸体进行拍摄时，两个相向的拍摄点应分别选择在尸体的两侧，而不能从尸体的头部和脚部这两个方向进行拍摄，以免使照片上的尸体影像变形。

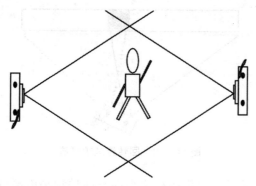

图 11 - 18　相向拍摄法

2. 交叉拍摄法。交叉拍摄法，又叫十字交叉拍摄法，它是从被拍摄对象的前、后、左、右四个不同的拍摄点进行拍摄的方法。也可以视为是两组相向拍摄，所以它与相向照相法的要求基本相同。这种方法适用于拍摄地形空旷的露天现场中的客体，诸如尸体、车辆等，它能从四个不同方向把被拍物体及其与周围痕迹物品的关系充分展示出来。

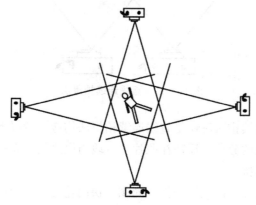

图 11 - 19　交叉拍摄法

3. 分段拍摄法。分段拍摄法，是对拍摄对象范围较大或者狭长，不可能用一张照片反映其全部内容时采用的一种方法，这种方法是将被拍对象分成几段，按照一定的顺序连续拍摄几张照片，然后将所拍摄片拼接起来而形成一幅完整的照片。

分段照相法按其拍摄点和拍摄角度的不同又分为回转连续拍摄法与直线连续拍摄法两种。

（1）回转连续拍摄法。是固定拍摄机位，水平或垂直方向转动镜头，将被拍客体分段连续拍摄成若干画面的拍摄方法。这种方法适用于范围较大、距离较远的拍摄对象。

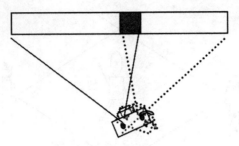

图 11-20　回转连续拍摄法

（2）直线连续拍摄法。是指相机焦平面与被拍物平面平行、等距，沿着被拍物直线移动并将其分段连续拍摄成若干个画面的拍摄方法。这种方法适用于拍摄那些处于同一平面上的客体，每个拍摄点必须与拍摄对象保持相等的距离，否则不能做到平行。

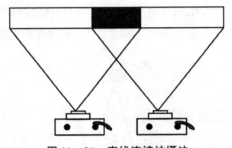

图 11-21　直线连续拍摄法

不论采用回转连续拍摄法还是直线连续拍摄法均应注意以下几点：

第一，被拍对象的分段，反映在照片上，段与段之间应有一定的重叠，以便对数张照片进行粘贴连接。

第二，拍摄每张照片的光线条件、光圈、快门速度，以及照相机距地面的高度都应相同。

第三，冲印放大照片时的条件要相同。放大的比例、感光时间、显影、定影时间和放大纸号码都要一致。

4. 测量拍摄法。是指将带有标准刻度的比例尺与被拍物一同拍入画面，根据比例尺可以推算出照片上的犯罪痕迹、物品的原物大小的拍摄方法。

（三）照片的编排和文字说明

照片的编排，是指为了提高现场照片的表现力，根据现场照片卡纸的形状、大小或是利用电脑中的 Word 文档对现场冲洗出的照片、数字照片进行科学、合理的排列、组合。常用的现场照片的编排方法有：

1. 按照现场照相的种类，即方位照相、概貌照相、重点部位照相、细目照相的顺序排列。这样编排的优点是使现场照片由大到小，由整体到局部，由全景到特写地再现整个犯罪现场，层次分明。

2. 按照现场勘验、检查的先后顺序编排。其最大的优点是可与现场勘验检查工作记录直接对比、印证。

3. 按照现场所反映的犯罪活动过程进行编排。这有利于分析作案人在现场的活动过程。

无论用哪种方法编排，都应当做到全面系统、完整连贯地反映出犯罪现场的情况和特点，反映出犯罪活动的性质、方法手段、过程，以及与犯罪有关的痕迹、物品、尸体等的情况、特点、相互关系等。为了反映某个现场是发生在某个单位，某个痕迹物品是从某个局部拍摄下来的等，也可以采取在大画面外引申出某个或某些特写镜头的方法，以增强反映效果，使现场照片一目了然。

4. 为了使没有到过现场的人也能看明白照片上所反映的内容，对于粘贴好的现场照片还应当进行必要的标记和文字说明。例如，在现场方位照片上用"△"、"×"符号标明现场的具体位置，在现场概貌照片上用"→"符号标明现场进出口和犯罪行为人的行走路线，用文字说明案件名称、案件发生的时间、地点，以及每张照片的拍摄方向（如自东向西、自西向东等）和所拍摄的内容等。

（四）现场照相的要求

1. 拍摄要及时、全面、客观、准确。现场照相应在实地勘验前或与实地勘验工作同时进行，以准确表现现场的原貌，保持现场照片的客观性、准确性，不能在勘验后再补拍。对于一时难以甄别是否与案件有关的痕迹物品也应按照要求拍摄，以防漏拍。

2. 拍摄要符合证据的基本要求。拍摄时，应尽量避免将勘验器材、车辆、勘验人员及其他人员摄入画面，否则将会降低现场照相的证明力，影响其证据效力的发挥。

二、犯罪现场录像

（一）犯罪现场录像的步骤

现场摄像人员到达现场后，首先，要了解有关案情，弄清案件发生、发现的时间、地点、过程等情况。其次，通过观察和询问，弄清现场的环境特点、现场的范围、现场内部状况以及发案后现场的变动情况。最后，在弄清上述情况的前提下，确定拍摄工作的具体顺序和方法。

为了使现场不受人为或者其他外界因素的影响和破坏，一般应是先拍摄原始的，后拍摄变动的；先拍地面的，后拍摄高处的；先拍摄容易破坏的或容易消失的，后拍摄不容易破坏或不容易消失的。

在实际拍摄过程中，首先拍摄整个现场的概貌。如果现场范围较大，有几处现场时，应先拍主体现场，然后再拍摄各个关联现场。在各个关联现场拍摄完后，再用一个或两个摇摄镜头，将现场的各个位置反映出来，以表现整个现场的范围，说明主体现场与其他关联现场之间的关系。

在拍摄现场概貌后，就应该拍摄比较明显的或者已经确定的现场重点部位的物品和遗留犯罪物证的原始状况及其所在的位置。对那些不明显的现场重点部位，要随着现场勘查工作的进展，及时发现、及时拍摄。

当现场概貌和重点部位拍摄完后，其他勘查人员进入现场进行勘查时，可以利用这个机会选择适当的位置拍摄现场方位。

最后根据现场勘查人员的要求，拍摄现场发现的犯罪物证。

上述顺序指一般而言，在实际拍摄中也有例外。例如，地面上的灰尘脚印、雨雪天气室外脚印等容易破坏的痕迹应先拍摄。有时为了及时弄清某些重要情节，及时开展调查工作，对某些痕迹物证也要先拍摄。总之，现场录像要根据不同现场的具体情况和现场勘查工作的实际需要，灵活进行拍摄。

（二）犯罪现场录像的方法

1. 摇摄法。摇摄法就是在拍摄过程中，摄像机的位置不变，只做角度上的变化的一种拍摄方法。其方向可以从左至右、或从右至左、或从上至上、或从下至上进行摇摄。摇摄法是现场录像中常用的一种方法，在拍摄现场方位时，一般都是运用拉镜头（即广角镜头）从左至右或从右至左进行拍摄。当镜头摇到中心现场时，可以适当地停歇数秒钟后，再进行摇动，以便突出中心现场的位置，使人一看便一目了然。拍摄中心现场时，根据案情，进入现场后，可以从左至右，也可以从右至左进行摇摄，有的现场需要从下至上，有的需要从上至下进行摇摄。通过摇摄，全面记录中心现场的全貌和现场各种物品与物品之间的位置关系。

2. 移动拍摄法。移动拍摄法，是指摄像机沿水平方向移动进行拍摄的一种拍摄方法。移动拍摄法分为跟移和摇移、纵移和横移四种方法。

跟移就是沿着一定的路线移动摄像机进行跟踪拍摄的方法。在现场录像中，一般用来拍摄犯罪行为人的逃跑路线、犯罪行为人在现场的活动情况、第一现场与第二现场、第三现场的位置关系。通过跟摄，使其空间位置更加紧密，用一个镜头就能全面、客观、真实地反映两者间的距离及其周围的环境。

摇移就是边移动摄像机的位置，边左右或上下摇动地进行拍摄的方法。这种方法在拍摄中比较灵活，可根据现场环境的变化而改变拍摄的方法，以全面完整地反映现场状况。

横移就是摄像机沿着现场被拍摄物朝一定方向进行平行运动的拍摄方法。这种方法是拍摄较长的现场场面和需要反映现场物体多面体时常用的一种拍摄方法。

纵移就是摄像机沿着现场被拍物呈上下运动进行拍摄。它主要用于拍摄现场上呈纵向分布的犯罪物证。

3. 变焦距拍摄法。变焦距拍摄法，是指不改变摄像机和被摄对象之间的距离而仅改变镜头的焦距，拍摄从远景到特写或者由特写到远景的各种画面的方法。变焦距拍摄法在现场运用较多。例如，拍摄现场方位、概貌时，首先将镜头拉到全景，然后通过推摄，使现场所处的位置由远景逐渐变成全景，并突出地表现在画面上。也可以先将现场推到全景，拍摄现场概貌，然后慢慢地拉摄，使现场由全景到远景，达到由现场概貌到现场方位，表现中心现场与周围环境的关系。现场的细微物证，也常常采用变焦距的方法来拍摄。例如，拍摄尸体上的伤口时，可以先用全景、中景或近景镜头拍摄，通过变焦到特写，达到全面反映伤口所处的部位，伤口的大小、形状等。也可以先用特写进行拍摄，通过变焦，逐渐到近景、中景或全景。拍摄较远距离物面上的犯罪物证时，通过变焦距推近拍摄，可获得明显清晰的痕迹画面，如天花板上的弹孔痕迹、喷溅微量血迹，通过变焦距的方法，可以获得清晰的弹孔痕迹、喷溅血迹的图像画面。

4. 固定拍摄法。固定拍摄法就是在既不改变摄像机与被拍摄客体的位置关系，也不改变焦距的情况下进行拍摄的一种方法，这是在拍摄现场概貌、中心部位和现场痕迹物证时常用的一种方法，如拍摄遗留在现场的工具、衣物，遗留在现场的足迹、指纹、撬压痕迹时，常用固定拍摄法。

‖ 第四节　现场勘验信息的录入与查询 ‖

现场勘验检查工作是对犯罪现场中犯罪信息的全面收集，现场勘验检查人员必须树立起高度的信息意识，严格按照信息化工作的步骤，及时、准确地将现场勘验检查中的相关信息录入现场勘验检查信息系统中，实现现场勘验信息的查询，更好地为侦查破案服务。

一、现场勘验信息的录入

刑事技术部门在接到指挥部门下达的现场勘查命令后，派人到达案件现场。现场指挥人员对案件现场进行分工，组织协调工作；侦查人员进行现场访问，制作访问笔录；技术人员对现场进行实地勘验、并制作现场勘验、检查笔录，绘制现场图，拍摄现场照片和痕迹照片，现场录像，进行案件分析，用便携式电脑将现场勘查资料录入。在现场指挥部用多媒体投影仪进行现场资料演示；也可带回刑事技术部门的机房进行资料录入或将手提电脑的资料转存中心数据库中。信息录入完后，可以立即制作卷宗，也可以事后再通过查询来制作卷宗。

录入的数据项有现场基本情况、现场笔录、现场图、现场照片、现场痕迹照片、现场勘查信息分析结果等。

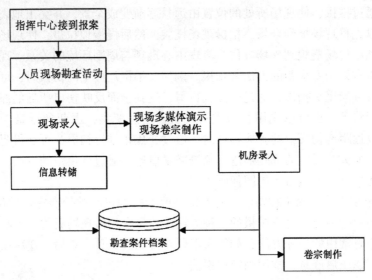

图 11－22　现场勘查资料录入工作流程图

二、现场勘验信息查询

现场勘验信息的查询条件包括：勘查号、勘查开始时间、发案地点、案件名称、作案手段、采痕种类、勘查人员姓名、现场遗留物等，可以通过"并"、"或"的关系组成组合查询条件。查询结果的输出记录包括如下内容：勘查号、勘查开始时间、发案地点、案件名称、现场笔录、现场图、现场照片、现场痕迹照片（包括手印、足迹、工具痕迹、枪弹痕迹、特殊痕迹）、现场勘查信息分析结果、现场勘验信息，用鼠标点击后会显示详情。

在现场勘验信息查询子系统中还包括卷宗制作（现场勘验、检查笔录、现场图、现场照片）、现场勘查信息分析结果输出、任意选择字段或字段组合的打印输出等功能。

对现场勘验信息的查询一般有一定的权限规定，刑技人员可查看全部内容；公安系统所有人员（主要指刑事侦查人员）可查案件的现场笔录、现场照片、现场图及同类案件串并等内容；其他人员可查看八类案件的现场图、现场照片、现场笔录等内容。

【小结】

本章主要介绍了犯罪现场勘查笔录、犯罪现场绘图、犯罪现场照相和录像的制作方法和技巧。犯罪现场勘查笔录是实地勘验过程中形成的文字记录，它可以对现场状态、现场事物以及实施勘查的情况进行客观的、全面的、系统的、连贯的记叙。现场绘图能用一些简练的线条、图案、符号等将现场周围环境和现场内部犯罪物证及其相互之间的位置关系等逼真、准确地反映出来。现场照相和录像不但能逼真地反映现场的状态和现场客体物的形象、特点、位置和其相互关系，而且能迅速、客观、准确地将其固定和记录下来，更为直观和生动。现场勘查记录的各个组成部分分别用文字、图形、照片、动态影像等形式对犯罪现场的原始状态和勘验检查的过程进行客观、准确的记述，是刑事诉讼证据体系中用于证明案件事实的基本材料。

【思考题】

1. 结合现场勘验检查笔录的内容，阐述现场勘验检查笔录制作的要求。

2. 从表现的范围来看，现场图有哪些种类？分别阐述每种的绘制方法。

3. 犯罪现场照相的分段拍摄法有哪两种？并阐述一下两种方法的注意事项。

4. 犯罪现场勘查记录包含哪些工作？并阐述一下这些工作之间的关系。

【推荐阅读】

1. 郝宏奎. 犯罪现场勘查. 中国人民公安大学出版社，2006.

2. 高春兴，苑军辉，邹荣合. 犯罪现场勘查. 中国人民公安大学出版社，2011.

3. 井晓龙. 犯罪现场勘查综合实训指导书. 中国人民公安大学出版社，2014.

4. 李勇权. 完善我国刑事案件现场勘查工作的思考. 湖北警官学院学报，2010（5）.

5. 何会会. 当前犯罪现场勘查中存在的问题及其对策. 吉林公安高等专科学校学报，2012（3）.

6. 郝宏奎. 犯罪现场勘查工作的科学化、规范化和理论化——《李昌钰博士犯罪现场勘查手册》评介. 犯罪研究，2006（6）.

第十二章　犯罪现场分析

【教学重点与难点】
教学重点：犯罪现场分析的内容；犯罪现场重建的类型和基本步骤。
教学难点：犯罪动机和目的的分析；犯罪现场重建的方法。

‖ 第一节　犯罪现场分析的概述 ‖

一、犯罪现场分析的概念

犯罪现场分析是指现场勘查人员依据勘验、访问获得的与犯罪相关的信息，对事件的性质和案件情况作出初步的判断。由于现场分析通常是在现场勘验和访问结束之后进行，因此犯罪现场分析又称为临场讨论。

犯罪现场分析由现场勘查指挥员主持，参与现场勘查的侦查人员、技术人员参加分析。在案情较为复杂时，可聘请相关专家参加。犯罪现场分析在本质上是现场勘查主体对现场所获取信息的一种主观认识，是一种汇集情况、分析推断的过程。因此，犯罪现场分析并不属于法定的取证措施，不需要现场勘查见证人参加。

二、犯罪现场分析的任务

犯罪现场分析具有明确的任务指向，即对事件的性质和案件的情况作出初步判断，具体而言包括：

（一）确定案件性质，明确立案依据

犯罪现场勘查是一种重要的立案前的审查活动，而犯罪现场分析的首要任务是确定事件的性质，即是否为犯罪事件，如确属于犯罪事件，则需立案侦查，并进一步对案件性质加以分析，作出初步的判断。

（二）分析判断案件具体情况

对案件具体情况的分析判断是拟订侦查计划、推进侦查活动的基础。一般包括：作案时间分析、作案地点分析、作案人数分析、作案动机目的分析、作案过程分析、并案侦查条件分析、作案人犯罪条件和个体特征分析等。

（三）制订初步侦查计划、拟定侦查途径

在案件具体情况分析的基础上，侦查指挥人员需要制订一个初步的侦查计划，安排和组织下一轮侦查活动，同时根据分析的具体内容，选择侦查途径，划定侦查范围和方向。

（四）全面总结审查勘查工作，提出犯罪现场的处置意见

犯罪现场分析还需要对现场勘查工作的得失进行总结，这是因为伴随着现场分析的进行，可能还需要对犯罪现场的痕迹、物证进行再挖掘，可能会暴露出犯罪现场勘查中的一些问题，此时需要对经验与教训进行全面总结，并对犯罪现场提出处置意见。

‖ 第二节　犯罪现场分析的步骤与方法 ‖

一、犯罪现场分析的步骤

犯罪现场分析需要对现场勘查过程中获取的分散的、零碎的证据和信息予以系统化整理，再经过去粗取精、去伪存真、由此及彼、由表及里的分析研究，从而使侦查人员对犯罪现场及整个犯罪过程有一个更为深入和系统的认识。

1. 汇集材料。汇集材料是现场分析的前提。为了使现场分析有组织、有计划、有重点地进行，避免分析工作不必要的反复和遗漏，必须全面地汇集材料。在此基础上，才能进行单项分析与综合分析。

汇集材料一般按照现场勘查的分组进行，在现场勘查指挥员的主持下分别汇报，从而完成材料的汇总和综合。在案情较为复杂的情形下，为了防止汇集材料过程中出现遗漏或发生紊乱、提高工作效率，可由各个勘查小组负责人分别整理出汇报提纲，按照现场分析的内容逐一汇报。遇有特定问题还可以进行交叉汇报。

2. 单项分析。所谓单项分析，就是对现场勘查所获得的全部信息材料逐一和逐项分析。单项分析是对犯罪现场分析内容的分解，单向分析既可以采取逐个证据的方式进行，也可以采取逐个问题的方式进行。在现场遗留痕迹、物证较多的情形下，可以采取问题项的逐一分析，如就作案时间等各个问题进行分析。在现场遗留痕迹、物证较少的情形下，可以采取证据项的逐一分析，如就现场的尸体由法医进行法医物证、法医病理等方面的汇报和分析。

3. 综合分析。所谓综合分析，就是在单项分析的基础上，把现场的各个部分、各种问题和全部案件信息材料综合起来，从总体上对案件进行分析。综合分析是对犯罪过程的整体性把握，"是通过对犯罪结果的研究从认识上恢复犯罪实施过程的原状"，① 综合分析将单向分析的结果串联起来，形成系统意见，求同存异，按照

① 郭晓彬. 刑事侦查学. 群众出版社，2002：298.

一定的逻辑顺序形成犯罪案件的整体认识。

4. 论断和决策。论断和决策就是根据现场分析后综合的事实材料，运用一定的推理形式，对整个犯罪现场做出的较为合理的分析和判断，并对下一步工作提出具体的部署和实施方案。在主持论断、决策的过程中指挥员应当善于整合各种观点，分清轻重缓急，在重大问题的决策上应当果敢坚毅。

二、犯罪现场分析的方法

（一）心理分析法

伴随着犯罪人犯罪意识的流动，犯罪人心理活动的特点必然会在犯罪活动中表露出来，寓于外显的行为之中。同时，犯罪环境对犯罪心理也会产生巨大的影响，犯罪环境作为犯罪时的情景条件，也会通过对犯罪行为的客观性制约来反映犯罪人的心理活动。因此，心理分析法正是利用犯罪环境、犯罪行为、犯罪心理之间的因果关系来对案件进行分析。需要注意的是，研究犯罪心理痕迹是个极为复杂的问题，并非所有的案件都能顺利解决这一问题，它往往受诸多因素的影响，有时甚至要等抓获犯罪嫌疑人后才能搞清其真正的心理。

（二）辩证分析法

辩证分析法是将马克思主义哲学方法论运用到犯罪现场分析中，辩证分析的核心是要多角度、正反两方面看待犯罪现场中的痕迹、物证，犯罪现场的痕迹反映了犯罪人、被害人、犯罪环境之间的互动关系，因此看待犯罪现场要学会从现象中看本质，防止被假象所迷惑，在偶然留下的痕迹中寻找犯罪行为的必然规律。要坚持具体问题具体分析，任何两个案件都不可能完全相同，"在犯罪现场分析过程中必须坚持具体现场具体分析，立足现场上的痕迹物证，立足于案情，寻找作案人与犯罪现场之间的联系"。①

（三）逻辑分析法

逻辑是自然世界的普遍规律，逻辑同样也是社会事件发生的机理，犯罪行为作为一种社会事件，必然也存在一定的机理，这种机理体现为因果关系、偶然概率、趋势发展等。犯罪现场分析贯彻逻辑分析，就要求能通过犯罪现场痕迹、物证判明犯罪行为的时间序列，犯罪行为过程中的偶然事件、犯罪行为今后的趋势发展等。

‖ 第三节　犯罪现场分析的内容 ‖

一、现场性质分析

现场性质可以从两个层面上来解释，一是指现场所发生事件的法律性质，即是

---

① 胡向阳. 犯罪现场分析. 中国法制出版社, 2010: 18.

否构成犯罪，判断案件的法律性质决定是否立案。通过前期现场勘验和调查访问所得的材料，侦查人员需要对是否发生犯罪以及是否需要追究刑事责任进行判断，符合立案条件的，则要进行立案。二是指案件的事实性质，所谓案件的事实性质是指发生在犯罪现场的事件是发生了什么事，该事件是怎么引起、如何发生的。例如，杀人案件中是情杀、仇杀还是财杀；在爆炸案件中，是预谋爆炸，还是过失引起爆炸。确定案件的事实性质是为了统摄以后的侦查方向和侦查途径，一旦对案件的事实性质判断有误，便会直接将侦查工作引入歧途。同时，对案件事实性质的判断也是对案件法律性质判断的基础，案件事实性质不同所引起的法律后果也不同，如过失失火可能是民事责任，但故意纵火则需要追究刑事责任。

判明是否为犯罪现场可以从两个方面进行，一是现场所遗留的痕迹、物证是否表明有犯罪事实发生，如血迹、尸体、财物失窃等。二是根据相关证人证言判明是否存在符合刑法规定要件的行为。在实践中要注意区分意外事件与伪装现场，警惕作案人的反侦查伎俩，如访问对象的陈述是否符合情理，事件现场的本身是否存在矛盾等。如果该现场确属于犯罪现场，还应判明属于何种案件的犯罪现场。通常可以从两个方面进行：一是从犯罪分子的行为结果分析，并依据《刑法》分则中的有关罪名规定确定案件性质。二是从犯罪分子的动机目的上进行分析，即依据犯罪分子的行为特征确定案件的具体类别。分析中既要考虑分析实际性质时的基本依据，又要着重从以下几个方面进行思考：

①根据受害单位或受害人的情况进行分析。

②根据现场的具体环境分析。

③根据事主、受害人及其亲属和有关人员提供的情况进行分析。

④根据现场所反映出的各种迹象进行分析。

不同类型的案件，性质各异，某些同一类的案件又可以分为若干具体的性质，如杀人案件可以分为情杀、仇杀和财杀。现场性质的确定，有一个共同的原则，就是要揭示侦查的方向和范围。

分析现场性质时，如果因材料不足或其他原因一时不能做出明确判断的，应当进一步进行复验和调查。对事件性质应尽可能及早查明，而就案件性质而言，如果一时实在无法弄清，则应通过以后的侦查工作逐步弄清。

二、作案时间分析

广义上的作案时间，是指从犯罪预备开始直到犯罪结束；狭义的犯罪时间，是指犯罪行为人从侵入现场起始到实施犯罪完毕离开现场这一时间段。现场分析所要推断的作案时间，是指狭义的作案时间。正确判断作案时间，对于排查犯罪嫌疑人以及确定与否定其犯罪嫌疑具有重要意义。同时，可以为采取追缉堵截等紧急措施，获取犯罪行为人在犯罪时的通信信息，缩小侦查范围，审查证人证言、印证或甄别犯罪嫌疑人的口供等提供依据。

在有被害人且被害人具备陈述能力的情况下，通过被害人的陈述可以直接了解或推断出犯罪时间。当然有的被害人因为被犯罪侵害而感到恐惧、羞耻时，可能对犯罪时间的回忆有误差，侦查人员应当了解被害人陈述时的精神状态和记忆能力。作案时间是犯罪行为人必备的犯罪条件。

在无被害人或被害人已死亡的情形下，分析判断作案时间的依据有：

1. 根据现场遗留的各种痕迹及其变化情况进行推断，如现场指纹是否新鲜，血迹颜色的变化等。

2. 根据现场物品的某种特性变化进行推断，如床上的被褥是否敞开，室内空调是否开着。

3. 根据现场具有时间记载特征的物品进行推断，如日历停翻的时间、钟表停摆的时间。

4. 根据尸体现象和法医鉴定进行推断。尸体现象与死亡时间是密切相关的，杀人案件中常根据尸冷、尸斑、尸僵等尸体现象来推断死亡时间。

5. 根据被害人的生活习惯进行推断。在有被害人的案件中，被害人的生活习惯可以为作案时间的推断提供起止的大概时间段，如被害人通常什么时间起床、何时上下班。

6. 根据气候的变化进行推断。气候的变化往往会带来现场痕迹、物品的某些变化，因此，如果能够确定气候变化的时间段，就可以缩小判断作案时间的范围。

7. 根据视频监控信息进行推断。视频监控系统的普及为捕捉可疑人员的踪迹提供了巨大便利，视频监控不仅自带时间系统，而且还可以通过定位可疑人员的出入路线，进一步寻访到知情人，从而使作案时间的分析更为精确。

三、作案地点分析

犯罪现场分为主体现场和关联现场。一般来说，主体现场即是犯罪行为人实施犯罪的地点，但在杀人案件中，有可能发生移尸的行为，此时发现尸体的现场则属于第二现场。作案地点的分析主要依据：

1. 依据现场痕迹的分布情况推断，如杀人案件中，被害人如果不是被一击致命，现场往往出现搏斗痕迹。而如果犯罪嫌疑人有移尸行为，则尸体上有严重的开放性伤口，而尸体旁却没有出现血泊或大量血迹。

2. 根据现场所处的地理位置。特定的空间和环境往往会制约犯罪嫌疑人对作案地点的选择。因而对现场地理位置的分析将有助于推断犯罪实施的地点。

对作案地点的推断过程包含了一定程度的对犯罪行为人作案条件的推断，如对犯罪地点的选择可能体现了犯罪嫌疑人对该地点及其周围环境的熟悉程度，在系列案件中，可以通过犯罪地理画像来推断作案人的居住地和预测下次的犯罪地点。犯罪嫌疑人在选择犯罪地点时一般会考虑到三个方面：一是要熟悉，不熟悉的可能会事前踩点；二是要避开熟人，这样能减少被目击证人发现的概率；三是不能离居住地太远，否则会行动不便，也不利于罪后逃跑和隐藏，当然职业流窜犯罪除外。上述三点构成了犯罪地理画像中圈定犯罪嫌疑人活动范围和居住地点的依据。

【资料链接】

杀人案件判断是否为第一现场的依据有：尸体所处的客观环境有无进行杀伤的可能；尸体现象及尸体的位置、姿势、状态有无反常；尸体伤口与血迹分布；尸体与有关痕迹、物证的关系状况。当发现尸体所在地点为第二现场也即移尸现场时，则要进一步发现和推断出第一现场也即实施杀伤行为的地点。在分析时首先要对犯罪嫌疑人进行移尸的动机进行推测判断，一般来说有掩盖罪行、逃避打击或与被害人熟悉而转移视线。其次要对移尸的条件进行分析，如移尸所需要的工具、所需要的时间、来回移尸现场的路线等。这些条件构成了以第二现场为中心的一个大致的地理范围。最后也是最重要的一点是观察和检验尸体上及尸体周围的痕迹和微量物证。例如，包尸用的布、棉絮、麻袋、尸体上的附着物以及尸体周围散落的细小物品。这些痕迹和微量物证可以明示或者暗示第一现场的位置，如在一起杀人案件中，尸体背部发现了一些煤渣，因而推断第一现场可能为锅炉房，并以此确认了杀人现场。

四、作案人数的分析

作案人数的分析重点是确认是单人作案还是结伙作案，作案人数的分析对于正确确定侦查方向和范围具有重要意义。判断犯罪人数的依据为：

1. 通过调查访问，向被害人、事主了解。在抢劫、强奸案件中，被害人、事主一般会与犯罪行为人有正面接触，一般能准确地提供作案人数。但需要注意的是，现场望风和接应人员可能因为被害人、事主不知情而被遗漏。

2. 从犯罪行为人遗留在现场的痕迹进行推断，如犯罪行为人遗留在现场的足迹、指纹等，纹型、特征不同，显然表明是多人作案。

3. 从赃物的数量、体积、重量、是否能够拆分、有无运赃工具等分析推断犯罪人数。对于需要耗费劳动量较大的犯罪活动，可以根据所耗费劳动量的大小推断可能的作案人数。

4. 依据犯罪工具的种类、特征及犯罪手段特点，如在杀人案件中，如果在尸体上发现由多种凶器造成的伤痕，可以结合案情判断是否为多人作案。

5. 依据现场环境、犯罪行为人进出现场的方式及出入口状况分析判断。现场特殊的空间特点往往会为单人作案带来障碍，此时可以推断为多人作案。

【资料链接】

在著名的美国总统肯尼迪被刺杀案中，在对刺杀现场进行了弹道测试以后，侦查人员得出结论：凶手为两人。理由是坐在肯尼迪正前方的加州州长 John Connally

右肩被击穿，而肯尼迪是心脏中枪，所以必有两人同时开枪，在这样的分析中，侦查人员假设了肯尼迪是一定坐在 John Connally 正后方的，然而在现场勘查中，侦查人员并没有注意去验证这一点，可能侦查人员认为肯尼迪的具体坐姿这一信息是没有太多意义的，结果在后来的侦查工作中，"第二个凶手"始终未能找到，导致迟迟不能定案。于是在现场复勘中，经过调查访问和拍摄画面的证明，确认了肯尼迪总统是坐在加州州长的右后方。这就解释了为什么州长是右肩击穿，而肯尼迪是心脏中枪（子弹穿过州长右肩后，正好进入肯尼迪的心脏）。本案就是因为错误地判断了作案人数，而导致了该案在侦查中的波折。

五、作案动机目的分析

作案动机，是指犯罪行为人实施犯罪行为的主观诱因，作案目的是指犯罪行为人实施犯罪行为希望达到的结果。作案动机与作案目的联系密切，不可分割。犯罪行为人由于主观上的认识偏差，产生了心理上的非法需求，如对财物的贪婪动机。作案动机落实到行动中就产生了明确的作案目的。作案目的是作案动机的外化，有着明确的犯罪指向。

在侦查实践中，既要充分考虑作案动机和作案目的的一体性，也要审慎地区分作案动机和作案目的。一般来说，作案目的在现场中展现得较为明显，犯罪结果可以表明作案目的，如现场的尸体就表明作案目的为杀伤被害人。当然从以后的起诉工作看，还需要进一步区分故意和过失的心理状态。

在侦破杀人、爆炸、伤害、放火等类犯罪案件时，对犯罪动机的正确判断，是正确确定侦查方向和范围，顺利推进侦查的必要前提。作案动机的判断则较为复杂，这是因为犯罪结果只是一种客观状态，作案动机与作案目的存在多因一果、多因多果的关系。例如，杀人案件有仇杀或报复杀人、奸情杀人、强奸杀人、图财杀人等常见的杀人动机以及精神病杀人、变态人格杀人等特殊动机。如果不能对犯罪动机做出正确判断，就难以明确侦查的方向。

判断作案动机和作案目的的依据有：

1. 通过调查被害人或事主的人际交往关系有无矛盾等发现可能的线索。

2. 通过研究现场环境、是否有熟人出入等条件，推断作案动机和目的。

3. 通过研究犯罪行为过程、犯罪行为人遗留的物品和带走的物品等来推断犯罪行为人的作案动机和目的。

4. 通过研究现场状态、危害后果、痕迹物证分布情况分析推断作案动机和目的。

5. 通过访问事主或被害人，获得相关情况推断作案动机和目的。

对作案动机的推断要谨防犯罪行为人的伪装，实践中大多数的伪装现场是为了掩盖真正的作案动机和作案目的，如在杀人案件中，犯罪行为人会在杀人后故意对现场进行翻动并拿走部分财物，以造成入室盗窃杀人的假象。侦查人员应当努力识别现场中的反常现象，必要时需要根据后续的侦查重新调整思路。

六、作案过程分析

作案过程，是指犯罪行为人在现场实施犯罪的先后顺序，一般包括预备、进入现场、实施犯罪、逃离阶段。作案过程的分析主要是分析作案人的来去路线，现场的出入口、作案人在现场的活动情况及行为动作顺序。研究犯罪过程，有助于判明其他要素，如犯罪动机和目的，也有助于暴露犯罪行为人的个人特征。判断作案过程的依据有：

1. 结合现场留下的手印、足迹、工具痕迹分析。犯罪行为人在来去路线上会留下足迹，只要认真研究足迹的朝向便能确定犯罪行为人的行进方向。同时，犯罪行为人在进入现场时，在现场留下的手印也会有一个明显的朝向，如作案人扒窗入室时，窗前桌面上的手印指尖朝向室内。而如果犯罪行为人是破窗而入的，则被打碎的玻璃靠室内一侧较多。

2. 结合现场微量物质分析。犯罪行为人在作案前，可能会将现场外的微量物质黏附从而遗留在现场。而在作案过程中，又会不断地接触现场的微量物质，微量物质的叠加反映了犯罪行为人的动作顺序，即每一次接触所留下的微量物质通常是先前多次接触所形成的物质积累，而不包含此后的接触物面微量物质。

3. 结合视频监控分析。公共场所和社区内视频监控系统的普及为锁定犯罪嫌疑人的踪迹提供了巨大便利，不同角度的视频监控不仅有助于推断犯罪行为人的来去路线，甚至可以直接判明犯罪行为人在现场的出入口。"由于视频监控的客观、连续等特点，案发前后嫌疑对象的整个活动过程为侦查破案提供了丰富的信息资源，通过对单帧图像的分析、研判，确定出嫌疑对象的细微活动痕迹、片段、特征，获取与之相关联的轨迹信（如电话信息等），综合运用多种侦查手段，直接锁定嫌疑人。"[1]

4. 结合技术侦查措施分析。利用技术侦查措施可以对使用手机、上网的犯罪行为人进行定位，判明其在作案时间内的活动轨迹，从而有助于推断犯罪行为人的犯罪过程。

5. 通过研究犯罪行为之间的依赖关系，判断这些犯罪行为的先后顺序。犯罪行为人在现场实施的某些行为必须以另一些行为为前提。例如，杀人案件中，犯罪行为人必须要先制服被害人，然后再实施杀害行为。因此，首先要分析犯罪行为人的控制和制服行为是如何发生的。

七、并案侦查条件分析

随着流窜犯罪的增多，并案侦查能够起到"带小案，破大案"的作用。因此，

---

[1] 王磊. 视频侦查技术的应用. 河北公安警察职业学院学报，2013（6）.

犯罪现场分析已经不能局限于个案的分析，而是要适时地进行并案侦查条件的分析。就现场勘查而言，可用于并案侦查的条件有：

1. 现场遗留的具有同一性的犯罪物证。
2. 现场具有相同或相似性的作案过程和作案方式。
3. 犯罪行为人选择相同或相似的作案时间、作案地点、作案对象。
4. 相同的犯罪行为人的体貌特征。

八、作案人犯罪条件和个体特征分析

作案人犯罪条件，是指犯罪行为人所具备的从事某种犯罪行为的所具备的技能和犯罪机会。而作案人的个体特征则是指犯罪行为人的生理特征和社会特征。实践中作案人犯罪条件和个体特征经常综合起来判断，具体来说有以下几个方面：

1. 作案人的身高。犯罪嫌疑人的身高可以作为日后摸底排队的依据。如果在犯罪现场留有赤足足迹和鞋印足迹或者手印，则可以通过公式计算出作案人的大致身高。除此之外，痕迹的分布状况也有助于侦查人员推断犯罪嫌疑人的身高，如犯罪嫌疑人经常会在现场触摸或者倚靠某个客体，此时客体上的痕迹与地面的距离可以作为计算身高的参考标准，通过对触摸客体时犯罪嫌疑人姿势的判断，得出犯罪嫌疑人身高的大致范围。

2. 作案人的性别。侦查过程中对于单个人作案的，应判明系男性所为，还是女性所为。同犯罪嫌疑人人数一样，犯罪嫌疑人的性别也是日后拟定侦查途径的重要依据。男性犯罪嫌疑人和女性犯罪嫌疑人在犯罪现场中的表现既有共同点又有不同点，在临场分析中要具体情况具体分析。一是从案件性质分析犯罪嫌疑人性别，不同案件在实施过程中需要不同的强度和体力，如抢劫案件一般多为男性，盗窃案件多为男性，而以投毒、麻醉等方法实施的情杀案件中，女性作案也有相当大的可能。二是从现场痕迹物证的特点推断性别特征，如手印和脚印的大小、形状等。三是从结合被害人的背景情况加以判别，如是否为男女结伙共同谋害被害人等。

3. 分析作案人的行为习惯和职业习惯。犯罪嫌疑人的行为习惯会寓于犯罪行为之中，侦查人员可以通过对犯罪现场中具有重复特征的痕迹物证来推断犯罪嫌疑人可能的行为习惯。而行为习惯中一些特殊的习惯又反映出了犯罪嫌疑人的职业习惯，从而可以为以后的侦查工作提供更切实的依据。对行为习惯的推断主要是观察现场有无多余或特殊的痕迹物证。例如，有的犯罪嫌疑人会喜欢用左手发力，那么在工具痕迹的形成，指纹所留位置上就会区别于常见的状态。又如，有的犯罪嫌疑人喜欢随地吐痰，那么在犯罪现场也有可能发现有唾液之类的物质，从而暴露犯罪嫌疑人的行为习惯。有些行为习惯属于生活习惯，而有些行为习惯则属于职业习惯。对于职业习惯的判断，一方面是看犯罪工具的使用，有些犯罪工具如铁钳、钢锉等一般人不会熟练使用的工具如果犯罪嫌疑人在现场使用得较为熟练，则可以推断为从事过特定工种。另一方面是看犯罪嫌疑人的语言或书写特征。具有某种职业

或身份的犯罪嫌疑人会在书写或谈话过程中无意识地带有职业特点或职业术语，如从事过法律职业的人会引用法律术语，而从事语文教学的人则对文字、语句较为推敲。

4. 分析作案人对现场及被害人的熟悉程度。熟悉程度体现了作案人与现场及被害人之间的某种联系，这种潜在的联系犯罪行为人并不能有意识地感知，却无意识地体现在犯罪过程中。在本质上犯罪行为人对现场及被害人的熟悉程度决定了犯罪行为人在犯罪过程中的决策选择，而认真研究现场具有选择特性的要素，则可以实现逆推。一是从犯罪行为人进入现场的方式推断，如在入室杀人案件中，在现场出入口没有发现翻墙扒窗的痕迹，则可以推断为熟人作案。二是从作案目标的选择上。特定的作案目标的选择，说明了作案人对目标的熟悉，如在盗窃案件中，犯罪行为人直奔作案目标，没有多余的翻动，则证明犯罪行为人对现场较为熟悉。三是根据作案时间的选择分析。犯罪行为人如果对被害人的生活习惯、作息时间较为了解，则作案时间的选择恰到好处。这也可以表明是熟人作案。

5. 分析作案人的人格特征。人格，是指个体在一定的社会生活实践中所形成的、带倾向性的、较为稳定的心理特征的总和。在侦查实践中，一般将人格分为正常人格和异常人格。异常人格一般包括：醉酒者、精神病人、变态人格等。异常人格者在作案时的表现有异于正常人格者。就变态人格者而言，常常缺乏明显的作案动机、行为冷酷无情，易出现系列性案件。

【资料链接】

如果是赤足印，则身高 $=63.7+4.45x$，x 为平面赤足迹长。如果现场留有鞋印，则可以通过鞋长与赤足长的关系，计算出赤足的长度，进而推算出穿鞋人的身高。赤足长 $=$ 鞋底足迹长 $-$ 内外差 $-$ 放余量。放余量是指鞋底内空长与赤足长之差，内外差是指鞋内底长与鞋底外长之差。当然以鞋印长作为计算标准需要考虑到大脚穿小鞋和小脚穿大鞋的情况。如果是手印，则身高 $=85.6+$ 手印全长 $\times 5$；身高 $=$ 食指指印长 $\times 24$。

九、侦查方向和范围的分析

侦查方向和范围用来表明侦查工作从何处着手，在何处寻找犯罪行为人，在侦查实践中，一般不严格区分侦查方向和范围。有些教材也将侦查方向和范围统称为侦查途径①。

侦查方向和侦查范围的确定，是以对如前所述的有关案件要素的分析推断为基础的。基于上述要素，可以确定以下几种侦查方向和范围：

1. 由事到人的侦查方向和范围。即从现场的犯罪行为出发，排查犯罪人。具

---

① 杨宗辉. 侦查学总论. 中国检察出版社，2009：244 – 247.

体来说可以从以下几个方面开展工作：从因果关系入手；从作案手段入手；从作案规律入手；从并案侦查入手。

2. 由物到人的侦查方向和范围。即从犯罪分析遗留的痕迹、物品或赃物出发，以物找人，发现犯罪行为人。具体来说包括：从可疑的痕迹入手；从现场可疑物入手；从控制赃物入手。

3. 由人到事的侦查方向和范围。即从已知的作案人或嫌疑人出发，来发现犯罪嫌疑人，确定是否有犯罪事实。包括从特定的嫌疑对象入手和特定的人身形象入手。

‖ 第四节　犯罪现场重建 ‖

犯罪现场重建（Crime Scene Reconstruction）是适应现代科学技术发展的需要而产生的更为科学的侦查破案方式，是一个收集相关事实并在此基础上大胆假设、小心求证的过程。犯罪现场重建理论最早在 20 世纪 90 年代初产生于美国，由传统的现场分析理论发展而来。1991 年，由俄克拉荷马州和得克萨斯州的一些刑事专家发起成立了美国犯罪现场重建协会。

著名的华裔神探李昌钰博士认为犯罪重建是指通过对犯罪现场形态、物证的位置和状态以及实验室物证检验结果的分析，确定犯罪现场是否发生特定的事件和行为的整个过程。简单地说，犯罪重建就是对现场犯罪行为是如何发生的进行某种程度上的还原。

由于现场重建是以对现场犯罪物证的种类、形态位置及其相互关系的细致观察、全面分析研究和对相关物证的实验室检验结论为基础，因而比一般意义上的案情分析方法更具有科学支撑性和客观准确性，重建结论可以使侦查人员对案情的认识最大限度地接近客观实际，从而为发现犯罪嫌疑人提供依据，指明侦查方向和范围。在已经发现犯罪嫌疑人的情况下，重建结论可以确定犯罪嫌疑人与犯罪现场、被害人之间的联系，从而要么证实其犯罪，要么排除其犯罪嫌疑。

犯罪重建不仅对侦查工作具有重大意义，而且还能在审查起诉、法庭审判中向检察官、法官演示现场所发生的犯罪情节和片段，因此还具有证据的作用。

一、犯罪现场重建的分类①

侦查实践中，对现场重建的需求不同，现场重建的分类也不同。

（一）从犯罪现场重建的演示功能出发，可分为以下几类：

1. 犯罪瞬间状态重建。就是在某时某刻下，犯罪现场人、物要素的位置关系。例如，枪击案件中，枪响时犯罪嫌疑人与被害人的距离、方向关系。

---

① 本部分参见郝宏奎. 犯罪现场勘查. 中国人民公安大学出版社，2006.

2. 犯罪情节片段重建。有时需要重建的只是一个难以解释的或存有争议的某一犯罪情节中的片段，这个片段可能只发生在几秒钟或几分钟之内，如警察在执行公务中开枪致人死亡并因此面临谋杀或防卫过当指控的情况下，需要重建的是开枪时的现场瞬间状态及开枪之前若干时间内的情节片段。

3. 犯罪情节整体重建。犯罪情节片段是由无数个瞬间状态组成，具有一定的连续性，如在枪击案件中，对犯罪行为人从拔枪到开枪这一连续性动作的重建，就是犯罪情节片段的重建。

4. 犯罪行为全程重建。有时为了吃透案情，澄清疑点，需要揭示犯罪的全貌，对犯罪行为人进入现场、实施侵害行为、逃离现场等一连串犯罪情节构成的犯罪行为全程进行重建。犯罪行为全程重建极其复杂，通常情况下，既无必要性，又无可行性，运用得较少。但在对抗制诉讼模式的庭审过程中，辩护方会要求控方对所指控的犯罪事实的任意一个情节予以说明。因此，控方的犯罪现场重建应尽可能地做到全面、系统。

（二）从犯罪现场重建的揭示功能出发，可分为以下几类：

1. 以解决位置关系问题为目标的现场重建。例如，爆炸案件中对炸前现场瞬间状态的重建，尽管其目的是判明炸点和爆炸方式，但重建的具体目标是重建爆炸之前瞬间现场所有的人与物的特定位置及其相互之间的位置关系。而现场要素之间的位置关系能够有助于判断作案人和被害人之间的关系。

2. 以解决行为方式为目标的现场重建。例如，强奸或涉嫌强奸案件中，性交方式就成为重建的重点；枪击可疑死亡案件中，枪击的具体行为方式就成为重建的重点。行为方式的现场重建有助于判明作案人的现场熟悉程度和作案条件。

3. 以解决行为顺序或过程为目标的现场重建。在一些特定的案件中，行为的不同顺序或不同过程往往意味着犯罪行为人的不同状况，甚至意味着不同的案件性质，因此必须予以重建。

4. 以解决犯罪人数为目标的现场重建。在一些较为复杂的案件中，犯罪人数也是一个需要判明的问题。通过现场重建可以更好地判明现场遗留的犯罪物证是否为作案人所留，从而打破侦查僵局。

二、现场重建的步骤与方法

任何犯罪现场重建都需要依据现场的犯罪物证及其相互关系，并根据相关鉴定报告以及被害人、事主、目击证人等提供的证言才能进行，侦查人员在进行犯罪现场重建之前需要确认上述依据的可靠性、充分性和有效性。需要明确的是，不是所有的犯罪现场都可以进行重建，如果缺失一些关键性证据，这种重建要么无法完成，要么准确性很低。而有了上述依据后，犯罪现场重建其实就是一个逻辑的推导过程：

第一步：设定问题。侦查人员首先应当明确进行犯罪重建要解决哪些问题。实际上，犯罪现场需要明确的问题有很多，有一部分是通过一般推理也即现场分析就能解决，而有些问题则需要现场重建去解决。解决不同的问题，收集证据和信息的范围、质量要求也不同。例如，对于射击姿势来说，犯罪时间就不是那么重要，而对于爆炸过程来说，时间是一个关键性因素。

第二步：建立联系。侦查人员需要对现场证据进行分析，对证据所表露出的信息与重建所要解决的问题建立某种联系，如血痕模式与被害人当时的位置关系，尸体姿势与杀伤方式等。这种联系在本质上是一种推测，推测结论不能视为这一阶段的唯一解释，它仅仅是一种可能的解释，正确的逻辑思路应当是尽可能地提出多种推测，从而保证不会遗漏任何一种可能的联系。

第三步：形成假说。在建立上述一些基本联系后，侦查人员需要筛选出有可能得到确证的联系，然后进一步形成假说。侦查假说的形成是犯罪重建的关键阶段之一，明确的、全面的侦查假说是下一步进行验证的基础。侦查假说应当采取标准的逻辑命题形式，如在对被害人位置进行假说时，采用"如果被害人站在距离某某物某某米内，并且犯罪嫌疑人站在距离某某物某某米内，则犯罪嫌疑人朝向被害人脑部开枪时，会形成某某形状血迹"。同样，侦查假说也并非唯一的解释，有时对同一问题可以形成两种甚或更多的假设，有待求证阶段深入研究。

第四步：进行验证。为了检验上述假说的真伪，需要对假说的科学性、客观性进行论证。对假说的验证是一个证伪的过程，即要最大可能地寻找能够推翻验证的证据或者现象。如果没有找到，则可以肯定假说的正确性。因此，在进行验证时，侦查人员重点要寻找那些已知不在现场的样本，然后同现场搜集的检材进行比对，看有无相似之处；按照假说的情况进一步收集证据和信息，看能否反对假说的前提条件，如在上述所举的枪击案例中，如果侦查人员发现犯罪嫌疑人站在另外一个位置射击也可以造成某某血迹，则前一假设不能完全成立。但如果在室内只发现某一位置有犯罪嫌疑人的脚印，则可以初步断定假说是成立的。假说只有经过具有充分性和排他性的双重检验后才可能是客观科学的。

第五步：形成结论。对侦查假说进行充分的验证后，可以形成犯罪现场重建的结论。这个结论又与第一步设定问题是相关的，是对问题的回答。当然形成的结论也可以是对上述问题的修正，因为侦查人员在进行重建之前并不能完全提出一个准确的问题，一个结论的形成是上述四个步骤循环进行的结果，如在进行验证后发现问题提得不准确，则要重新拟定一个问题，因此又是一个循环过程。同样，任何一个步骤的调整都有可能导致整个重建的调整，所以形成结论一定要慎重，切不可操之过急。

【资料链接】

在肯尼迪涉嫌强奸案的审判过程中，作为辩方专家证人的李昌钰博士所运用的辩护手段就具有一定程度的犯罪现场重建的色彩。而在为威廉涉嫌强奸案件的辩护中，李昌钰博士所运用的则是一种典型的驳论性犯罪现场重建。他先假定控方指控的强奸犯罪观点成立，并根据这一观点和女方的陈述，虚拟性地重建了"强奸犯罪"的过程：身着衣服的女方被威廉强行按倒在水泥地面上—女方奋力挣扎—经过反抗、翻滚，女方挣脱—稍后威廉又一次向女方发起进攻，将其按倒在草坪上，身着衣服的女方在经历了新一轮的翻滚、挣扎、竭力反抗之后，终于被威廉粗暴地扯去衣服施以强暴，强暴时间长达15分钟。接下来，李昌钰博士指出，如果上述内容是客观存在的，应该伴随如下现象：女方衣服有被撕扯的痕迹；女方衣服有在水泥地面上摩擦导致的相应痕迹；女方衣服有在草坪上摩擦导致的相应痕迹。然而，事实是女方的衣服完好无损，洁净无痕。女方衣物作为物证不攻自破地否定了上述虚拟性重建的内容。李昌钰博士还偕同辩护律师分别用手帕在水泥地面和草坪上做了接触性模拟实验，以作为女方衣服的参照。

【小结】

犯罪现场分析是犯罪现场勘查中极为重要的一环，本章对犯罪现场分析的基本概念、分析方法、分析内容进行了系统梳理，并对犯罪现场重建这种特殊的现场分析方法进行了介绍。本章的学习内容应当把握犯罪现场分析的主要内容，同时在掌握一定刑事科学技术知识的前提下，仔细体会犯罪现场分析的依据，要领会犯罪现场分析中的现象与本质、偶然与必然的关系。此外，应当形成对犯罪现场重建的初步认识，在新刑事诉讼法出台的大背景下，掌握犯罪现场重建的基本知识将有助于更好地进行法庭诉讼。学习犯罪现场重建应当坚持理论与实践相结合，重点掌握犯罪现场重建的基本步骤。

【思考题】

1. 犯罪现场分析的概念和主要任务是什么？
2. 犯罪现场分析的主要内容是什么？
3. 犯罪现场分析的方法有哪些？
4. 犯罪现场重建的价值与意义是什么？
5. 犯罪现场重建的分类有哪些？
6. 犯罪现场重建的基本步骤是什么？

【推荐阅读】

1. 关鹏. 犯罪现场分析中的行为节点分析方法. 中国人民公安大学学报，2012（4）.

2. 李俊山. 关于犯罪现场分析的心理学依据. 内蒙古民族大学学报，2007（1）.

3. 陈海. 试图犯罪现场分析的方法. 武汉公安干部学院学报，2008（4）.

4. ［美］李昌钰等. 李昌钰博士犯罪现场勘查手册. 郝宏奎等译. 中国人民

公安大学出版社，2006.

　　5. 郝宏奎. 论犯罪现场重建. 犯罪研究，2003（2）.

　　6. 刘静坤. 美国犯罪重建的方法、原理与方法论. 贵州警官职业学院学报，2009（6）.

第四编 侦查措施

侦查措施，是指侦查机关在侦查破案和防控犯罪的过程中，依据法律所采取的各种侦查活动与方法。侦查措施在侦查工作中能及时发现、制止犯罪活动；可以揭露、证实犯罪并迅速查获犯罪嫌疑人；可以加快发现犯罪嫌疑人的速度，提高破案率；可以有效地防控犯罪，减少刑事案件的发生。

侦查措施的种类较多，而且根据不同的分类标准具有不同的分类结果。常见的分类有：基础性侦查措施、常规性侦查措施、控制性侦查措施、强制性侦查措施、综合性侦查措施等[①]。鉴于有的侦查措施是法律法规明文规定的，使用条件及使用要求较高；有的侦查措施是侦查实务部门通过长期侦查实践不断总结提炼的，具有一定经验性及实践指导意义，本教材将侦查措施分为法定侦查措施和实务性侦查措施，分别突出法定侦查措施的规范性和实务性侦查措施的应用性、指导性。

---

① 孟宪文. 刑事侦查学. 中国人民公安大学出版社，2004.

第十三章 法定侦查措施

【教学重点与难点】

教学重点：侦查实验的目的与基本规则，辨认规则，搜查的方法，技术侦查适用范围与程序，制作发布通缉、通报的要求，查封、扣押、查询、冻结、调取的方法，拘传、取保候审、监视居住、拘留、逮捕的实施，讯问犯罪嫌疑人的方法，鉴定的程序与实施。

教学难点：侦查实验的组织实施，搜查的方法，隐匿身份的侦查，通缉、通报的制作，调取证据的方法，拘传、拘留、逮捕、取保候审、监视居住的适用条件，讯问犯罪嫌疑人的程序规范，鉴定注意事项。

‖ 第一节 侦查实验 ‖

《刑事诉讼法》第 133 条规定，为了查明案情，在必要的时候，经公安机关负责人批准，可以进行侦查实验。侦查实验，是指侦查人员为了查明案情，探究某些事实、现象、行为等与犯罪的关联性，运用重演或再现的方法，对某事物、现象或行为的产生、变化过程进行模拟性实验，以确定某事实、现象或行为能否发生或者其发生条件、发生过程的一种侦查措施。侦查实验在刑事侦查中具有重要作用，它可以为分析判断事件性质和案件性质提供依据，也可以协助侦查人员分析判断被害人陈述、证人证言、犯罪嫌疑人的供述和辩解的真实性和可靠性。

一、侦查实验的目的

侦查实验需要证明的问题和情况各不相同，因而，在不同的案件中或在同一案件的不同阶段，侦查实验的目的不尽相同。

（一）确定在一定条件下某人能否感受到某一事实或现象

这主要用于证明被害人、证人在特定条件下，能否看见某一事物、听到某些声音、嗅到某种气味。特定条件，是指某一特定地段、室内，特定的时间、距离、自然条件（风、光线、雷雨）及其他干扰因素（环境偏静、喧哗）等。

（二）确定在一定时间内能否完成某一行为

这是经常用于验证嫌疑人有无作案的时空条件而采取的实验形式，可以借助各种交通工具进行，在嫌疑人可能获得最快捷的交通工具的条件下，仍不能到达现场作案的，就可以予以排除。有时还可以通过实验解决行为的时间、具体细节，以证实作案的过程、行为人的条件、行为与痕迹的关系、实施某行为的一些基本条件等。

（三）确定在什么条件下能够发生某种现象

某现象的发生是有特定条件的，为了证实这种现象发生的原因，侦查人员可以主持多次模拟实验，以证实在何种条件下才能发生这种现象。例如，确定某些物质在某些特定条件下能否发生自燃起火、爆炸，以查明起火、爆炸的原因。

（四）确定在某种条件下某种行为或某种痕迹是否吻合一致

在现场勘查过程中，往往会发现一些可疑的痕迹，这些痕迹与犯罪行为是否存在相互联系，在发案时的条件下什么样的行为能留下这种痕迹，或是特定的犯罪行为能留下什么样的痕迹，就可以通过侦查实验来进行验证。

（五）确定在某种条件下使用某种工具可能或者不可能留下某种痕迹

确定在某种条件下使用某种工具可能或者不可能留下某种痕迹，弄清现场某些痕迹是怎样形成的，形成痕迹的造型客体是什么，以及造型客体的特点和行为人的特点，可选择多种造型客体进行模拟实验，进行验证。

（六）确定某种痕迹在什么条件下会发生变异

犯罪现场的痕迹较为复杂，有的是变形痕迹，有的痕迹、物证会随着时间的推移而发生变化。侦查实验可用来验证这些变异发生的条件、过程或表现形式，从而为侦查人员分析、判断犯罪时间、地点、犯罪工具等提供依据。

二、侦查实验的基本规则

为保证侦查实验结果的客观、准确、可靠、合法，在侦查实验中必须严格遵守以下规则：

（一）严格依照法定程序和要求进行侦查实验

侦查实验必须严格依照法律和相关规定进行：侦查实验必须经过法定的审批手续；侦查实验必须在侦查机关和侦查人员的主持下进行；侦查实验进行时必须邀请2名与案件无关、为人公正的公民作为见证人，监督、见证侦查实验过程的公正性、客观性；为解决侦查实验中的一些专业性问题，必要时还应聘请或指派具有专门知识的人参加；侦查实验中严禁一切足以造成危险、侮辱人格或有伤风化的行为；参与侦查实验的人员在规定的时期内应对侦查实验的过程和结果保守秘密；侦查实验的经过和结果，应制作侦查实验笔录，并由参加实验的侦查人员、见证人签名或盖章。

（二）侦查实验应最大限度地接近案件发生时的各种条件

侦查实验只有在与案件发生时相同或相近的条件下进行，实验的结果才有说服力。侦查实验应尽量在接近某事物或现象发生或被发现时的相应条件下进行；尽量在与原时间相一致的条件下进行；尽量在原地进行；尽量在原自然条件下进行，如光线、温度、湿度、风力、风向等；尽量使用原有的物品和工具。

（三）侦查实验应对同一情况进行反复实验

包括相同条件下的反复实验和不同条件下的反复实验。相同条件下的反复实验，可以对影响实验结果而事先没有考虑到的各种不同偶然因素进行排除，只有经过反复实验，得到的结果是稳定的，才认为实验结果的可靠性。变换条件的反复实验，是对那些一时无法估量在何种条件下才能发生的事实和现象采取的检验方法。它是通过条件的不断变换来认定使这种现象发生或不发生需要哪些具体条件，从而对该事实或现象在案件发生时是否存在作出判断。

三、侦查实验的组织实施

进行侦查实验之前，需先向县以上公安机关负责人报送《呈请侦查实验报告书》，经领导审核批准后方可进行侦查实验。

（一）制定侦查实验方案，充分做好各项准备工作

其主要包括：确定实验的内容和方法；确定实验的时间、地点和自然条件；准备实验的工具与物品。

（二）确定侦查实验的参加人员

侦查实验由以下人员组成：主持人，负责整个侦查实验工作的组织、进行；执行实验的人员，是侦查实验的具体操作人员；聘请实验的翻译人员、专家，解决实验中的技术性问题；邀请两名为人公正、与案件无关的人士担任侦查实验的见证人，对侦查实验的过程进行见证。

（三）实施实验，重演或模拟案件或事实的发生过程

侦查实验应当做到统一指挥、各负其责，在指挥员的组织领导下有条不紊地进行；指派专人在实验现场周围进行警戒，禁止无关人员靠近或围观；在侦查实验开始之前，要组织人员对实验的场地、环境及天气条件等进行观察，对实验中使用的器材、工具进行检查。实验正式实施时，首先是安装、调试实验设备，并通过调试性实验对实验设备、器材进行检验，然后再进行正式实验，并对实验条件及实验过程进行仔细观察和详细记录。

四、侦查实验记录

为使侦查实验的结果在诉讼中起到参考作用和证据作用，从实验一开始，就应将实验的情况和结果用笔录、照相、绘图、录音、录像、制图、模型等方法加以记录和固定。[①] 侦查实验记录以笔录为主。侦查实验笔录是公安机关侦查人员在进行侦查实验时，如实记载实验的过程和结果的文书。经过查证属实的侦查实验笔录，

---

① 杨东亮. 侦查实验笔录简论. 证据科学, 2011 (5).

可以作为认定案件事实的证据使用。笔录的主要内容和格式：

前言部分。其包括：标题，在文书顶端正中直接写文书名称；实验的起止时间（侦查实验开始至结束的时间，要具体到某时某分）；地点，进行侦查实验的具体场所；参加人员情况，参加侦查人员的姓名、单位、职务；侦查实验的基本情况；实验的目的与要求。

经过部分：实验的客观过程、实验的方法、结果等。这部分内容是侦查实验笔录的写作重点，要写明侦查实验过程及结论。实验过程，包括在什么条件下，用何种材料进行实验、如何组织实验，实验的种类和方式，实验的次数和每次的具体情况。这是侦查实验笔录的核心内容。它直接关系到实验结论的可靠程度。如果实验中使用了几种方法，应将侦查实验过程中的各种情况逐一具体写清楚。最后写明通过侦查实验所要解决的问题能否得到证实，从而作出肯定或否定的结论。

结尾部分：参加实验的侦查人员、见证人、记录人签名及声明；附件，实验中如有拍照、录像、绘图等，在笔录中应予以说明，并作为笔录的附件。

侦查实验笔录的语言以叙述为主，文字力求简洁、准确。实验目的明确、结论准确。

五、侦查实验结果的分析评断

侦查实验是一种模拟性实验，应当非常慎重地对待侦查实验的结果，可以从以下几个方面对其进行审查判断。

（一）对参与侦查实验的人员进行审查

首先，评断参加实验的侦查人员以及聘请或者委托的其他专业人员的知识水平、业务能力及其心理素质、身心投入程度，以判断这些因素是否会影响实验结果的准确性。其次，评断参与验证性实验人员的心理状况和生理状况，并对影响其心理状况和生理状况的因素进行分析。

（二）对侦查实验的原理、方法、步骤进行审查

审查侦查实验的组织实施是否严密，实验过程中有无出现偏差，是否违反侦查实验的规则。审查侦查实验的方法是否科学，侦查实验的步骤是否具有逻辑性，进行侦查实验的条件是否与案件发生时的条件相同，实验时所使用的工具、器材、物品是否与案件发生时相一致。反复进行实验时，是否出现同样、近似或类似的结果。

（三）对侦查实验结果的证据价值进行审查

侦查人员应当将实验结果放到案件证据体系中进行考察，看其是否能与其他证据相互印证，如果侦查实验的结果与案件中的其他证据相矛盾而不能形成一个完整的证据体系，则应探明矛盾形成的原因，进而评估其证据价值。

‖第二节　辨　认‖

辨认，是指侦查机关利用辨认人的直观感觉对与犯罪有关的物品、文件、尸体、场所或犯罪嫌疑人进行辨别认定的一种侦查活动。

辨认的过程实际上就是辨认人根据客体的反映形象进行的同一认定的过程。辨认的作用主要有：可以为分析案情和划定侦查范围提供依据；可以为发现侦查线索和犯罪嫌疑人提供帮助；可以为审查犯罪嫌疑人、证实犯罪提供依据。[①]

一、辨认的种类和方法

（一）辨认的种类

1. 根据主体与案件的关系不同可分为：被害人辨认；证人辨认；犯罪嫌疑人辨认。

2. 根据辨认的客体，即辨认识别的对象可分为：人的辨认；物的辨认；场所的辨认；尸体的辨认。

3. 根据辨认方式的不同，分为公开辨认和秘密辨认。公开辨认，是在犯罪嫌疑人知晓的情况下进行的辨认，如将犯罪嫌疑人与若干个与其体貌特征相类似的人混合在一起，让辨认人进行识别。秘密辨认是在犯罪嫌疑人不知晓的情况下进行的辨认，如在做好隐蔽、防护措施的前提下，由侦查人员带领被害人在犯罪嫌疑人经常出入、活动的场所进行侧面的秘密辨认。

4. 根据辨认是否通过中介分为直接辨认和间接辨认。直接辨认，是指辨认人通过对客体的直接观察或感受进行的辨认。间接辨认，是指辨认人通过某种中介了解客体特征并以此为基础进行的辨认，如观看嫌疑人的照片或录像进行的辨认。

5. 根据辨认特征分为静态辨认和动态辨认。依据客体形象特征进行的辨认——静态辨认。形象特征，是指客体的外表结构、形状、图像、花纹、颜色等方面的特征。依据客体习惯特征所进行的辨认——动态辨认。习惯特征，是指客体在运动中体现出来的规律性或习惯性的特征，如行走习惯、语音语言习惯等。

6. 根据辨认地点的固定与否分为定点辨认和寻找辨认。寻找辨认的实施要件：被害人、知情人对犯罪嫌疑人的体貌特征印象较深；犯罪嫌疑人的行为有一定规律可循的。侦查中注意做好化装和对被害人的保护工作。

（二）辨认方法

1. 对人的辨认。侦查人员组织被害人、知情人对已经拘捕、控制的犯罪嫌疑人进行直接辨认。可以定点辨认，也可以利用召开会议的形式进行辨认，目的是确定辨认的对象是否为本案的犯罪嫌疑人。其方法有：

---

① 瞿丰. 侦查学. 群众出版社，2013：143.

（1）照片辨认。要求是辨认对象的近期、正面的照片。侦查人员应当将所有照片附纸、编号后，由辨认人辨认。辨认结束后，辨认人应当在辨认出的犯罪嫌疑人照片与附纸上骑缝捺指印，在附纸上注明实施某项犯罪行为的人是第几张照片上的人并签字。也可以对辨认过程照相、录像。

（2）录像辨认。在侦查中有两种情况：一是在某些重要场所拍摄的犯罪嫌疑人的录像，让有关群众观看，辨认他所认识的人；二是侦查人员对案件中的嫌疑人进行录像，然后由被害人、知情人进行辨认。

（3）录音辨听。有两种情况。一是在绑架等案件的侦查中，让有关群众对犯罪嫌疑人作案时的电话录音进行辨听，以查明犯罪嫌疑人的身份；二是在被害人等对犯罪嫌疑人的语音特征印象较深的案件中，侦查部门在发现嫌疑人后将其声音录下来或直接进行辨听。

（4）对具体人进行辨认。把辨认对象混杂在陪衬人员之中让辨认人进行辨别确认。侦查人员应当当场对被辨认人照相，在辨认结束后，将照片附纸、编号。辨认人应当在辨认出的犯罪嫌疑人照片与附纸上骑缝捺指印，在附纸上注明实施某项犯罪行为的人是第几张照片上的人并签字。也可以对辨认过程照相、录像。

2. 对物的辨认。物品的辨认适合于案件侦查的各个阶段。包括作案工具、现场遗留物、赃款赃物、可疑文件等。通过辨认可以发现犯罪嫌疑线索和查明案情，甚至可以认定重大犯罪嫌疑人。辨认的主体及方法有：

（1）被害人对侦查中发现的赃物赃款或可疑物品进行辨认，确定这些物品是否为本案赃物。

（2）知情人对现场遗留物、作案工具等，如果特征明显的，应组织知情群众进行辨认，认定该物品的拥有人或使用人，以发现侦查线索。

（3）为获得有关物品的生产、销售范围等情况，应组织相关的专业人员、专家进行辨别、分析鉴定。

3. 对场所的辨认。对场所的辨认有两种情况：一是侦查人员组织被害人对犯罪地点和相关场所的辨认，目的是确定具体位置，以准确地发现犯罪的痕迹、物品。二是犯罪嫌疑人交代作案地点后，把他带到犯罪现场进行确认。

4. 对尸体的辨认。目的是查明死者的身源。辨认时要从尸身、尸体照片和死者随身携带的物品及衣物等方面结合进行。组织对尸体辨认时，应当有法医协助，重点让辨认人辨认衣着、尸表特征、牙齿形状、头面部特征以及胎记、疤、痣、手术痕迹等。对于不知名尸体，在进行法医检验后，要对尸体进行整容和拍照。通过现场附近群众进行辨认；通过协查通报、新闻媒介的寻人启事进行。有条件的还要通过比对失踪者指纹、血型、DNA 等进行同一认定以确定死者身源。辨认物品、尸体、场所的，应当照相，将照片附纸后由辨认人捺指印、签字确认。也可以对辨认过程录像。

二、辨认的规则

辨认的规则，是为了确保辨认结论可靠真实而构建起来的技术性规则。

（一）分别辨认

也称单独辨认，有两层含义：一是当案件中有两个以上辨认人对同一辨认对象进行辨认时，应该分别单独地组织辨认，以免辨认人之间互相影响而失去辨认的客观性；二是当案件中有两个以上辨认对象要同一个辨认人进行辨认时，也应让辨认人进行分别辨认。

（二）混杂辨认

也称陪衬原则，在进行辨认时，需要将辨认客体混杂在其他一定数量的与其特征相似的无关客体之中，以提高辨认的客观性和准确度。主要适用于对物品、文件和犯罪嫌疑人的辨认，对尸体、场所的辨认则不适用。

（三）自主辨认

任何辨认都应当保证让辨认人独立自由地进行。严禁侦查人员在辨认之前或之中以任何方式对辨认人进行暗示或诱使进行辨认。但在辨认中侦查员可以进行某些解释和帮助辨认人全面地回忆。

对犯罪嫌疑人的辨认，辨认人不愿意公开进行时，可以在不暴露辨认人的情况下进行，应当为其保守秘密，并在《辨认笔录》中注明。可以反复进行辨认，排除偶然性。

三、辨认的组织实施

辨认的实施，需要在 2 名以上侦查人员的主持下进行。

（一）明确辨认的目的

辨认的目的一般是根据案情、辨认对象等情况确定的。有的辨认以查找、确定犯罪现场为目的。例如，当被害人、证人对案发现场所在位置记忆不清的情况下，由侦查人员带领其进行寻找辨认，以查找并确定案发现场所在地，为搜索、发现痕迹、物证打下基础。有的辨认以查明物品、文件的来源为目的，对现场的遗留物和作案工具等物品和文件，可以组织被害人、证人及专业人士进行辨认，可以判明其究竟是哪类人所有，其生产和销售的范围如何。有的辨认以查明无名尸体、碎尸的身源为目的，通过组织被害人的亲属、朋友进行辨认，可以查明死者的身份和相关情况，为分析案情、确定侦查方向和范围提供依据。有的辨认以确认或排除涉案人员的嫌疑为目的，对得出的肯定结论经过审查核实，有时可以起到直接指向或肯定犯罪嫌疑人的作用，而否定结论则可以排除嫌疑，缩小侦查的范围。

（二）做好辨认前的准备工作

1. 询问辨认人。询问的目的：一是使辨认人有个思想准备；二是了解辨认人的记忆能力等。询问的内容：一是有关辨认客体的特征，包括人和物；二是关于辨认人见到客体物时的具体情况，包括自然条件、心理状态等。询问时制作《询问笔录》，告知辨认人有意作虚假辨认应负的法律责任，并在笔录中注明。

2. 选择陪衬客体。根据辨认对象的情况选择符合规定的陪衬人（物、照片），陪衬人（物、照片）要与辨认对象相近并符合法律规定的数量，并按顺序编号。

（1）选择辨认陪衬人。对犯罪嫌疑人进行辨认的，应当挑选与犯罪嫌疑人性别相同，年龄、气质、身高相近似的人作为辨认陪衬人。对每一名犯罪嫌疑人进行辨认，被辨认的人数不得少于七人，办案人员以及在公安机关工作的其他人员不得替代，并在《辨认笔录》中写明被辨认人的姓名、编号、排列顺序。对本案犯罪嫌疑人进行多组辨认的，不得重复使用陪衬人。

（2）选择辨认陪衬照片。对犯罪嫌疑人照片进行辨认的，应当选择性别相同，年龄、发式相近似的照片作为辨认陪衬照片。对每一张犯罪嫌疑人照片进行辨认，被辨认的照片不得少于十人，并对所有被辨认照片按顺序编号，打印或者贴附在照片所附纸上，在《辨认笔录》中写明被辨认照片人的姓名、编号、排列顺序。照片中不得出现犯罪嫌疑人、陪衬人的姓名，辨认的所有照片应当入卷。对与本案有关照片进行多组辨认的，不得重复使用陪衬照片。

（3）选择辨认陪衬物。辨认每一件物品时，混杂的同类物品不得少于五件，按顺序编号并在《辨认笔录》中写明被辨认物品的名称、编号、排列顺序。

对场所、尸体等特定辨认对象进行辨认，或者辨认人能够准确描述物品独有特征的，陪衬物不受数量的限制。

3. 做好辨认人的思想工作，消除顾虑，稳定情绪等。

4. 确定辨认的时间、地点。注意选择与辨认人感知辨认客体时条件近似的时间和地点。

5. 辨认前应当避免辨认人见到辨认对象。

6. 通知见证人到场，对辨认过程和结果予以见证。

7. 制订辨认计划。

（三）具体实施辨认

侦查人员运用公开或秘密的辨认形式，组织相关人员对人、物、尸体、场所等进行辨认。

四、辨认记录

公开辨认要通过笔录、照片、录像、录音的形式加以记录。对于犯罪嫌疑人辨认场所也要用照相等形式记录其过程。笔录的内容有：

（一）基本情况部分

包括辨认的时间、地点条件；辨认人的基本情况；辨认对象的基本情况；混杂陪衬对象的情况等。

（二）辨认的过程部分

包括辨认前的询问情况；辨认的基本过程；辨认的结果（应以辨认人的原话记录辨认的认定或否定结论及其依据）。

（三）结尾部分

包括有关人员的签名或捺指印。将《辨认笔录》交辨认人、见证人核对无误后，由辨认人、见证人、主持辨认的侦查人员、记录人分别签名确认。辨认人还应当捺指印。

说明和辨认照片应当作为《辨认笔录》的组成部分。制作与照片有关的所有人员、物品、尸体、场所情况的说明，附在《辨认笔录》之后。《辨认笔录》和有关情况说明应当存入诉讼卷。秘密辨认不制作《辨认笔录》，由主持辨认的侦查人员写出秘密辨认报告，存入侦查工作卷备查。

五、辨认结果的评断

辨认是人的一种认识活动，由于受多种因素的制约，辨认人对客体的认识难免有所偏差。因此在使用辨认结果时，必须认真分析评断，要全面考察可能影响辨认结论的各种因素。

（一）考察辨认的主体

考察辨认人与案件及其当事人的关系，是否存在直接或间接的关系，有无影响辨认结论的客观性的因素；考察辨认人的感知能力、记忆能力和陈述能力，如考察辨认人的生理因素，有无生理缺陷，考察辨认人在感知、记忆和辨识时的心理状态和精神状态。

（二）考察辨认的客体

考察辨认客体的特征是否明显、突出，是否容易与其他对象相区别；考察辨认客体的特征是否稳定，有无因为时间的推移或使用而造成客体特征的局部甚至全部改变；考察辨认客体的特征是否容易被感知和记忆；考察辨认客体在作案前后是否有伪装和误差。

（三）考察识记过程、辨认过程

从感知的时间、地点和环境入手，考察辨认人能否充分、准确地看清被辨认的客体，被辨认客体给辨认人留下的记忆是否深刻、清楚。从辨认的时间、地点和环境入手，考察辨认的时间是否充分，辨认的地点是否符合辨认条件，辨认的环境（如辨认距离、角度、方向、光线等）是否与感知时的条件一致。考察辨认是否严格按照规则进行，是否有其他因素的干扰和影响。

（四）考察辨认结果与其他证据的关系

如果辨认结果与其他证据能够得到相互印证，说明辨认结果的可靠性较强；如果辨认结果与其他证据有出入，则要进一步甄别。根据法律规定和侦查实践，存在下列情形之一的，不能确定其真实性的，辨认结果不能作为定案的根据：辨认不是在侦查人员主持下进行的；辨认前使辨认人见到辨认对象的；辨认人的辨认活动没有个别进行的；辨认对象没有混杂在具有类似特征的其他对象中，或者供辨认的对象数量不符合规定的（尸体、场所等特定辨认对象除外）；辨认中给辨认人明显暗示或者明显有指认嫌疑的。

‖第三节 搜 查‖

搜查，是指侦查机关依照有关法律的规定，为了收集犯罪证据，缉获犯罪嫌疑人，在被搜查人或有关见证人在场的情况下，对犯罪嫌疑人及可能隐藏犯罪嫌疑人或者犯罪证据的人的身体、物品、住处和其他有关场所，进行搜索与检查的一项侦查措施。搜查可以单独进行，也可以在执行拘留、逮捕的时候进行。

搜查是我国《刑事诉讼法》赋予侦查机关的一种特殊权力，也是侦查部门查缉犯罪嫌疑人，获取犯罪证据的一项经常使用的措施。通过搜查，一般可以起到下列作用：一是直接查获犯罪嫌疑人；二是获取罪证和赃物；三是获取犯罪痕迹。

一、搜查前的准备工作

为了保证搜查工作的顺利进行，实施搜查前应做好如下准备工作：

（一）明确搜查目的

参加搜查的侦查员先要了解有关案情，明确通过搜查所要达到的目的，并熟知需要寻找的罪证的种类型号、数量和特征等，以便有目的地进行搜查。

（二）详细了解搜查目标

了解被搜查嫌疑人的性别、年龄、职业爱好、生活方式、个性特点以及是否携带凶器等。了解搜查地点的环境、屋内设施、出入通道等。分析罪证可能隐藏的部位和方法，确定搜查的范围和重点。

（三）制定搜查方案

搜查方案的主要内容包括：搜查的目的及时间；搜查的范围与重点；参加人员的组织与分工；警戒力量的部署；对搜查中可能出现的意外情况的处置方法。

（四）做好物质保障

搜查的物质保障主要是指携带好武器和必需的工具，如交通工具、探测工具、勘验器材、照相器材、通信器材等。必要时还可用警犬进行搜查。

（五）履行法律手续

1. 呈批。搜查前，办案部门制作《呈请搜查报告书》，报县级以上公安机关负责人批准。《呈请搜查报告书》内容包括：简要案情、拟搜查的范围、搜查的目的、搜查的法律依据等。

2. 批准。县级以上公安机关负责人批准后，办案部门制作《搜查证》，并准备好《搜查笔录》、《扣押物品、文件清单》等法律文书。

3. 紧急情况下的搜查。执行拘留、逮捕的时候，遇有下列紧急情况之一的，不用《搜查证》也可以进行搜查，但应当在《搜查笔录》中注明：

（1）可能随身携带凶器的；

（2）可能隐藏爆炸、剧毒等危险物品的；

（3）可能隐匿、毁弃、转移犯罪证据的；

（4）可能隐匿其他犯罪嫌疑人的；

（5）其他突然发生的紧急情况。

4. 进行搜查时，应当有被搜查人或者其家属、邻居或者其他见证人在场。

公安机关可以要求有关单位和个人交出可以证明犯罪嫌疑人有罪或者无罪的物证、书证、视听资料等证据。遇到阻碍搜查的，侦查人员可以强制搜查。

5. 出示《搜查证》。进行搜查时，必须向被搜查人出示搜查证，执行搜查的侦查人员不得少于二人。并要求被搜查人或者其家属在《搜查证》的附注部分注明向其宣布的时间并签名。被搜查人或者其家属拒绝签名的，侦查人员应当在《搜查证》上注明。对被搜查人或者其家属说明阻碍搜查、妨碍公务应负的法律责任。如果遇到阻碍，可以强制搜查。

6. 搜查妇女的身体，应当由女工作人员进行。

7. 扣押。对搜查中查获的犯罪证据及其放置地点，应当当场拍照后予以扣押，拍摄的照片应当加上文字说明附卷，必要的时候可以对搜查的过程录像。

二、搜查的方法

搜查的方法是针对不同的搜查对象而定的。大体可分为人身搜查、住所搜查、露天场所搜查、车辆搜查四种情况。

（一）人身搜查的方法

人身搜查是侦查人员在发现或拘捕犯罪嫌疑人时，对其身体所进行的搜查。其目的，主要是从犯罪嫌疑人身上及其随身携带的物品中，发现犯罪证据或侦查线索。重点是查获犯罪嫌疑人身上携带的凶器、毒品和其他赃证物品，以及其身上遗留的伤痕、血迹、精斑等。搜查人身一般由二人以上进行，一人搜身，一人警戒。一般以其腰部为界，先上后下，先外后内。搜查的重点部位是臂下两腋、前胸、腰部、裆部、小腿部，对于帽子、头发、鞋袜、各层衣裤口袋、腰部内侧等处都要仔细搜查。对女犯罪嫌疑人的头发、内衣、内裤、胸罩等处也要注意检查。同时，还要检查其随身携带的物品。

（二）住所搜查的方法

住所搜查，是指对作案人或重大犯罪嫌疑人的住宅、落脚点、窝销点和工作地点所进行的搜索与检查。住所常常是罪犯隐匿罪证的地方，是搜查的重点。通过搜查，目的是寻找隐匿的赃物罪证。

搜查的顺序，可从一点或一头开始，逐步展开；也可由内向外，或由外向内循序渐进。

搜查的重点，要视寻找的罪证体积而灵活选择。一般地，对于家具、床上用品、装饰品、各种悬挂物品等，可以用眼看、手触摸或翻动试探等方法进行；对于烟囱、炉灶、柴煤堆、厕所、天棚、地板和地沟等处，要借助仪器进行观察探视；并且要特别注意暗屋、地窖、墙壁夹层和翻新刷新的部位的搜查。必要时，可用工具撬、挖或锯、割进行检查。须注意的是，需对室内建筑设施的各种器具进行破坏性搜查时，应当经办案部门负责人批准。

在进行住所搜查的时候，搜查人员切忌将手放于自己的视线外进行搜查。正确的做法是，无论在搜查住所内高处或低处的空间，搜查人员都应在观察的基础之上，再将手放入自己的视线范围内进行搜查，这样做的目的是尽可能避免一些潜在的危险。

（三）露天场所的搜查方法

露天场所的搜查，是指对室外可能隐藏犯罪嫌疑人和赃物罪证的地方进行的搜索和检查。露天场所的特点表现为范围广、地形复杂，所以搜查工作难度大。

搜查时，要先巡视搜查场所，然后划定范围，分片、分段进行搜查。搜查重点要注意草丛、树林、坑凹、柴草堆、水井、破房、窑洞等。并且要特别注意新翻动的泥土、变动过的物堆，必要时借助工具与仪器探试或利用警犬搜索。

在对露天场所进行搜查的时候，如遇有坑口、地洞、地下室、油库，搜查人员不可盲目进入，因为这些地方通风不好，可能聚集有大量有害的气体，因此搜查人员如欲对这些场所进行搜查，应当事先做好防护措施。

（四）车辆搜查的方法

车辆作为一种现代交通工具，容易隐藏赃物、罪证及犯罪嫌疑人，因此对车辆的搜查必须全面、彻底。

实施搜查前，侦查人员应当分析犯罪嫌疑人的心理，根据赃物、罪证本身的种类、大小、形状、性质等特征，结合特定型号车辆的特征判断其可能隐藏的部位，有针对性地进行搜查。

搜查车辆的时候，首先要让车内人员全部下车，以确保安全和搜查活动顺利进行。对车辆的搜查顺序，一般是先搜查车辆周围的地方，然后搜查车辆外部，最后搜查车辆内部。搜查车辆内部时应当按照沿着车身一边从前至后，然后沿着车身另一边从后至前返回的顺序进行。

搜查车辆的重点：注意搜寻车辆周围以发现有无与犯罪有关的赃物、罪证。检查车辆的水箱散热器防护栅、前后保险杠、后视镜、门把手、挡泥板、车辆牌照、底盘等部位，重点发现指纹、凹痕、刮擦痕迹、毛发或者纤维组织。检查引擎盖、散热器、蓄电池、蓄电池箱、发动机、通风管道、空气过滤器等部位，发现细小、微量的赃物、罪证。查看行李箱、车辆的底部、油箱、顶棚、车辆内可能安装有特殊结构的间隔箱或隔层，以发现赃物、罪证及犯罪嫌疑人。

三、物证的查封、扣押与搜查记录

（一）查封、扣押

1. 查封、扣押的条件。在侦查活动中发现的可以用来证明犯罪嫌疑人有罪或无罪的各种财物、文件，应当查封、扣押，与案件无关的财物、文件，不得查封、扣押。

2. 查封、扣押的决定权。在侦查过程中需要扣押财物、文件的，应当经办案部门负责人批准，制作《扣押决定书》；在现场勘查或者搜查中需要扣押财物、文件的，由现场指挥人员决定；但扣押财物、文件价值较高或者可能严重影响正常生产经营的，应当经县级以上公安机关负责人批准，制作《扣押决定书》。

在侦查过程中需要查封土地、房屋等不动产，或者船舶、航空器以及其他不宜移动的大型机器、设备等特定动产的，应当经县级以上公安机关负责人批准并制作《查封决定书》。

3. 查封、扣押手续。

（1）执行主体。执行查封、扣押的侦查人员不得少于二人，并出示《扣押决定书》或《查封决定书》等有关法律文书。查封、扣押的情况应当制作笔录，由侦查人员、持有人和见证人签名。对于无法确定持有人或者持有人拒绝签名的，侦查人员应当在笔录中注明。

（2）制作查封、扣押清单。

①对查封、扣押的财物和文件，应当会同在场见证人和被查封、扣押财物、文件的持有人查点清楚，当场开列查封、扣押清单一式三份，写明财物或者文件的名称、编号、数量、特征及其来源等，由侦查人员、持有人和见证人签名，一份交给持有人，一份交给公安机关保管人员，一份附卷备查。对于无法确定持有人的财物、文件或者持有人拒绝签名的，侦查人员应当在清单中注明。

依法扣押文物、金银、珠宝、名贵字画等贵重财物的，应当拍照或者录像，并及时鉴定、估价。

②对作为犯罪证据但不便提取的财物、文件，经登记、拍照或者录像、估价后，可以交财物、文件持有人保管或者封存，并且开具登记保存清单一式两份，由侦查人员、持有人和见证人签名，一份交给财物、文件持有人，另一份连同照片或者录像资料附卷备查。财物、文件持有人应当妥善保管，不得转移、变卖、毁损。

4. 查封、扣押物品的保管和处理。对查封、扣押的财物、文件、邮件、电子邮件、电报，应当指派专人妥善保管，不得使用、调换、损毁或者自行处理，其中若涉及国家秘密或他人隐私的，应当严格保守秘密。对特定的物证、书证的保全。对不宜随案保存或者移送的财物、文件按规定进行保管与处理。对犯罪嫌疑人违法所得财物及其孳息按规定进行追缴、保管和处理。

（二）扣押邮件、电子邮件、电报的程序

1. 侦查人员认为需要扣押犯罪嫌疑人的邮件、电子邮件、电报时，应当经县级以上公安机关负责人批准。

2. 制作扣押邮件、电报通知书，通知邮电部门或者网络服务单位检交扣押。

3. 不需要继续扣押时，也应当经县级以上公安机关负责人批准，制作解除扣押邮件、电报通知书，立即通知邮电部门或者网络服务单位。根据有关法规规定，扣押邮件、电报直接涉及限制公民的通信自由，是一种特殊的扣押，必须严格控制。扣押邮件、电报的范围只能是下列四种：一是由犯罪嫌疑人发出的；二是由他人直接寄给犯罪嫌疑人的；三是寄给他人转交犯罪嫌疑人的；四是寄给犯罪嫌疑人转交他人的。如果不属于以上四种情形的邮件、电报，则不应当扣押，任何人不得随意扩大扣押范围。

（三）搜查记录

搜查结束后，应制作《搜查笔录》。笔录的内容主要包括：搜查开始和结束的时间；搜查人所属单位和姓名；案由和搜查依据；被搜查人的自然情况；搜查的范围与过程；搜查中发现和提取的可疑物品、文件及其发现的具体位置等，并注明详见《扣押物品清单》。搜查笔录应由侦查人员和被搜查人或者其家属、邻居或者其他见证人签名。如果被搜查人拒绝签名，或者被搜查人在逃，他的家属拒绝签名或者不在场的，侦查人员应当在笔录中注明。

‖ 第四节　技术侦查 ‖

《刑事诉讼法》第二编第二章第八节对技术侦查措施的主体、适用范围、程序与期限等做了明确的规定。

一、技术侦查

（一）技术侦查概念

技术侦查，又称技术侦查措施，是指由设区的市一级以上公安机关负责技术侦查的部门实施的记录监控、行踪监控、通信监控、场所监控等措施。[①]

（二）技术侦查适用范围

采取技术侦查措施，必须严格按照批准的措施种类、适用对象和期限执行。

依据《刑事诉讼法》的规定，追捕被通缉或者批准、决定逮捕的在逃的犯罪

---

① 公安部：《公安机关办理刑事案件程序规定》第 255 条，中华人民共和国公安部令第 127 号。这里的技术侦查措施适用主体只针对公安机关。

嫌疑人、被告人，经过批准，可以采取追捕所必需的技术侦查措施。①

依据《刑事诉讼法》的规定，技术侦查适用的案件类型主要包括：危害国家安全犯罪、恐怖活动犯罪、黑社会性质的组织犯罪、重大毒品犯罪或者其他严重危害社会的犯罪，根据侦查犯罪的需要，可用技术侦查。对于重大的贪污、贿赂犯罪案件以及利用职权实施的严重侵犯公民人身权利的重大犯罪案件，根据侦查犯罪的需要，经过严格的批准手续，可以采取技术侦查措施。

（三）技术侦查的适用程序

1. 技术侦查的批准、执行。公安机关拟采取技术侦查措施的，办案人员应当制作《呈请采取技术侦查措施报告书》，报设区的市一级以上公安机关负责人批准，并制作《采取技术侦查措施决定书》。是否决定采取技术侦查，应当根据侦查犯罪的需要。在决定书中，要确定采取技术侦查措施的具体技术手段和适用的对象。

人民检察院在办理重大的职务犯罪案件时，决定采取技术侦查措施，需要交由公安机关执行的，要先经设区的市一级以上公安机关按照规定办理相关手续后，再交负责技术侦查的部门执行。②

批准采取技术侦查措施的决定自签发之日起 3 个月以内有效。对于复杂、疑难案件，采取技术侦查措施的有效期限届满仍需要继续采取这项措施的，经负责技术侦查的部门审核后，报批准机关负责人批准，制作《延长技术侦查措施期限决定书》。批准延长期限，每次不得超过 3 个月。

2. 技术侦查的解除。在有效期限内，对不需要继续采取技术侦查措施的，办案部门应当立即书面通知负责技术侦查的部门解除正在执行的措施；负责技术侦查的部门认为需要解除技术侦查措施的，报批准机关负责人批准，制作《解除技术侦查措施决定书》，并及时通知办案部门。

二、隐匿身份的侦查

依据《刑事诉讼法》的规定，为了查明案情，在必要的时候，经公安机关负责人决定，可以由有关人员隐匿其身份实施侦查。但是，不得诱使他人犯罪，不得采用可能危害公共安全或者发生重大人身危险的方法。

（一）隐匿身份侦查的概念

隐匿身份侦查，也称为"乔装侦查"，是指公安机关在打击刑事犯罪过程中，根据侦查办案的需要，经公安机关负责人决定，由有关人员采取隐匿身份的形式，秘密进行的一项侦查措施。有学者指出，这种以人力为载体的、以欺骗为主要表现

---

① 在有效期内需要变更技术侦查措施种类或者适用对象的，应当按照《公安机关办理刑事案件程序规定》第 256 条规定重新办理批准手续。

② 执行部门执行时，要将执行情况通知人民检察院。

特征的各种秘密侦查方法，包括线人（在我国的语境中经常被称为"特情"）、卧底、诱惑侦查等，因为此类手段通常表现为改变身份进行侦查，学术界也将其称为乔装侦查①。

（二）隐匿身份侦查的实施（略）

三、控制下交付

依据《刑事诉讼法》的规定，对涉及给付毒品等违禁品或者财物的犯罪活动，公安机关根据侦查犯罪的需要，可以依照规定实施控制下交付。

（一）控制下交付的概念

控制下交付，是指公安机关根据侦查犯罪的需要，经县级以上公安机关负责人决定，对涉案物品或其替代物运用各种方式方法予以严密控制，并假意按照犯罪嫌疑人的意向流转，以便查明案情、获取证据的一项秘密性侦查措施。

（二）控制下交付的实施（略）

四、运用技术侦查的注意事项

（一）启动技术侦查要以必要性为原则

只要能以常规侦查手段顺利实现侦查目的的，就不能启动技术侦查手段。侦查人员在现场勘查、调查访问、摸底排队等常规侦查措施的使用过程中，结合记录监控、行踪监控、通信监控、场所监控等技术侦查的业务要求，培养技术侦查工作意识，要敏锐发现技术侦查措施适用的条件，为下一步采取技术侦查措施提供突破口和切入点。

（二）立案之后才能运用技术侦查措施

在立案之前，不得采取技术侦查措施。采取技术侦查措施收集的材料作为证据使用的，《采取技术侦查措施决定书》应当附卷。

（三）要做好保密工作

侦查人员对采取技术侦查过程中知悉的国家秘密、商业秘密和个人隐私应当保密。公安机关依法采取技术侦查措施，有关单位和个人应当配合并对有关情况予以保密。要防止侦查人员以办案为借口侵犯他人的隐私。

做好技术侦查措施获取材料的查证工作。侦查人员对于技术侦查措施获取的材料，要细致研究，深入分析，在查证过程中要讲究策略，灵活使用，杜绝失泄密情况的发生。

（四）要按照规定保存与销毁

采取技术侦查措施收集的材料要作为证据使用的，办案部门应当将《采取技术侦查措施决定书》附卷，同时要严格依照有关规定存放收集的材料。这些材料

---

① 陈卫东. 理性审视技术侦查立法. 法制日报，2011 - 9 - 21（10）.

也只能用于对犯罪的侦查、起诉和审判，不得用于其他用途。采取技术侦查措施收集的与案件无关的材料，必须及时销毁，并制作销毁记录。

（五）应当采取相关的保护措施

使用隐匿身份侦查和控制下交付收集的材料作为证据时，如果使用该证据可能危及有关人员的人身安全，或者可能产生其他严重后果的，应当采取不暴露有关人员身份和使用的技术设备、侦查方法等保护措施，必要时，可以由审判人员在庭外对证据进行核实。

（六）隐匿身份侦查的方法不得越界

隐匿身份侦查不得使用促使他人产生犯罪意图的方法，不得基于不正当的目的而迟延阻止犯罪的发生，不得采取可能危害公共安全的方法。

（七）控制下交付措施实施时应统一指挥，切实保密

控制下交付措施常涉及多个辖区，跨多个部门，从其使用审批开始，就要高度重视统一部署、协同作战，并要严密控制、安全保密。

‖第五节　通缉通报‖

通缉通报是公安机关互通情报、协同作战的紧急侦查措施。运用这种措施的目的是堵截、查获犯罪嫌疑人和赃物、查明无名尸体的身源。

一、通缉

（一）通缉的概念

通缉是公安机关对应当逮捕而在逃的犯罪嫌疑人、被告人或者罪犯，通令缉拿归案的一项侦查措施，它常以发布通缉令的方式进行。对于被通缉在案的犯罪嫌疑人、被告人或罪犯，任何公民都有权利和责任将其抓获并扭送公安机关、人民检察院和人民法院处理。

（二）通缉的条件和种类

根据我国《刑事诉讼法》的规定，通缉对象必须是同时具备在逃和应当逮捕两个条件的犯罪嫌疑人、被告人和罪犯。对于那些尚不够逮捕条件的一般违法和未决定逮捕的犯罪嫌疑人，尽管他们已经外逃，也不宜采取通缉措施。对于那些达到应当逮捕条件的，但没有逃跑的犯罪嫌疑人、被告人，也不能适用通缉措施。

1. 通缉令。应当逮捕的犯罪嫌疑人如果在逃，或者犯罪嫌疑人、被告人、罪犯越狱逃跑的，可以发布《通缉令》。需要通缉犯罪嫌疑人的，办案部门制作《呈请通缉（悬赏通告）报告书》，说明犯罪嫌疑人基本情况、简要案情及通缉的范围、种类、理由等内容，报县级以上公安机关负责人批准。

2. 悬赏通告。为发现重大犯罪线索，追缴涉案财物、证据，查获犯罪嫌疑人，必要时，经县级以上公安机关负责人批准，可以发布《悬赏通告》。悬赏通告应当

写明悬赏对象的基本情况和赏金的具体数额。通缉令、悬赏通告应当广泛张贴，并可以通过广播、电视、报刊、计算机网络等方式发布。

3. 边控对象通知书。为防止犯罪嫌疑人逃往境外，可以在边防口岸采取边控措施。需要采取边控措施的，应当按照有关规定制作《边控对象通知书》，经县级以上公安机关负责人审核后，呈报省级公安机关批准，办理全国范围内的边控措施。需要限制犯罪嫌疑人人身自由的，应当附有关法律文书。紧急情况下，需要采取边控措施的，县级以上公安机关可以出具公函，先向当地边防检查站交控，但应当在 7 日以内按照规定程序办理全国范围内的边控措施。

（三）通缉的对象

根据我国《刑事诉讼法》的相关规定，通缉的对象必须是：

1. 已经拘捕的犯罪嫌疑人，在讯问、押解和关押期间逃跑的；

2. 经过侦查已掌握证据或获得部分罪证，应该拘留或逮捕但已潜逃的犯罪嫌疑人；

3. 在审判期间逃跑的被告人；

4. 在服刑期间逃跑的罪犯。

（四）通缉令的内容

通缉令的行文格式一般具有固定的结构和内容。除了标题、行文编号、上下款、发文时间，并加盖公章以外，最主要的内容在正文中，正文应写明以下几点：

1. 简介案情。除了必须保密的事项以外，应当写明发案的时间、地点和简要案情。

2. 详述特征。通缉令中应当尽可能写明被通缉人的姓名、别名、曾用名、绰号、性别、年龄、民族、籍贯、出生地、户籍所在地、居住地、口音、职业、身份证号码、特殊技能、身体的特殊标记（如文身、残疾、疤痣等）、衣着和体貌特征（着衣、身高、体态、面部特征等）、行为习惯。对惯犯、累犯、流窜犯，还要写明其作案手段，并附被通缉人近期照片，可以附指纹及其他物证的照片。对犯罪特征的描述应尽量做到详细、准确、具体，以利查缉。

3. 指出携带物品。特别是对那些随身携带武器、凶器的犯罪嫌疑人，一定要尽量注明武器的种类、型号和数量等有关情况，以提高抓捕者的警惕，并有针对性地加以防范。对其随身携带的其他物品（包括赃物），最好写明这些物品的具体特征。

4. 提出缉捕的具体要求、方法和注意事项。

5. 注明联系人和联系电话。

二、通报

（一）通报的概念

通报是侦查部门为了查获流窜犯，重大犯罪嫌疑人和赃物，查找无名尸体身源，交换重要犯罪信息或犯罪线索，而采取书面文书或公安网方式向有关地区公安机关或有关单位通告犯罪情报信息的一种侦查措施。通报采用的形式较为灵活，主要包括传真、电话、函件、电子邮件等。

（二）通报的种类

通报的种类比较广泛，按内容分，常用的有以下几种：

1. 犯罪嫌疑人协查通报。在侦查过程中，对于只知道其外貌特征、作案手段、携带物品等一般情况，而不知其真实姓名、籍贯和逃往地点的重大犯罪嫌疑人，在未能确定是否可以拘捕，不宜使用通缉措施的，可以发出协查通报，请求有关地区的公安机关查明下落。

2. 流窜犯协查通报。对于查获的重大流窜犯，如不交代真实姓名、住址和主要犯罪事实，可根据其口音、衣着和携带物品等情况，分析其家庭住址和曾去过的地方，及时向有关地区通报，请求协查其真实身份及以往犯罪事实。

3. 赃物协查通报。对有赃物可查的案件，为了通过发现赃物进而查获作案人，可针对赃物可能的流向向有关地区发出协查通报，请求当地公安机关协助控制赃物，以物找人，寻找破案线索。

4. 不知名尸体协查通报。对于非正常死亡的不知名尸体，为了查明死者身源，在初步判断死者生前可能居住的方向和范围后，可以发出查找不知名尸体的协查通报，以便认定死者，为破案提供条件。

5. 案情协查通报。公安机关可以把带有规律性、发展性的犯罪类型、方法及有可能流窜作案的情况通知有关地区的公安机关，使其预先做好准备，并制定有针对性的防范打击措施，加强联防，并案侦查，协同作战打击犯罪。

三、制作、发布通缉通报的要求

（一）严格按照公安部对使用通缉通报批准权限的规定执行

通缉通报是重要的侦查措施，尤其是通缉，直接关系到公民人身权利问题，必须根据案件的需要，按照法律规定执行，防止滥发滥用。

1. 发布通缉通报，必须由县（市）级以上公安机关办理，并加盖公章，非公安机关不得发布通缉通报。

2. 县级以上公安机关在自己管辖的地区内，可以直接发布通缉令；超出自己管辖的地区，应当报请有权决定的上级公安机关发布。通缉令的发送范围，由签发通缉令的公安机关负责人决定。

2000 年公安部开始执行对重大在逃犯罪嫌疑人实行 A 级通缉令。所谓 A 级通缉令是为了缉捕公安部认为应该重点通缉的在逃人员而在全国范围内发布的命令。而 B 级通缉令是公安部应各省级公安机关的请求而在全国范围内发布的缉捕在逃人员的命令。

（二）制作规范、文字简练、表达准确、照片清晰

通缉通报的格式应规范，文字要简练，语意表达准确，所用照片必须清晰而且是近期的，使人一目了然，便于接报单位协查。发出通缉通报的单位要写明本单位名称，并加盖公章，注明文号和联系回复方法。

（三）注意保守侦查秘密

通缉通报的内容应经侦办案件的负责人审批，不适宜公布的案件情况及细节，不应出现在通缉通报中。

（四）及时查缉

公安机关接到通缉令后，应当及时布置查缉。抓获犯罪嫌疑人后，报经县级以上公安机关负责人批准，凭通缉令或者相关法律文书羁押，并通知通缉令发布机关进行核实，办理交接手续。办案单位应当在接到通知后 7 日内将犯罪嫌疑人解回。

（五）录入信息系统

《通缉令》制作后，应当将通缉令内容依照有关规定，录入有关数据库。

（六）及时补发、回复与撤销

通缉令发出后，如果发现新的重要情况可以补发通报。通报必须注明原通缉令的编号和日期。各地公安机关接到通报后，必须及时布置，落实协查工作，一旦查获犯罪嫌疑人或查清其他情况，应及时回复。经核实，被通缉的犯罪嫌疑人已经自动投案、被击毙或者被抓获，以及发现有其他不需要采取通缉、边控、悬赏通告情形的，发布机关应当在原通缉、通知、通告范围内，撤销通缉令、边控通知、悬赏通告。

‖ 第六节　固定、调取证据 ‖

固定证据主要是对与案件有关的财物检查后，就地贴上封条，禁止动用或转移处理，或是将与案件有关物品、文件，依法予以扣留，或者是向银行或者其他金融机构、邮电部门查询或通知其冻结犯罪嫌疑人的存款、汇款、债券、股票、基金份额等证券。

调取证据是侦查过程中，发现有关单位或个人持有与案件有关的证据时，应当向有关单位和个人调取。

一、查封、扣押

（一）查封、扣押的范围

查封、扣押的目的是保全证据、保证公私财物不受损失。根据《刑事诉讼法》第 139 条、《公安机关办理刑事案件程序规定》第 222 条、《公安机关执法细则》第九章、第三十四章规定，在侦查活动中发现的可用于证明犯罪嫌疑人有罪或者无罪的各种财物、文件，应当查封、扣押。具体包括：现场勘验时发现的可以作为证

据的财物、文件；进行人身检查时发现的可以作为证据的财物、文件；对场所、物品进行检查时发现的可以作为证据的财物、文件；实施违法行为的工具、违法所得的赃款、赃物；为人持有的管制刀具、武器、易燃易爆等违禁品或者危险物品。

与案件无关的财物、文件，被侵害人或者善意第三人合法占有的财产不得查封、扣押。

对于发现的物品、文件是否与案件有关还暂时无法确定的，也应当先行扣押，查清后再做具体的处理，发现的违禁品及国家法律规定不允许个人持有、使用的物品、文件，虽然与本案无关，但也应一律扣押，然后提交有关部门处理。

持有人拒绝交出应当查封、扣押的财物、文件的，公安机关可以强制查封、扣押。

（二）查封、扣押的实施

1. 查封、扣押的决定。其程序如下：

（1）查封的决定。在侦查过程中，需要查封土地、房屋等不动产，或者是船舶、航空器以及其他不宜移动的大型机器、设备等特定动产的，应当经县级以上公安机关负责人批准，办案部门制作《查封决定书》。

（2）扣押的决定。在侦查过程中，需要扣押财物、文件的，应当经办案部门负责人批准，制作《扣押决定书》；在现场勘查或者搜查中，需要扣押财物、文件的，由现场指挥人员决定；但扣押财物、文件价值较高或者可能严重影响所有人或使用人正常生产、经营的，应当经县级以上公安机关负责人批准，制作《扣押决定书》。

侦查人员认为需要扣押犯罪嫌疑人的邮件、电报时，应当经县级以上公安机关负责人批准，制作《扣押邮件、电报通知书》。

2. 查封、扣押的执行。对查封、扣押的财物和文件，应当会同在场见证人和被查封、扣押财物、文件的持有人查点清楚，当场开列《查封、扣押清单》一式三份，写明财物或者文件的名称、编号、数量、特征及其来源等，由侦查人员、持有人和见证人签名，一份交给持有人，一份交给公安机关保管人员，一份附卷备查。

对作为犯罪证据但不便提取的财物、文件，经登记、拍照或者录像、估价后，可以交财物、文件持有人保管或者封存，并且开具《登记保存清单》一式两份，由侦查人员、持有人和见证人签名，一份交给财物、文件持有人，另一份连同照片或者录像资料附卷备查。财物、文件持有人应当妥善保管，不得转移、变卖、毁损。

依法扣押文物、金银、珠宝、名贵字画等贵重财物的，除按照上述程序履行扣押工作外，还应当拍照或者录像，并且要及时进行鉴定、估价。

扣押犯罪嫌疑人的邮件、电子邮件、电报的，应当通知邮电部门或者网络服务单位检交扣押。①

持有人拒绝交出应当查封、扣押的财物、文件的，公安机关可以强制查封、扣押。

二、查询、冻结

（一）查询与冻结的范围

查询、冻结的范围包括犯罪嫌疑人的存款、汇款、债券、股票、基金份额等证券。

（二）查询与冻结的实施

1. 呈批、批准。查询与冻结呈批、批准程序如下：

（1）查询的呈批、批准。向银行或者其他金融机构、邮电部门查询犯罪嫌疑人的存款、汇款、债券、股票、基金份额等证券，办案部门制作《呈请查询报告书》，报经县级以上公安机关负责人批准，获批后，办案部门制作《协助查询财产通知书》。

（2）冻结的呈批、批准。需要冻结犯罪嫌疑人存款、汇款的，办案部门制作《呈请冻结报告书》，经县级以上公安机关负责人批准，获批后，再制作《协助冻结财产通知书》。

2. 查询与冻结的执行。侦查人员将《协助查询财产通知书》或《协助冻结财产通知书》正本和回执联交银行、其他金融机构、邮政部门等协助查询或执行。

冻结存款、汇款期限一般不超过6个月，有特殊原因需要延长的，公安机关应当在冻结期满前办理继续冻结手续，每次续冻时间也不能超过6个月。冻结债券、股票、基金份额等证券的期限为2年。每次续冻债券、股票、基金份额等证券的期限最长不得超过2年。

不需要继续冻结时，审批部门应当填写《协助解除冻结财产通知书》，通知银行或其他金融机构、邮电部门执行。

三、调取证据

（一）批准调取

需要调取证据的，办案部门制作《呈请调取证据报告书》，报县级以上公安机关负责人批准，获批后，再制作《调取证据通知书》，并准备《调取证据清单》。

（二）执行调取

履行告知程序。办案人员向被调取人出示有关法律文书，告知其调取的理由、依据及如实提供证据、配合调取的义务和责任。送达《调取证据通知书》，清点好

---

① 不需要继续扣押的时候，应当经县级以上公安机关负责人批准，制作《解除扣押邮件、电报通知书》，立即通知邮电部门或者网络服务单位。

调取的物品、文件。

被调取单位、个人应当在通知书上盖章或者签名，拒绝盖章或者签名的，公安机关应当注明。必要时，应当采用录音或者录像等方式固定证据内容及取证过程。

四、固定、调取证据时应当注意的问题

（一）执行主体要符合规定，程序要规范

执行措施的侦查人员不得少于二人，执行时要出示证件，要出示《扣押决定书》、《查封决定书》等有关法律文书。

（二）执行措施的情况应当制作笔录、填写清单

执行查封、扣押及调取证据时，应当制作笔录和清单，应将相关物品和文件连同持有人一起拍照，附卷备查。笔录和清单要由侦查人员、持有人和见证人或者其他有关人员签名。对于持有人拒绝签名的，侦查人员应当在笔录、清单中注明。对于无法确定持有人的财物、文件的，侦查人员也应当在笔录、清单中注明。

（三）妥善保管被执行财物

扣押的物品和文件要妥善保管，不得遗失和损坏。对查封、扣押的财物及其孳息、文件，不得使用、调换或者损毁或者自行处理。

对容易腐烂变质及其他不易保管的财物，侦查人员可以根据具体情况，经县级以上公安机关负责人批准，在拍照或者录像后，委托有关部门变卖、拍卖，变卖、拍卖的价款暂予保存，待诉讼终结后一并处理。

对于执行过程中发现的违禁品，应当依照国家的有关规定处理；对于需要作为证据使用的，应当在诉讼终结后处理。

（四）做好执行的解除及相关善后工作

对于被查封、扣押的财物、文件、邮件、电子邮件、电报及被冻结的存款、汇款，经查明确实与案件无关的，侦查人员应当在 3 日以内解除查封、扣押、冻结，退还原主或者原邮电部门、网络服务单位，对于被冻结的存款、汇款，要及时通知银行或其他金融机构、邮电部门解除冻结，同时要通知被冻结存款、汇款、债券、股票、基金份额的所有人。

被执行财物、文件原主不明确的，侦查部门应当采取公告方式告知原主认领，在通知原主或者公告后 6 个月以内，无人认领的，按照无主财物处理，登记后上缴国库。

‖ 第七节　强制措施 ‖

强制措施，是指公安机关、人民检察院和人民法院为了保证刑事诉讼的顺利进行，依法对犯罪嫌疑人、被告人的人身自由进行限制或者剥夺的各种强制性方法。

一、拘传

拘传，是指侦查机关对经合法传唤无正当理由不到案的犯罪嫌疑人，或者根据案件情况需要强制犯罪嫌疑人到案接受讯问而采取的一种强制性侦查措施。根据《刑事诉讼法》的有关规定，我国的公安机关、人民检察院、国家安全机关、军队保卫部门和监狱，在刑事案件的侦查中，都有权对犯罪嫌疑人依法实施拘传。

（一）审批

拘传犯罪嫌疑人时，办案部门首先应当填写《呈请拘传报告书》，并附有关材料，报县级以上公安机关负责人批准。

经县级以上公安机关负责人批准后，办案部门制作《拘传证》。

（二）执行

拘传由 2 名以上侦查人员执行。执行拘传时，侦查人员应当表明执法身份，向犯罪嫌疑人出示《拘传证》，并责令其在《拘传证》上签名（盖章）、捺指印。犯罪嫌疑人抗拒拘传的，执行人员可以依法使用约束性警械，强制其到案。

拘传的地点应当在其所在市、县公安机关的办案场所进行，不得在办公场所或者宾馆、酒店、招待所等其他场所进行；对于患有严重疾病或者残疾、行动不便的，以及正在怀孕的犯罪嫌疑人，经县级以上公安机关负责人批准，可以到犯罪嫌疑人住处进行。

犯罪嫌疑人到案后，应当责令其在《拘传证》上填写到案时间，依照有关规定采集、录入有关信息。讯问结束后，应当由其在《拘传证》上填写讯问结束时间。犯罪嫌疑人拒绝填写的，侦查人员应当在《拘传证》上注明。

（三）讯问

被拘传的犯罪嫌疑人到案后，侦查人员应当立即对其进行讯问，查明案情。一次拘传持续时间最长不得超过 12 小时；案情特别重大、复杂，需要采取拘留、逮捕措施的，传唤、拘传持续的时间不得超过 24 小时。暂停讯问时，可以将被拘传的犯罪嫌疑人控制在候讯室内，不得将被拘传的犯罪嫌疑人与被拘留、逮捕的人员混押。

（四）变更强制措施

经讯问后被拘传的犯罪嫌疑人的问题已经澄清，无须拘留、逮捕或变更其他强制措施，应解除对其的拘传。经讯问后证实了被拘传的犯罪嫌疑人的罪行，依法有必要追究其刑事责任时可对其拘留，也可实行逮捕。

（五）公安机关异地拘传

执行人员应当持《拘传证》、办案协作函件和执行人员身份证件，与执行地县级以上公安机关联系。执行地公安机关应当协助将犯罪嫌疑人拘传到本市、县内指定地点或犯罪嫌疑人住所进行讯问。

二、取保候审

取保候审，是指公安机关、人民检察院、人民法院依法责令犯罪嫌疑人、被告人提供保证人或交纳保证金，保证其不逃避侦查、起诉、审判，并能随传随到，而不对其实施羁押的一种强制性侦查措施。

（一）取保候审的对象和条件

侦查过程中，公安机关对具有下列情形之一的犯罪嫌疑人，可以取保候审：可能判处管制、拘役或独立适用附加刑的；可能判处有期徒刑以上刑罚，采取取保候审，不致发生社会危险的；患有严重疾病、生活不能自理，怀孕或者正在哺乳自己婴儿的妇女，采取取保候审不致发生社会危险的；羁押期限届满，案件尚未办结，需要采取取保候审的。

（二）取保候审的实施

1. 申请与批准。犯罪嫌疑人及其法定代理人、近亲属、被逮捕的犯罪嫌疑人聘请的律师有权申请取保候审。

符合取保候审条件的，办案部门制作《呈请取保候审报告书》，并附有关材料，报县级以上公安机关负责人批准。获批后，办案部门制作《取保候审决定书》和《取保候审执行通知书》。

2. 提出保证人或者交纳保证金。（1）采取保证人保证方式取保候审的，必须提出保证人。保证人的条件、保证人应该履行的义务、保证人保证的审批程序、处罚保证人、保证人不愿继续担保或者丧失担保条件的处理按照刑事诉讼法的规定执行。

（2）交纳保证金。公安机关在侦查过程中依法决定对犯罪嫌疑人采取保证金方式取保候审时，应当责令被取保候审人交纳一定数额的保证金。保证金数额、保证金交纳程序、保证金的管理、保证金的没收、保证金的退还按照刑事诉讼法的规定执行。

3. 取保候审的执行。取保候审由公安机关执行。人民检察院、人民法院决定取保候审的，应当由犯罪嫌疑人居住地的同级公安机关执行。公安机关决定取保候审的，应当及时通知犯罪嫌疑人居住地派出所执行。

执行取保候审的派出所应当指定民警具体负责取保候审对象的监督、考察工作；应当依照有关规定采集、录入有关信息；将取保候审的执行情况报告所属县级公安机关通知决定取保候审的机关，并责令被取保候审的犯罪嫌疑人定期报告有关情况并制作笔录。

取保候审的期限最长不得超过12个月。

（三）取保候审的变更

公安机关在取保候审期间不得中断对案件的侦查，严禁以取保候审变相放纵犯罪。取保候审期间，犯罪嫌疑人违反应当遵守的有关规定时，公安机关应决定没收部分或全部保证金,并区别情形,责令其具结悔过、重新交纳保证金、提出保证人,或者变更为监视居住,或者提请人民检察院批准逮捕。

被取保候审的犯罪嫌疑人,违反应当遵守的规定,尚未构成犯罪的,依法给予治安管理处罚。

符合移送审查起诉条件的,应当及时向人民检察院移送审查起诉。

（四）取保候审的解除

对发现不应当追究刑事责任或取保候审期限届满的,原决定取保候审的机关应当作出解除取保候审的决定。取保候审期间,犯罪嫌疑人没有违反有关规定的,在解除取保候审的同时,公安机关应当告知保证人解除担保义务,并将保证金如数退还犯罪嫌疑人。

三、监视居住

监视居住,是指公安机关、人民法院、人民检察院为了防止犯罪嫌疑人、被告人逃避或妨碍侦查、起诉和审判活动,依法责令其不得擅自离开固定住处或指定的居所,并对其行动加以监视,限制其人身自由的一种强制措施。

（一）监视居住的对象和条件

侦查过程中,公安机关对具有下列情形之一的犯罪嫌疑人,可以监视居住:患有严重疾病、生活不能自理的怀孕或者正在哺乳自己婴儿的妇女;系生活不能自理的人的唯一扶养人;因为案件的特殊情况或者办理案件的需要,采取监视居住措施更为适宜的;羁押期限届满,案件尚未办结,需要采取监视居住措施的。符合取保候审条件的犯罪嫌疑人既不交纳保证金,又无保证人担保的,可以监视居住。

（二）监视居住的实施

1. 办理法律手续。侦查中,公安机关根据情况决定对犯罪嫌疑人采取监视居住时,办案部门应当制作《呈请监视居住报告书》,并附有关材料,报县级以上公安机关负责人批准。

县级以上公安机关负责人批准监视居住的,办案部门制作《监视居住决定书》和《监视居住执行通知书》。公安机关向犯罪嫌疑人宣布监视居住,应当由二名以上侦查人员进行。

2. 监视居住由公安机关执行。公安机关决定监视居住的,侦查人员应当将被监视居住人带至其住处或者指定的居所所在地的派出所执行,将《监视居住执行通知书》和有关材料送达执行的派出所。公安机关收到人民检察院、人民法院有关决定监视居住的法律文书和材料后,应当立即交由犯罪嫌疑人住处或者居所地的县级公安机关执行。

指定居所监视居住的,除无法通知的以外,应当在执行监视居住后 24 小时以内,通知被监视居住人的家属。

3. 监督考察。执行监视居住的派出所应当指定民警具体负责监视居住对象的监督、考察工作；应当依照有关规定采集、录入有关信息；应当将监视居住的执行情况报告所属县级公安机关通知决定监视居住的机关。我国《刑事诉讼法》第76条规定，执行机关对被监视居住的犯罪嫌疑人、被告人，可以采取电子监控、不定期检查等监视方法对其遵守监视居住规定的情况进行监督；在侦查期间，可以对被监视居住的犯罪嫌疑人的通信进行监控。

被监视居住人有正当理由要求离开住处或者指定的居所的，负责执行的派出所应当报经县级公安机关批准。人民法院、人民检察院决定监视居住的，公安机关在作出决定前，应当征得原决定机关同意。

监视居住的期限最长不得超过6个月。

（三）监视居住的变更

在监视居住期间，公安机关不得中断对案件的侦查，对被监视居住的犯罪嫌疑人应当根据案情变化变更强制措施。被监视居住的犯罪嫌疑人，违反应当遵守的规定，情节严重的，可以予以逮捕；需要予以逮捕的，可以对犯罪嫌疑人先行拘留。

被监视居住的犯罪嫌疑人，违反应当遵守的规定，尚未构成犯罪的，依法给予治安管理处罚。

符合移送审查起诉条件的，决定机关应当及时向人民检察院移送审查起诉。

（四）监视居住的解除

犯罪嫌疑人违反应当遵守的规定的，执行监视居住的县级公安机关应当及时告知原决定监视居住的机关。人民法院、人民检察院作出解除监视居住决定的，公安机关应当根据原决定机关的决定书解除监视居住。对发现不应当追究刑事责任或监视居住期限届满的，原决定监视居住的机关应作出解除监视居住的决定，并及时通知执行监视居住的机关，由执行机关向被监视居住人宣读和通知有关单位。

四、拘留

拘留也称刑事拘留，是指在侦查过程中，公安机关、人民检察院对于现行犯或重大犯罪嫌疑分子，在紧急情况下依法采取的暂时剥夺其人身自由的一种强制措施。

（一）拘留的对象和条件

根据《刑事诉讼法》第80条的规定，公安机关对于现行犯或者重大嫌疑分子，如果有下列情形之一的，可以先行拘留：

1. 正在预备犯罪、实行犯罪或者犯罪后即时被发觉的；
2. 被害人或者在场亲眼看见的人指认他犯罪的；
3. 在身边或者住处发现有犯罪证据的；
4. 犯罪后企图自杀、逃跑或者在逃的；
5. 有毁灭、伪造证据或者串供可能的；
6. 不讲真实姓名、住址，身份不明的；

7. 有流窜作案、多次作案、结伙作案重大嫌疑的。

对尚未立案侦查的，应当在抓获后立即办理立案、拘留手续。

（二）拘留的实施

1. 拘留的决定。需要拘留犯罪嫌疑人时，办案部门制作《呈请拘留报告书》，报县级以上公安机关负责人批准。获批后，办案部门制作《拘留证》。县级以上公安机关负责人在作出批准拘留的决定时，应当在呈请报告书上注明拘留时间。需要延长 1 日至 4 日或者延长至 30 日的，应当办理延长拘留手续。

人民检察院决定拘留犯罪嫌疑人、被告人的，公安机关收到并核实有关法律文书和有关案由，犯罪嫌疑人、被告人基本情况的材料后，应当报请县级以上公安机关负责人签发《拘留证》。

2. 拘留的执行。拘留由公安机关执行。执行拘留应当由 2 名以上侦查人员进行。执行拘留时，侦查人员应当向犯罪嫌疑人出示《拘留证》及工作证件，宣布拘留决定，将拘留的决定机关、法定羁押起止时间以及羁押处所告知犯罪嫌疑人，责令其在《拘留证》上签名（盖章）、捺指印，并填写向其宣布拘留的时间，拒绝签名（盖章）、捺指印的，侦查人员应当在《拘留证》上注明。紧急情况下，应当在将犯罪嫌疑人带至公安机关后立即办理法律手续。对犯罪嫌疑人执行拘留，可以根据现场情况依法使用武器、警械。对被拘留的犯罪嫌疑人，应当立即送看守所羁押，严禁在公安机关办案场所、办公场所或者其他场所羁押犯罪嫌疑人。

3. 及时讯问。对于被拘留人，侦查人员应当在拘留后 24 小时内进行讯问。经讯问，发现不应当拘留的，应当立即释放。

4. 通知被拘留人家属或者单位。拘留后，应当立即将被拘留人送看守所羁押，至迟不得超过 24 小时。除无法通知或者涉嫌危害国家安全犯罪、恐怖活动犯罪通知可能有碍侦查的情形以外，应当在拘留后 24 小时以内，通知被拘留人的家属。有碍侦查的情形消失以后，应当立即通知被拘留人的家属。

5. 异地执行拘留。异地执行拘留时，执行人员应当持《拘留证》、办案协作函件和工作证件，与协作地县级以上公安机关联系，协作地公安机关在接到要求配合的协作函件后，应当对其进行认真审查。对于手续合法的，应当派侦查人员协助执行地公安机关拘留犯罪嫌疑人。

犯罪嫌疑人被拘留后案件的办理、拘留后提请审查批准逮捕的期限、对身份不明的被拘留人的处理等按照刑事诉讼法的规定执行。

五、逮捕

逮捕，是指在刑事诉讼过程中，公安机关、人民检察院、人民法院为防止犯罪嫌疑人、被告人逃避或妨碍侦查、起诉、审判活动的顺利进行，经人民检察院批准或者人民法院决定，依法采取的暂时剥夺其人身自由并予以羁押的一种最严厉的强制措施。

（一）逮捕的对象和条件

根据《刑事诉讼法》第79条的规定，对有证据证明有犯罪事实，可能判处徒刑以上刑罚的犯罪嫌疑人、被告人，采取取保候审尚不足以防止发生社会危险性，应当予以逮捕。根据这一规定，逮捕犯罪嫌疑人必须具备以下三个条件：有证据证明有犯罪事实；可能判处徒刑以上刑罚；有逮捕必要的。

（二）逮捕的实施

1. 逮捕的批准。需要逮捕犯罪嫌疑人的，办案部门制作《呈请提请批准逮捕报告书》，报县级以上公安机关负责人审批。

县级以上公安机关负责人批准提请逮捕的，办案部门制作《提请批准逮捕书》一式三份，连同案卷材料、证据，一并提请同级人民检察院审查。

公安机关接到人民检察院《批准逮捕决定书》后，应当由县级以上公安机关负责人签发《逮捕证》，并立即执行。

人民检察院、人民法院决定逮捕犯罪嫌疑人、被告人的，公安机关收到并核实有关法律文书和有关案由、犯罪嫌疑人、被告人基本情况的材料后，应当报请县级以上公安机关负责人签发《逮捕证》，并立即派员执行，人民检察院、人民法院可以协助公安机关执行。

2. 执行逮捕。逮捕由公安机关执行。

（1）为了保证逮捕工作顺利进行，逮捕前应当做好以下几方面的准备工作：详细了解被捕人的情况，制订周密的逮捕计划；做好必要的物质准备；事先与有关单位或部门取得联系；做好保密工作。

（2）执行逮捕，应当由2名以上侦查人员进行。执行逮捕时，侦查人员应当向被逮捕人出示《逮捕证》和工作证件，宣布逮捕决定，将逮捕的决定机关、法定羁押起止时间以及羁押处所告知犯罪嫌疑人，责令其在《逮捕证》上填写日期、签名（盖章）、捺指印，拒绝签名（盖章）、捺指印的，应当在《逮捕证》上注明。对于抗拒逮捕的，逮捕执行人员可以依法使用武器、警械。对被逮捕的犯罪嫌疑人，应当立即送看守所羁押。逮捕后，应当依照有关规定，将被逮捕的犯罪嫌疑人情况录入有关信息库。执行逮捕后，应当将执行情况填写回执，加盖公安机关印章，在执行后3日内送达作出批准逮捕决定的人民检察院。如果未能执行，也应当写明未能执行的原因，将回执送达人民检察院。

（3）及时讯问。对于被逮捕的人，侦查人员应当在逮捕后24小时内进行讯问，核实犯罪嫌疑人的基本情况以及收集到的证明材料。通过讯问，发现不应当逮捕的，应当立即释放，并将释放理由书面通知原批准逮捕的人民检察院。

（4）通知被逮捕犯罪嫌疑人家属。对犯罪嫌疑人执行逮捕后，公安机关应当在24小时内制作逮捕通知书，并通知被捕人家属，逮捕通知书应当写明逮捕原因和羁押处所。但有下列情形之一的，经县级以上公安机关负责人批准，可以不予通知：不讲真实姓名、住址、身份不明的；没有家属的；提供的家属联系方式无法取得联系的；因自然灾害等不可抗力导致无法通知的。上述情形消除后，应当立即通知被捕人的家属。对没有在 24 小时内通知的，应当在逮捕通知书中注明原因。逮捕后，应当立即将被逮捕人送看守所羁押。

（5）异地或委托外地执行逮捕。公安机关派人到外地执行逮捕时，执行人员应持原地人民检察院签发的《批准逮捕决定书》（副本）和《逮捕证》、介绍信、工作证件、办案协作函件，以及犯罪嫌疑人的主要材料，与犯罪嫌疑人所在地公安机关联系，并向犯罪嫌疑人所在地的检察机关送达《批准逮捕决定书》（副本）。协作地公安机关应当派员协助执行。

犯罪嫌疑人被逮捕后案件的办理、逮捕羁押期限、不批准逮捕情况的处理、对身份不明的被逮捕人的处理按照刑事诉讼法的规定执行。

‖ 第八节　讯问犯罪嫌疑人 ‖

侦查讯问，是指公安机关和人民检察院的侦查人员为了获取犯罪嫌疑人的供述和辩解，依照法定程序，通过言辞等方式对犯罪嫌疑人进行口头提问并加以固定的一种侦查行为。[①]

通过讯问犯罪嫌疑人，可以及时发现错拘、错捕的情形；可以获取犯罪嫌疑人的陈述或辩解；可以核实印证其他证据；可以追查同案犯罪嫌疑人，进一步发现本案以外的犯罪事实和线索；可以查破积案，深挖犯罪；可以总结犯罪的规律、特点，为预防犯罪、加强社会治安综合治理提供依据。

一、讯问犯罪嫌疑人的程序规范

（一）传唤犯罪嫌疑人

1. 呈批、批准。需要对立案侦查但未扣留、逮捕的犯罪嫌疑人传唤讯问的，办案部门制作传唤报告书，并附有关材料，报经县级以上公安机关负责人批准，办理传唤证。

2. 执行传唤。执行侦查人员不得少于二人。传唤时，要出示传唤证和侦查人员的工作证，责令犯罪嫌疑人签名、捺手印。

犯罪嫌疑人到案后，应当由其在传唤证上填写到案时间。传唤结束时，应当由其在传唤证上填写传唤结束时间。犯罪嫌疑人拒绝填写的，侦查人员应当在传唤证上注明。

对在现场发现的犯罪嫌疑人，侦查人员经出示工作证件，可以口头传唤，并将传唤的原因和依据告知被传唤人。在讯问笔录中应当注明犯罪嫌疑人的到案方式，并由犯罪嫌疑人注明到案时间和传唤结束时间。

---

① 毕惜茜. 侦查讯问学. 中国人民公安大学出版社，2013：1.

对自动投案或者被群众扭送到公安机关的犯罪嫌疑人，可以依法传唤。

（二）拘传犯罪嫌疑人

1. 呈批、批准。需要对立案侦查但未扣留、逮捕的犯罪嫌疑人拘传讯问的，办案部门制作拘传报告书，并附有关材料，报经县级以上公安机关负责人批准，办理拘传证。

2. 执行拘传。执行侦查人员不得少于二人。拘传时，要出示拘传证和侦查人员的工作证，责令犯罪嫌疑人签名、捺手印。

传唤、拘传持续的时间不得超过 12 小时；案情特别重大、复杂，需要采取拘留、逮捕措施的，传唤、拘传持续的时间不得超过 24 小时。不得以连续传唤、拘传的形式变相拘禁犯罪嫌疑人。传唤、拘传犯罪嫌疑人，应当保证犯罪嫌疑人的饮食和必要的休息时间。

（三）提讯犯罪嫌疑人

侦查人员凭加盖看守所公章并注明法定起止日期的《提讯证》和有效身份证提讯犯罪嫌疑人。

提讯时侦查人员不得少于二人，提讯手续必须完备。

（四）讯问的准备与实施

1. 讯问的准备工作主要包括以下几项：制订讯问计划；通知法定代理人到场；翻译人员到场；准备录音、录像设备；进行安全检查。

2. 讯问的实施（第一次）。第一次讯问具有过程的初始性和程式性特征，其步骤一般包括：

（1）表明身份、出示证件。公安机关对于不需要拘留、逮捕的犯罪嫌疑人，经办案部门负责人批准，可以传唤到犯罪嫌疑人所在的市、县内指定地点或者到他（她）的住处进行讯问。对在现场发现的犯罪嫌疑人，可以口头传唤，同时应当将传唤的原因和依据告知被传唤人。对于被羁押的犯罪嫌疑人，应当在看守所内进行讯问。在讯问中，不得将犯罪嫌疑人单独留在讯问场所，在吃饭、如厕、休息时，必须有侦查人员看守。

参加讯问的侦查人员不得少于二人。讯问犯罪嫌疑人时，应当向其表明身份："我们是××市公安局刑警支队的侦查人员……"在向其告知的同时，要向其出示侦查人员的工作证件。

（2）查明犯罪嫌疑人的基本情况。第一次讯问，应当问明犯罪嫌疑人的姓名、别名、曾用名、出生年月日（身份证或户口簿上记载的）、户籍所在地、现住址、籍贯、出生地、民族、职业、文化程度、家庭情况、社会经历、是否属于人大代表、政协委员、是否受过刑事处罚或者行政处理、是否患有精神疾病，等等。

查清上述情况，不仅可以防止错拘、错捕，还可以了解犯罪嫌疑人的智力水平、逻辑思维能力、口头表达能力、个人技能、心理特点、对待讯问的态度，为下一步讯问策略、方法的运用提供依据。

查明犯罪嫌疑人是聋、哑人的，应当及时安排通晓聋、哑手势的人参加，在讯问笔录上也要注明嫌疑人的聋、哑情况及翻译人员的姓名、工作单位和职业。

（3）告知犯罪嫌疑人在侦查阶段的权利和义务。第一次讯问犯罪嫌疑人时，应当向犯罪嫌疑人宣读《犯罪嫌疑人诉讼权利义务告知书》，或交其阅读，告知其享有的权利和承担的义务，问明是否申请回避、聘请律师，并在《讯问笔录》上注明。

（4）讯问案件情况、听取其供述或辩解。侦查人员讯问犯罪嫌疑人时，应当首先讯问犯罪嫌疑人是否有犯罪行为，并告知其如实陈述自己的罪行可以得到从轻或者减轻处罚的法律规定，让其陈述有罪的情节或者作无罪的辩解。如果犯罪嫌疑人承认有罪，就让其陈述犯罪的全过程和具体细节；如果犯罪嫌疑人否认犯罪，要听取其无罪的辩解，然后就其陈述或辩解中的不清楚、不全面或前后矛盾的地方再向其提出问题。

（5）结束讯问。根据案情和讯问的具体情况，侦查人员可以在适当的时候结束讯问。结束时，讯问笔录应当交犯罪嫌疑人核对或者向其宣读。如果记录有遗漏或者差错，应当允许犯罪嫌疑人补充或者更正，并捺指印。笔录经犯罪嫌疑人核对无误后，应当由其在笔录上逐页签名、捺指印，并在末页末行写明"以上笔录我看过（或向我宣读过），和我说的相符"。拒绝签名、捺指印的，侦查人员应当在笔录上注明。对于讯问没有取得实质性进展或未能排除犯罪嫌疑人犯罪的案件和有证据证明有犯罪事实的案件，结束讯问时，应当提出问题，责令犯罪嫌疑人回去反省，为后续的讯问作好铺垫。对于已经排除了犯罪嫌疑的，结束讯问时，要做好善后工作。

《讯问笔录》上所列项目，应当按照规定填写齐全。侦查人员、翻译人员应当在讯问笔录上签名。

犯罪嫌疑人请求自行书写陈述的，应当准许；必要时，侦查人员也可以要求犯罪嫌疑人亲笔书写供词。犯罪嫌疑人应当在亲笔供词上逐页签名、捺指印。侦查人员收到后，应当在首页右上方写明"于某年某月某日收到"并签名。

对于可能判处无期徒刑、死刑的案件或者其他重大案件，应当对讯问全程进行录音或者录像，不得选择性地录制，不得剪接、删改。讯问结束，要封存好音像资料。

（6）审查、核实。对犯罪嫌疑人陈述的事实或提出的无罪或者罪轻的辩解及提供的证据，侦查人员都应当认真核查，对有关证据，无论是否采信，都应当如实记录、妥善保管，并连同核查情况附卷。

传唤、拘传、讯问犯罪嫌疑人，严禁刑讯逼供，应当保证犯罪嫌疑人的饮食和必要的休息时间，并记录在案。要做好保密工作，对于共同犯罪嫌疑人的讯问，要分别进行。

二、讯问犯罪嫌疑人的策略、方法

（一）讯问策略

1. 讯问策略的概念。侦查讯问策略，是指侦查人员为了实现一定的讯问目标，在法律允许的范围内，根据具体的讯问条件，运用有关科学原理和实践经验所制定的最有效的讯问方式。[①]

2. 讯问策略的类型。（1）攻心型讯问策略。攻心型讯问策略就是在讯问中，侦查人员以某些信息媒介和谋略手段为武器，对犯罪嫌疑人的情感、意志、精神、感觉、知觉、意识、需要、性情等心理因素施加影响，软化其抗拒的意志，促使其心理向如实陈述的方向变化的策略。根据内容的不同，攻心策略可以分为政治思想攻心、政策法律攻心、证据攻心几类。

（2）震慑型策略。震慑型策略就是在讯问中，侦查人员向犯罪嫌疑人传递具有强烈刺激的信息，削弱或消除其对抗意志，从而促使其如实陈述的策略。常用的震慑型策略有敲山震虎、先发制人、攻其不备、引而不发，等等。

（3）迷惑型讯问策略。迷惑型讯问策略是侦查人员利用、改变或创造外部条件去影响犯罪嫌疑人，造成其产生错误的认识和判断，达到讯问意图的策略。[②]迷惑型讯问策略主要包括造成错觉、避实击虚，等等。

（4）利用型讯问策略。利用型讯问策略就是侦查人员利用犯罪嫌疑人的个性特征、心理状态，调动其情绪情感，以达到讯问意图的策略。常用的利用型策略主要有激将调动、分化瓦解、将计就计等。

（二）讯问方法

1. 讯问方法的概念。讯问方法是在讯问中直接作用于犯罪嫌疑人，以达到一定讯问目的的具体的战术手段。[③]

讯问方法具有直接性和具体性的特点，在其综合运用中体现着讯问策略的意图。

2. 常用的讯问方法。（1）使用证据。使用证据就是在讯问中，侦查人员选择适当的时机，运用恰当的方式，有计划、有步骤地运用已经获取的证据和证据材料，打消犯罪嫌疑人的抗拒心理，突破其心理防线，促使其如实陈述的讯问方法。使用证据的方法包括：第一，明示使用证据，是指直截了当地说出证据的内容或者当面出示证据，促使犯罪嫌疑人如实供述罪行。第二，暗示使用证据，是指用一定的含蓄的言语、形象的动作、摆放查获的实物证据或者精心安排的情境，使犯罪嫌疑人意识到公安机关已经掌握了证据而不得不如实供述。第三，连续使用证据，是

---

① 毕惜茜. 侦查讯问学. 中国人民公安大学出版社，2013：133.
② 毕惜茜. 侦查讯问学. 中国人民公安大学出版社，2013：137.
③ 胡关禄. 侦查讯问学. 中国人民公安大学出版社，2007：109.

指在一场讯问中连续使用与本案相互联系的一组证据，突破犯罪嫌疑人的防御体系，揭穿其种种抵赖和借口，直至迫使犯罪嫌疑人供述全部犯罪事实。第四，分解使用证据，是指把一份证据所证明的事实或情节，拆分成多项提问的内容，从多个角度分别提问。第五，补充使用证据，是指在犯罪嫌疑人承认某一事实后，侦查人员及时出示原已掌握的该项犯罪事实的证据，使其认识到其他问题也早已被掌握，促使其承认全部的犯罪事实。

（2）说服教育。说服教育就是侦查人员通过语言、书面材料、视频影像资料等对犯罪嫌疑人进行政策、法律法规、思想等内容的教育，使其分清是非，转变错误认识和不良态度，从而促使其如实陈述的方法。这是讯问中最常见、最基本的讯问方法。说服教育讯问的内容主要有：法律教育、政策教育、前途形势教育、伦理道德教育等。说服教育讯问的方法主要包括：疏导法、例证法、晓之以理法、利害选择法、规劝法等。

（3）利用矛盾。利用矛盾就是侦查人员利用犯罪嫌疑人陈述与其他证据之间的矛盾、犯罪嫌疑人陈述前后的矛盾、同案犯陈述之间的矛盾、犯罪嫌疑人陈述与现场情况、历史事实、自然条件、规章制度、风俗人情、科学常识、生活习惯等的矛盾，最终促使犯罪嫌疑人不得不如实陈述的方法。针对犯罪嫌疑人的口供矛盾，可采用以下方法进行讯问：第一，借题驳斥法，针对犯罪嫌疑人口供前后出现的矛盾，以其所讲的谎言去揭露另一个谎言，即所谓的"以子之矛，攻子之盾"。第二，事实驳斥法，针对犯罪嫌疑人的谎言，使用所掌握的客观事实予以批驳，责令犯罪嫌疑人作出解释或说明。第三，证据驳斥法，侦查人员运用已获得的证据进行批驳和揭露。第四，对质法，必要时可让证人、被害人或同案人直接与犯罪嫌疑人当面对质等。

（4）选择讯问突破口，重点突破或分散突破。侦查人员在讯问中正确地选择讯问突破口，有利于从犯罪嫌疑人固守的防线中打开缺口。在一些关键、要害的情节上获得犯罪嫌疑人的真实供述，就能够起到突破其他有关联的案件事实、瓦解犯罪嫌疑人拒供的心理防线的作用。侦查讯问中常见的突破口有：从犯罪嫌疑人的心理情感薄弱环节突破；从犯罪事实和情节的薄弱环节突破；利用确实、充分的证据予以突破；从同案犯中选择讯问突破口。侦查人员根据案情，可以实施重点突破的讯问方法，即通过了解分析案情，选择好突破的环节，将犯罪嫌疑人的情感牵挂或心理薄弱环节，或案件事实中的某一个薄弱环节，或运用证据，或选择同案犯中的某一个人作为主攻方向，采取正面进攻的方式，通过一场讯问或一次谈话实现突破。侦查人员根据案情，也可以实施分散突破的讯问方法，从试探话题、铺垫话题到突破讯问，通过一场场的讯问和谈话逐渐突破犯罪嫌疑人的心理防线，由每一次讯问、谈话的量变，积累到最后突破的质变。

3. 辅助讯问方法。辅助讯问方法是侦查人员在讯问中，为实现讯问目标而依法采取的一些特殊的辅助手段。目前，国内外使用的辅助讯问方法主要包括监管配合、社会规劝、测谎技术、催眠术，等等。

（1）监管配合与社会规劝。侦查人员可以选择那些对犯罪嫌疑人的行为持否定态度，其思想和行为遵守社会道德和法律规范，愿意采取积极主动的态度为公安机关工作的人。同时，这些人应该是犯罪嫌疑人所尊敬和信赖，能够对犯罪嫌疑人心理施加积极影响的人。

亲友对犯罪嫌疑人实施规劝前，侦查人员要进行周密的筹划和部署，避免出现互相通风报信、转移毁灭证据等情况。

（2）测谎术。1875 年，意大利一位生理学家设计了一种肌肉颤动描记器和各种类型的血管容积描记器，以记录人在惧怕和紧张时的肌肉颤抖情况和血压变化情况，这被认为是最早的测谎器。1921 年，美国加利福尼亚州的伯克利警察局首次把测谎技术用于讯问案件之中。20 世纪 50 年代，美国军方在福特·高登建立了一所测谎学校，它至今仍是美国军方和政府测谎人员的主要培训基地。70 年代，美国又出现了操作简便的声析型测谎器，它主要测量并记录附着在受试者声音中、由肌肉微颤现象所形成的次声波变化情况。80 年代以来，多电图型测谎器产生并得到不断改进，不仅准确性能提高，而且体积也大为减小。

目前，美国仍有大量的测谎专家，分别服务于警察机关、军事情报部门和私人测谎机构。

测谎的原理：经过研究和试验，科学家们发现人的心理活动和生理活动是密切相关的。人在说谎时会不由自主地产生一定的心理压力，而这种心理压力又会引起一系列生理反应。例如，心跳加快、血压升高、手掌出汗、呼吸速度和容量发生变化等。由于这些生理反应都是受人体植物神经系统控制的，所以，人的主观意志无法将之改变。一般来说，这些细微的生理反应是人的感官所难以察觉或无法准确识别的，而运用科技手段则可以将其测出并记录下来，这就是测谎仪的基本工作原理。

（3）催眠术。"催眠"一词是由苏格兰医生布雷德（James Braid 1795～1860）于 19 世纪提出的，他对催眠现象作了科学的解释，认为催眠是一种被动的类睡眠状态，并借用希腊文"hypos"（即睡眠的意思）一词改为"hypnosis"（催眠），使得催眠术有了广泛的传播，至今一直沿用这一术语。后来，在苏联生物科学家巴甫洛夫（1849～1936）的带领下，一些人进行了多年系统深入的研究，使催眠术有了长足的发展，催眠术真正成为一门应用科学。

在美国，从 1960 年开始，催眠术就在法庭审判活动中得到了广泛的使用。

催眠术的使用条件：使用催眠术的案件类型一般为严重暴力犯罪，诸如恐怖主义犯罪、邪教犯罪、黑社会犯罪、有组织犯罪等，这些案件一般不会有自首的情形，也就可能导致常规讯问方法无效的问题。

使用催眠术前必须事先申请，征得同意，获得书面批准书；催眠的诱导工作必须由高级专业人员进行，如符合条件的精神病学家、心理学家、医生等；要由专门的人员充当催眠协调员，组织催眠讯问；催眠过程以及催眠后的讯问情况必须完整地加以录音和录像。同时，在催眠术的使用过程中，应当尽量坚持必要性原则，注意讯问内容的限度。

三、对犯罪嫌疑人供述的审查

讯问结束，无论是犯罪嫌疑人作了有罪的供述，还是作了无罪的辩解，侦查人员都应当对其供述认真核查。

（一）犯罪嫌疑人供述的特点

由于犯罪嫌疑人在刑事诉讼中的特殊地位，决定了其供述具有以下三个方面的特点：证明案件事实的直接性；极大的虚假可能性；出尔反尔的不稳定性。

（二）查证犯罪嫌疑人供述的意义

对犯罪嫌疑人供述进行查证，可以鉴别供述的真伪，达到"去伪存真"的目的；可以将查证属实的供词作为定案的依据；有助于进一步收集有关的证据；有助于实现不枉不纵，防止错案。

（三）查证犯罪嫌疑人供述的内容

1. 查证供述的取得方式。对于刑讯逼供方式获取的供述一律排除。对于使用了威胁、引诱或欺骗方式获取的陈述是否应当排除，应当结合是否违背了犯罪嫌疑人供述的自愿性以及是否损害了供述的真实性进行裁量。

对于因违反法定程序，如未履行告知义务、阻挠律师会见在押的当事人而获得的陈述，应当裁量排除；如果只是违反了某些手续性规则或对犯罪嫌疑人的程序权利影响不大的，可不排除，但情节严重或恶劣、已经在事实上影响到犯罪嫌疑人某些重要的程序权利时，这种陈述则必须排除。

2. 查证犯罪嫌疑人供述的取得时间。（1）查证讯问是否符合《刑事诉讼法》关于时间的规定。犯罪嫌疑人被逮捕后 24 小时内必须进行第一次讯问；传唤、拘传犯罪嫌疑人、持续的时间最长不得超过 12 小时，对超过 12 小时讯问取得的证据材料应当按照非法证据排除规则予以排除。

（2）查证证据材料是否属于超期羁押获得。作为刑事诉讼证据必须同时具备合法性、客观性、关联性三性，超期羁押属于违法行为，所以，在此期间取得的证据材料不具有合法性，按照非法证据排除规则应当予以排除。

（3）查证哪些供述是侦查人员采用了不正当手段之前获取的，哪些是使用了这些手段之后犯罪嫌疑人交代的；是否存在刑讯逼供之后的"二次供述"①，对于这种供述，按照非法证据排除规则，应当予以排除。

3. 查证犯罪嫌疑人供述的具体内容。其主要包括：

（1）查证哪些情节经过调查取证，是否收到与之相印证的可靠证据，查证哪

---

① 就是刑讯逼供得到陈述后，讯问人员在不使用刑讯逼供的方式下再次获得犯罪嫌疑人与逼供时交代一致的陈述。

些情节没有得到印证。

（2）查证供述与其他证据之间有无矛盾，是否协调一致。具体包括：供述与物证、书证；供述与视听资料、勘验检查笔录、鉴定意见；供述与被害人陈述、证人证言。

（3）查证供述内容与历史事实、天文地理、自然条件、风土人情等是否矛盾。

（四）查证犯罪嫌疑人供述的主要方法

1. 情节追讯法。一是讯问具体化，问清楚细节；二是重复讯问，以不同的方式、从不同的角度、用不同的语言对同一事实或情节多次查证。

2. 比较法。将供述与其他材料、证据、历史事实、天文地理、自然条件、风土人情等比较，查其真伪。

3. 科学鉴定法。对于复杂的科学技术问题，进行科学技术鉴定，以检验陈述的真伪，发现矛盾。

4. 侦查实验法。对于涉及比较复杂又可以重复实验的问题，可以通过侦查实验，以检验供述的真伪，发现矛盾。

5. 综合分析法。对于复杂疑难的案件，应当采用分析对比的方法，对所有材料进行归纳总结，找出证明案件事实与情节的相同或相异之处，看证据与证据之间、证据与案件事实之间能否相互印证，是否协调一致，最后，形成综合分析判断。

6. 其他侦查方法。侦查人员可采取公开与秘密的侦查方法进行查证。

四、犯罪嫌疑人在侦查期间的诉讼权利与义务

根据《刑事诉讼法》的规定，在公安机关对案件进行侦查期间，犯罪嫌疑人有如下权利和义务：

（一）诉讼权利

1. 使用本民族语言、文字权。有用本民族的语言文字进行诉讼的权利。不通晓当地通用语言的犯罪嫌疑人有权要求公安机关提供翻译。（《刑事诉讼法》第9条）

2. 提出申诉、控告权。犯罪嫌疑人和辩护人、利害关系人有对司法机关及其工作人员滥用对人、对物的强制措施等诉讼违法行为的申诉、控告权利。（《刑事诉讼法》第115条）；对侦查人员在讯问过程中侵犯公民诉讼权利或者进行人身侮辱的行为，有权提出控告。（《刑事诉讼法》第14条）

3. 申请权。主要有：

（1）对于侦查人员、鉴定人、记录人、翻译人员有下列情形之一的，当事人及其法定代理人、辩护人有权申请回避：是本案的当事人或者是当事人的近亲属的；本人或者他的近亲属和本案有利害关系的；担任过本案的证人、鉴定人、辩护人、诉讼代理人的；与本案当事人有其他关系，可能影响公正处理案件的。对驳

回申请回避的决定，可以申请复议一次。（《刑事诉讼法》第 28 条、第 30 条、第 31 条）

（2）犯罪嫌疑人因经济困难或者其他原因没有委托辩护人的，本人及其近亲属可以向法律援助机构提出申请。（《刑事诉讼法》第 34 条）

（3）被羁押的犯罪嫌疑人及其法定代理人、近亲属或者辩护人有权申请变更强制措施，申请取保候审的权利。（《刑事诉讼法》第 95 条）

4. 辩护权。其包括：

（1）犯罪嫌疑人有为自己辩护的权利。（《刑事诉讼法》第 32 条、第 33 条）

（2）请律师为其辩护的权利。犯罪嫌疑人自被侦查机关第一次讯问或者采取强制措施之日起，有权委托辩护人；在侦查期间，只能委托律师作为辩护人。犯罪嫌疑人在押的，也可以由其监护人、近亲属代为委托辩护人。（《刑事诉讼法》第 33 条）

5. 被羁押的犯罪嫌疑人有与辩护律师会见和通信的权利。（《刑事诉讼法》第 37 条）

6. 犯罪嫌疑人及其法定代理人、近亲属或者辩护人对于公安机关采取强制措施法定期限届满，有权要求解除强制措施。（《刑事诉讼法》第 97 条）

7. 在侦查人员讯问时，对与本案无关的问题，有拒绝回答的权利。（《刑事诉讼法》第 118 条）

8. 犯罪嫌疑人有权核对讯问笔录。犯罪嫌疑人没有阅读能力的，侦查人员应当向其宣读。如果记载有遗漏或者差错，犯罪嫌疑人可以提出补充或者改正。犯罪嫌疑人有权自行书写供述。（《刑事诉讼法》第 120 条）

9. 知悉权。主要包括：

（1）有权知道用作证据的鉴定意见的内容，可以申请补充鉴定或重新鉴定。（《刑事诉讼法》第 147 条）

（2）对公安机关侦查终结的案件，有获悉案件移送情况的权利。（《刑事诉讼法》第 160 条）

（二）诉讼义务

1. 犯罪嫌疑人对侦查人员的提问，应当如实回答。（《刑事诉讼法》第 118 条）

2. 对讯问笔录、勘验检查笔录、搜查笔录、扣押物品、文件清单以及送达的各种法律文书确认无误后，应当签名、捺手印。（《刑事诉讼法》第二编第二章）

3. 依法接受各种强制措施和人身检查、搜查、扣押、鉴定等侦查措施。（《刑事诉讼法》第二编第二章）

‖第九节 鉴 定‖

根据《刑事诉讼法》第 144 条、《公安机关办理刑事案件程序规定》第 239 条的规定，为了查明案情，解决案件中某些专门性问题，应当指派、聘请有专门知识的人进行鉴定。

鉴定，是指为解决案（事）件中某些专门性问题，公安机关鉴定机构及其鉴定人运用自然科学理论和成果，对人身、尸体、生物检材、痕迹、文件、电子数据、物品等进行检验、鉴别、判断，并出具鉴定意见的科学实证活动。①

鉴定的目的是解决案件中某些事物和现象的真伪、有无及相互关系等问题，从而为下一步侦查活动提供线索，为认定犯罪事实提供证据，为审查、核实其他证据提供依据。

一、鉴定的种类

根据《公安机关鉴定规则》对鉴定的界定，鉴定是对生物检材、痕迹、文件、电子数据、人身、尸体等进行检验、鉴别、判断，并出具鉴定意见。因此，相应的鉴定种类主要包括：

（一）理化检验技术

理化检验技术，是运用物理、化学及仪器分析方法，进行物证的形态结构和物质成分检验鉴定的一门刑事科学技术。②

理化鉴定的对象是现场发现提取的玻璃、陶瓷、砖瓦、纤维、泥土、植物、油漆、涂料、塑料、橡胶、金属、油脂、炸药、射击残留物、水泥、毒品、毒物、纸张、墨水、胶水等。

（二）痕迹鉴定技术

痕迹鉴定技术是鉴定人员根据同一认定的原理，对现场提取的痕迹和侦查过程中收取的嫌疑样本进行分析、检验，确定现场痕迹是否为特定人或物所留的一种鉴定技术。

通过痕迹物证的鉴定，获取证明案件事实的证据，直接认定留痕的人或物。

痕迹鉴定包括：手印、足迹、工具痕迹、枪弹痕迹、车辆痕迹和号码、玻璃制品、纺织品、锁具和钥匙、牲畜蹄迹、整体分离痕迹和其他特殊痕迹的检验鉴定等。

（三）文件鉴定技术

文件鉴定是鉴定人员为解决与文件物证有关的专门性问题，运用文件检验的专

---

① 公安部：《公安机关鉴定规则》第 2 条（2008 年 5 月 6 日发布，2008 年 6 月 1 日施行）。

② 皮建华，代勇. 刑事科学技术概论. 光明日报出版社，2013：201.

门知识和技能，对文件物证做出科学鉴别和判断的一种鉴定技术。

文件物证鉴定包括：笔迹检验、言语识别、印刷文件检验、污损文件检验、文件物质材料检验和人像检验等。

（四）视听资料鉴定

视听资料鉴定就是对相关场所、物证和人像的照片、录像进行检验，对语音进行分析与识别及对其他视频资料进行鉴别、判断。

（五）电子数据鉴定

电子数据鉴定，是指公安机关电子数据鉴定机构的鉴定人按照技术规程，运用专业知识、仪器设备和技术方法，对受理委托鉴定的检材进行检查、验证、鉴别、判定，并出具鉴定结论的过程。[①]

（六）法医鉴定

法医鉴定包括法医临床、生物物证、法医病理、法医人类学和法医毒理等检验鉴定。[②]

法医鉴定中运用较多的是生物物证鉴定技术。生物物证鉴定技术是鉴定人员对生物物证进行种类、种属和表型鉴别以及亲子鉴定的鉴定技术。

传统的生物物证鉴定技术只能利用免疫学、血清学、电泳的方法检测蛋白质的多态性，往往鉴别率较低，只能将之作为排除嫌疑对象的一种手段。

随着生物物证鉴定技术的发展和 DNA 分析技术的出现，实现了生物物证的同一认定。通过对相关生物物证进行 DNA 分析，其结果能直接准确地认定人身。

（七）其他鉴定

其他鉴定主要是对文物、珠宝玉石、艺术品等物品的真伪、价值等进行鉴定。

二、鉴定的程序与实施

依据《刑事诉讼法》、《公安机关办理刑事案件程序规定》、《公安机关鉴定工作规则》等有关的法律、法规规定，鉴定单位受理鉴定任务后，应当指派或聘请具有鉴定资格的人员进行鉴定，鉴定人员应当根据鉴定对象和鉴定要求，运用相应的鉴定程序和手段，全面、充分地分析、鉴别，然后实事求是地作出鉴定意见。

（一）鉴定的程序

1. 鉴定的申请。需要指派或者聘请具有鉴定资格的人进行鉴定的，办案部门制作《呈请鉴定报告书》，报县级以上公安机关负责人批准。需要聘请公安机关以外的鉴定人的，办案部门制作《鉴定聘请书》。由公安机关内部鉴定人员鉴定的，则只需要提交相关材料。

2. 鉴定机构和鉴定人员的确定。进行刑事科学技术鉴定，要由县级以上公安

---

① 公安部：《公安机关电子数据鉴定规则》第 2 条，2007 年 9 月。
② 公安部：《公安机关鉴定规则》第 3 条。

机关的刑事技术部门负责，由具有鉴定员以上职称的专业技术人员担任。必要时，可聘请有专门知识的人协助鉴定。

3. 拟订鉴定方案。鉴定人员在全面、仔细地审查送检材料的基础上，要根据鉴定要求，拟订解决问题的方案。如果预计此项鉴定解决不了问题时，还应该准备备选方案。

4. 准备鉴定器材和材料。鉴定人员应当按照拟订的方案，准备好相应的鉴定仪器、化学试剂、显微镜等。在鉴定前，鉴定人员还应当对这些仪器进行调适，对相关试剂进行试验，以保证运用过程中的准确、有效。

5. 作出鉴定意见。针对鉴定要求，鉴定人员要简要写出鉴定意见，准确、简练地表述鉴定结果。

使用仪器、设备对检材进行定性定量检验、鉴定时，鉴定人员应当同时进行相应的对照实验，只有当检材与样本的检验、鉴定结果一致时，才能出具鉴定意见。

（二）鉴定的实施

鉴定人员应当按照鉴定规则，运用科学方法独立进行鉴定。鉴定过程中，鉴定人员应当根据鉴定的具体要求，做好预备检验、分别检验、比对检验和综合评判等工作。

1. 预备检验。鉴定人员应当查看《鉴定事项确认书》，检查核对检材和样本，记录检材的原貌。

2. 分别检验。鉴定人员要根据鉴定对象的物理、化学、生物等属性和鉴定的要求，提取检材或样本的特征，观察、测量、统计并记录检验的数据、资料。

3. 比对检验。鉴定人员要比对各检材和样本的符合点、差异点，分析其性质、地位、价值。

4. 综合评判。鉴定人员要简要论述对鉴定结果的评判意见，对差异点的数量、质量、形成原因等作出科学解释和实验证实，证实其本质的差异和非本质的差异，特征相符是否构成特定性，也就是相符的特征是否达到一定的数量和质量，特征组合出现重复的范围大小等。

三、鉴定注意事项

（一）关于检材、样本的保管和移送问题

为确保鉴定的准确性，要做好检材、样本的保管和送检工作，并注明检材送检环节的责任人，确保检材在流转环节中的同一性和不被污染。公安机关应当及时向鉴定人员送交有关检材和对比样本等原始材料，介绍与鉴定有关的情况，并且明确提出要求鉴定解决的问题，同时还要为鉴定人员进行鉴定提供必要的条件。

（二）关于鉴定人员的聘请或回避问题

1. 需要聘请其他具有专门知识的人进行鉴定的，应当经县级以上公安机关负责人批准，制作《鉴定聘请书》。

2. 鉴定人员遇有下列情形之一的，应当自行回避，当事人及其法定代理人也有权要求其回避：①

(1) 是本案当事人或者当事人的近亲属的；

(2) 本人或者其近亲属与本案有利害关系的；

(3) 担任过本案的证人、辩护人、诉讼代理人的；

(4) 担任过本案的侦查人员；

(5) 本人出具的鉴定意见需要重新鉴定的；

(6) 其他可能影响公正鉴定的。

(三) 关于鉴定记录的问题

鉴定人员应当客观、全面、准确地记录检验鉴定的过程和方法。对检验鉴定过程和方法的记录，鉴定机构应当及时审核，妥善保管。

鉴定人员进行鉴定后，应当写出鉴定意见，并在鉴定意见书上签名，同时附上鉴定机构和鉴定人员的资质证明或者其他证明文件。多人参加鉴定，鉴定人员有不同意见的，应当注明。

(四) 关于补充鉴定、重新鉴定的问题

对经审查作为证据使用的鉴定意见，公安机关应当及时告知犯罪嫌疑人、被害人或者其法定代理人。

如果犯罪嫌疑人、被害人对鉴定意见内容提出疑问或者鉴定的方法存在问题的，需补充鉴定或者重新鉴定。

1. 补充鉴定。发现有下列情形之一的，经县级以上公安机关负责人批准，应补充鉴定：②

(1) 鉴定内容有明显遗漏的；

(2) 发现新的有鉴定意义的证物的；

(3) 对鉴定证物有新的鉴定要求的；

(4) 鉴定意见不完整，委托事项无法确定的；

(5) 其他需要补充鉴定的情形。

补充鉴定须经县级以上公安机关办案部门负责人、事件调查负责人批准。补充鉴定可以由原鉴定人员进行。

2. 重新鉴定。经审查，发现有下列情形之一的，经县级以上公安机关负责人批准，应当重新鉴定：③

(1) 鉴定程序违法或者违反相关专业技术要求的；

(2) 鉴定机构、鉴定人员不具备鉴定资质和条件的；

---

① 公安部：《公安机关鉴定规则》第 10 条。

② 公安部：《公安机关鉴定规则》第 38 条。

③ 公安部：《公安机关鉴定规则》第 39 条。

（3）鉴定人员故意作虚假鉴定或者违反回避规定的；

（4）鉴定意见依据明显不足的；

（5）检材虚假或者被损坏的；

（6）其他应当重新鉴定的情形。

需要进行重新鉴定的，鉴定机构应当从公安机关鉴定人员名册中，另行选择与原鉴定人员同等以上专业技术职务或者同等以上专业技术资格的鉴定人员进行鉴定。

不符合补充鉴定或重新鉴定情形的，则作出不准予补充鉴定或重新鉴定的决定，并在作出决定后 3 日以内书面通知申请人。

（五）关于精神病鉴定时间的计入问题

对犯罪嫌疑人作精神病鉴定的期间不计入办案期限，其他鉴定时间都应当计入办案期限。

（六）不得干扰鉴定，由鉴定人独立鉴定

禁止暗示或者强迫鉴定人作出某种鉴定意见。

（七）认真审查鉴定意见

犯罪嫌疑人、被害人对鉴定意见有异议提出申请，以及办案部门或者侦查人员对鉴定意见有异议的，可以将鉴定意见送交其他有专门知识的人员提出意见。必要时，询问鉴定人并制作笔录附卷。

【小结】

2012 年 3 月 14 日第十一届全国人民代表大会第五次会议通过《关于修改〈中华人民共和国刑事诉讼法〉的决议》，并于 2013 年 1 月 1 日生效。2012 年 12 月公安部发布新修订的《公安机关办理刑事案件程序规定》，并于 2013 年 1 月 1 日起施行。本章根据新的法律要求，对侦查实验、辨认、搜查、技术侦查、通缉通报、查封扣押、强制措施、讯问犯罪嫌疑人、鉴定等刑事诉讼法规定的侦查措施进行了阐述，重点阐述了以上侦查措施的目的、规则、程序规范、方法、组织实施、记录、评断等内容，力求贯彻新的法律要求，规范侦查执法。

【思考题】

1. 如何组织实施侦查实验？

2. 辨认的规则有哪些？

3. 如何进行人身搜查和住所搜查？

4. 技术侦查的适用程序是怎样规定的？

5. 制作、发布通缉令、通报有何要求？

6. 调取证据应注意哪些问题？

7. 如何实施拘传、拘留、逮捕、取保候审、监视居住？

8. 侦查讯问的方法有哪些？犯罪嫌疑人在侦查期间有哪些诉讼权利？

9. 鉴定分为哪些种类？鉴定包括哪些程序？

【推荐阅读】

1. 《中华人民共和国刑事诉讼法》（2012年3月14日第11届全国人民代表大会第5次会议修正）.

2. 公安部：《公安机关办理刑事案件程序规定》（2012年12月13日发布，自2013年1月1日起施行）.

3. 公安部：《公安机关鉴定规则》（2008年5月6日发布，2008年6月1日施行）.

4. 何家弘. 新编犯罪侦查学. 中国法制出版社，2007.

5. 毕惜茜. 侦查讯问学. 中国人民公安大学出版社，2013.

6. 皮建华，代勇. 刑事科学技术概论. 光明日报出版社，2013.

7. 阮国平，许细燕. 刑事侦查措施. 中国人民公安大学出版社，2007.

8. 王国民，李双其. 侦查学. 中国人民公安大学出版社，2007.

9. 公安部：《公安机关执法细则》（2009年10月28日公通）.

10. 公安部：《公安机关电子数据鉴定规则》，2007年9月.

11. 杨东亮. 侦查实验笔录简论. 证据科学，2011（5）.

12. 宋波. 侦查辨认实施问题研究. 天津法学，2013（3）.

13. 陈卫国. 行政执法证据在刑事诉讼中的转换与运用. 犯罪研究，2013（4）.

第十四章　实务性侦查措施

【教学重点与难点】

教学重点：追缉堵截措施的实施，视频侦查的功能、方法，查控涉案财物的方法，并案侦查的实施，摸底排队的条件，跟踪监视、守候监视的方法，网上追逃的方法，警犬追踪、警犬搜索的方法。

教学难点：追缉、堵截中的条件，视频侦查的功能，视频侦查的方法，涉案财物的调查，并案侦查的条件，摸底排队的方法，网上摸排，守候监视应注意的问题，网上追逃方法，警犬追踪、警犬搜索的方法。

‖ 第一节　追缉堵截 ‖

追缉是在案件侦查过程中，查明作案人或重大犯罪嫌疑人已经逃跑，组织力量，沿着其可能逃跑的方向和路线进行追踪缉捕的一项侦查措施。

堵截是在作案人或重大犯罪嫌疑人逃跑过程中可能经过的路口、关卡进行拦截缉捕的一项侦查措施。

追缉和堵截是两项不同的侦查措施，既可单独使用，也可结合在一起使用。在实际运用上，二者体现为"紧密结合，相互配合"的关系。追缉堵截能迅速查缉正在逃窜的重大犯罪嫌疑人，达到及时破案的目的。在侦查实践中，追缉堵截既可以作为严重暴力犯罪的案件前期处置措施之一，也可以作为犯罪嫌疑对象已经明确但畏罪潜逃的一般案件的缉捕措施，既可以在案件发生的最初阶段运用，也可以在侦查破案的其他阶段中结合其他措施综合运用。

一、追缉、堵截的实施条件

采取追缉、堵截措施，通常应把握以下条件。

（一）时间条件

时间条件，是指从犯罪嫌疑人作案后逃跑或者发现犯罪嫌疑人后到侦查机关决定进行追缉、堵截之间的时间间隔。如果犯罪嫌疑人逃跑不久，而且逃跑方向、路线比较明确，就有采取追缉、堵截措施的条件；如果犯罪嫌疑人已经逃跑很久，很可能已经远走他乡或已隐蔽起来，就没有追缉、堵截的必要。

（二）特征条件

特征条件，是指犯罪嫌疑人在作案过程中或者在逃跑过程中形成或暴露出来的体貌特征、携带物品特征及其使用的交通工具特征。体貌特征，是指犯罪嫌疑人的性别、年龄、身高、体态、口音、五官长相及生理上突出、稳定的特征等。携带物品特征，是指犯罪嫌疑人携带物品的种类、名称、数量、体积、质量、规格、颜色、特殊磨损、标记、暗记等。交通工具特征，是指犯罪嫌疑人在作案过程中和逃跑过程中使用交通工具本身的特征，如车辆的型号、名称、牌照、新旧程度、颜色、款式等，及其车辆行驶的方向、路线。如果犯罪嫌疑人的体貌、衣着、携带物品及其交通工具等具有某些特定的、醒目的特征，在犯罪嫌疑人逃跑途中，这些特征容易引起人们的注意，便于侦查人员识别和发现目标。

（三）环境条件

环境条件，是指犯罪现场及其周围的地理环境、地形、地物以及犯罪嫌疑人的逃跑方向、路线等条件。复杂、隐蔽的地形、地物有利于犯罪嫌疑人藏身匿迹而不利于实施追缉、堵截，如道路和分叉口较多、建筑物密集、树木茂盛、有大面积高秆农作物等环境就不利于实施追缉、堵截；如果地形、地物不太复杂、隐蔽，就容易发现犯罪嫌疑人的行踪，对实施追缉、堵截比较有利。

（四）痕迹条件

痕迹条件，是指犯罪嫌疑人在犯罪现场及逃跑过程中遗留下的，能够反映其逃跑方向和路线的各种痕迹、物品等条件。例如，成趟的脚印、洒落的物品、倒伏的植物等。侦查人员可以根据犯罪嫌疑人遗留的痕迹物证追踪、查缉犯罪嫌疑人。例如，利用现场足迹采取步法追踪；根据犯罪嫌疑人在现场遗留的气味，采取警犬追踪。

（五）人员流量条件

人员流量情况，包括案件发生地一定范围内的人流量、车流量以及人员构成情况。人流量或车流量较大就不利于追缉、堵截；人员构成比较单一时，犯罪嫌疑人的体貌特征比较容易识别，有利于实施追缉、堵截。

上述若干实施追缉、堵截的条件是相互联系、紧密结合在一起的，不能孤立地看待。要综合考虑实施追缉、堵截的各方面条件，作出正确决策。

二、以"合成战"的要求为指导建设、完善追缉、堵截工作机制

"合成战"从提高公安机关的整体效能出发，以高效的统一指挥协调为核心，以科技信息为支撑，以个体素质为保证，实现警种、岗位、层级、内外的优势互补，充分发挥社会警务资源的集成效能和系统效应，全面提升公安机关驾驭复杂社会治安局势的能力和水平。

（一）打破警种壁垒，强化追缉、堵截的协调性

"合成战"集合公安系统内部的刑侦、刑事技术、技侦、网侦、治安、监管、

禁毒等部门的力量，快速反应，同步上案，合力攻坚。将"合成战"的战术体系应用到追缉、堵截的实际工作中，能够很好地整合资源、研判情报、理顺各方关系。① 参与追缉堵截的人员构成及职责，包括指挥系统的构建和行动体系的构建。指挥系统应设在指挥中心，由公安机关主要领导担任总指挥，由各相关警种或单位人员组成指挥组，下设信息情报研判中心，负责对收集的信息进行实时整合，为指挥组确立追缉对策和堵控范围提供参考。在行动体系方面，一般可分为追缉组、卡口堵截组、清查组、警戒组、救护组以及机动组等，这些行动组的职责是在指挥组的指挥下实施具体的追缉、堵截。

（二）建立完善全天候巡防网络体系，加强追缉、堵截的快速反应性

多警种联合巡逻机制，实现了警种合成的理念，在追缉、堵截过程中能够发挥一警多能的效果，为追缉、堵截的高效开展提供了重要保障。首先，利用巡防体系中的网格化布警优势，实现追缉、堵截措施的快速发动。由指挥中心统一指挥，第一时间向各巡防警力发布追缉、堵截的指令，缩短警力到达现场的距离，从而缩短现场响应时间，实现区域内追缉和治安卡口堵截措施的同时开展。其次，巡防工作与入户清查协同进行，进一步挤压犯罪嫌疑人的逃逸空间，延伸清查触角，消除追缉盲区。最后，巡防网络的实时信息为追缉、堵截提供重要参考，增强工作的针对性和实效性。

（三）重视科技运用，提高追缉、堵截的效能

科学技术手段既是合成作战的重要依托，也是追缉、堵截实施中不容忽视的力量。公安机关在追缉、堵截过程中可以运用高清卡口视频信息、车辆 GPS 定位信息、网络预警平台甚至手机基站信息等对追缉、堵截的路线和范围进行修正或核实。可以说，能否科学有效地运用科技手段，对于追缉、堵截措施发挥打击犯罪的效能有至关重要的影响。

三、追缉、堵截的组织实施

（一）追缉、堵截实施前的准备工作

侦查人员到达现场后，重点调查了解犯罪嫌疑人的人身形象、犯罪过程中形成的附加特征、携带物品的特征、使用的交通工具特征等；仔细观察和牢记犯罪嫌疑人留在现场的足迹、交通工具痕迹，并对鞋和交通工具的种类、型号以及犯罪嫌疑人的人身形象特征作出大致判断；注意准备好追缉、堵截所必需的交通、通信工具和武器；吸收能指认犯罪嫌疑人或赃物的人参加行动；如有可能，还应当携带犯罪嫌疑人照片或画像，以便在途中让群众识别。

（二）正确选择追缉、堵截的路线、方法

公安机关要根据事主、被害人、目击者提供的情况，以及现场痕迹、遗留物及

---

① 陈晓辉. 合成战视野下的武汉城市视频监控系统研究. 企业技术开发，2012（1）：35.

其他有关情况，对犯罪嫌疑人逃跑的时间、方向、路线、目的地及借助的交通工具等迅速作出判断，组织力量进行有针对性的追缉、堵截。

1. 追缉犯罪嫌疑人。侦查部门可根据不同案情，分别采取以下追缉措施。

（1）单向尾追。犯罪嫌疑人逃跑的方向和路线明确后，组织认识犯罪嫌疑人的人员与查缉人员一起，沿犯罪嫌疑人的逃跑路线尾随追缉。如果了解犯罪嫌疑人逃跑的方向、路线，当地的地理位置、交通状况不复杂，犯罪嫌疑人难以就地迂回隐藏，可采用尾追法。尾追法比较节省警力和财力，速度快，易抓住战机。

（2）多路迂回。这种方法一般适用于犯罪嫌疑人较为熟悉地形地物，可能施展东躲西藏、南逃北窜、兜圈子的伎俩等情况。侦查人员可分成多个追捕小分队，分头采用中间穿插，两侧迂回，相互策应的方法，使犯罪嫌疑人始终处于被追缉堵截的范围之内，从而被发现和抓获。

（3）立体追缉。立体追缉，就是采用陆地交通线路追缉、水上追缉与空中搜寻相配合的追踪方法。当犯罪嫌疑人使用陆地、水上的快速交通工具逃跑或潜入森林、草原和大片庄稼地时，可采用立体追踪的方法，以提高追缉堵截的效率。

2. 堵截犯罪嫌疑人。侦查部门可根据不同案情，分别采取以下堵截措施。

（1）设卡堵截。根据犯罪嫌疑人逃跑的方向和路线，布置前方力量进行设卡拦截。一般适用于犯罪嫌疑人逃跑方向和路线明确、犯罪嫌疑人特征明显的案件。

（2）定点堵截。在犯罪嫌疑人可能落脚藏身的地点，布置力量进行定点守候，以便堵截查缉潜逃来此的犯罪嫌疑人。但是守候人员应注意根据现场具体环境的情况进行化装，衣着打扮、言行举止、携带物品等要与化装的角色相符，并尽量大众化。

（3）寻查堵截。就是在犯罪嫌疑人可能出没活动、落脚藏身的地点和场所布置查缉力量守候、发现、查获犯罪嫌疑人。

（4）围捕堵截。如果发现犯罪嫌疑人已经逃至某个建筑物内或一片山林或孤岛中，侦查人员应该抢占有利地形、地物，将犯罪嫌疑人包围起来，进行围剿、搜查和缉捕。

3. 循踪追缉，迎面堵截。侦查部门根据犯罪嫌疑人逃跑的路线和踪迹，一方面组织力量尾随其后进行追缉，另一方面在其逃跑的前方布置力量设卡堵截。采用这种方法实施追缉、堵截，前提是犯罪嫌疑人逃跑的方向和路线比较明确，变动的可能性较小。例如，犯罪嫌疑人驾驶机动车沿着封闭的高速公路逃跑；或者侦查人员已经掌握其逃跑的路线或目的地，而犯罪嫌疑人没有被惊动，等等。

（三）追缉、堵截过程中应注意事项

1. 追缉、堵截要与沿途查访相结合。犯罪嫌疑人在逃跑时，常常会留下各种痕迹，遗弃一些随身物品，销毁证据；有的在途中盗窃、抢劫、劫持车辆，改换交通工具或换装；有的还不时地改变逃跑路线和方向。追缉中通过沿途查访，及时获取这些线索和材料，对于判断其可能潜藏或逃往的地区，保持正确的追缉方向是极为重要的。在追缉堵截的过程中加强沿途查访，及时掌握犯罪嫌疑人逃跑的有关线索，还能为调整追缉、堵截力量和追缉方案提供依据。

2. 加强对犯罪嫌疑人社会关系的控制。犯罪嫌疑人在尚未逃离本地之前，往往会在他的亲友、同伙处落脚，并通过其社会关系获取潜逃资金、食品、衣物、凶器等，所以加强对犯罪嫌疑人社会关系的控制往往能够发现其隐藏栖身处所和潜逃路线。

3. 具有风险评估意识，尽量避免伤亡。追缉堵截的目的是将犯罪嫌疑人缉捕归案，但犯罪嫌疑人绝不会束手就擒，往往会以种种手段进行反抗，有的不择手段杀害无辜群众；有的扣押人员、杀害人质；有的进行反扑，杀害缉捕人员。在这种情况下，侦查人员必须具有风险评估意识，在风险评估的基础上，采取相应的战术谋略和自我保护机制。例如，当追缉的侦查人员数量少于逃跑的犯罪嫌疑人时，侦查人员切不可孤军深入，盲目采取行动。较适宜的方式是保持一定距离的跟踪，并将情况迅速报告上级，请求增援，在增援力量到达时，再采取缉捕行动；在使用交通工具追缉同样使用交通工具逃窜的犯罪嫌疑人时，侦查人员应根据当时的人员流量条件、道路交通状况，采取相应的追缉策略；在人员流量大，道路交通情况复杂的路段，侦查人员应意识到车辆高速行驶所具有的潜在风险，切不可盲目紧逼犯罪嫌疑人。

（四）追缉堵截中的盘查

追缉堵截中的盘查，是指侦查机关在犯罪嫌疑人可能逃窜方向上的有关交通路线、机场、车站、码头、特定区域进行追缉堵截过程中，对过往车辆、行人和物品进行严格盘问、检查，并采取相应处置的一项侦查措施。盘查分为盘问和检查。盘问，主要针对人，是通过观察表情、语言的问答等形式来达到识别、判断、发现被盘问人违法犯罪嫌疑的目的；检查，是通过对盘查对象所携带物品的检查，以达到发现违禁物品和违法犯罪证据的目的。

1. 对拒绝接受盘查对象的处置方法。在对相关人员进行盘查、检查时，执行人员应出示人民警察证件。对拒绝接受盘查的对象，应告知其拒绝和阻碍人民警察依法执行职务应承担的法律责任，如对方仍然拒绝接受盘查，可采取适当的约束措施，将其带至适当的地点或就地实施检查。对在盘查中逃跑的嫌疑人员，应立即进行追缉，同时报告上级，请求支援，将其控制后，依法进行强制检查和盘问。①

2. 盘查三人以上、车辆的处置方法。盘查三人以上可疑人员时，侦查人员与被盘查人员应保持一定的距离，命令所有被盘查人员面朝墙壁或机动车，加强控制；或者逐人分开隔离，分别盘查。对待盘查人员应集中看守，注意观察，防止串通和丢弃证据，对已盘查完的人员应另外安置。盘查可疑车辆时，侦查人员应要求驾驶员熄火，拉紧手制动，摇下车窗，其他乘坐人员摇下各自的车窗，听从侦查人

---

① 阮国平，许细燕. 刑事侦查措施. 中国人民公安大学出版社，2013：32.

员指挥，必要时，可令驾驶员交出车钥匙。实施检查时，命令司乘人员按照要求，或留在车内，或下车接受检查，未经许可，不得擅自活动。

3. 对重大犯罪嫌疑人的处置方法。经盘查，确认是逃犯、通缉犯等重大犯罪嫌疑人时，盘查人员应立即控制盘查对象，令其背对盘查人员举起双手分开扶墙或立于机动车一侧，或双手十指交叉反扣于头上，双腿叉开，脚跟高抬，负责检查的人员从侧后接近盘查对象，进行人身检查。必要时，也可以令其以跪地或卧地的方式接受检查，或对其上铐检查。

‖ 第二节　视频侦查 ‖

随着"科技强警"战略与公安信息化建设的深入，视频监控技术已经成为各地公安机关强化社会面管理的重要手段。经过多年的探索与努力，视频监控与公安工作的结合越来越广泛，它独特的技术优势为侦查破案提供了新的思路与方法。利用视频监控技术，侦查人员从视频监控图像中获取与案件有关的人、地、物、事等现实活动信息，并将其运用到案件侦破过程中的专业侦查方法，即为视频监控图像侦查，又称为视频侦查。随着视频侦查技术和应用的不断发展，视频侦查技术有可能成为继刑事技术、行动技术、网侦技术之后侦查破案的第四大技术支撑。

一、视频侦查的功能

（一）视频监控能够为侦查活动提供线索信息

侦查活动的主要内容，包括查清犯罪过程、掌握犯罪证据以及发现与控制犯罪嫌疑人，这些都离不开对情报信息的掌握。传统的侦查情报信息工作方式以人力为主导，受空间和时间的制约较强，信息处理能力有限。实现侦查情报信息工作方式的转变，要突破传统人力工作方式的时空限制，而视频监控的技术特性为实现这一目标提供了条件。同时，依靠后台支持与配套技术，视频监控图像资料的采集方式与表现形态也更加灵活。视频监控技术改变了时空属性对侦查工作的定义，有效地减少了侦查活动中存在的信息盲点，使之前游离在侦查人员视野之外的信息朝着可感知、可控制的方向转变，从而延伸了侦查工作的"触角"，提高了侦查破案的质量与效率。

（二）视频监控能够为司法诉讼活动提供证据

我国《刑事诉讼法》第 48 条对刑事诉讼活动中的证据类型进行了规定，其中"视听资料"作为一种独立的证据类型，凭借其在客观性、生动性、普遍性方面具备的优势特点，已经成为诉讼活动中证明案件事实的重要材料。侦查是刑事诉讼活动的三大程序阶段之一，《刑事诉讼法》规定"公安机关侦查终结的案件，应当做到犯罪事实清楚，证据确实、充分"，随着现实斗争的需要与科学技术的发展，视听资料在这一司法标准中扮演的角色地位越来越重要，它比言词证据更具中立性，比实物证据更具直观性，在证明力与表现力方面能以相对较高的标准满足《刑事诉讼法》对侦查工作的要求。

二、视频侦查的步骤

视频侦查的实施，按照工作流程一般可以分为以下四个步骤：

（一）明确需求，划定范围

侦查人员在开展视频侦查工作前，首先要结合案件实际情况与侦查工作总体部署，明确通过视频侦查方法要解决的环节问题。在此认识基础上，侦查人员应根据案件发生发展涉及的时段与地点，在视频监控点位图上科学划定提取的时间与空间范围。为避免涉案视频监控资料的不慎灭失，在划定提取范围时，最好以推定时段与地点为中心，适当延伸提取时长、扩大提取地区，一定程度上能够提升侦查工作的容错率。

（二）做好准备，即时提取

划定提取范围后，侦查人员应充分做好提取视频监控资料的各项准备工作，包括在技术、工具、文书等方面的准备。在技术方面，侦查人员应具备一定的数码电子知识与技能，能够独立操作视频监控设备，完成图像资料的识别、调看与拷贝。在工具方面，侦查人员应携带有足够存储空间的移动存储介质，如果采用刻录光盘或拆卸硬盘等其他提取方式，应自备相应的工具。在文书方面，侦查人员应严格履行调取视频监控资料的法律程序，依法出示工作证件，开具相应的法律文书，确保视频侦查活动的合法性。

（三）整理加工，组织观看

对视频资料进行提取后，侦查人员要对其进行归纳整理，标明视频资料所反映的时间与地点等涉案要素，尽量做到分门别类、一目了然。对于清晰度不佳的视频资料，要及时联系技术人员，研究决定是否对其进行技术加工与处理。在组织专人对视频资料进行观看时，要明确基本案情与观看目的，使其带着问题去观看视频资料。为避免出现疲劳现象，具体实施时可以采用分段观看、轮流观看等组织方式，一定条件下可以借助较为成熟的智能视频内容分析软件进行自动检索与标注提示。

（四）投入应用，妥善保管

通过对视频资料进行观看发现涉案情况后，要结合案情及其他证据，对图像中反映的信息进行深入细致的鉴别、分析、解读，并及时将情况通报相关侦查人员。对于已经观看完结的视频资料，要妥善进行存储与看管，一方面要避免视频资料不慎灭失，或遭到有意删改；另一方面要做好案件保密工作，避免视频资料被他人随意查看，以防泄露侦查秘密。

三、视频侦查的方法

视频侦查的方法，指的是侦查人员以侦查破案为目的，运用各种思维形态，借助视频监控配套与辅助技术，从视频监控图像中感知与识别人、地、物、事等各类信息的行为模式之总称，其本质是一种信息处理方法。

（一）视频侦查方法的信息要素

视频侦查的目的是获取视频监控图像中蕴含的实用信息。在实践中，视频监控图像呈现给侦查人员的信息往往纷繁复杂、五花八门，透过它们的表现形式，可以将其归结为对象信息、背景信息、过程信息三类。

1. 对象信息。"对象"一词多指人们在行动或思考时作为目标的事物，在视频侦查的语境下，对象信息指的是图像中可通过视觉直接感知与识别的主客体信息。对象信息反映的是特定事物具体的、可见的属性，其内容包括主体（人）信息与客体（物）信息两个方面。在实践中，视频监控图像中的对象信息内容丰富、形式多样，无论是层叠的高楼大厦、往来的行人车辆，还是细小的瓦砾碎石、变化的交通信号，都在对象信息之列。一般而言，无论是单独的图像帧还是连贯的图像流，对象信息始终是视频监控图像信息的基本构成要素。侦查人员在对视频监控图像进行分析研判时，只有在感知与识别对象信息的前提下，才能够开展进一步的信息处理工作。

2. 背景信息。在视频监控图像中还隐藏着一种与对象信息的特性完全相反的信息，它们反映的是抽象的、不可见的，但客观存在并能够被侦查人员感知与识别的事物，这一类信息可以称为视频监控图像中的背景信息。在实践中，图像显示的时间、地点、方位、距离、天气、光照等环境属性，技能、职业、经历、人际等人的属性，以及质量、重量、功能、耗损等物的属性，都属于背景信息。背景信息的感知与识别离不开两方面要素的支持，一方面是与背景信息相关联的对象信息，另一方面是对二者之间因果关系的认识。

3. 过程信息。视频监控技术的特点在于能够对现场进行 24 小时不间断的记录，形成连贯流畅的视频监控图像，实际上，动态视频监控图像是由很多时间间隔极短的静态图像帧组成的。所谓"量变引发质变"，大量图像帧构成的动态图像流能够呈现出单个图像帧所无法呈现的信息，产生"1 + 1 > 2"的整体效应。例如，腿部受伤的作案人逃离现场的一段视频监控图像，单独抽取其中某个画面可能看不出任何问题，但通过观察连续画面却可以发现其行走姿态异常之处。这一类信息称为视频监控图像中的过程信息。过程信息反映的是特定事物在时间与空间维度上发生的运动与变化，足量的、连续的图像帧是感知与识别过程信息的基本素材。

（二）视频侦查方法的具体内容

一线侦查部门在实践中归纳总结出了众多视频侦查技战法，这些技战法都是视频侦查方法的具体应用形态。作为一种以图像信息的处理为主要任务的侦查方法，视频侦查方法的具体内容包括以下四个方面：

1. 信息辨识法。信息辨识指的是侦查主体对图像信息的感知、分辨、识别。视频监控图像中蕴含着大量信息，对这些信息进行辨识不仅是侦查主体适用各种视频侦查方法的前提，而且对于一些简单的视频侦查任务，在信息的辨识环节能够直接提取出侦查主体所需要的信息，这样的信息辨识过程便可以形成独立的视频侦查方法，称为信息辨识法。例如，各地广泛应用的图像辨认法、物品识别法、远程辨认法等，这些视频侦查技战法皆在此列。与其他类型的视频侦查方法相比，信息辨识法较为初级，但它却是整个视频侦查方法体系的基石，在侦查实践中的应用也最为普遍。通过对现场视频监控图像进行信息辨识所获得的线索与证据，为大量疑难案件的侦破打开了突破口。

视频监控图像的技术优势在于它能够客观记录特定事物的特征，而"特征识别"正是信息辨识法的核心。侦查主体通过对特征点的辨识来获取图像信息，无论是简单事物还是复杂事物、显性特征还是隐性特征，只要图像中具备能够为侦查主体感知与识别的特征点，就可以运用信息辨识法。有些视频监控图像画面质量较差，特征点不明显，此时可以引入工具变量，借助视频监控配套技术的帮助，对模糊图像进行修复与校正，提高清晰度与流畅度，以便于图像中特征点的显现。

2. 信息比对法。信息比对指的是侦查主体将特定的图像信息，与具备同类特征的信息进行比较和辨别，从而确定二者的信源是否同一的过程，这一过程形成的视频侦查方法，称为信息比对法。在实践中，有许多视频侦查技战法都属于信息比对法，如图像比较法、目标测量法、实验论证法等。

同一认定原理是此类视频侦查方法的理论基础，信息比对的实质是对事物特征的横向比较，只有在选取同类特征作为比较参考系的前提下，被比对的信息之间才存在匹配的可能性。无论被比对的是对象信息、背景信息还是过程信息，要认定其背后的信源同一，都必须具备以下条件：一是进行同一认定的特征组合只能出现在一个信源上；二是被选作参考系的特征必须具备两个基本条件，即稳定性与反映性。稳定性，是指在认定同一的时段内，信源的特征应保持基本不变，反映性则是指信源的特征能够表现在外①。此类方法可进一步划分为图像间比对与图像外比对两个子类。

图像间比对，指的是侦查主体进行的信息比对是在图像与图像之间进行的，目的是确定两帧或多帧图像中的特定信源是否同一。此类视频侦查方法的应用原理是某一具体的涉案要素在多个视频监控区域出现，侦查主体将这些视频监控图像汇聚在一起，比较它们之间可能存在的共同特征，进而认定该涉案要素是否同一。视频侦查串并案集中体现了图像间比对方法的特点，对于系列性犯罪、流窜犯罪和有组织犯罪，分布广泛的视频监控摄像头能够提供大量的串并案信息，有效克服了传统并案手段的局限，大大提高了并案侦查的效率。

图像外比对，指的是侦查主体进行比对的信息，一方面来自视频监控图像，另一方面则来自外在世界，目的是确定图像中显示的情况与实际情况是否同一。进行

---

① 杨宗辉. 侦查学总论. 中国检察出版社，2009：23.

同一认定的图像要根据特征类型进行选择，如果要比对静态特征，一般只需要单帧图像即可，如果是动态特征，则需要一段连续的图像。提取与图像信息相对应的外界信息时，必须尽可能完全复制图像中的信息生成条件，保证二者之间的可比性。在侦查实验中，图像外比对视频侦查方法的运用最为频繁，当侦查主体对某一图像信息的准确性存疑时，可以回到该视频监控区域，模拟重现图像中记录的场景，对其进行核实。

3. 信息重构法。信息重构，是指侦查主体按照事物的发展规律，对在时间、空间或因果关系上相互关联的视频监控图像信息片段进行重组，或通过侦查假设对已知图像信息进行逻辑延伸的过程。事物总是按照一定的时空轨迹与逻辑规律向前发展，犯罪行为人实施的犯罪活动亦然，信息重构法正是在这一理论基础上形成的。

一方面，任何犯罪行为都不可能脱离时间与空间而单独存在，时间的发展轨迹是线性的、单向的，在特定的时间点，犯罪主体只能存在于一个空间点，所以空间的发展轨迹同样是线性的、单向的。因此，将分散在不同视频监控区域的涉案图像进行时空上的重构，有助于全面掌握犯罪行为人的活动轨迹。另一方面，任何犯罪行为的发展都遵循着一定的逻辑规律，犯罪行为的各个要素与环节之间存在各种各样的因果关系，侦查主体取得的视频监控图像中往往隐藏着作为因或作为果的信息，此时便可以运用侦查假设等方法，以这些已知信息为起点，建立与未知信息之间的逻辑关联，从而引导侦查活动走出困境，发现更多的线索与证据。根据重构所选坐标的不同，此方法可以细分为三个子类：

第一类是以时间为坐标进行信息重构。此类方法将图像信息的时间参数作为重构的坐标，根据特定涉案要素发展的时间先后顺序对图像信息进行衔接。视频监控图像记录的是特定时空范围内的信息，侦查主体可以将涉案要素图像所反映的时间点设定为起点，沿着时间轴线的正反两个方向，寻找能够与之衔接的视频监控图像，掌握该时间点前后发生的情况，进而摸清涉案要素的时间变化轨迹。

第二类是以空间为坐标进行信息重构。此类方法将图像信息中的空间参数作为重构的坐标，根据地点与地点之间的联系对图像信息进行衔接。凡是犯罪行为人实施犯罪行为的地点和遗留有与犯罪有关的痕迹、物品的一切场所①，都是犯罪现场，但一段视频监控图像通常只能够记录部分现场发生的情况。因此，侦查主体可以图像中的地点为中心，分析涉案要素之前所处的地点，以及随后可能出现的地点，排查这些区域的视频监控图像，进而摸清涉案要素的空间变化轨迹。

第三类是以因果关系为坐标进行信息重构。此类方法将图像信息涉及的各种因果关系作为重构的坐标，根据涉案要素之间可能存在的引起与被引起的关系，进行信息的衔接或延伸。侦查主体已知的涉案图像信息，往往处于犯罪行为的因果链条

---

① 马忠红. 刑事侦查学辅导教程. 中国人民公安大学出版社, 2010.

之中，无论是对象信息、背景信息抑或是过程信息，如果确定这一图像信息产生于特定原因或能够预示特定结果，便可以通过侦查假设进行核实，建立起已知信息与未知信息之间的逻辑桥梁。

4. 信息辐射法。信息辐射，是指侦查主体以图像信息为中心，依靠各种视频监控辅助技术的支持，建立起放射型信息拓扑，使图像信息反映的涉案内容成为新的信息源，从中获取更多侦查线索与证据的过程。在物理学中，辐射的特征在于它以辐射源为中心，向各个方向放出辐射能，接收辐射能的物质在一定的条件下可转变为新的辐射源。在视频侦查实践中，有些视频侦查图像信息的应用过程同样呈现出辐射的特征。例如，侦查人员从图像中发现犯罪行为人在案发现场使用过手机，随即以该手机的通讯记录为线索，发现并锁定通话对象，然后从通话对象的相关情况中发现更多破案线索。此例中，图像中的对象信息——手机成为信息辐射的中心，向外延伸出通讯记录，由此关联到通话对象。在信息辐射的作用下，通话对象成为新的信息"辐射源"，延伸出更多信息。根据这一应用原理形成的视频侦查方法，即称为信息辐射法。

信息辐射法在实施过程中，会形成一个抽象的信息拓扑。信息拓扑描述的是由于图像信息的辐射而形成的抽象信息结构，其形态如图14-1所示。一般而言，信息辐射效应的形成至少需要两个条件。

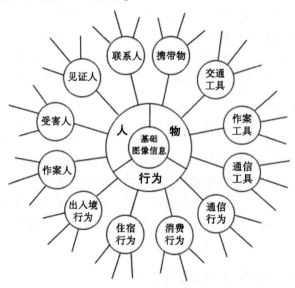

图14-1　信息辐射法形成的信息拓扑图

一是要有基础图像信息作为信息辐射的原点。侦查主体从视频监控图像中直接提取的信息称为基础图像信息，它是整个信息拓扑结构的中心。基础图像信息必须包含人、物或行为等方面的内容，它们是信息辐射的窗口，侦查主体只有掌握了这些信息才能够与相应的数据库进行关联。其中，人包括作案人、受害人、见证人、联系人等，物包括通信工具、作案工具、交通工具、携带物品、赃款赃物等，行为则以社会化行为为主，包括通信行为、住宿行为、出入境行为、金融行为、消费行为、驾驶行为、行政违法行为等。

二是要有视频监控辅助技术的支撑。视频监控图像为侦查主体提供了人、物以及行为等方面的信息，如果要从这些基础图像信息中获得更多信息，相应的信息数据库与业务系统是必备的，而且这些数据库与业务系统越发达，此类视频侦查方法的应用效果便越好。目前能够支撑基础图像信息进行辐射的视频监控辅助技术，包括各类公安应用系统，如人口管理信息系统、出入境管理信息系统、民航管理信息系统等，还包括全国犯罪信息中心（CCIC）提供的在逃人员库、被盗抢机动车库等数据库，此外还包括各类公安业务信息应用系统，如交通管理系统等。

‖ 第三节　查控涉案财物 ‖

查控涉案财物，是指侦查部门对与犯罪案件可能存在某种联系的钱款和物品进行调查控制，以获取侦查线索和犯罪证据的一种侦查措施。涉案财物包括：作案人采用犯罪手段直接获得的赃款赃物；由赃款赃物转换成的其他财物；赠与他人的赃款赃物；可能用于犯罪活动的合法资金；利用赃款作为资本通过合法经营途径所得的收益；犯罪嫌疑人遗留在现场的各种物品等。

查控涉案财物能够发现破案线索，获取犯罪证据，挽回和减少损失，能够掌握犯罪活动的新动向，甚至直接破获案件，抓获犯罪嫌疑人或同案犯。

一、涉案财物的调查

侦查人员可通过询问被害人、事主及其家属，走访知情人，咨询有关问题的专业人员，分析相关数据，开展秘密调查等途径对涉案财物进行调查。涉案财物调查的内容包括：详细了解涉案财物特征，注意涉案财物有无拆卸或改装的可能；了解犯罪过程对资金的需求情况，判断资金的来源与流向；了解对涉案物品有需求及持有、使用、销售、购买与涉案物品相同或相似的物品的人员情况，发现具有经济反常的人员情况。

二、作案人对涉案财物的常见处理方式

赃物本身的情况、作案人自身的条件、侦查破案的声势及发案地区的社会控制情况制约着作案人处理涉案财物的处理方式。

（一）作案人处理赃物的主要方法

1. 隐藏。或者是因为案件影响大，公安机关侦破力度大，或者是因为赃物容易隐藏，有的作案人为了暂时躲避风头而将涉案财物隐藏起来，等一段时间，待其

认为安全时再进行处理。

2. 转移。对于一些不便于隐藏而又较容易移动的赃物，如汽车、摩托车等，作案人往往会将其转移到外地或较偏僻的郊区、城乡接合部，或卖掉，或暂时隐藏。[①]

3. 销售。这是作案人处理涉案财物最常见的方法。作案人犯罪的目的即是获取非法利益，一旦作案得手，多会将赃物卖掉。作案人销赃的方法：甲地作案，乙地销赃；以物易物，倒手转买；物色买主，暗中成交；改头换面，折价出售；利用他人，代销分成；伪造身份，公开出售；有的犯罪嫌疑人，把盗窃、抢劫、诈骗、抢夺等侵财型犯罪获得的赃物，用于折价抵押，替代赌资，把赃物转手给其他人；有的犯罪组织组成盗抢、运输、改装、销售"一条龙"，从犯罪行为开始到销售完毕，环环相扣，分工合作，各负其责，犯罪活动快速高效。某一环节出了问题，被公安机关抓获，也不能牵动整个犯罪组织，很快又能补充上这一环节，继续实施犯罪活动。

4. 馈赠。有的作案人对一些不大容易出手的涉案财物，利用日常人际交往，作为礼物馈赠给其不知真情的亲朋好友。

（二）作案人处理其他涉案财物的主要方法

1. 丢弃。作案人在作案后会将能证明其犯罪的作案工具、凶器、毒物、血衣等丢弃。

2. 毁灭。有的犯罪嫌疑人为逃避公安机关的侦查，会尽可能地毁灭有关的痕迹物品，如在犯罪现场上火烧、水淹毁灭犯罪证据，作案后将一些物证、书证毁掉。

3. 转移隐藏。有些涉案物品，作案人出于各种目的不愿丢弃、毁灭，如可能用于继续犯罪或有一定经济价值的。作案人往往将这些涉案物品转移隐藏。

三、查控涉案财物的方法

（一）以犯罪嫌疑人为出发点，采取调查、控制措施，追缴涉案财物

1. 搜查发现和获取涉案财物。

2. 根据获取的书证、通信信息所提供的线索追查涉案财物。

3. 讯问犯罪嫌疑人查明涉案财物的具体去向。

4. 动员犯罪嫌疑人的家属、亲友交出涉案财物。

5. 查询、冻结犯罪嫌疑人的存款、汇款，扣押其财产。

（二）从发现、查找涉案财物入手，追查犯罪嫌疑人

1. 通过大宗钱款或具有显著特征的现金追查犯罪嫌疑人。

2. 对银行存折、银行卡、邮局汇款单、支票、股票、汇票、借据等涉案财物，

---

① 尚武，瞿丰. 侦查学. 湖北人民出版社，2004：203.

快速反应，主动出击，与银行、邮局、证券等有关部门联系，及时采取各项有效侦查措施监控账户，防止作案人转账、提款、套现，并快速掌握动向，顺线寻踪，抓获犯罪嫌疑人。

3. 查控转移赃物。采取跟踪、守候监视的方法，在作案人转移赃物的过程中寻找时机，人赃俱获；利用联防卡口、巡逻盘查等措施，对携带有可疑物品或形迹可疑的人进行盘问；利用秘密力量贴靠犯罪嫌疑人，设法了解其转移赃物的时间、地点，然后组织力量拦截。

4. 查控销售赃物。① 第一，及时发出赃物协查通报，请求有关地区、行业和有关部门协助查控。第二，依靠有关行业职工组成城市查控赃物的行业网络。城市查控赃物的网络是区域性查控赃物网络的基础和组成部分，主要依靠有关行业职工，构筑起"三道"查控防线。车站、码头、机场是犯罪嫌疑人进出某地的必经场所，也是他们进行联络接头、交易和物色买主、转移赃物的处所，是查控赃物的第一道防线。市内公交车、出租车是犯罪嫌疑人在市内活动，如运送赃物、进入或逃离本市、挥霍享受等经常利用的交通工具；市内公共复杂场所如集市贸易场所、娱乐场所、商场、繁华地段等，多是犯罪嫌疑人寻找销赃机会、接头联络、进行交易和挥霍享受的场所。市内公共交通工具和公共复杂场所构成第二道防线。旅店业是流窜犯罪嫌疑人落脚藏身及藏匿赃物的场所，是第三道防线。第三，依靠治安、工商税务、海关、边防等职能部门，在公开的行政管理中查控赃物。第四，依靠治安保卫组织和治安积极分子，严密社会面的查控。第五，布建秘密力量，做好重点控制。第六，严密控制隐藏、购销赃物窝点。第七，积极推行技术控制。运用现代科技设备对有关场所和行业进行控制，起到追踪、监控赃物的作用。第八，加强区域协作，控制异地销赃。探索建立调查、控制涉案财物的协作区域，打击跨区域隐藏、转移、销售涉案财物的犯罪行为，交流犯罪信息，开展并案侦查。

(三) 实施网上查控，及时发现涉案财物

1. 侦查人员通过查询公安信息网的盗抢机动车数据库、涉案赃物数据库，查证与案件相关的痕迹物品，发现侦查线索。侦查人员将被盗抢机动车数据库、涉案赃物数据库与二手车交易信息、车辆维修信息、典当行寄售信息、拍卖行交易信息、废旧金属收购信息、二手手机市场信息等行业信息进行关联查询，对涉案车辆、赃物实施实时监控，自动比对报警，发现被盗、抢机动车和其他物品的动向，以车找人、以物找人倒查犯罪嫌疑对象，发现破案线索。例如，侦查人员依托被盗车辆信息系统对发现的可疑机动车的车牌号、发动机号和车辆识别代码进行网上比对，从中发现被盗车辆，进而破案。

2. 侦查人员通过查询互联网查控涉案财物。第一，公安机关对犯罪嫌疑人经常涉足的虚拟空间进行监视、检查，发现涉案财物线索。公安机关应当在对计算机

---

① 阮国平，许细燕. 刑事侦查措施. 中国人民公安大学出版社，2013：57.

网络控制的基础上，加强对电信通信、有线电视网络的控制，以便能够及时发现联网赌博、短信诈骗等犯罪，查控涉案财物，查缉犯罪嫌疑人。第二，公安机关对金融单位、贵重物品销售、保管处所等重要场所、部位，可以通过安装录像监控、警报器、警铃等自动报警设备实施技术监控，并可通过公安网，或借助互联网技术对安装录像监控、警报器、警铃等自动报警设备的行业、部门进行网上实时查控，及时发现涉案财物等。例如，在典当行业安装典当业社会信息采集系统，配备照片采集设备和身份证识别仪，清晰采集每笔典当交易出当人身份证图片信息以及每件当物的图片信息，由专职网警每日进行网上巡检，用系统检查每家典当行落实验证登记制度的情况，及时发现涉案财物。第三，查询社会管理信息，查控涉案财物信息。例如，根据案发时间、犯罪嫌疑人高危地区、案件类别等特点，通过查询通信工具开户、信用卡等开户信息发现可疑人员；或者对银行、邮政汇兑信息进行查询，分析短时间内由某一地点频繁汇款至同一账号，或不同的案发时间由不同案发地点汇往同一账号等情况，发现可疑人员等。

‖ 第四节　并案侦查 ‖

并案侦查，是指侦查部门对判明为同一个或同一伙犯罪嫌疑人所作的多起案件合并起来，实行统一组织、指挥和行动的侦查措施。

并案侦查具有侦查主体的协调性和多样性、侦查客体的系列性和犯罪主体的同一性、案件之间存在内在联系等特点。在侦查实践中，并案侦查具有如下作用：有助于发挥侦查主体的整体优势，节省人力、物力和财力；有助于发挥线索和证据的合力优势，加速案件侦破，并发掘侦破隐案；有助于加强侦查主体之间的协调与合作，锻炼队伍，提高侦查主体同犯罪作斗争的水平；有助于打击流窜犯罪、团伙及集团犯罪，抑制有组织犯罪的蔓延。

一、并案侦查的依据

（一）犯罪行为的特殊性与稳定性

辩证唯物主义认为，事物总是处于不断的运动变化之中，运动是绝对的。这一观点对于犯罪现象而言，表现为犯罪行为的多变性和差异性。犯罪嫌疑人不同的身体条件、心理特点、智力水平、文化程度、社会经历、生活环境、职业技能、行为方式决定了犯罪行为的差异性和特殊性。这使侦查机关区别认识不同犯罪主体的犯罪行为，揭示犯罪个体成为可能。

同时，辩证唯物主义还认为，运动变化的事物具有相对静止的属性。而这一观点在犯罪现象中，则表现为犯罪行为在一定时期、一定的主体上具有相对的稳定性。这也是侦查机关进行并案侦查的基本理论依据。

（二）犯罪行为的习惯性与连续性

一定的犯罪行为，体现了某特定犯罪主体特定的犯罪心理定式和犯罪行为定式。犯罪主体在作案时，由于受外在条件和内在条件的制约，其心理上处于一种特定的状态；在若干次作案获得成功后，这种特定的心理状态也会定型，并在作案过程中表现出来；作案人在其特定的心理支配下作案，每一次成功不仅在其心理上强化动力定型，而且在其行为习惯上同样强化动力定型。

犯罪的集团性和团伙性加剧了犯罪的传播性，从而使某些犯罪在一定地区、一定时期内广泛蔓延，且在手法上呈现同类特点。重新犯罪甚至职业犯罪的日益严重性使得犯罪成员更具稳定性，而这种稳定性会具体表现出犯罪行为的同类性特点。

（三）犯罪有关线索和证据的相互印证和补充

同一犯罪主体实施的系列性犯罪案件，其各个相互关联的案件有关线索和证据是相互印证和补充的，会增强线索和证据的威力性，充分发挥线索和物证的整体合力，从而有利于各个案件的侦破。

二、并案侦查的条件

并案侦查的条件，总的来说表现为多起案件由同一或部分同一作案主体所为，案与案之间存在内在联系。案件之间有差异是必然的，关键在于侦查人员分析的差异点是否是本质性的，它能否得到合理的解释。而如何正确地分析各个现场的差异点，正确区分本质性的和非本质性的因素，则是成功并案的关键。

（一）现场具有的痕迹、物证相同，或有直接、内在的联系

犯罪嫌疑人在实施犯罪行为时，往往会在现场留下手印、足迹、工具痕迹、枪弹痕迹等一些痕迹或物证，如果不同案件现场的痕迹或物证通过技术鉴定，得出了同一认定的肯定性结论，则可以直接确认为同一个或同一伙犯罪嫌疑人所为。如果不同案件现场的痕迹或物证具有某种直接联系或内在联系，也可以作为并案侦查的重要条件。例如，此案出现的物品或痕迹恰是彼案现场丢失的物品或其痕迹。

（二）犯罪嫌疑人的体貌特征相同

强奸、诈骗、抢劫等案件的被害人与犯罪嫌疑人往往有一定时间的正面接触，能够提供犯罪嫌疑人的准确体貌特征，或者经过初步侦查获取到犯罪行为发生时的视频资料，能够准确判定犯罪嫌疑人的体貌特征。人的体貌特征具有一定的特殊性和相对稳定性，如果多起刑事案件中犯罪嫌疑人的体貌特征相同，可以考虑并案侦查。

（三）案件性质相同或有内在联系

分析相关案件的性质是否相同或相似，或是否存在内在的联系，找出共性或相同性，作为并案依据。

（四）犯罪时空条件具有相同特征

分析几起案件在作案时间和作案地点方面是否有相同或相似之处。例如，均发

生在同一时间或同一段时间内，均发生在同一地点或同一区域内。侦查人员对时间特征和空间特征进行综合分析时，应注意区别哪些是稳定性特征，哪些是可变性特征，决定取舍，以提高并案的准确性。

（五）犯罪手段和犯罪工具条件相同或相似

受犯罪行为习惯的支配，同一个或同一伙犯罪嫌疑人实施犯罪时，往往使用相同的犯罪手段，具有相同的犯罪工具条件。侦查人员进行并案分析时，应区分作案方法手段及犯罪工具的相同点、相似点及差异点。例如，对现场出入口、破坏方法、作案工具、作案过程、伪装方法等进行相同点、相似点及差异点分析，如果以上方面的相同点、相似点较多，差异点少或得到合理解释，就可以考虑进行并案侦查。

（六）侵害部位及侵害对象具有相似性

基于犯罪心理和行为方式的习惯性，系列案件的作案人选择犯罪侵害的对象、部位表现出一定的相似性。侦查人员依据侵害部位及侵害对象的相似性，结合其他条件可以确定能否并案。

以上并案侦查的条件中，有些条件，如现场痕迹或物证，通过科学技术可以进行同一认定，能够直接决定是否并案；而有些条件，如体貌特征或行为方式，则必须根据其稳定性和特定性的程度，作出相应的判断。研究并案侦查时，应该综合考虑各方面的条件，全面分析研究，论证确定；既要注意把握特定性强的条件，也要注意从特定性差的条件中发现犯罪活动的共同点和内在联系，客观分析、判断，提高并案的准确性。

三、并案侦查的组织实施

（一）广泛收集并案线索

实施并案侦查的首要环节是多途径、多渠道地发现、发掘和利用并案线索。并案侦查线索的来源如下：第一，从侦查破案中发现并案线索。侦查人员利用现场勘查、调查访问、摸底排队等措施侦破现行案件时，通过作案手段、作案时间、痕迹、物证、犯罪嫌疑人的个人特点等分析研究，寻找相关、相似之处，确定有无并案的可能。第二，从犯罪情报资料中发现并案线索。侦查人员应增强情报意识，重视对刑事犯罪情报资料的利用，通过收集、识别、整理、传递、储存、检索等途径，发现并案线索。第三，从调查研究中发现并案线索。侦查机关定期或不定期地在一定地区内，对刑事犯罪活动情况进行调查研究，可以了解一定地区在一定时期内刑事犯罪的特点、状况，从中发现并案线索。第四，从对刑事犯罪嫌疑人的审查处理中发现并案线索。侦查人员应当结合审查处理被拘留、逮捕的犯罪嫌疑人，研究其犯罪特点与未破案件有无相同或相似之处，从中发现并案线索。第五，加强与其他地区侦查机关的交流合作，及时互通信息，要认真审阅核对收到的通缉通报，从中发现并案线索。

获取并案侦查线索的方法如下：第一，以"案"并案，即从发案时间、发案地点、案件类型、侵害对象、犯罪手段等案件要素中提取若干并案条件，再查询案件信息库，获取符合条件的案件信息。第二，以"人"并案。侦查人员通过现场访问、查阅视频信息、查询公安网等途径，获取有关人员的体貌特征、携带物品、动作习惯、交通工具、人员数量及相互关系信息，判明是否符合并案条件。第三，以"物"并案。其主要包括以犯罪工具并案和以赃物并案。侦查人员在案件信息库或相关信息系统中，检索犯罪工具和赃物的种类、型号、品牌、颜色、特点、用途等要素，获取符合条件的案件信息。第四，以"痕迹"并案。侦查人员对指纹、足迹、DNA 等生物痕迹、工具痕迹、电子信息、通信痕迹等进行检索或调查，获取符合条件的案件信息。第五，以"活动轨迹"并案。侦查人员通过查询、调查犯罪嫌疑人的交通轨迹、通信轨迹、住宿信息轨迹、销赃活动轨迹，获取符合条件的案件信息。

（二）集中个案材料，复核并案依据

发现并案线索后，侦查人员还必须对拟并案侦查的个案进行科学的分析、严格的推理和必要的检验鉴定，复核初步并案的依据；采取比较、类比、归纳和演绎等方法，综合分析和认定，以确定是否需要并案。

（三）统一指挥，联合作战

并案侦查往往涉及多个地区和部门。决定并案侦查后，要组织统一的指挥机构，制订统一的侦查计划。如果并案的案件在本县、市辖区内，可以根据实际情况组成一个独立的专案侦破组，集中进行侦查破案。如果串并的案件跨越县、市、省，上一级刑侦部门应派人参加并组织协调，组成联合专案组。参加并案侦查的部门和人员，要合理分工，明确责任；周密部署，依法办案；综合运用侦查措施与策略。

（四）全面分析研究案情，确定侦查方向和范围

并案以后，侦查人员应对案件材料进行集中整合，全面、深刻、透彻地提高对整个案件的认识，更为具体地刻画犯罪嫌疑人的条件，更为准确地划定侦查方向，大大缩小侦查范围。例如，根据作案的手段、使用的工具确定犯罪嫌疑人的生活行为特征及职业技能特征；根据案件现场遗留的痕迹、物品确定控制条件，为认定或排除嫌疑对象提供依据。

（五）采取有针对性的侦查措施，深入开展侦查

侦查部门根据对犯罪嫌疑人的刻画，在其可能居住、藏身的地点开展摸底排队或阵地控制，发现嫌疑对象；针对系列案件犯罪嫌疑人可能继续犯罪的特点，在其可能犯罪的地点，加强守候监视，抓获现行；根据案件知情人提供的体貌特征，分析犯罪嫌疑人体貌特征方面的基本条件，采取通缉或悬赏通告；对流窜犯罪嫌疑人，可以印发协查通报，请求相关地区公安机关协助查缉破案；有针对性地控制销赃渠道，发现案件线索；对已查获的犯罪嫌疑人，要加强审讯，或实施辨认等侦查

措施，深挖其余罪。

（六）网上串并案件

流窜犯罪案件和系列犯罪案件的地域跨度大，使得串并案必须突破地域限制，从本地扩大到全省、全国。在对案件进行分析判断以确定是否需要并案侦查以及和哪些案件能够串并时，已不能简单地依赖侦查人员的直觉、记忆来寻找可串并的案件了。因此，一旦发现可能是流窜犯罪的案件时，侦查人员应首先想到借助公安网侦查信息系统占有的大量案件信息和网上发布的发、破案信息及各种协查通报，主动寻找串案线索，在最短的时间内对相关情报信息进行分析、研究，发现串并案条件，从而寻找同类或关联案件，实施并案侦查，提高破案率。

（七）强化协同作战，提高并案侦查的效益

由于并案侦查往往涉及多个地区，并案侦查工作机制的重要内容之一便是协同作战。第一，建立地方警务合作机制。全国各地公安机关根据社会治安及刑事犯罪的形势、特点，可视情建立地方警务合作机制，实施侦查办案协作制度，相互开放信息系统，有查必复，相互提供业务支持和技术支持等。第二，全国建立网上跨区域办案协作制度。公安部建立"全国公安机关跨区域办案协作平台"，省、市、县三级公安机关刑侦部门设立联络员，对已发生的跨区域流窜侵财犯罪案件开展办案协作。联络员通过协作平台点对点直接联系，办案地向涉案地公安机关发出协查请求，涉案地及时办理并通过协作平台反馈协查结果，并提供相关证据材料和法律文书。第三，对跨区域、系列、团伙案件实行统一组织侦办制度。对于跨区域、系列、团伙案件，原则上由所涉区域的上级刑侦部门统一组织指挥开展侦查办案工作。统一组织侦办案件，要做到"六个统一"，即统一指挥、统一汇总、统一研判、统一上报、统一部署、统一移诉。

‖第五节　摸底排队‖

摸底排队，是指侦查人员对于已经发生的案件在现场勘查、分析案情的基础上，刻画犯罪嫌疑人可能具有的特征，推断犯罪嫌疑人可能所处的范围，依靠基层组织和广大群众的协助，在确定范围内依据刻画的特征逐个排查，汇集疑人疑事，从中查寻犯罪嫌疑人或发现犯罪嫌疑线索的一项侦查措施。[①]

通过摸底排队可以发现侦查线索、确定犯罪嫌疑人；对于已经发现犯罪嫌疑人的案件，同样需要摸底排队，进一步寻找知情人，获取证人证言、物证、书证及其他证据；在搜查、追缉等其他措施运用中，需要摸底排队来判明犯罪嫌疑人个人情况、携带物品（尤其是枪械），确定其逃跑路线、方向，以便其他措施得到有效执行；摸底排队时，还可能发现其他预谋案件或已发刑事案件的情报、线索；对一定

---

① 阮国平，许细燕. 刑事侦查措施. 中国人民公安大学出版社，2007：79.

时期、范围内或系列案件的摸排结果也可供侦查部门分析研究犯罪活动的规律、特点，以预防刑事案件的发生。

一、摸底排队范围的确定

摸底排队的范围，是指侦查人员依据嫌疑条件寻找和发现犯罪嫌疑人的地域和职业范围。① 范围能否准确地确定，直接关系到案件侦查的进程和成效。

（一）依据案件现场的位置确定摸排范围

摸排一般以现场为中心，根据每一个案件的发案时间、环境、交通等条件向四周辐射，确定具体的范围。

对于单个案件，第一，要根据案发现场的交通状况、地理环境、周围人员活动情况；第二，要根据被侵害客体所处位置、被侵害物品是否便于搬运、隐藏等情况；第三，要根据作案人实施时机的把握、工具的选择、手段的运用、对现场、被侵害客体等的知情情况来确定摸排范围。

对于系列案件，国内外对地理画像侦查法的研究、运用较多。这种侦查法所依据的原理就是：同一人或同一伙人实施的系列案件，他（他们）在选择作案地点时，往往基于思维定式，呈现出一定的规律性和稳定性。侦查人员在侦破这类案件时，就运用这一原理，在这些案发点所在行政区域的地图上标识出每一次的作案地点，再将这些地点连线，连线形成的中间区域往往就是作案人的居住点或落脚点。因此，在摸排时，重点就放在这些范围内。

（二）依据作案时机、手段、工具的选择及遗留物品来确定摸排范围

在现场访问中，如果作案人对现场及相关人员的活动知情，目标准确、作案时机选择恰当，就应当从那些具有知情条件的人员中确定。在现场勘查中，如果作案手段非常娴熟、选择的工具非常有效，一般应当在有前科劣迹的人员中摸排。如果手段和工具选择、使用上带有一定的职业特色，就应当在相关职业范围内的人员中进行摸排。如果现场遗留了有特定区域和行业特征的工具，则应当在这些物品的生产、运输、保管、使用环节中进行摸排。

如果犯罪现场有作案人遗留的物品，有些物品可反映持有者的身份和活动范围等情况，侦查人员则应当在相应范围内摸排。

（三）依据案件的性质确定摸排范围

案件的性质反映了作案人侵害的社会关系，也反映了作案动机和目的。对于报复杀人案件，摸排的范围应当主要放在与受害人有仇隙、矛盾冲突的人及这些人的近亲属中；对于奸情杀人案件，摸排范围应当主要放在与受害人有奸情关系的人及这些人的近亲属中；对于盗窃案件，如果种种迹象表明是内盗或内外勾结盗，则摸排的范围应当主要放在内部人员中，如果迹象表明是外盗，则摸排的范围应当主要

---

① 阮国平，许细燕. 刑事侦查措施. 中国人民公安大学出版社，2007：83.

放在外部有前科劣迹的人员中。

一些爆炸、投毒案件，如果侵害对象不确定，说明作案人具有侵害社会的倾向，应当从具有报复社会思想基础的人员中摸排。

（四）依据通信信息检索或警犬追踪确定摸排范围

通过电信部门检索到的可疑通信信号行踪确定摸排范围。在团伙流窜作案中，如果团伙成员通信信息在案发前同时进入某个基站，案发后信号同时消失，可根据相应时间段信号来源及去向确定摸排范围。在绑架勒索案件中，作案人往往要与人质家属进行联系，侦查人员可通过电信部门检索其通信联络工具，判明其行踪后确定摸排范围。如果受害人加入了 QQ 群或微信群，侦查人员在摸排时，还可将该群确定为摸排范围。

如果现场发现一些痕迹、物证，可为警犬提供嗅源的，侦查人员可通过警犬追踪确定摸排范围。

摸底排队范围确定后，随着侦查工作的推进，犯罪线索的增多，原来确定的摸排范围很可能不适应，则需根据情况作出相应的调整。

二、摸底排队的条件

摸底排队的条件，即与刑事案件发生和存在有关的因素，是指犯罪嫌疑人作案所具备的、客观存在的、与案件有关的各种联系。[①]

（一）是否具备作案时空条件

时间和空间均具有唯一性和排他性，即人在特定的时间内只能在一定的空间进行活动。因此，是否具有作案时间，发案时间是否到达过犯罪现场，是判断一个人有无作案嫌疑的重要依据。

任何案件的构成都必须具备一定的空间条件，因为作案人实施犯罪活动离不开一定的地点和场所。根据物质交换原理，作案人不可避免地会在这一空间留下一些痕迹、物证，同时又会把自己的某些特征赋予这一特定空间。所以，摸底排队时，某人在案发前、案发时是否进入与案件有关的空间及是否在这一空间留下了自己的特征或者带走了反映空间特征的痕迹、物证是判断其有无嫌疑的重要依据。

任何案件都是在一定的时间内发生的。作案时间是摸排嫌疑对象的一个基本条件，某人如果没有作案时间，一般就可以排除其直接实施犯罪的可能，而如果具有作案时间，则应当进一步考察他是否具备其他作案条件。把作案时间作为摸排条件时，应当注意一些特殊情形，如作案人使用空城计（金蝉脱壳计），让人误以为在案发时，他（她）在现场外的某一场所，这样从表面上看，他（她）就不具备作案条件。需要注意的是，作案时间也不等于发案时间，有些作案人比较狡猾。例如，在纵火案件中，采用延缓点火的方式放火，发生火灾时，往往又有人证实他

---

① 王国民，李双其. 侦查学. 中国人民公安大学出版社，2007：97.

（她）——犯罪嫌疑人不在火场，他（她）似乎就不具备作案时间，排查时就易被排除在犯罪嫌疑人之外。此外，还有买凶作案的情况，有些人因不具备作案时间，侦查人员因此就将其排除，最后使得侦查工作走弯路。

（二）是否具备因果关系条件

事情的发生，往往有一定的因果联系，刑事案件的发生亦如此。杀人、投毒、爆炸、放火等刑事案件大多带有报复性质，报复动机与案件的发生就具有因果关系。在摸底排队时，侦查人员应当多从与受害人、被毁财物所有人或保管人有矛盾、有利害关系的人中排查。在侦破一些侵财犯罪案件中，侦查人员应当把急需用钱、经济拮据而又难以靠正当手段谋取到其所急需钱物的对象纳入摸排范围，这是因为，对金钱的强烈欲望可能会促使这些人选择不正当的手段。

（三）是否具备作案工具条件

有的作案工具、相关物品的生产、销售、贮存、运输、使用等带有一定的行业性、地域性，有的是取得和使用这些工具、物品具有一定的条件性、技能性，因此，具有作案工具和相关物品也是摸底排队的重要条件。

（四）是否具备体貌特征、附加特征、衣着打扮特征条件

在一些抢劫、强奸、诈骗等被害人与作案人有正面直接接触的案件中，作案人的体貌特征暴露较明显的，或因受害人的反抗使作案人受伤而使其具有附加特征的，都可以将这些情况作为有效的摸排条件和侦查线索。在有些案件中，即使作案人的体貌特征没有暴露，但根据作案人选择的场所、手段、侵害对象、接近方式等也可以推断出作案人的衣着特征。例如，能够进出星级宾馆、会所，能够接近有经济实力或地位身份的受害人的，一定不是衣冠不整之人。

（五）是否具备知情条件

有些案件中，反映出作案人对现场环境、进出路线、安全防范情况、受害人的生活规律、现场内的财物存放情况等较熟悉时，侦查人员在摸排时，应当把具有知情条件的人列入摸排范围。

（六）是否具备技能条件

如果实施某项犯罪应当具备相应的技能，那么那些具备这些相应技能的人员则应当被纳入摸排的范围。例如，驾车进出现场；以枪支、注射、爆破方式杀人；进行网络犯罪等，侦查这些案件时，侦查人员应当把具备这些技能的人列入摸排条件。

（七）是否具备持有赃款赃物条件

在侵财类犯罪中，犯罪嫌疑人作案后往往会持有赃款赃物，而各种赃款赃物都有自身的特征。犯罪嫌疑人在获取赃款赃物后会以销售、变卖、挥霍享用等方式处置，在这个过程中赃款赃物会有不同程度地暴露，因此能够成为摸底排队的重要条件。

（八）是否具备活动轨迹条件

犯罪嫌疑人在作案前的预谋阶段、作案时的实施阶段以及作案后的毁证逃匿阶段往往身处不同地点，犯罪嫌疑人在这些不同地点间移动就会形成特有的活动轨迹。犯罪嫌疑人的活动轨迹信息会被相关的信息系统自动记录，如手机移动轨迹的基站信息、上网的 IP 地址信息、车辆行驶轨迹的交通卡口信息、住宿的旅店业管理信息等。犯罪嫌疑人的活动轨迹信息已成为当前摸底排队的重要条件之一。

（九）是否具备表现反常条件

犯罪嫌疑人在作案前或作案后，往往会有一些反常表现。如在报复社会的爆炸案件中，犯罪嫌疑人在作案前往往有一些反社会的言论，有购买、制作作案工具等准备行为；在侵财类案件中，案发后犯罪嫌疑人由案发前的穷困潦倒突然变得出手阔绰；在杀人案件中，犯罪嫌疑人出现案发后不辞而别，突然离开案发地或者突然清洗大量衣物、粉刷墙壁、更换家具等反常表现。这些反常表现也可作为摸底排队的重要依据。在摸排时，侦查人员应当着重排查那些在案发前后行为反常的人，例如，案发前到现场鬼鬼祟祟地窥视，案发后对案件的侦破工作异常关心，向被侦查人员询问过的人打探消息，或是对相关知情人员进行侧面威胁、恐吓，或是偷偷摸摸地转移赃物，或是案发后经济状况反常等，对于这些有反常表现的人，侦查人员应当将之纳入摸排范围。

（十）是否具备前科劣迹条件

一些重特大的系列案件常常表现为：计划周密，作案时间短，作案手法老练、凶残，在犯罪现场遗留的痕迹、物证较少并多有伪装，作案后迅速逃离现场等特点。因此在摸底排队工作中，根据案件情况要着重对具有前科劣迹的人员结合其他排查条件进行重点调查。

除了上述基本的、常见的摸排条件以外，根据具体案件情况，展开摸排的条件和依据还可能有心理变态条件、特殊嗜好或心理需求条件等。

三、摸底排队的方法

（一）传统模式的摸底排队

1. 社会面上的普遍排查。侦查人员应当根据摸排条件，深入基层，向群众公布案情，发动群众提供线索，从而摸排出犯罪嫌疑人。

公布案情时，应当在有可能摸排出作案人的范围内公布，但是在公布前，针对某一案件能否公布案情、怎样公布及公布到什么程度等问题，都应当报请侦查机关的负责人，让其从侦查破案的全局着眼来决定，要对公布的案件类型、案件情节加以适当的控制。

在摸底排队中，公布案情应当及时。因为案件发生不久，群众对于案件的有关情节记忆犹新，提供的情况往往较翔实。有关知情群众受到的外界干扰也少，提供的情况可靠性高一些。

2. 特定区域、场所的重点摸排。对于发生在单位内部的刑事案件，侦查人员根据案件性质、侵害对象特点、作案手段、作案人应当具备的条件、作案人在作案中被附加的特征等因素，判断作案人属于内部人员的，应当积极组织案发地的基层派出所、案发单位的保卫组织、单位职工居住地的居委会、村委会在不暴露侦查工作秘密、不侵犯他人隐私、不会导致作案人毁灭罪证等的前提下开展工作，通过公开或秘密的走访、查证等把所有人员与摸排条件比对，从而排除或确定犯罪嫌疑人。

案件人员或物品涉及重点行业、重点地区、重点单位、重点场所的，应当在这些行业、地区、单位、场所召开各种类型的会议，依靠基层公安保卫组织，对所有具有作案因素和作案条件的人逐个排查。例如，在旅店、宾馆业中摸排，尤其是对案发前入住宾馆、旅店、招待所，而案发后离开的人进行摸排；在房屋租赁业中摸排，尤其是对案发前租下房屋，昼伏夜出，而案发后不知去向的人进行摸排；从作案人作案后可能涉足的场所（销赃场所、娱乐场所等）摸排；如果作案人受了伤，就要到医院、诊所、药店等场所去摸排。

（二）实施网上摸排

网上摸排指侦查人员利用网络信息资源，将工作中获取的可能与犯罪有关的人、事、物等要素通过网上检索、比对、分析等方式，寻找有联系的要素集合，再将多个涉及案件的要素串联成一条相互能够印证的信息链，进而缩小侦查范围，寻找破案线索，排查犯罪嫌疑人或关系人的侦查方法。

1. 利用公安网络信息平台摸排。利用违法犯罪人员信息系统、在押人员信息管理系统、全国在逃人员信息系统、全国跨区域流窜作案人员信息系统、全国失踪人员信息系统、全国毒品犯罪人员信息系统、全国吸毒人员信息系统及违法犯罪嫌疑人员指纹、足迹、DNA 信息系统等来摸排犯罪嫌疑人。例如，侦查机关根据作案手段、作案工具、遗留的痕迹物品等分析，作案人很可能是有前科劣迹的人员，通过各类违法犯罪人员信息系统进行查询检索，就可以排查出符合条件的作案嫌疑人。对于知道犯罪嫌疑人别名、绰号的，可以将其别名、绰号信息作为检索条件进行网上摸排，以达到以案找人，排查犯罪嫌疑人的目的。第一，通过痕迹、物证信息开展排查。将现场勘查提取的有关指纹、足迹、DNA 在案件现场库进行检索和比对，串并案件或发现犯罪嫌疑人；将提取的遗留工具、物品、工具的痕迹在案件信息库进行检索和比对，串并同类案件。第二，通过人员的活动轨迹信息开展排查。排查旅馆住宿人员信息、暂住人员信息、上网登记人员信息、出入境登记人员信息、进出航空港信息、巡逻盘查登记人员信息等，查明活动轨迹信息，可以发现符合作案时间的前科人员、高危人员或符合作案条件的可疑人员。第三，通过车辆的活动轨迹信息开展排查。排查车辆出入卡口的信息、车辆交通违章处理信息、车辆事故处理信息等，发现是否有符合时间条件的可疑车辆信息等。第四，通过通信信息开展排查。综合分析犯罪嫌疑人的通信信息，开展关系人分析或犯罪嫌疑人排查。第五，通过视频信息开展排查。根据案发时间、地点等要素，通过现场周围的视频监控信息排查发现是否有符合作案条件的可疑人员、车辆信息等。

2. 利用社会管理信息开展排查。随着公安机关采集的社会信息种类和数量不断增多，通过社会管理信息排查也成为网上摸排的新途径。第一，通过开户信息排查。根据案发时间、犯罪嫌疑人高危地区、案件类别等特点，通过通信工具、信用卡等开户信息进行排查，发现符合条件的前科人员、高危地区人员、可疑人员等。例如，根据发案时间，分析在案发前后新开通的通信工具用户情况，查明是否有高危地区人员开户、同类案件前科人员开户等情况。第二，通过交易信息排查。根据案件发生的时间、犯罪嫌疑人高危地区、案件类别等特点，对银行、邮政汇兑信息进行排查，发现符合条件的前科人员、高危地区人员、可疑人员等。例如，结合高危地区情况，分析短时间内由某一地点频繁汇款至同一账号，或不同的案发时间由不同案发地点汇往同一账号等情况。

3. 利用互联网平台开展摸排。由于网络这个虚拟空间聚集了各地的不同阶层、不同知识背景的人，网上信息也越来越丰富，通过互联网得到帮助的概率也会大大增加。有些网民可能无意中在网上暴露一些与案件有关的信息，也有些匿名知情人在网上公开一些信息，侦查人员可以通过搜集这些信息，来查找相关人员或者物品。侦查人员也可在网上适度发布案情，调动广大网民提供破案线索甚至是证据。侦查人员通过相关信息，发现嫌疑对象后，也可网上贴靠，进一步查证。侦查人员利用互联网摸底排队时，也一定要慎重，尤其是在网上公布案情，一定要经主管领导审批，有控制地发布，对于获取的信息，也一定要认真核实。

‖ 第六节 跟踪守候 ‖

一、跟踪监视

（一）跟踪的概念、对象及任务

1. 跟踪的概念。跟踪，也称盯梢，是以专案侦查为中心，在指挥员的统一组织指挥下，侦查员以隐蔽的形式，秘密尾随重大刑事犯罪嫌疑人，并对其进行侦查和控制的一种外线侦查手段。

2. 跟踪的对象。刑事犯罪集团的成员；销赃、转赃的犯罪嫌疑人；可能作案的重大犯罪嫌疑人。

3. 跟踪的任务。监视犯罪嫌疑人的外出活动，掌握其现实动态；监视犯罪嫌疑人的接触关系，发现犯罪同伙，扩大侦查线索；监视销赃、转赃的犯罪嫌疑人，防止转销赃物、毁灭罪证；秘密拍照犯罪嫌疑人的活动情况，摄取犯罪证据；发现或制止新的犯罪活动，打击现行犯罪。

（二）跟踪的准备工作

1. 熟悉案情，认准目标。参加跟踪的侦查人员必须熟悉侦查的案件情况，通过相关人员的介绍和查阅案卷，掌握侦查对象的相关情况：了解案件性质，了解侦查对象的体貌特征、习惯、嗜好、家庭成员、活动规律、交通工具、联系电话等；了解跟踪区域的自然环境及社情；准确识别并熟记侦查对象的体貌特征，牢记不变特征，注意可变特征。

2. 明确任务，搞好分工。参加跟踪的侦查人员应明确跟踪的总体任务，落实个人的职责，确定主梢、副梢。

3. 规定暗语，保证联系。参加跟踪的侦查人员在行动之前应规定好联络方式和暗语，便于在侦查对象及群众面前掩护跟踪活动。此外，还要制定突发情况的处置预案。

4. 搞好化装，准备物资。侦查人员在跟踪过程中，为了麻痹侦查对象，完成监视任务，故意改变自己的相貌、身份、装束、语言。第一，身份化装。又叫行为化装，是指侦查员以其他行业人员的职业身份为掩护，隐蔽自己真实身份的化装。第二，外表化装。包括相貌化装和服饰化装。第三，语言化装。侦查员要熟练使用与化装身份相适应的行话、流行口语、地方、黑话、隐语等。第四，特型化装。侦查员装扮成某一特定的对象同侦查目标进行接触，这种化装不仅外表要与特定的人物相似，而且要了解该对象的个人经历、生活习惯、兴趣爱好、知识技能、交往关系等，该化装实际上是一种综合性化装。第五，应急化装。跟踪过程中，侦查员因某种原因多次与侦查对象接触，为了不惊动侦查对象，可采取应急化装措施。常用的应急化装品有帽子、眼镜、口罩、围巾、风衣、雨具、假发、胡须、面痣等，必要时可以男扮女装或女扮男装。

根据侦查任务的需要，还要精心准备必要的物资，如各种品牌的车辆、武器、通信工具、微型密拍、密录设备、适量的现金和必要的生活用品等。

（三）跟踪的种类与常用方法

1. 跟踪的种类。根据侦查工作的实际需要和人员力量、环境状况，从战术上，对跟踪的梢位可作如下几种划分：

（1）一字尾随梢。也叫正梢，位于侦查对象的身后进行跟踪，梢位与侦查对象、梢位与梢位之间的距离可视具体情况而定。这种梢位的布局多适用于狭长街道、一般的马路等场所。

（2）侧后梢。有的叫侧尾梢，侦查员位于侦查对象侧后平行的位置上进行跟踪。这种方式，通常适用于比较宽阔的马路、商场、大型超市等。

（3）三角梢。多由三个梢位组成，适用于比较宽广的场所，各梢位之间的距离位置可交叉布局，并视不同环境情况变换位置、灵活调整。

（4）多角梢。也称包围梢，适合于比较宽阔的超市或大型集市贸易场所或商场。

（5）占领制高点。主要适用于较大的公园地区，侦查员可及时抢占制高点，监视侦查对象的活动和去向。

2. 跟踪方法。常用的跟踪方法如下：

（1）尾随跟踪。侦查员尾随在侦查对象后边，跟踪控制侦查对象的外部活动。

（2）迂回跟踪。条件是必须事先了解侦查对象的去向，而侦查员熟悉当地的地理环境极为重要，否则，不宜使用。

（3）接力跟踪。根据侦查对象的活动规律，侦查人员采取分段接力的跟踪方法。因此，接力跟踪是一种在地区上进行的分段接力，由不同的跟踪小组分别实施的方式。

（4）交换跟踪。类似于接力跟踪，但不是按地区分段，而是从时间上区分，如上午8时至10时由甲组跟踪，而10时至12时由乙组跟踪。

（5）区域跟踪。侦查对象进入大型超市、商场时，采用此种跟踪方法。

（6）先遣预伏跟踪。事先知道侦查对象的去向，可事先潜伏到目的地，寻机跟踪。

（7）远吊跟踪。侦查对象进入胡同、小巷可采取远吊的方式进行跟踪。这种跟踪实际是尾随跟踪的方法，只是距离较远一些。

（8）间接跟踪。目的是由物到人或由人到人，如海外犯罪集团来信、寄物，侦查员可以事先预伏，待侦查对象提取信、物时跟踪，由物到人，或再由人到人、由人到物。

（9）伴随跟踪。在侦查对象乘坐车船外出活动时，侦查员化装扮作同行旅客，跟踪其外出活动情况。

侦查员完成一次跟踪任务，不限于单纯使用某一种跟踪方法，而是依据具体情况和侦查态势的变换，灵活掌握。例如，侦查对象进入公园、商场等几种不同的场所，侦查员则可由原来的尾随跟踪，转换为区域跟踪或先遣预伏，因此，侦查员要多谋善断、灵活掌握、以智取胜。

跟踪的距离极为重要，它直接关系到跟踪手段运用的成功与否，但究竟多远为宜，仍应视具体情况而定，但必须远近相宜。距离太近易暴露，离得太远容易跟丢。跟踪距离的远近，通常情况下应以不同环境和不同对象而异。就环境条件而言，一般是繁跟近，静跟远，拐弯抹角快步赶；就地理条件而言，下坡宜近，上坡宜远，宽阔宜近，狭窄宜远；就目标条件而言，身材矮小者宜近，身高者宜远，智能低者宜近，智能高者宜远，对偶犯宜近，惯犯宜远；从对象性别而言，同性宜近，异性宜远。此外，还要考虑光线、视觉等条件。

（四）查证核实

对跟踪过程中所发现的各种可疑情况，要及时向指挥部或指挥员报告，采取妥善方法进行查证核实：侦查对象接触人员的基本情况；侦查对象联络、接头、落脚、销赃、窝赃的地点及人员情况；侦查对象转移、销售、隐藏、毁坏的物品是否为赃物或罪证；侦查对象的收支情况以及消费中支付的现金是否为赃款。

二、守候监视

(一) 守候监视的概念及作用

1. 守候监视的概念。守候监视，又叫就地监视，是侦查部门在开展侦查活动中，根据案情需要，在重大犯罪嫌疑人的住所或出入活动场所的周围，进行秘密监视，掌握犯罪动向，制止或抓获现行的一种外线侦查手段。这项侦查手段常与跟踪配合使用，形成"跟中有守、守中有跟"的侦查格局。但是，二者的实施具有明显的区别，不可混同。

守候监视，应当根据刑事案件的不同特点，犯罪嫌疑人活动的不同规律，有针对性地组织蹲点守候或巡查守候，以取得侦查工作的最佳效果。

2. 守候监视的作用。可以查清犯罪嫌疑人的来往关系，从中发现犯罪线索；控制、发现犯罪嫌疑人转销赃物，隐匿毁灭犯罪证据；控制和打击现行犯罪活动；待机执行逮捕，防止对象逃跑。

(二) 守候监视地点的选择

守候地点的选择，主要依据案件的具体情况和侦查对象居住、活动的规律特点来确定，以"既能隐蔽自己，又能观察、控制犯罪活动"为原则。即以利于工作，便于掩护，保证完成侦查任务为目的，通常情况下，选择以下几种场所：侦查对象落脚藏身的地方；可能继续发生同类案件的地区和场所；侦查对象预谋犯罪的场所；侦查对象隐藏赃物、罪证的场所；侦查对象秘密接头、联络的地点；预捕或已捕犯罪嫌疑人的住地。

(三) 守候监视的方法

守候的方法根据守候的主要目的或任务而确定，并结合案情及侦查对象的个人特点，灵活选用，主要方法有四种：

1. 定点守候。即选择固定的守候监视点，以某种名义作掩护，对侦查对象进行监控。使用这种方法，一般针对监视时间较长的犯罪嫌疑人设点观察，目的是扩大侦查线索，甄别嫌疑对象，收集破案证据。这种方法的实施，重要的一条是要求侦查员要搞好化装，装扮成附近群众的亲属，以探亲访友的名义住点监视；或租用、借用合法的店铺，以营业员、个体经营摊贩的身份，设点监视。设点监视守候，侦查员一定要与群众搞好关系，特别是进入居民家中设点守候，一定要取得群众的支持和协助，否则是难以完成任务的。

2. 巡查守候。巡查守候，是针对犯罪嫌疑人连续作案的特点，在发案地附近开展巡逻守候，任务是通过巡查，发现作案人，并打击其现行犯罪活动，有的地方叫架网守候。必须强调的是，这种守候方法只适用于那些系列性犯罪案件或被害人知道作案人面貌特征的案件，并有继续发生犯罪的前提条件。否则，使用这种手段是徒劳的，因为缺乏工作的针对性。巡查守候时，实施侦查的男、女侦查员应着便装或化装进行，并要密切配合，灵活机警，及时策应，确保安全。

3. 伏击守候。伏击守候，与巡查守候的任务基本一致，只是从形式上有所不同。伏击守候一般是在犯罪嫌疑人可能销、匿赃物场所或可能作案的地段选择若干守候点，采取轮换交替，分散伏击的方式，以达到缴获赃物、抓获现行的目的，如走私案件、"两抢"、"两拦"案件、劫持人质、敲诈勒索案件，以及漏网犯罪嫌疑人可能潜回家中的案件，均可根据案情需要，采取守候伏击抓捕措施。

4. 拘捕守候。拘捕守候，是指对于已经批准拘捕的犯罪嫌疑人，因侦查工作的需要不宜采用公开拘捕的措施，而由侦查员隐蔽在侦查对象住所周围，待其返回或外出时予以拘捕，或对已拘捕人员的住所留下侦查员进行守候，发现新的线索并拘捕来此联系的同案犯罪嫌疑人。前者为捕前守候，后者则为捕后守候。

（四）守候监视应注意的问题

1. 要熟悉案情和侦查对象的有关特征，以及侦查对象的活动规律，熟悉守候点的方位、交通线路分布、出入线路、房屋结构，以及周边环境的地理状况，并做好物质、器材、经费和化装的准备。

2. 要有坚持不懈的精神，守候的任务重、条件差、时间长、气候多变，因此，一定要有坚强毅力，超常的耐心，不得厌战动摇、停停守守、半途而废。

3. 要沉着机警，凡来往行人、出入守候圈的可疑人员，室内的动静，均应引起高度注意，认真审查，并做好密拍、密录等记录取证工作。要提高警惕，掌握缉捕时机，严防侦查对象化装潜逃，导致案件形成疑难案件。

4. 要严守工作纪律，守候中不准谈论工作机密，要坚守岗位，不准擅离职守，不能随意嬉笑打闹、下棋、喝酒、聊天，以免分散精力。夜晚守候不准抽烟，以防引起侦查对象警觉。

5. 要与群众搞好关系，特别是进点守候的侦查员，作风要正派，行动要稳重，态度要谦虚，言语要谨慎，要尊重群众的风俗习惯，赢得群众的信任和支持，在任何情况下都不得暴露侦查意图，不能发生个人来往关系。设在群众家中的守候监视点，即使结案以后也应保密，防止发生意外。

6. 在带领被害人和目击者进行伏击守候和巡查守候时，要保护好被害人和目击者的人身安全，严防被劫持为人质或用于拒捕、逃跑、进一步加害被害人和见证人，造成新的危害。

‖ 第七节　网上追逃 ‖

追逃是公安工作的重要组成部分，是破案和打击犯罪的关键环节，各级公安机关对追逃工作历来都十分重视。公安部 1999 年发布的《关于实施"破案追逃"新机制的通知》对追逃工作进行了明确的规定，要求各级公安机关严格落实"破案追逃责任制"，要把立案、侦查、破案、追逃的责任，落实到每个办案单位和侦查员身上，谁办的案件，谁就要对该案在逃人员的缉捕工作负责到底。办案单位和侦查员要负责搜集在逃人员的资料并及时上网，要保管好在逃人员的档案，随时掌握缉捕工作进展情况，并做好敦促在逃人员投案自首等工作。因此，追逃是每一个侦查员必须了解和掌握的一项业务工作。

一、逃犯上网应具备的条件

公安部《关于实施"破案追逃"新机制的通知》明确规定了以下三种在逃人员必须上网：已经办理了刑事拘留、逮捕法律手续的在逃人员要在一个月以内上网；看守所、劳改、劳教场所脱逃的在逃人员要随时上网；案情重大、紧急、情况特殊的在逃人员，经地（市）级以上公安机关负责人批准，可先上网，然后补办刑事拘留、逮捕法律手续。在侦查工作实践中，对于上网逃犯有较为明确的条件和要求：凡查明涉嫌故意杀人、故意伤害致人重伤或者死亡、强奸、抢劫、绑架、放火、爆炸、劫持等重大、紧急案件的重大犯罪嫌疑人 24 小时内上网缉捕；看守所、劳改、劳教场所脱逃的在逃人员 24 小时内上网缉捕；已办理刑拘、逮捕法律手续的在逃人员 8 日内上网缉捕；其他已经查明应当办理刑拘以上法律手续的一般案件中的在逃人员，在确认犯罪嫌疑人之日起 30 日内上网缉捕；涉嫌刑事犯罪且已掌握一定证据，但尚不具备办理刑事强制措施的负案在逃嫌疑人在领导审批后 24 小时内上网查控。

二、在逃人员信息的搜集

追逃工作首先要把逃犯个人的有关情况摸清楚，要通过一系列的工作来努力剖析逃犯、解读逃犯，尽可能全面地获取在逃人员的相关信息，以便有针对性地部署追逃工作，同时将相关的逃犯信息上网也便于各地公安机关发现在逃人员踪迹后进行仔细的核查和确认身份。一般应注意搜集以下信息：

（一）逃犯个人情况

包括逃犯的个体面貌特征、出生年月日、身高体态、文化程度、宗教信仰、平时喜好（有无好玩、好赌、好嫖、好酒、好聊或是其他的特别嗜好）、技能特长、成长经历（有无随父母搬迁过、在哪几个地方上过学、恋爱婚姻情况、有无当过兵、有无服过刑、当兵与服刑的地点等）、活动轨迹（特别是成年后的工作处所、打工地点、经常或多次去的地方以及平时喜欢去的地方等）、生存能力（自立能力、独立性程度、有无依赖性）、脾气性格（是暴躁还是温和、是刚强还是柔弱、是外向开朗还是内向孤僻、是传统型还是现代型）、智能程度（是善动脑筋、机灵敏感还是智商平平、木讷迟钝或是大大咧咧、傻头傻脑）、起居规律（每天的生活习惯，是早起晚睡还是晚起早睡）等。如果逃犯是少数民族，则要了解其民族的特点及其家里的风俗习惯，按其家里风俗，逃犯最有可能在什么季节、什么时间、什么节日回家。

（二）逃犯家庭情况

包括逃犯家庭人员状况、家庭人员结构、逃犯家庭在当地（街道、乡村）的地位与威信以及影响、逃犯与家人的亲情程度（是否恋家，与父母、妻儿的关系，家庭人员中逃犯与谁最要好、最合得来、最有话说）、家庭经济状况、亲戚关系及其分布情况等。

（三）逃犯个人经济情况

包括逃犯个人经济实况（有无存款？存款在哪些银行）、经济来源、债务情况（有无借条、合约，借条、合约上有无归还日期等）。

（四）逃犯朋友情况

包括逃犯朋友的人数及分布情况、友好程度和交往密切程度，特别要注意逃犯的女朋友情况。

（五）逃犯的通信情况

包括逃犯本人及其与家庭人员、亲戚、朋友、老乡的通信工具与使用情况。

（六）逃犯对电脑的使用情况

是否经常上网聊天、打游戏？QQ 号码是多少？网名是什么？等等。

三、在逃人员信息上网

逃跑的犯罪嫌疑人需上网查缉的，首先要按在逃人员上网要求，尽快搜集上网所需的各类信息资料，填写《在逃人员信息登记/撤销表》，应注意：逃犯照片登记时可用户籍照片、黑白照片，但不能用抓获过带比例尺的照片，撤销时必须用彩色照片；身份证号必须完整无误；民族注意非汉族应填写清楚是哪个民族；身高是必填项应如实填写；户籍地必须与本地户籍库内信息一致，一字不差（部库、省库、本地库内信息可能不同，最好以本地库内信息为准，并在简要案情后注明：该逃犯户籍信息部库与本地库内不符，以本地库为准）；案件编号填写逃犯涉及案件的编号；案别最好应填写到细目案别，如扒窃案就不要填写盗窃案；简要案情按照"时间＋犯罪嫌疑人某某涉嫌在什么地点做了什么事，价值多少"这样的格式填写；逃跑日期一般应为案发时间；立案日期应与案件档案中的立案时间相一致；签发日期应与拘留证副本上的领导审批时间一致；登记日期应为立案日期后；抓获日期应为登记日期后 3 日以上才可抓获，不能刚登记就抓获或抓获后登记；撤销日期应为抓获日期后 24 小时内撤销（省内外市的 5 日内撤销，外省的 10 日内撤销）。在填写好上述信息后应按照在逃人员信息上网的要求对相关信息进行核对，信息不全的要及时进行补充采集。

犯罪嫌疑人实施犯罪后外逃需上网追逃且符合刑事拘留条件的，办案单位应经分局领导批准后，开具《拘留证》、《拘留通知书》。《拘留通知书》中只填存根联，其中附卷联、交被拘留人家属或单位联可待外逃犯罪嫌疑人抓获后据实填写。在开具《拘留证》时，存根联中"拘留原因"一栏注明"涉嫌×××罪需上网追逃"，其他栏据实填写。《拘留证》附卷联落款时间一栏填写分局领导批准时间；宣布时间一栏填写犯罪嫌疑人被外省市公安机关抓获后办案单位前往押解时直接向犯罪嫌疑人宣布时的时间；其中"本证副本已收到，被拘留人×××已由我所收押"以及"接收民警×××"、"看守所印"、"年月日"待犯罪嫌疑人被押解回办案地看守所时再据实填写。

在经办案部门负责人审批后，办案人员应将填写好的《在逃人员信息登记/撤销表》及相关法律手续交由同级刑侦部门录入上网。在逃人员上网后，办案单位发现上网信息需要变更的，要书面提交补充或修改内容。发现上网逃犯数据有误需要删除的，原上网单位需书面说明理由，交由同级刑侦部门审核后，根据变更的内容和变更处理或删除权限进行直接变更，或报上级有变更、删除权限的部门作变更、删除处理。

四、在逃人员信息的应用

目前公安机关对在逃人员信息的应用主要有以下两种途径：一是网上查询，即在工作中及时查询全国在逃人员信息系统（网址：http：//ztry. xz. ga/）以获取在逃人员信息确认在逃人员。二是自动比对，目前公安机关大都依托相应的信息系统（如预警缉控系统）建立了网上逃犯的日常比对制度，如果比中逃犯则会自动报警：通过对新增的暂住人口在录入暂住人口信息管理系统时与在逃人员信息库进行自动比对；旅馆住宿人员与逃犯库的自动比对；公安机关通过各种途径获取的手机用户、邮政汇款人员、劳务市场用工登记人员等各类社会信息资源与逃犯库的自动比对。

各级公安机关积极利用在逃人员信息比对系统，实行 24 小时值班，重点对报警对象进行分析研判，并及时通知辖区派出所或相关职能部门实施抓捕。而治安部门加强新增暂住人口库和旅馆业的管理，与派出所形成二级严密管理体系，确保对网上逃犯的抓获。经侦部门充分运用"全国经侦缉捕涉外工作信息管理系统"，通过该系统从中发现和抓获在逃人员。同时，公安机关各级业务部门在日常工作及专项行动和清查活动中注意在旅馆、出租屋、建筑工地等重点场所和暂住人口、流动人口等重点人群中加强工作，从查获的可疑人员中进行查询比对，以发现和抓获逃犯。

五、缉获在逃人员的移交及相关手续

各级公安机关上网的逃犯，被外省或本省外市缉获后，立案地在查明抓获单位、抓获时间、抓获地点等基本情况后，要及时办理相关手续。

第一步，应在在 24 小时内向抓获地提供羁押法律手续。

第二步，立案地公安机关要在公安部"全国在逃人员信息系统"中申领取得网上逃犯的"撤销授权密码"；再填写《移交、接收证明》。

第三步，立案地公安机关应携带《拘留证》、警官证复印件及介绍信以及《移交、接收证明》在 10 日内派员抵达抓获地，出具《移交、接收证明》，办理抓获逃犯的移交手续。在看守所服刑人员中查获逃犯需押回审查的，立案地公安机关在办理逃犯移交手续时，需提供相应监管部门的押回批准手续。属本市跨县、市、区的，由市公安局监管部门审批，本省跨市或跨省的，由省公安厅监管部门审批。在劳改场所服刑人员中查获逃犯需押回审查的，按有关规定，需到市级或省级监狱管理部门办理押回审批手续。如果上网追逃的犯罪嫌疑人，被外省市公安机关抓获后临时羁押当日至立案单位前往押解三日内不能返回的，在押解前应办理延长刑拘手续，经局长批准后，开具《延长拘留期限通知书》，与《拘留证》一同在抓获地公安机关临时羁押场所向犯罪嫌疑人依法宣布并办理签字手续。如果有证据证明犯罪嫌疑人有流窜作案、多次作案、结伙作案重大嫌疑的，也可以直接将提请审查批准的时间延长至 30 日。

办案民警到达犯罪嫌疑人临时羁押地公安机关后，要认真调查了解情况，逐个核对犯罪嫌疑人的姓名、年龄、住址、案情等身份要件，一经确认，立即提审犯罪嫌疑人，办理刑事拘留相关法律手续，进行第一次讯问。立案地公安机关的办案人员将逃犯押解回立案地后，将《拘留证》（副本）交看守所，"拘留原因"一栏应注明"涉嫌×××罪被×××省（市、县）抓获"字样；"执行拘留时间"一栏应填写犯罪嫌疑人被外省市公安机关抓获后被临时羁押当日的时间，其他栏据实填写。但应注意《拘留证》（副本）上的分、县局章、局长章二章应齐全，必须清晰，不得有涂改迹象。并应在 48 小时内填写《在逃人员信息撤销表》交由同级刑侦部门办理网上撤销手续。

六、追逃工作档案管理

（一）建档

追逃工作档案管理主要包括对本地在逃的犯罪嫌疑人缉捕档案的管理和抓获外地上网逃犯的相关工作卷宗管理。通过建立逃犯缉捕工作档案，搜集整理逃犯涉及的案件、法律手续、逃犯基本情况、家庭成员、社会关系调查，并分析长期在逃的具体原因，采取缉捕的工作措施，缉捕工作的过程等相关内容，实行"一犯一档"管理，做到逃犯未归案，档案不撤。从而保证了逃犯缉捕工作的延续性以及逃犯资料的积累，强化了对逃犯情况的了解和掌握，有效督促落实各项追逃工作措施，减少了因责任民警调动而导致追逃工作的中断及逃犯信息搜集工作的重复。

（二）追逃工作卷宗包括的内容

由于公安部追逃工作新机制明确规定了追逃奖励制度和责任倒查追究制度，并于 2005 年 3 月下发了《日常"网上追逃"工作考核评比办法（修订)》（公刑〔2005〕403 号），对各省、直辖市和自治区的日常网上追逃工作进行考核评比，因此有必要建立相应的追逃工作卷宗，以作为考核和奖惩的支撑材料。追逃工作卷宗主要包括以下内容：

1. 目录页。

2. 请求协助请求文件：即立案单位的办案协作函、电话记录及其他协助请求文件（原件）。

3. 证明文件：介绍信（原件）、请求协助人警官证（复印件）。

4. 网上在逃人员登记表（追逃网下载打印件）。

5. 抓获经过：抓获负责人员撰写，内容包括抓获网上逃犯的时间、地点、参加人员、简要经过等。

6. 抓获人员对在逃人员讯问笔录（复印件，原件移交立案单位）。

7. 有关法律文书：包括《拘留证》、《逮捕证》等（复印件或者追逃网下载打印件）。

8. 移交接收证明（原件）。

9. 与此次抓获行动有关的简报、通报、报功材料、情况报告等（复印件）。

10. 其他有关此次追逃工作文件。

卷宗装订参照刑事案件案卷装订规则。但需注意的是追逃工作卷是指抓获外地网上逃犯后制作的工作卷宗，抓获本地上网的网上逃犯的不用制作；介绍信、移交接收证明上的姓名必须与警官证上的姓名相符。

‖ 第八节　警犬技术 ‖

警犬技术是在科学的组织下，利用培养、训练的警犬实现侦查破案和安全防范的一项应用技术。

犬被用于军事和战争的过程中，其嗅认能力逐步得到了开发利用。正是这种开发利用，为犬在刑事案件侦破中的运用提供了经验。从 1908 年起，在俄国、德国等欧洲大国中，警犬的作用得到了充分的肯定。

我国警犬技术的创建始于 20 世纪 20 年代。1922 年，山东省青岛市公安局聘请德国人安德柯帮助训练警犬。后来，国内出版了《警犬工作教材》。最后，这项技术成为一门学科——"警犬学"被研究。

一、警犬技术在侦查中的作用

警犬技术已成为不容忽视的打击犯罪的利器，在侦查中的作用主要体现为两个方面：

（一）发现、确认与犯罪有关的场所、痕迹、物证

在命案侦查中，警犬能在各种复杂的作案现场及周边环境中迅速找到被害人或嫌疑人的血迹、被藏匿的尸块、被害人携带的物品、作案人利用的工具及其他痕迹、物证。在涉爆案件侦查或安全检查中，使用警犬搜索爆炸物。在毒品案件侦查

中，利用警犬搜索毒品。

警犬找到相关痕迹、物证后，侦查人员可以再借助其他侦查手段从这些痕迹、物证上找到其他痕迹、微量物证或者是生物检材，最终为案件的侦破乃至庭审提供证据支持。

（二）发现乃至抓获犯罪嫌疑人

警犬以犯罪分子留在现场的人体气味或其他某种特殊气味为依据，沿犯罪嫌疑人逃离去向进行追踪，从而发现犯罪嫌疑人，有时甚至可以直接辅助侦查人员抓获犯罪嫌疑人。

二、警犬追踪

警犬追踪具有快速、高效的特点。

（一）警犬追踪的条件

警犬追踪往往会受到许多客观因素的制约。一般情况下，警犬追踪必须具备以下条件：

1. 嗅源必须准确、有效。嗅源往往是那些在犯罪现场或周围遗留或者提取的，经作案人或被害人接触、抚摸过的物体或在走动过地面上存在的具有个体特征的无形气味。对于现场发现的犯罪嫌疑人脚印、血迹、烟头、精斑、汗液、毛发、粪便甚至是衣帽鞋子等痕迹、物品，让警犬嗅闻，为其嗅觉作业提供依据。为保证追踪的有效性，一定要准确确定嗅源。

有时，嗅源虽然准确无误，但倘若超越时限，同样也会失去利用价值，尤其是一些迹线气味。因为人们在行走过程中，踩在地面上的每枚单个足迹，仅有一瞬间的工夫，气味本身就十分微弱。随着时间的推移，在热力、风力等影响下，迹线气味会自行减弱和消失。

2. 环境条件要相对清静。警犬具有灵敏的嗅觉和精确的气味分析能力，但这种能力往往因环境条件的复杂化而受到影响。在环境条件比较清静、气味比较单纯的情况下，警犬往往能够更好地发挥作用。例如，在环境比较清静、气味比较单纯的山区、田野、边境等处使用警犬，比在城镇、闹市的复杂环境下使用效果理想得多。

3. 气候条件要相对适宜。气候条件与警犬的嗅觉作业效果关系密切。在追踪作业中，警犬需要长时间的低鼻嗅觉和长途跋涉，其神经活动始终处于高度紧张状态，气候条件好，其状态也会更佳。

追踪时的温度、湿度、风向、风力、空气中的气味和雨雪等因素，也都直接关系到追踪的效果。一般说来，在气候凉爽，空气和土壤表面有一定湿度，风力不大又无雨水的条件下，气味可以保留 24 小时，警犬追踪的效果就好，而在风、雨、雪天气下，气味会很快散失。

（二）警犬追踪的程序、方法

1. 准确确定追踪起点。追踪起点的突破，是决定追踪成败的关键。追踪起点确定不准，往往会使警犬陷入迷途，直接影响追踪的正确性。追踪起点一般从以下几个方面来选择：从现场入手；从案件性质和特点入手；通过访问发现起点；从犯罪嫌疑人住处入手；根据嗅源令警犬搜索发现起点。

2. 关注警犬的作业表情，验证追踪路线。训导员要准确掌握警犬的作业兴奋性。当追踪方向正确或发现新的痕迹物证时，训导员应当及时给警犬以适当"奖励"，这样能保持或激发警犬在追踪时的兴奋性。出现断线时，训导员要让警犬嗅闻备用嗅源，重新寻找迹线，继续追踪。在警犬追踪突破起点后的整个追踪过程中，训导员都应根据现场的足迹，在能够留下足迹的地面上注意观察，对照验证追踪路线。

3. 适时结束追踪工作。当不能或不必继续追下去时，要果断结束追踪。结束追踪时，警犬直接追到犯罪嫌疑人的，要注意寻找犯罪嫌疑人可能掩埋的赃物或遗留物品；没有追踪到犯罪嫌疑人，但追踪到赃物、赃款或其他罪证，对发现的赃物、赃款，首先要保护好现场，及时拍照；同时采取秘密等候等措施，伺机抓获犯罪嫌疑人。发现可疑场所或尸体时，训导员一方面要及时上报，另一方面要密切观察。

4. 警犬追踪中要注意与多种措施相结合。警犬追踪就要做到警犬追踪与路访相结合，警犬追踪与步法追踪相结合，警犬追踪与搜索相结合，警犬追踪与摸底排队相结合，警犬追踪与鉴别相结合。

三、警犬搜索

（一）物证搜索

警犬物证搜索的任务主要有搜索犯罪遗留物、搜索赃款赃物、搜索受害人的尸体、尸块等几方面。

1. 搜索物证的准备。警犬搜索物证的准备工作如下：

（1）明确搜索目的。警犬驯导员到达现场后，应根据案件性质、现场条件和指挥员的意图，明确搜索目的。

（2）划定搜索范围。搜索前，要根据现场环境条件划定搜索范围，确定搜索的责任区、突出搜索重点。搜索范围的大小往往和搜索对象、搜索环境的复杂程度有着密切的联系，环境复杂的，可适当扩大搜索范围。

（3）确定嗅源，制定搜索方案。嗅源是搜索的依据，方案是搜索的指南，这是警犬搜索的必备条件之一。嗅源要根据案件性质、搜索对象和现场条件三个方面的综合情况灵活确定。制定翔实的搜索方案，才能够保证警犬的搜索作业有条不紊地进行。

2. 物证搜索的方法。室内搜索方法：以从犯罪现场所提取的作案人或被害人的气味为嗅源，在作案现场、受害人家里或有关场所搜索犯罪遗留物或掩埋、隐藏在室内阴暗角落等处的尸体、尸块和凶器。搜索时，还应当注意发现屋内是否有夹墙、坑洞、地下室或其他易于隐藏的地方。室外搜索方法：一般是利用嗅源或无嗅源搜索，首先确定搜索范围，测定风向、温度，然后从下风处开始搜索。

（二）搜捕犯罪嫌疑人

1. 明确搜捕对象、确定搜捕范围。了解犯罪事实和犯罪嫌疑人的凶残程度，明确他们的人数、技能、生理特征、犯罪动机、心理特征、行为特征、是否携带武器及其数量，等等。

确定搜捕范围，搜索犯罪嫌疑人的范围要比搜索物证的范围大一些。当然，搜索时也不能漫无边际，尤其在居民区使用警犬搜捕，指挥员一定要严格控制搜索范围。

2. 搜捕的实施。室内搜捕：首先要弄清犯罪嫌疑人大致所处的方位，封锁整个建筑物，做好突击的准备。采用机动灵活的战术，先围后攻，从而捕获犯罪嫌疑人。室外搜捕：可分片分段进行，重点地区可先行搜索，再向其他方向发展，防止漏空，要根据地形地物实施相应战术。

3. 搜捕中应注意的问题。搜捕犯罪嫌疑人时，应注意以下问题：

（1）为避免在扑咬时警犬受伤，参加搜捕的警犬一律不戴脖圈、胸带。

（2）夜间搜捕时，为易于观察警犬的动向，必须给其佩戴微光显示器。

（3）训导员应与警犬保持 5 米距离。其他参战人员必须轻装上阵，人员不要太集中，呈三角队形，相互保持 5 ~ 10 米的距离。

（4）搜捕人员在行进过程中，动作轻巧敏捷，并要保持安静，相互联系时最好以手势、信号、眼神、表情示意。

（5）搜捕时，配合人员要保障训导员和警犬的安全，特别是在警犬和案犯进行搏斗时配合人员一律不得开枪。

（6）在警犬对搜捕对象尚未明确的情况下，不要轻易放犬扑咬，以免误伤好人。

（三）搜索爆炸物

经过训练的搜爆犬，能对硝铵、黑火药、TNT、塑性炸药以及各种引爆装置、爆炸实体、枪支弹药等气味形成条件反射。在其搜索范围内，警犬遇到上述危险物品时往往会以卧下的动作表示反应。

1. 搜爆的要求。训导员一定要将警犬的搜索兴奋性调节到最佳状态，这是使用警犬搜爆的关键，也是细致和准确搜爆的基础。训导员一定要观察警犬的微小反应，要指嗅进行补搜或重搜。

2. 搜爆的方法。不同场所搜爆的重点各有侧重。

（1）对露天场所的搜爆检查。在搜爆时，一切无关人员必须撤离，然后训导员带犬进行检查。检查后，有安全隐患的，应当将该场所封闭或由专人看管，再启用时，进入者一律经安全部门检查。如果搜爆后，没有安全隐患的，可撤除封锁。

（2）对室内的搜爆检查。对室内的一切设施进行仔细搜索，以确保安全。

（3）对汽车的检查。先启动引擎马达，观察各种仪表是否正常，然后让警犬对车上各部件认真嗅认，重点是靠背车座、车轮胎、底盘等部位。

(4) 对机场搜爆检查。主要搜索停机坪、周围绿化带、下水沟等，对机用舷梯也要仔细搜索。

【小结】

本章对侦查实务中经常应用的追缉堵截、视频侦查、查控涉案财物、并案侦查、摸底排队、跟踪守候、网上追逃、警犬技术等侦查措施进行了介绍和阐述。重点阐述了上述侦查措施的适用条件、侦查方法、组织实施等问题。一方面，对传统侦查措施在新的历史条件下的适应与更新进行了总结；另一方面，概括、推崇了新产生的侦查措施和侦查机制，如数字化侦查、视频侦查、网上追逃、公安机关侦办跨区域系列团伙刑事案件工作机制等。

【思考题】

1. 如何组织实施追缉堵截措施？如何完善追缉堵截的工作机制？
2. 视频侦查的方法有哪些？
3. 查控涉案财物的方法有哪些？如何开展网上查控涉案财物？
4. 如何确定并案侦查的条件？怎样收集并案侦查的线索？
5. 如何划定摸底排队的范围？如何进行网上摸排？
6. 跟踪监视、守候监视的方式各有哪几种？
7. 如何开展网上追逃？
8. 怎样进行警犬追踪、警犬搜索？

【推荐阅读】

1. 刑事诉讼法(2012年3月14日第十一届全国人民代表大会第五次会议第二次修正).
2. 公安部. 公安机关办理刑事案件程序规定(2012年12月13日发布，自2013年1月1日起施行).
3. 瞿丰. 侦查学. 群众出版社，2013.
4. 阮国平，许细燕. 刑事侦查措施. 中国人民公安大学出版社，2007.
5. 刘庆. 警犬使用学/警犬技术系列教材. 中国人民公安大学出版社，2008.
6. 刘国权等. 警犬技术简明教程. 群众出版社，2000.
7. 南会林. 警犬基础训练教程. 中国人民公安大学出版社，2008.
8. 马海舰. 侦查措施新论. 法律出版社，2012.
9. 公安部. 公安机关执法细则(2009年10月28日公通).
10. 公安部. 公安机关电子数据鉴定规则. 2007.
11. 公安部五局. 视频侦查学. 中国人民公安大学出版社，2013.
12. 王禹等. 视频侦查实战技能. 中国人民公安大学出版社，2014.

第五编　刑事案件侦查

第十五章　刑事案件侦查的一般步骤

【教学重点与难点】

教学重点：立案的条件及审查；预审办案的任务；侦查终结的条件。

教学难点：数字化侦查背景下案件侦查办案方式的变革。

刑事案件侦查是侦查机关对已经立案的犯罪案件开展调查，以查明案件事实、收集犯罪证据，查获犯罪嫌疑人，揭露和证实犯罪的诉讼准备活动。从刑事案件侦查实务的角度来看，一起案件的侦查，通常需经过受案、立案、发现嫌疑对象、审查认定犯罪嫌疑人、预审办案和移送审查起诉等若干环节，这些环节就是刑事案件侦查的一般步骤。

第一节　受　案

受案是发现案件的重要途径，是立案的前提和基础。公安机关能否准确及时地发现犯罪，迅速有效地开展侦查活动，在很大程度上取决于受案工作的好坏。因此，对于群众报案应认真对待，按照法定程序和要求，做好案件的受理工作。

一、案件来源

公安机关受理案件的来源多种多样，既有公安机关自己发现的，也有群众提供的；既有犯罪嫌疑人自首的，也有其他部门移交的。主要有以下来源：

（一）公民扭送、报案、控告和举报

扭送，是指有关单位和个人当场或事后将犯罪嫌疑人强行送到公安机关的行为；报案，是指单位和个人以及被害人就自己所了解的案件情况向公安机关进行的报告；控告，是指被害人为了维护自己的合法权益，而对侵犯自身合法权益的犯罪嫌疑人和犯罪嫌疑人的犯罪行为，向公安机关作出的控诉和告发；举报，是指单位和个人就发现的侵犯他人合法权益的犯罪嫌疑人和犯罪事实向公安机关进行的检举和报告。

（二）犯罪嫌疑人自首、检举和揭发

自首是犯罪嫌疑人作案后，主动向公安机关投案，如实交代自己的罪行，并接受审查和裁判的行为。检举和揭发是犯罪嫌疑人向公安机关反映自己知道的犯罪嫌疑人、犯罪事实和犯罪线索的行为。

（三）公安机关发现

公安机关在侦查、治安、交通、边防、消防等工作中发现的一些犯罪线索和犯罪嫌疑人。

（四）其他途径

实践中，除了上述来源，公安机关有时还会从其他有关途径接受案件，如工商、税务、审计、监察、纪检等部门在日常工作中发现并移交公安机关追究刑事责任的案件，上级部门交办或兄弟部门移交的案件，等等。

二、受案的要求

（一）依法受理案件

对于人民群众的报案、扭送、控告、举报，或其他单位移送的案件，都应当立即接受，不得拒绝、刁难和推诿。公安机关接受控告、举报的工作人员，应当向控告人、举报人说明诬告应负的法律责任。但是，只要不是捏造事实、伪造证据，即使控告、举报的事实有出入，甚至是错告的，也要和诬告严格加以区别。如果报案人、扭送人、控告人、举报人或自首者能够提供有关的物证、书证等证据的，应当按照法定程序和要求，依法办理必要手续，及时接收物证、书证等，必要时，应当拍照或者录音、录像，并妥善保管。公安机关应当保障扭送人、报案人、控告人、举报人及其近亲属的安全。扭送人、报案人、控告人、举报人如果不愿意公开自己的身份，应当为其保守秘密，并在材料中注明。

（二）详细询问或讯问有关情况

受案时，应当向报案人、扭送人、举报人、控告人或自首者详细询问（或讯问）下列情况：一是案件发生发现的基本情况；二是犯罪嫌疑人的情况；三是被害人的有关情况。如果是犯罪嫌疑人自首的，应当把其作案的时间、地点、目的、动机、手段、过程、后果等详细追问清楚。

（三）制作笔录或录音

在询问报案人、扭送人、举报人、控告人或投案自首者的同时，要认真制作笔录，必要时应当录音或录像。笔录必须客观真实地记载受案情况，经核对无误后，由扭送人、报案人、控告人、举报人、自动投案人签名、捺指印。

（四）制作受案登记表并出具回执

侦查人员应按照要求认真填写《接受刑事案件登记表》，其内容包括报案人（或控告人、举报人）和犯罪嫌疑人的基本情况、报案方式、发案时间、发案地点、简要案情、领导批示、处理结果等项目。并开具《接受案件回执单》，及时送交报案人。

三、初查

对接受的案件，或者发现的犯罪线索，公安机关应当迅速进行审查。对于在审查中发现案件事实或者线索不明的，必要时，经办案部门负责人批准，可以进行初查。初查过程中，公安机关可以依照有关法律和规定采取询问、查询、勘验、鉴定和调取证据材料等不限制被调查对象人身、财产权利的措施。

初查是侦查机关在立案之前所进行的初步调查工作，是立案的必经阶段。因此，侦查机关在接到报案之后应及时派出侦查人员到案发现场开展必要的初查，包括向知情人员或周围的群众了解案件情况，对现场情况进行初步的勘查，必要时可以请专业技术人员对现场留下的痕迹物品等进行检验鉴定，从而判断是否为刑事案件。如果侦查人员一到现场凭经验和常识就能确定是刑事案件，为了防止痕迹物证的流失，及时掌握案件情况，获取证据材料，或防止犯罪嫌疑人逃跑，也应按照规定及时采取相应的措施。

四、受案后的处理

受案后，如果有犯罪现场，应当立即派人赶赴现场，及时采取相应措施加以保护；如受案时发现需要急救人命、排除险情、抢救财物等情形，应当迅速采取紧急救护措施；如犯罪嫌疑人正在逃跑并且有条件堵截时，应当马上采取有效措施进行堵截；对于正在实施危害行为的，要立即采取措施予以制止；犯罪嫌疑人自首的，应当根据具体情况，采用恰当的措施限制其人身自由。对于正处于危险之中或者可能遭受打击报复的控告人、举报人、报案人、扭送人及其亲属，应当及时采取有效的保护性措施，保障其安全。另外，为了使案件侦查工作能够顺利进行，接受案件的侦查人员应强化法律意识、诉讼意识和证据意识，从受案开始就注意做好收集证据的工作。

‖ 第二节　立案与撤案 ‖

立案，是指对刑事案件具有管辖权的机关或部门对接受的报案、控告、举报或自首及自己发现的材料进行审查，判明有无犯罪事实和应否追究刑事责任，并决定是否作为刑事案件进行侦查或者审理的诉讼活动。立案是侦查的起点，任何刑事案件的侦查都是从立案开始的，在刑事案件侦查中能否坚持正确、如实立案，对于刑事案件侦查工作的开展具有重要意义。

一、立案审查

公安机关对于受理的案件或者发现的犯罪线索，应当迅速进行审查。以初步判明是否有犯罪事实发生，是否需要追究行为人的刑事责任，确定是否立案。审查的

内容主要包括以下三个方面:

（一）审查有无犯罪事实发生

侦查实践中，报案人、控告人、举报人甚至自首者所提供的情况，绝大多数是真实的。但由于各种因素的影响，有些人提供的情况中有不少夸大甚至虚假的成分。因此，在审查中首先应当审查有关人员提供的情况是否存在，是否真实，防止假案、错案的发生。同时需进一步审查立案材料能否证明案件成立，是否有能证明犯罪事实发生的相应证据。

（二）审查是否应当追究行为人的刑事责任

首先要审查行为人的行为是否具有社会危害性，如果行为人的行为不具有社会危害性，就不能立案侦查；其次要审查行为人的行为是否触犯了刑律，即行为人的行为触犯了刑法的哪一条哪一款，涉嫌什么罪；最后审查行为人的行为是否应当受到刑罚处罚。

（三）审查是否属于自己管辖的案件

如果确有犯罪事实存在，并且应当追究刑事责任，就应当审查受理的案件是否属于自己管辖。应当按照《刑事诉讼法》和《公安机关办理刑事案件程序规定》所确定的管辖分工范围确定所受理的案件是否属于自己管辖。

二、立案程序

确定立案的一般案件应制作《刑事案件立案报告表》，重、特大案件要制作《立案报告书》。经县级以上公安机关负责人批准，开具《立案决定书》。

经过审查，认为有犯罪事实需要追究刑事责任，但不属于自己管辖或者需要由其他公安机关并案侦查的案件，经县级以上公安机关负责人批准，制作《移送案件通知书》，移送有管辖权的机关或者并案侦查的公安机关，并在移送案件后3日以内书面通知犯罪嫌疑人家属。对于不属于自己管辖又必须采取紧急措施的，应当先采取紧急措施，然后办理手续，移送主管机关。案件变更管辖或者移送其他公安机关并案侦查时，与案件有关的财物及其孳息、文件应当随案移交。移交时，由接收人、移交人当面查点清楚，并在交接单据上共同签名。

经过审查，对告诉才处理的案件，公安机关应当告知当事人向人民法院起诉。对被害人有证据证明的轻微刑事案件，公安机关应当告知被害人可以向人民法院起诉；被害人要求公安机关处理的，公安机关应当依法受理。

经过审查，认为没有犯罪事实，或者犯罪事实显著轻微不需要追究刑事责任，或者具有其他依法不追究刑事责任情形的，经县级以上公安机关负责人批准，不予立案。对于不够刑事处罚需要给予行政处理的，依法予以处理或者移送有关部门。对有控告人的案件，决定不予立案的，公安机关应当制作不予立案通知书，并在3日以内送达控告人。控告人对不予立案决定不服的，可以在收到不予立案通知书后7日以内向作出决定的公安机关申请复议；公安机关应当在收到复议申请后7日以内作出决定，并书面通知控告人。控告人对不予立案的复议决定不服的，可以在收到复议决定书后7日以内向上一级公安机关申请复核；上一级公安机关应当在收到复核申请后7日以内作出决定。对上级公安机关撤销不予立案决定的，下级公安机关应当执行。

对行政执法机关移送的案件，公安机关应当自接受案件之日起3日以内进行审查，认为有犯罪事实，需要追究刑事责任，依法决定立案的，应当书面通知移送案件的行政执法机关；认为没有犯罪事实，或者犯罪事实显著轻微，不需要追究刑事责任，依法不予立案的，应当说明理由，并将不予立案通知书送达移送案件的行政执法机关，相应退回案件材料。移送案件的行政执法机关对不予立案决定不服的，可以在收到不予立案通知书后3日以内向作出决定的公安机关申请复议；公安机关应当在收到行政执法机关的复议申请后3日以内作出决定，并书面通知移送案件的行政执法机关。

对人民检察院要求说明不立案理由的案件，公安机关应当在收到通知书后7日以内，对不立案的情况、依据和理由作出书面说明，回复人民检察院。公安机关作出立案决定的，应当将立案决定书复印件送达人民检察院。人民检察院通知公安机关立案的，公安机关应当在收到通知书后15日以内立案，并将立案决定书复印件送达人民检察院。人民检察院认为公安机关不应当立案而立案，提出纠正意见的，公安机关应当进行调查核实，并将有关情况回复人民检察院。

三、撤案

经过侦查，发现具有下列情形之一的，应当撤销案件：

1. 没有犯罪事实的；
2. 情节显著轻微、危害不大，不认为是犯罪的；
3. 犯罪已过追诉时效期限的；
4. 经特赦令免除刑罚的；
5. 犯罪嫌疑人死亡的；
6. 其他依法不追究刑事责任的。

对于经过侦查，发现有犯罪事实需要追究刑事责任，但不是被立案侦查的犯罪嫌疑人实施的，或者共同犯罪案件中部分犯罪嫌疑人不够刑事处罚的，应当对有关犯罪嫌疑人终止侦查，并对该案件继续侦查。

需要撤销案件或者对犯罪嫌疑人终止侦查的，办案部门应当制作撤销案件或者对犯罪嫌疑人的终止侦查报告书，报县级以上公安机关负责人批准。公安机关决定撤销案件或者对犯罪嫌疑人终止侦查时，原犯罪嫌疑人在押的，应当立即释放，发给释放证明书。原犯罪嫌疑人被逮捕的，应当通知原批准逮捕的人民检察院。对原犯罪嫌疑人采取其他强制措施的，应当立即解除强制措施；需要行政处理的，依法予以处理或者移交有关部门。对查封、扣押的财物及其孳息、文件，或者冻结的财产，除按照法律和有关规定另行处理的以外，应当解除查封、扣押、冻结。公安机关作出撤销案件决定后，应当在 3 日以内告知原犯罪嫌疑人、被害人或者其近亲属、法定代理人以及案件移送机关。公安机关作出终止侦查决定后，应当在 3 日以内告知原犯罪嫌疑人。

公安机关撤销案件以后又发现新的事实或者证据，认为有犯罪事实需要追究刑事责任的，应当重新立案侦查。对于犯罪嫌疑人终止侦查后又发现新的事实或者证据，认为有犯罪事实需要追究刑事责任的，应当继续侦查。

‖ 第三节　发现犯罪嫌疑对象 ‖

批准立案后，就应有计划、有步骤地开展侦查工作。此时的侦查工作应紧紧围绕寻找发现犯罪嫌疑对象展开，一般应在案情分析的基础上刻画作案人的特征与条件，确定侦查方向和范围，拟订侦查计划，搜集侦查线索，通过多种途径和方法发现犯罪嫌疑对象。

一、分析案情

首先应对案件性质进行分析判断。根据案件的具体情况，在对作案人的行为动机和目的推断的基础上，确定案件性质。

其次应对有关案件情况进行分析判断。通过分析确定作案时间、作案地点、作案工具、作案人数、作案手段与方法、作案过程等。

再次应对作案人进行刻画。分析作案人的有关特征，如对体貌特征、居住范围、职业特征、嗜好、生活状态、同伙情况、有无前科等方面进行分析判断，确定作案人应具备的条件。

最后应分析确定侦查方向和范围。在对案件情况作出基本的分析推断后，就要确定侦查方向和侦查范围，为全面调查、寻找犯罪嫌疑人打下基础。实践中，主要依据分析判断的犯罪动机、犯罪条件、犯罪的方法手段、作案人可能的去向等确定侦查方向和范围。

二、制定侦查工作方案

侦查工作方案，是指侦查部门对立案侦查的刑事案件所制定的侦查工作的总体规划和行动方案。侦查工作方案可以明确侦查思路，侦查人员可以按照方案组织和实施侦查，确定必要的侦查措施，避免盲目性，有利于侦查力量的分工与协作，从而推动侦查工作的顺利进行。侦查工作方案一般包括以下内容：

1. 对案情的分析判断。
2. 侦查方向和范围。
3. 拟采取的侦查措施。

4. 侦查力量的组织与分工。

5. 侦查工作的纪律和要求。

此外，对于多警种协同侦查的案件，侦查工作方案还应根据同步上案机制的要求明确有关方面配合的各个环节如何紧密衔接。对于预谋犯罪案件，还应当提出制止现行破坏和防止造成损失的措施。

三、选择侦查途径

侦查途径，是指侦查工作从何入手，怎样去发现嫌疑线索的工作方向及指引。任何一起刑事案件，都存在若干侦查途径。侦查途径的选择，就是在一起案件的若干条侦查途径中，选出最佳途径，以集中较多的力量，力求尽快地发现犯罪嫌疑对象。寻找与发现犯罪嫌疑对象的途径主要有：

（一）从作案人的体貌特征入手发现犯罪嫌疑对象

这种途径主要用于对作案人的体貌特征已经掌握的情况下，通过通报悬赏、寻查辨认、巡逻清查等方式寻找和发现犯罪嫌疑对象。

（二）从作案人的损伤情况入手发现犯罪嫌疑对象

这种途径主要用于已经掌握作案人身上有损伤或留有血迹的情形下，采取相应的控制和调查方法发现犯罪嫌疑对象。

（三）从调取现场视频监控图像入手发现犯罪嫌疑对象

这种途径主要用于已获取了作案人作案时的现场及进出现场道路沿线的监控视频图像，通过视频图像分析查找确定作案人的落脚藏身地点的方法发现犯罪嫌疑对象。

（四）从作案的方法和手段入手发现犯罪嫌疑对象

这种途径主要用于作案人的作案方法和手段有明显特征或有明显习惯性的情形，能据此分析确定其职业特点和前科情况，通过排查发现犯罪嫌疑对象。

（五）从现场遗留痕迹物品入手发现犯罪嫌疑对象

这种途径主要用于确定现场遗留物品是作案人所留的情况下，通过物品调查和辨认发现犯罪嫌疑对象。对于遗留有可进行个体识别特征的痕迹则可通过查询相关的情报资料档案发现犯罪嫌疑对象。

（六）从控制赃款赃物入手发现犯罪嫌疑对象

这种途径主要用于作案人劫取财物特征已经明确的情况下，从赃款赃物入手，采取网上布控、去向追踪等方法发现犯罪嫌疑对象。

（七）从作案时空轨迹入手发现犯罪嫌疑对象

这种途径主要用于已掌握了作案人在作案时的多个（一般在三个以上）时空位置点的情形下，通过查证各类时空位置记录发现符合作案人的时空位置特征的犯罪嫌疑人。

（八）从调查因果关系入手发现犯罪嫌疑对象

这种途径主要用于作案人和被害人因果关系明显的情况下，通过深入调查的方法确认因果关系，发现犯罪嫌疑对象。

（九）从搜集情报信息入手发现犯罪嫌疑对象

这种途径主要是通过各种技术侦查手段，搜集与案件有关的情报和线索，从中分析和查找犯罪嫌疑对象。

‖ 第四节　审查认定犯罪嫌疑人 ‖

通过前期的侦查，发现了一些犯罪嫌疑对象，但这些对象并非都是犯罪嫌疑人，有必要根据案件的具体情况，从中筛选本案的重点嫌疑对象。

一、审查确定犯罪嫌疑人

对于发现的犯罪嫌疑对象，应结合案件的具体情节或细节，进行认真核查，凡是具有下列情况之一的，可以列为重点嫌疑对象：

（一）审查其有无作案的时间

确定犯罪嫌疑人首先要审查其有无作案时间。确定嫌疑人有无犯罪时间主要包括：嫌疑对象在发案时间内所处的位置和活动情况，有无旁证，嫌疑对象距离作案地点往返需要的时间和在现场所需要的作案时间，在特定时间内能否完成等。

（二）审查其有无作案因素

作案因素，是指导致作案人实施犯罪的主、客观原因。促成某种案件的形成，既有作案人的内在因素，也有其客观外界的条件。审查嫌疑对象有无作案因素，要根据具体案件的特点和案件性质的不同去分析研究。

（三）审查有无证明其犯罪的证据

侦查工作的实质在于取得犯罪证据，用证据证实犯罪，达到破案的目的。在确定犯罪嫌疑人时，虽然还未取得确凿证据，但是部分的或间接的尚未查实的证据也是确定嫌疑对象的重要条件之一。

经过审查，一般具备以下条件的重点嫌疑对象可以考虑确定为本案的犯罪嫌疑人：一是在动机目的方面，应具备作案因素条件、因果关系条件；二是在行为实施方面，应当具备作案时间条件、知情条件、技能条件等；三是在物证条件方面，应当具备犯罪工具、遗留物品及其痕迹特征条件；四是在体貌特征方面，应当具备静态特征和动态特征条件；五是案发后有反常表现。

二、查证犯罪嫌疑人

对所确定的犯罪嫌疑人，除进一步查证其犯罪时间、犯罪动机等方面的问题以外，主要任务是围绕着获取犯罪证据开展工作。通常查证犯罪嫌疑人的方法主要有：

（一）获取鉴定样本进行技术鉴定

例如，已掌握有认定价值的犯罪痕迹、法医物证，可采取各种方法，获取工具、手印、脚印、血液、毛发、字迹等鉴定样本，进行技术鉴定，以达到认定或否定的目的。

（二）密搜密取

赃物和其他与犯罪有关的物品，是揭露犯罪、证实犯罪的重要物证。如果赃物或其他与案件相关的物品隐藏在作案人或作案人的亲友住宅内，可以通过秘密搜查的手段去发现，一旦发现再以公开搜查的方式获取。另外，还可通过密搜密取的手段，获得鉴定样本。

（三）秘密辨认

有的案件作案人的人身形象有充分的暴露，可以组织事主、被害人或者目击人对嫌疑人进行秘密辨认。有些案件现场都有作案人的遗留物品，对于这些与犯罪直接相关的遗留物，可以组织相关知情人进行秘密辨认。

（四）跟踪守候

对一些团伙案件中的嫌疑对象，可通过跟踪的方法发现其团伙成员；对预谋犯罪的嫌疑对象，可通过跟踪的方法掌握、控制其预谋犯罪活动；对一些有活动规律和特点的嫌疑对象，在通过一般的侦查调查尚拿不到证据的情况下，可针对其经常活动的地区、场所，采取定点预伏守候的方法，抓获现行。

（五）通信侦控

现代社会生活中，通信已成为人们的一种生存方式。作案人之间也会利用通信工具，传递相关信息。因而侦查中，对嫌疑对象的通信联系进行时空轨迹倒查，可以查证其活动轨迹是否与案件相符，以进一步确定嫌疑，获取证据。

（六）测谎审查

对有些案情重大的案件，可以使用测谎技术，对嫌疑对象进行审查，以达到排除嫌疑的目的。需要指出的是，测谎审查是有严格限定的，在没有确定嫌疑对象之前，不能随意使用。

三、缉捕犯罪嫌疑人

在确定犯罪嫌疑人之后，如果条件具备，时机成熟，就应抓住战机及时缉捕犯罪嫌疑人，防止犯罪嫌疑人继续危害社会和串供、毁证灭迹等有碍侦查的行为发生。

（一）缉捕犯罪嫌疑人应具备的条件

首先，应经过侦查收集到了一定的证据，这些证据能够证明案件的犯罪性质，或者说，已收集的证据能够确凿地证明所立案件是一起犯罪性质的案件；能够证明犯罪事实的基本情况，如犯罪案件发现、发生的时间、地点、后果等。当然，被证明的犯罪事实并非一定是犯罪的全部事实,它可以是全部,也可以是部分。

其次,经侦查所获得的证据证明,犯罪事实是犯罪嫌疑人实施的。即通过侦查所获得的证据能够证明本案的犯罪嫌疑人是谁,并且获取了犯罪嫌疑人实施犯罪的确凿证据,这些证据至少可以证明犯罪嫌疑人两个方面的事实:一是能证明犯罪嫌疑人具有作案时间;二是能证明犯罪嫌疑人具有作案情节,如作案手段、动机及目的等。

最后,是缉捕犯罪嫌疑人的时机已经成熟,一般有下列情形之一的即可认为缉捕犯罪嫌疑人的时机已经成熟:一是案件事实已经查清,证据确凿可靠的;二是犯罪嫌疑人有逃跑、自杀、毁证灭迹等妨碍侦查工作的行为或动向的;三是不拘捕犯罪嫌疑人,知情人不敢提供证言和证据的;四是犯罪嫌疑人可能继续实施犯罪行为的;五是犯罪嫌疑人由预谋犯罪转向实施犯罪的。但若缉捕犯罪嫌疑人可能影响其他案件侦查的;共同犯罪案件缉捕某一犯罪嫌疑人可能引起其他犯罪嫌疑人逃跑、毁灭罪证的则应暂缓缉捕犯罪嫌疑人。

(二)抓获犯罪嫌疑人的方式

抓捕犯罪嫌疑人的方式应根据犯罪嫌疑人的犯罪事实、证据和有关法律规定来确定。

1. 对证明案件事实的证据需要犯罪嫌疑人口供印证,又不具备采取拘留或逮捕条件的,可以采用拘传的方式抓捕犯罪嫌疑人。

2. 对现行犯或重大嫌疑人员,符合拘留情形之一的,可以采取刑事拘留的方式,抓获犯罪嫌疑人。

3. 对经过侦查已取得确凿证据,符合逮捕条件的,可提请逮捕。

4. 犯罪嫌疑人逃跑的,采取通缉的方式抓捕,不宜通缉的,可以采取跟踪、守候的方式抓捕。

5. 对重大犯罪集团和预谋案件,对一些问题一时难以查清的,为了继续侦查,搞清内幕而又不惊动其他犯罪嫌疑人,可以选择秘密的手段进行逮捕,经过突审后再决定适时破案。

四、犯罪嫌疑人归案后的侦查工作

抓获犯罪嫌疑人后,侦查人员应按照《刑事诉讼法》的规定,及时做好以下工作:

(一)做好第一次讯问工作,验明身份,查明案件事实

犯罪嫌疑人归案以后,侦查人员应及时对犯罪嫌疑人进行第一次讯问,核实其身份并进一步收集、核实证据材料,以尽快查清案件事实。

(二)追缴赃款赃物

对犯罪嫌疑人因犯罪所得的赃款赃物,要全部予以追缴,这既是获取证据,揭露和证实犯罪的需要,也可以挽回或减少因犯罪造成的经济损失。通过追缴赃款赃

物，有时还可以发现一些新的犯罪事实或新的犯罪嫌疑人，破获其他案件。

（三）做好善后工作

例如，从预防犯罪的角度向发案单位提出建议，以便堵塞漏洞，加强防范。对于在侦查过程中发现的与本案无关的可疑线索，如果破案前来不及查清，破案后应积极组织力量进行追查，有的应及时转交有关部门进行调查处理。对侦查中确定的嫌疑对象，曾经通知过有关地区和单位进行过排查工作，经过查证已排除嫌疑的，应通知有关地区和单位销毁材料，消除影响。

‖第五节　预　审‖

犯罪嫌疑人归案以后，就要围绕犯罪嫌疑人开展侦查活动，查清案件事实，收集、补充、完善证据并建立证据体系，这一阶段也被称为办案或预审办案。

一、查明案件事实

根据《公安机关办理刑事案件程序规定》第 65 条规定，需要查明的案件事实包括：

1. 犯罪行为是否存在；
2. 实施犯罪行为的时间、地点、手段、后果以及其他情节；
3. 犯罪行为是否为犯罪嫌疑人实施；
4. 犯罪嫌疑人的身份；
5. 犯罪嫌疑人实施犯罪行为的动机、目的；
6. 犯罪嫌疑人的责任以及与其他同案人的关系；
7. 犯罪嫌疑人有无法定从重、从轻、减轻处罚以及免除处罚的情节；
8. 其他与案件有关的事实。

二、收集、补充和完善证据

在预审办案阶段应根据案件事实收集证据，并应当结合案件的具体情况，从各证据与待证事实的关联程度、各证据之间的联系等方面进行审查判断。

（一）收集证据

有些案件在犯罪嫌疑人归案后，所收集的证据较少，只能证明部分犯罪事实，要证明犯罪，还需收集大量的证据，此时就应把工作重点放在收集证据上，使认定案件事实的证据达到确实充分的程度。

（二）补充证据

有些案件基本的证据已经收集了，但认定案件事实还较为薄弱，需要进一步补强。此时主要是补充证据，以对案件事实的证明予以补强。主要看证明哪方面的案件事实的证据较弱就补充相应的证据，使证明案件事实的证据达到充分的要求。

（三）完善证据

有些案件基本的证据已经具备，已能认定案件事实，但获取证据的手续尚不完善。此时应从程序上、手续上对证据进行完善，要对每个证据进行审查，根据证据的要求，作一些补充、完善，使证据不仅确实充分，而且可靠。

三、构建证据体系

构建证据体系就是根据案件的具体情况组织证据材料，并建立体系。一般情况下，证明案件事实的证据，可以从以下几个方面来建立证据体系：

（一）以案件事实情节为中心建立证据体系

以构成案件事实的基本要素为顺序，结合犯罪构成要件理论，将证明案件的何人、何时、何地、何因、何方法手段、何罪名、何结果的证据，按照上述顺序排列，并将证明每个案件实施构成要素的若干证据编为一组，采取先排直接证据，后排间接证据的原则组织证据体系。

（二）以现场痕迹物证为中心建立证据体系

即以现场上的每一个痕迹物证为中心，形成一组证据证明它与案件或犯罪的联系，若干组证据联结起来都与案件或犯罪嫌疑人相连，便构成认定犯罪的证据体系。

（三）以犯罪嫌疑人的口供为中心建立证据体系

就是以犯罪嫌疑人的口供为中心，收集证明犯罪嫌疑人口供真实性、充分性的证据，使之形成证据体系。在这一证据体系中，犯罪嫌疑人的口供是主干，犯罪嫌疑供述的具体事实、情节是枝干，调查印证的证据是枝叶，相互连接成树状的证据结构。

（四）以被害人的陈述为中心建立证据体系

就是以被害人的陈述为中心，以被害人陈述的具体情节和细节为锁链，使之形成锁链型的证据结构；或以被害人的陈述为主干，以被害人陈述的具体情节和细节为枝干，以调查获取的证据为枝叶，形成树状的证据结构。

四、侦查阶段律师介入的程序要求

公安机关在第一次讯问犯罪嫌疑人或者对犯罪嫌疑人采取强制措施的时候，应当告知犯罪嫌疑人有权委托律师作为辩护人，并告知其如果因经济困难或者其他原因没有委托辩护律师的，可以向法律援助机构申请法律援助。告知的情形应当记录在案。

犯罪嫌疑人委托辩护律师的请求可以书面提出，也可以口头提出。口头提出的，公安机关应当制作笔录，由犯罪嫌疑人签名、捺指印。办案部门应当及时向犯罪嫌疑人委托的辩护律师或者律师事务所转达该项请求。或及时通知法律援助机构为犯罪嫌疑人指派辩护律师。

公安机关收到在押的犯罪嫌疑人提出的法律援助申请后，应当在24小时以内将其申请转交所在地的法律援助机构，并通知申请人的监护人、近亲属或者其委托的其他人员协助提供有关证件、证明等相关材料。犯罪嫌疑人的监护人、近亲属或者其委托的其他人员地址不详无法通知的，应当在转交申请时一并告知法律援助机构。犯罪嫌疑人拒绝法律援助机构指派的律师作为辩护人或者自行委托辩护人的，公安机关应当在3日以内通知法律援助机构。

辩护律师接受犯罪嫌疑人委托或者法律援助机构的指派后，应当及时告知公安机关并出示律师执业证书、律师事务所证明和委托书或者法律援助公函。辩护律师可以同在押或者被监视居住的犯罪嫌疑人会见、通信。但会见危害国家安全犯罪案件、恐怖活动犯罪案件的在押或者被监视居住的犯罪嫌疑人，应当提出申请。对辩护律师提出的会见申请，应当在收到申请后48小时以内，报经县级以上公安机关负责人批准，作出许可或者不许可的决定。除有碍侦查或者可能泄露国家秘密的情形外，应当作出许可的决定。

案件侦查终结前，辩护律师提出要求的，公安机关应当听取辩护律师的意见，根据情况进行核实，并记录在案。辩护律师提出书面意见的，应当附卷。对辩护律师收集的犯罪嫌疑人不在犯罪现场、未达到刑事责任年龄、属于依法不负刑事责任的精神病人的证据，公安机关应当进行核实并将有关情况记录在案，有关证据应当附卷。

‖ 第六节　侦查终结 ‖

侦查终结是侦查阶段的一个独立程序，是指公安机关对于立案侦查的案件，经过一系列侦查活动，认为案件事实已经查清，证据确实充分，足以认定犯罪嫌疑人是否有罪，是否要追究其刑事责任，从而不再继续侦查，依法作出处理的一种诉讼活动。

一、侦查终结的条件

根据《刑事诉讼法》以及公安部《办理刑事案件程序规定》，侦查终结的案件必须具备以下五个条件：

（一）犯罪事实清楚

犯罪事实清楚是侦查终结的首要条件。只有犯罪事实清楚，才可以终结对案件的侦查。所谓犯罪事实清楚，是指经过侦查，认定确有犯罪行为发生，此犯罪行为确属本案的犯罪嫌疑人所为，犯罪嫌疑人实施犯罪行为的时间、地点、目的、动机、手段、情节、过程和后果等都已查清。如果是共同犯罪案件，每个犯罪嫌疑人在共同犯罪中所处的地位、所起的作用、具体实施的犯罪行为，以及各自应负罪责等已经查清。

（二）证据确实、充分

公安机关移送审查起诉的案件，应当做到犯罪事实清楚，证据确实、充分。所谓证据确实、充分是指：认定的案件事实都有证据证明；认定案件事实的证据均经法定程序查证属实；综合全案证据，对所认定事实已排除合理怀疑。

（三）犯罪性质及罪名认定准确

准确认定案件性质、正确确定罪名，是侦查终结的重要条件，是正确定罪量刑的关键。案件性质和罪名认定准确主要有两层含义：一是案件是否构成刑事案件；二是犯罪嫌疑人的行为涉嫌什么罪名，《刑法》上规定的罪名的特征与行为人实施行为的特征是否相同。

（四）法律手续完备

严格依法办案，是侦查终结的法律条件。衡量法律手续是否完备的标准就是看在侦查办案活动中所形成的法律文书是否符合要求，应履行的法律手续是否都履行了。公安机关在办理刑事案件的过程中，所形成的各种法律文书是检验案件是否符合法律要求的文字依据，只有法律手续完备的文书，才具有诉讼意义。

（五）应当依法追究刑事责任

即犯罪嫌疑人的行为是否具有危害性、违法性和惩罚性，是否需要追究犯罪嫌疑人的刑事责任。应注意审查犯罪嫌疑人是否具有法定从轻、减轻或免除处罚的情节。

以上五个条件是相互联系的整体，缺一不可。

二、对案件的处理

侦查终结案件的处理，由县级以上公安机关负责人批准；重大、复杂、疑难的案件应当经过集体讨论。侦查终结的案件，侦查人员应当制作结案报告。结案报告应当包括以下内容：

1. 犯罪嫌疑人的基本情况；
2. 是否采取了强制措施及其理由；
3. 案件的事实和证据；
4. 法律依据和处理意见。

对侦查终结的案件，应当制作起诉意见书，经县级以上公安机关负责人批准后，连同全部案卷材料、证据，以及辩护律师提出的意见，一并移送同级人民检察院审查决定；同时将案件移送情况告知犯罪嫌疑人及其辩护律师。共同犯罪案件的起诉意见书，应当写明每个犯罪嫌疑人在共同犯罪中的地位、作用、具体罪责和认罪态度，并分别提出处理意见。被害人提出附带民事诉讼的，应当记录在案；移送审查起诉时，应当在起诉意见书末页注明。

人民检察院作出不起诉决定的，如果犯罪嫌疑人在押，公安机关应当立即办理释放手续，并根据人民检察院解除查封、扣押、冻结财物的书面通知，及时解除查封、扣押、冻结。对人民检察院提出对被不起诉人给予行政处罚、行政处分或者没收其违法所得的检察意见，移送公安机关处理的，公安机关应当将处理结果及时通知人民检察院。认为人民检察院作出的不起诉决定有错误的，应当在收到不起诉决定书后 7 日以内制作要求复议意见书，经县级以上公安机关负责人批准后，移送同级人民检察院复议。要求复议的意见不被接受的，可以在收到人民检察院的复议决定书后 7 日以内制作提请复核意见书，经县级以上公安机关负责人批准后，连同人民检察院的复议决定书，一并提请上一级人民检察院复核。

三、对扣押物品的处理

对查封、扣押的犯罪嫌疑人的财物及其孳息、文件或者冻结的财产，作为证据使用的，应当随案移送，并制作随案移送清单一式两份，一份留存，一份交人民检察院。

对于实物不宜移送的，应当将其清单、照片或者其他证明文件随案移送。待人民法院作出生效判决后，按照人民法院的通知，上缴国库或者依法予以返还，并向人民法院送交回执。人民法院未作出处理的，应当征求人民法院意见，并根据人民法院的决定依法作出处理。

不宜移送的实物主要是指：淫秽物品；武器弹药、管制刀具、易燃易爆、剧毒、放射等危险品；鸦片、海洛因、吗啡、冰毒、大麻等毒品和制毒原料或配剂、管制药品；危害国家安全的传单、标语、信件和其他宣传品；秘密文件、图表资料；珍贵文物、珍贵动物以及制品、珍稀植物以及制品；其他大宗的不便搬运的物品。

在办案中，对于一些不易保存或保管的涉案物品，如食品、家禽、牲畜等一般也不宜随卷移送，应在拍照后，经县级以上公安机关负责人批准，委托有关部门变卖或拍卖，所得款项，暂予保存。如有失主，可及时发还。无法变卖或拍卖或已经腐烂变质的，经领导批准，登记后可销毁。

对查清与案件无关的物品，应如数及时地发还给原物品持有人，并开具《发还物品清单》，由领取人和侦查人员签名后，存入《诉讼卷》备查。对不宜退还给原物品持有人的，有的可以经过批准销毁，并填写《销毁物品清单》，写明销毁物品的名称、数量、特征、来源和销毁理由。批准人、监销人、经手人签名后，在监销人在场的情况下销毁，将《销毁物品清单》存档备查。发还物品时应注意，如原物品持有人半年未来领取的，或未查到原物品持有人的，予以没收，上缴国库。已经没收的，原物品持有人又来领取的，经查实，可从财政部门提回，予以发还。

四、案件材料的整理和装订

侦查终结后，应当将全部案卷材料按照要求装订立卷。向人民检察院移送案件时，只移送诉讼卷，侦查卷由侦查机关存档备查。

（一）诉讼卷

诉讼卷是移送同级人民检察院审查决定起诉的诉讼案卷。案件侦办过程中出具、使用的各类法律文书、具有法律效力的证据材料、结论性文书及其诉讼文书都应订入此卷。其中，诉讼文书、技术性鉴定材料单独装订成册，称诉讼卷；其他法律文书和证据材料另行成册，称证据卷。

（二）侦查工作卷

侦查工作卷是将公安机关在侦查办案过程中形成的需要移交公安机关档案部门保管以备查阅的各种材料装订而成的案卷。案件侦查中的内部呈请类文书、讯问计划以及涉及国家机密的秘密侦查材料、不宜公开的秘密材料等文件材料都应订入此卷。

侦查工作卷及侦查终结决定不予起诉案件案卷、久侦未破案件案卷要严格按照公安部下发的《公安专业档案管理办法》的有关要求立卷归档，并接受同级公安机关档案部门的监督和指导。

五、补充侦查

侦查终结，移送人民检察院审查起诉的案件，人民检察院退回公安机关补充侦查的，公安机关接到人民检察院退回补充侦查的法律文书后，应当按照补充侦查提纲在一个月以内补充侦查完毕。补充侦查以两次为限。对人民检察院退回补充侦查的案件，根据不同情况，报县级以上公安机关负责人批准，分别作如下处理：

1. 原认定犯罪事实清楚，证据不够充分的，应当在补充证据后，制作补充侦查报告书，移送人民检察院审查；对无法补充的证据，应当作出说明；

2. 在补充侦查过程中，发现新的同案犯或者新的罪行，需要追究刑事责任的，应当重新制作起诉意见书，移送人民检察院审查；

3. 发现原认定的犯罪事实有重大变化，不应当追究刑事责任的，应当重新提出处理意见，并将处理结果通知退查的人民检察院；

4. 原认定犯罪事实清楚，证据确实、充分，人民检察院退回补充侦查不当的，应当说明理由，移送人民检察院审查。

对于人民检察院在审查起诉过程中以及在人民法院作出生效判决前，要求公安机关提供法庭审判所必需的证据材料的，应当及时收集和提供。

【小结】

刑事案件的侦查一般要经过立案、寻找发现犯罪嫌疑人、审查认定犯罪嫌疑人、预审和侦查终结等多个环节。立案是侦查的起点，有犯罪事实、需要追究刑事责任、属于自己管辖是立案的基本条件。发现犯罪嫌疑人是在正确分析判断案情的基础上，制订侦查工作方案，选择合适的侦查途径开展侦查。查证犯罪嫌疑人是对发现的嫌疑对象进行甄别筛选的过程，以突出重点，采取有针对性的查证措施。缉捕犯罪嫌疑人是破案的前提，应根据案件情况确定缉捕的条件是否具备，时机是否合适。预审办案是在犯罪嫌疑人归案后进行的主要工作，其主要任务是查明案件事实，收集、补充和完善证据并建立证据体系。侦查终结是案件侦查的最后一道程序，应为后续的起诉做好准备。

【思考题】

1. 如何审查受理的案件是否应立为刑事案件开展侦查?
2. 发现犯罪嫌疑人的途径与查证犯罪嫌疑人的措施之间有何差异?
3. 如何正确把握缉捕犯罪嫌疑人的时机和条件?
4. 如何建立证据体系?

【推荐阅读】

1. 马忠红. 刑事侦查学总论. 中国人民公安大学出版社，2009.
2. 孙茂利. 公安机关办理刑事案件程序规定释义与实务指南. 中国人民公安大学出版社，2013.

第十六章　杀人案件的侦查

【教学重点与难点】

教学重点：杀人案件的侦查方法；碎尸杀人案件的侦查要领；系列杀人案件侦查要领；疑似被侵害失踪人员案件的侦查要领；雇佣杀人案件侦查要领。

教学难点：杀人案件传统侦查方法和信息化侦查方法的综合应用。

‖ 第一节　杀人案件概述 ‖

杀人案件，是指故意非法剥夺他人生命的犯罪案件。杀人案件常伴有盗窃、抢劫、强奸、绑架、伤害、放火、爆炸等多种犯罪同时发生。

一、杀人案件的分类

在侦查实践中通常从以下几个角度对杀人案件进行分类。

（一）依据犯罪动机的分类

根据不同的犯罪动机，可将杀人案件分为危害国家安全的杀人、危害公共安全的杀人、私仇报复杀人、奸情杀人、强奸杀人、图财杀人、恋爱婚姻家庭纠纷杀人、遗弃杀人、流氓杀人、练胆杀人和迷信杀人等。侦查实践中往往根据上述分类对杀人案件进行定性。

（二）依据作案手段的分类

根据不同的作案手段，可将杀人案件分为枪击杀人、锐器杀人、钝器杀人、投毒杀人、爆炸杀人、放火杀人、电击杀人、驾车杀人、高坠杀人、机械性窒息杀人和雇佣杀人等。侦查实践中还有使用蛇咬、冻饿、高温、放射线、电磁波等手段实施杀人的犯罪案件。

（三）依据尸体形态的分类

根据尸体呈现形态的不同，可将杀人案件分为完整尸体、碎尸、白骨尸、灭尸等。

（四）依据死者身份的分类

根据受理案件时死者的身份是否明了，可将杀人案件分为身份明确的杀人案件和未名尸体杀人案件。

除上述类型外，在侦查实践中还会遇到激情杀人、变态杀人和精神病杀人等情况。

二、杀人案件的特点

（一）案件多数具有明显的因果

作案人与被害人之间一般有明显的因果关系是大多数杀人案件表现出来的共同特点。无论出于什么动机和目的、采用什么方法手段杀人，在作案人和被害人之间大多都存在着一定的情感纠葛、利益纠纷或利害冲突。这种较为明显的因果关系就成为侦查部门发现犯罪嫌疑人的重要依据。

（二）现场中留有尸体或受伤未死人员

现场中留有尸体或受伤未死人员是杀人案件较为突出的特点。尸体对于侦破杀人案件来讲具有重要意义，这不仅是杀人犯罪的重要证据，而且通过法医检验尸体，可以为确定案件性质、划定侦查范围、开展侦查工作提供可靠依据和线索；受伤未死的人员可以直接提供作案人的有关情况。尸体检验和询问受伤未死的人员是侦破杀人案件的重要基础。

（三）现场复杂，留有较多的痕迹物品

杀人案件的作案人在现场一般逗留时间较长，常与被害人发生搏斗和厮打，又因伴有盗窃、抢劫、强奸、放火等其他犯罪，这样在现场中则会留下较多的痕迹和物品，加之作案人作案动机的复杂性和客观条件的影响和制约，杀人案件现场通常会遗留较多的实物痕迹、印象痕迹、心理痕迹和电子痕迹等，特别是杀人碎尸、抛尸、灭尸等案件。因此，针对杀人案件必须认真细致地勘查原始现场及关联现场，全面提取现场遗留的痕迹和物品。

（四）多有预谋准备的过程

除了突发的激情杀人和精神病杀人之外，多数杀人案件都有预谋准备的过程。杀人案件的犯罪预谋多包括：杀人手段的选择及犯罪工具的准备；了解和掌握实施杀人行为必备的知识和技能；选择杀人时间、地点和时机；熟悉和掌握被害人的活动规律；选择接近被害人的方式和方法；排除实施杀人行为的障碍；现场踩点、观望和逗留等行为。作案人的这些准备行为和活动，都会在一定程度上有所暴露。因此，在侦查过程中应当注意上述情况的调查，以及时发现和揭露犯罪嫌疑人。

‖ 第二节　杀人案件的侦查方法 ‖

杀人案件是比较复杂的，其侦破方法是多种多样而不是固定不变的，常要根据案件的具体情况具体确定。

一、杀人案件的现场勘查

（一）杀人案件现场勘验的重点

杀人案件是现场明显而突出的刑事案件，杀人案件的侦破必须由现场勘查开始。杀人案件现场勘查是收集犯罪证据的重要途径，是判断案件性质、划定侦查范围、确定侦查方向、选择侦查途径的客观依据。杀人案件现场实地勘验工作，应以尸体为中心，围绕发现尸体的地点，血迹分布，遗留的痕迹、物品以及周围的环境进行勘验。

1. 尸体检验。尸体检验，是法医和侦查人员一起，在邀请见证人参加的情况下共同进行的一项工作。检验尸体一般可分两部分进行。一是尸表检验：主要是对尸体的姿势、着装、附着物以及尸体的头部、颈部、胸部、腹部、腰部、臀部、四肢和阴部生殖器官的检验；二是解剖检验：主要是对胸腔、腹腔、颅腔、颈内的解剖，检验内脏器官、血管、肌肉和神经的损伤及病变等情况。法医尸体检验的目的在于确定死亡、死因、死亡的性质，推断或认定致伤工具，以便为侦破案件提供线索和科学证据。[①]

2. 血迹检验。血迹，是杀人现场特有的痕迹。在杀人现场中只要被害人或作案人身上有开放性损伤，在现场就可能留下血迹。通过对现场血迹的勘验、分析，不仅可确定 DNA、血型、鉴定性别，确定血液中的疾病等，而且通过对血迹颜色、形状、分布、数量等方面的研究，结合现场和尸体情况，对于判断现场有否伪装和破坏；是否是原始杀人现场；作案人杀人后有否移尸；以及判断被害人和作案人在现场中的活动情况，如行为能力，活动范围，在现场中的位置、行走方向，行走路线等具有重要意义。

在对杀人现场的勘验中，要注意掌握发现血迹的方法，不仅要注意发现明显部位的大量血迹，而且要注意发现隐蔽部位的微量血迹；要注意掌握在不同的现场环境中血迹颜色变化的规律，根据血迹颜色的变化判断杀人作案时间；要注意掌握杀人现场中各种形状血迹的形成过程，根据血泊、血滴、血流柱、喷溅血、擦拭状血、血印痕等不同形状的血迹在现场中的情况，能够进行有关方面的分析和判断；要注意掌握提取血迹的方法，送检血迹时应该注意的问题等，避免血迹变性、消失或与其他物品相混淆，影响检验结果。

3. 其他遗留痕迹、物品的勘验。杀人现场遗留的痕迹和物品，不仅可直接反映作案人在现场的活动情况，同时也是证实犯罪的"铁证"。在勘验中要注意以下几个问题：

（1）要确定现场的痕迹和物品，尤其是有比对价值的痕迹和物品是否为作案人所留。只要能够确定是作案人所留，就可成为寻找犯罪嫌疑人的可靠依据。因此

---

① 张晓东. 法医学. 中国人民公安大学出版社，2002：206.

在勘验过程中，要注意观察遗留痕迹、物品在现场中的位置、状态、方向、角度，注意测量遗留痕迹、物品在现场中的高度、距离，据此分析研究形成时间、形成的先后次序以及形成的原因和过程。借以判断是否为作案人所遗留以及作案人在现场作案活动的过程。

（2）要注意生物检材的发现和提取。生物检材通常包括常规生物检材和微量生物检材。常规生物检材，主要指如血迹、唾液斑（如烟蒂）、骨骼、牙齿或组织（肋软骨、肌肉）及精斑等；微量生物检材，主要来源于人体皮肤及黏膜组织，包括手部脱落细胞、口鼻脱落细胞和接触性脱落细胞。这类检材上的脱落细胞大多是肉眼不可见且遗留的部位不确定的。通常 DNA 含量少易被污染，因而检出率低，检验难度大。但一旦检出，往往能在侦查破案中发挥出关键作用。

因此，在勘验过程中，要注意在现场的手套、门把手、方向盘、刀等作案工具的把柄、钥匙、鞋带、手电筒、绳索、胶布、包裹物、眼镜、梳子、鼠标、贴身佩戴过的饰物（如手表、项链、手链等）、随身用品（钱包、钥匙、手机）等处提取手部脱落细胞；在现场的瓶、杯、饮料罐口、口罩、吸管、牙刷、牙签、筷子、果核、瓜子皮、咬痕、吃过的食品上提取口鼻脱落细胞；在作案人可能直接接触身体的衣服、裤子、内裤、鞋袜、帽子、面巾纸等部位提取接触性生物检材。

（3）要注意在现场收集和固定有关电子信息。刑侦部门在现场勘验过程中，应当结合案发现场环境，对现场周边的治安视频监控、交通视频监控、社区视频监控、银行视频监控以及有关商铺视频监控信息予以调取和固定。针对重、特大杀人案件，刑侦部门可商请行动技术部门和网监部门同步勘验现场，对现场的通信信息、无线上网信息、计算机存储信息以及网络信息进行固定和保全，以为侦查提供线索。

（4）要注意在现场的隐蔽部位和特殊部位发现提取煤灰、铁屑、粉末、油漆等微量物证。

（二）杀人案件现场访问的要点

现场访问，也叫现场调查，是现场勘查工作的重要组成部分，是与现场勘验工作同时进行的调查工作。因各杀人案件的现场情况和案件的情况不同，调查访问的对象各有差异。主要在报案人、现场发现人、受害未死者、被害人的家属及亲友、抢救受害者的医护人员、现场周围的知情群众、犯罪来去现场沿途的知情群众中进行。现场调查的内容主要有以下三个方面：

1. 关于现场情况的调查。主要是搞清案件的报案经过；现场的原始情况；现场的变动情况；发案时的异常变化；核对现场的有关情况等。这是现场勘查的辅助手段，对于鉴别现场遗留痕迹物品，确定现场缺少物品的名称、数量、特征，正确分析判断现场的有关情况等具有重要意义。

2. 关于对死者情况的调查。主要是搞清死者一般自然履历情况、死者平时表现、死者临死前的表现等。这对于确定案件性质，明确侦查方向，划定侦查范围，确定犯罪嫌疑人等具有重要意义。

3. 关于对嫌疑人情况的调查。主要是搞清作案人的体貌特征、衣着打扮、携带物品、讲话口音、逃跑时间、逃跑方向以及确认犯罪的根据，便于及时追缉堵截和印发通缉通报，对准确划定侦查范围，排查犯罪嫌疑人具有重要意义。

二、杀人案件的案情分析

现场勘验和现场调查后，就要根据勘验和调查已获得的材料进行全面、客观、综合的分析和研究。实际上也就是推理和判断，通过已知的案件客观情况，从事物运动变化规律和各种现象的内在联系中，判断案件的本质，为更好地开展侦查工作打下良好基础。

（一）分析和判断案件性质

对于杀人案件来说，首先要分析判断事件的性质，即自杀、他杀或意外伤亡的分析和判断，然后根据侦查工作的需要，在判断为他杀的基础上进一步分析判断属于哪一类性质的杀人案件。对杀人案件性质的分析和判断是确定进一步侦查方向和划定侦查范围的重要基础。

1. 自杀、他杀、意外伤亡的分析和判断。对于任何一起人命伤亡事件，当公安机关接到报告后，首先要确定是自杀、他杀还是意外伤亡事故。对于自杀、他杀和意外伤亡事故的判断，可从以下几方面考虑：

（1）根据尸体损伤特征判断。尸体的损伤情况，可以作为判断自杀、他杀和意外伤亡事故的重要依据。对于机械性损伤类死者，应从损伤的部位、程度、性状、损伤的分布排列、有无抵抗和防御伤等方面分析。对于机械性窒息类死者，应从颈部、头面部以及尸体其他部位的损伤情况分析。一般缢死者多为自杀，以缢死为手段他杀的比较少见；勒死者他杀最为多见，自杀少见，意外事故比较罕见；扼死者多应考虑为他杀，一般不涉及自杀问题；溺死者一般自杀和意外事故比较多见。

（2）根据现场的状态特征判断。现场的状态特征常常可以反映出自杀或他杀征象。例如，现场的位置、进出现场方式；现场中尸体的着装情况、损伤情况；现场血迹的部位、数量、特征；杀人凶器的种类；现场遗留物的情况等，均可反映出自杀和他杀的性质。

（3）根据调查访问结果判断。作案人和被害人都生活在广大群众之中，他们的言行举止、行为表现常易于暴露给广大群众，所以根据群众的反映情况是判断自杀、他杀和意外伤亡事故的重要途径。自杀者，常常表现行为反常，并有自杀身死的原因，这些原因常向群众流露；他杀者，群众常可反映出被害人与某些犯罪嫌疑人的利害关系和矛盾。

2. 案件性质的分析和判断。为了准确地划定侦查范围，明确侦查方向，在确定为他杀后，还要进一步分析和判断案件的性质。不同性质的杀人案件，在案件中表现出来的被侵害目标、杀人方法手段、现场表现特征也各不相同。

（1）图财杀人案件，主要是指作案人为了非法获取他人财物或者逃避债务关系而实施的杀人案件。现场一般有翻动、搜寻财物的迹象；现场财物有缺失；现场遗留用于撬门、扭锁的工具或留有这类工具的痕迹。此类案件在侦查过程中，一方面，要从被害人的经济状况、犯罪现场以及被盗抢的赃物入手展开深入调查；另一方面，对于有预谋的图财杀人案件，要注意获取作案人在现场周边留下的踩点、跟踪过程中留下的体貌特征、住宿、车辆等痕迹信息。

此外，有些图财杀人案件获得的经济利益不是在杀人现场直接获取的。有的表现为对以前不当占有状态的巩固，如债务人通过杀死债权人而逃避债务；有的表现为谋求新的非法占有，包括对被害人遗产的继承、对被害人人身保险金的获取、对合作关系中利益分配关系的调整、对被害人存放于现场之外的某项财物的占有等。此类案件在侦查过程中要通过对被害人背景情况的调查，了解其债务、借贷、继承、合作、合伙等关系及其他对应的经济得失关系，从中发现能够反映犯罪动机的线索。

（2）强奸杀人案件，主要是指作案人为了满足个人的性需要而实施的杀人案件。现场尸体多为女性，杀人的方法多为扼颈、勒颈、捂嘴、堵嘴等徒手杀人的方式；尸体有被施加性侵犯的迹象，在阴部、口腔、肛门或者胸部可检出精斑、精液或毛发；现场也会留下与实施性侵犯行为相对应的挣扎痕迹、控制痕迹和搏斗痕迹。

（3）奸情杀人案件，主要是指因情感纠葛或家庭矛盾而导致的杀人案件。此类案件如果发生在室内，现场侵入方式多为和平进入；如果案件发生在室外，现场往往留有能反映双方和平接触的痕迹和物品；现场多有伪装迹象。

侦破此类案件过程中，一方面要注重对报案人的审查；另一方面要从被害人的情感状况以及家庭矛盾状况入手，全面、深入地进行排查。此外，由于婚外情等行为可能隐藏较深，通过常规的调查访问往往得不到真实的情况，因此要加强对犯罪嫌疑人的手机信息进行深度挖掘。

（4）私仇杀人案件，主要是指因政治、宗教信仰、商业活动、违法犯罪活动、帮派争斗、邻里矛盾、家庭矛盾等引发积怨，从而导致的杀人案件。作案人多自备作案工具，作案手段比较凶残，杀人唯恐不死，有时尸体致命伤可能不止一处；现场尸体损伤多集中在身体的要害部位，有时尸体上还可能有发泄愤恨的多余损伤；有的案件可能殃及死者家属，现场中杀死多人，具有明显的报复、泄愤表现。

侦破此类案件过程中，要注意被害人生活作风、经济状态、政治态度、社会交往等方面情况的调查；注意研究作案人的杀人动机、预谋过程、杀人方法和手段；注意研究现场中的尸体状态、现场特征、作案人有无伪装和破坏现场；注意分析作案人是初犯还是惯犯等，以便更为准确地判断案件性质。

（二）分析和判断作案时间和作案地点

1. 判断杀人案件的作案时间，可以根据尸僵、尸斑、角膜混浊程度、胃内容物、膀胱充盈程度以及尸体蝇蛆产生的情况等尸体现象判断被害人的死亡时间；根据现场停止走动的手表、报纸、出租车计价器、计算机开关机时间、QQ、微信聊天记录时间等记载时间或能够表明时间的物品及其变化情况推断作案时间；根据群众和被害人亲友提供的情况推断作案时间；根据现场周边视频监控记录的犯罪嫌疑人进出现场的时间以及被害人最后一次使用手机的时间来判断作案时间。

需要注意的是，在对具体作案时间进行分析判断后，还要进一步分析作案人作案时机的选择情况。对于有计划、有预谋的杀人案件来说，作案人对作案时机的选择实际反映了作案人对被害人的活动规律以及现场内部情况的了解程度，这也从侧面反映出要么可能是熟人作案，要么可能是作案人经过了长期踩点观察。无论属于哪种情况，都会为确定侦查方向并实施有效的侦查手段提供重要依据。

2. 判断杀人案件的作案地点，主要目的是根据现场勘查和尸体检验情况来推断和发现原始杀人现场。作案人为了割断自己与案件的联系，往往会采取抛尸、移尸的行为。这就要求侦查人员必须对发现尸体（尸块）的地点加以研究，推断原始杀人现场具备的条件。侦查实践中，可以通过现场的遗留物、包尸物寻找原始杀人现场；可以通过包尸物以及尸块上面的附着物寻找原始杀人现场；可以通过现场遗留的各种痕迹来寻找原始杀人现场；可以现场遗留物品为嗅源，通过警犬去寻找原始杀人现场；可以通过发动群众揭发检举寻找原始杀人现场；也可以通过公开搜查或秘密搜查的方法寻找原始杀人现场。

（三）分析和判断杀人凶器和杀人方法

1. 判断杀人凶器。对杀人凶器的种类、特征及数量的分析主要根据作案人作案后遗留在现场的作案工具情况，以及因使用作案工具在现场及尸体上所留下的特定痕迹和损伤情况。一般情况下，犯罪嫌疑人出于习惯和熟悉的心理，作案时自身携带两种或两种以上工具的案例相对较少，因此推断尸体上致伤、致命工具的种类和数量对分析作案人数具有一定的参考价值。

在分析和判断杀人凶器时，要注意对杀人凶器的来源进行调查核实。如果作案人就地取材实施杀人行为，多属激情杀人案件；如果该杀人凶器在现场存放的位置较为隐蔽，而作案人又能准确地找到，可能推断作案人对现场较为熟悉，熟人作案的可能性较大；如果作案人自带杀人凶器进入现场实施杀人行为，说明作案目的明确、准备充分，预谋性较强。同时，调查杀人凶器生产、销地和使用的范围对于分析判断作案人的居住地、落脚点可能有一定的帮助。有些杀人凶器属于某些特殊行业的专业设备，并且只有掌握相应知识或技能的人才会使用，因此查明作案工具所涉及的行业、领域对于分析判断犯罪嫌疑人的职业背景、生活经历有一定的帮助。此外，对作案工具上的油污、粉尘、金属含量等微量物证的分析研究，也有助于判断该工具的来源，进而确定侦查范围。

2. 判断杀人方法。判断杀人方法主要根据尸体损伤检验的情况进行分析，找出相对稳定的损伤特征以推断凶器的大致种类，找出个别的特定损伤特征以认定具体的杀人凶器，根据尸体的损伤和判断的杀人凶器，来进一步判断杀人的方法手段。通过判断杀人方法和手段，来确定死亡原因、致命伤以及作案人的个人特点等。

（四）分析和判断作案人数和个体特征

1. 判断作案人数，主要是判断有几人到现场实施杀人和其他犯罪。在判断中，可以根据对现场周边知情群众的调查访问情况进行分析判断；根据现场周边的视频监控信息进行分析判断；根据现场丢失财物的体积、重量进行分析判断；根据现场的指纹、足迹、血迹、毛发、精斑、唾液斑的种类及数目，现场遗留的烟蒂数量和品牌，现场遗留的弹壳、弹头的种类和数量，现场遗留的作案工具的种类、数量等现场遗留的痕迹、物证进行分析判断；根据死亡原因、作案工具数量、致死方式来分析判断。

2. 判断作案人个人特征，实际就是给作案人"画像"。作案人的个体特征主要指性别、年龄、身高、胖瘦、行走姿势、外貌特点、动作习惯、说话口音、特殊标记、身份、文化、职业、爱好专场、犯罪手法熟练程度等。[①] 判断作案人个人特征，主要根据现场状态情况、现场遗留痕迹物品情况、尸体损伤情况、群众检举揭发以及视频监控图像等方面进行。在分析过程中，要注意对作案人掌握的某些特殊技能、习惯性行为进行分析，从而为缩小侦查范围提供依据。

（五）分析和判断作案人与被害人关系

判断罪犯与被害人的关系，主要是判断作案人与被害人的关系特点、熟悉程度和矛盾冲突等。这对于划定侦查范围，发现和确定重点嫌疑人具有重要意义。

作案人与被害人的关系一般可以根据以下几个方面进行分析：杀人地点的选择、现场出入口的选择情况；作案时间的选择、杀人时机的选择情况；侵害目标的选择情况；侵入现场的方式情况；现场物品的变动、损坏、丢失情况；尸体的状态以及损伤情况；现场的位置、环境、条件等。

（六）分析和判断作案人犯罪心理和行为过程

根据杀人案件现场指纹、足迹、血迹、生物物证、微量物证等痕迹的分布；凶器的种类、特征；被害人伤痕、损失物、遗留物及案发时间及环境等方面的情况，综合分析作案人作案时的心理状态、实施杀人的行为、作案前后的行为过程等，为开展电子信息分析提供依据。

在侦查实践中，还会遇到精神病杀人、变态杀人等案件。这类案件在作案目标的选择、作案手段以及犯罪现场等方面，与常规杀人案件有较大区别，通常用正常的逻辑关系、规律无法对其行为进行解释，因此对于此类案件还需要从犯罪人格、

---

① 王传道. 刑事侦查学. 中国政法大学出版社，1996：149.

变态心理等更深层次的心理层面和精神层面去进行分析研究。

三、杀人案件的侦查途径

对杀人案件分析判断后，侦查人员就要按照侦查计划提出的侦查方向，在确定的范围内，选择恰当的侦查途径，开展侦查工作。

（一）传统侦查途径

1. 依据作案时间，调查发现犯罪嫌疑人。依据作案时间调查发现犯罪嫌疑人，也就是看嫌疑对象是不是具备作案时间。

2. 依据因果关系，调查发现犯罪嫌疑人。依据因果关系调查发现犯罪嫌疑人，要注意从被害人生活作风、经济状态、社会交往等方面的情况调查发现具有杀人的思想基础，与被害人矛盾程度深、利益冲突剧烈的人员。

3. 依据证据条件，调查发现犯罪嫌疑人。依据证据条件调查发现犯罪嫌疑人，也就是看嫌疑对象是不是具备犯罪证据。侦查人员要注意核实嫌疑对象是否具备现场遗留物品；是否具备现场遗留痕迹；是否具备杀人凶器；是否具备赃款赃物等证据条件。

4. 依据个体特征条件，调查发现犯罪嫌疑人。在调查过程中，侦查人员要注意核实嫌疑对象是否具备作案人身上的损伤和血迹；是否具备作案人的职业特征；是否具备作案人的体貌特征；是否具备作案人的前科劣迹特征；是否具备反常表现等情况。

（二）信息化侦查途径

随着信息化时代的到来，公安机关侦查部门获取新型犯罪信息的手段和渠道越来越多，同时公安机关已经积累了大量的侦查业务信息、公安管理信息，因此侦查工作应当因势利导，充分利用公安内网信息、视频监控信息、网络信息、通信信息资源，择优选择信息化侦查途径，破获杀人案件。

1. 公安信息查询。根据作案人特征、现场指纹、足迹、作案工具等案件要素进行公安信息资源检索比对，从中发现嫌疑人。侦查人员要结合案件的具体特征和作案人条件，在相应的侦查业务信息数据中进行查询比对，以发现嫌疑对象；还可以从网上查询被打击处理过的前科人员、刑嫌人员，进行人员与案件信息之间的核查分析，以破获案件。

同时，侦查人员可以通过比对作案手段、侵害目标、涉案物品等信息从网上串并案件以获取更多的线索；也可以从网上查询已破案件以分析同类案件的结构和特点，为侦查寻找方向；还可以从网上查询高危人群，通过对高危人群作案特征的细致分析，为开展侦查工作确定重点人员范围。

2. 视频信息侦查。通过查看案发现场区域、周边道路沿线治安视频监控、交通视频监控、银行及单位视频监控、居民住宅的视频监控信息，分析确定作案时间、作案人数、作案手段、逃跑路线等情况，在明确了犯罪嫌疑人的行踪及特征情形下，开展视频追踪，发现作案人的行踪去向及落脚藏身的地点，及时组织警力实施抓捕和追堵破获案件。

侦查人员也可以通过案发当时的视频监控图像，对图像信息进行详尽的分析，确认时空位置；确认作案人员、人数以及各自的分工情况；确认作案中使用过的物品、接触过的物品以及丢弃的物品；确认作案中使用的作案工具、交通工具、通信工具；确认相关的行为动作，如取款、打电话等。并在此基础上获取作案人员的特征及图像，掌握其动态特征，分析团伙成员关系，分析其作案特点和规律，掌握其行动轨迹等，进而为技侦部门和网监部门展开调查提供依据。

在确定作案人具有交通工具的情况下，查询公安卡口信息、高速公路视频抓拍信息，直接获取车内人员的面部特征、是否利用手机、车辆特征等，为侦破案件提供线索。

3. 通信信息侦查。手机已经广泛成为各类违法犯罪人员侵害的对象和作案的工具，这就为开展通信信息侦查创造了良好的条件。同时，目前公安机关对违法犯罪人员手机内存信息实现了信息化采集并建立了信息数据库，这类信息也成为分析刻画违法犯罪嫌疑人社会关系和寻找同案犯罪嫌疑人的重要信息资源。

在开展通信信息侦查过程中，侦查人员要结合犯罪现场的痕迹物品分布情况、作案人心理刻画行为分析情况、调查访问获取的情况以及视频监控获取的情况，大胆假设作案人行为过程并依此开展"现场内通话号码"、"通信轨迹查询"、"求同号码、新增号码、消失号码"等通信信息分析，以锁定嫌疑人手机信息；对于有明确的被侵害手机或作案人手机信息的前提下，可以开展手机信息追踪，抓捕犯罪嫌疑人或者开展话单分析、基础信息（人口信息、旅业信息、网吧信息、卡扣）关联分析以及违法犯罪人员手机内存信息关联分析，以便获取进一步侦查线索和同案犯信息。

4. 其他电子信息的应用。由于杀人案件是一类比较综合的案件类型，作案人除了杀人之外还可能在现场上实施其他犯罪，这就为侦查工作留下了更多可以利用的犯罪信息。因此，侦查部门应当充分利用网络信息、银行卡信息、车辆 GPS 信息、物流信息等其他社会信息开展侦查工作。

四、杀人案件的常用侦查措施

当重点嫌疑对象确定后，尽快获取犯罪证据，认定案件是这一阶段的中心工作。

（一）追缉堵截

追缉堵截，在杀人案件的侦破中，当杀人犯罪嫌疑人逃跑时经常运用。追缉，是在现场勘查或在侦查中，发现犯罪嫌疑人已经潜逃，根据其逃跑的方向和路线，组织力量采取跟踪追缉的紧急行动。堵截，是在追缉的同时，部署犯罪嫌疑人逃跑前方的要道路口，设卡拦截犯罪嫌疑人。由于追缉堵截同时进行，形成前后夹击的局面，可迅速捕获犯罪嫌疑人。追缉堵截也可防止犯罪嫌疑人销赃、灭迹和继续杀人犯罪，使侦查部门能够取得侦查的主动权。

（二）通缉通报

通缉通报，在侦破杀人案件中经常使用。通过对杀人犯罪嫌疑人的通缉，对案件线索、赃款赃物以及无名尸的通报，可以查获犯罪嫌疑人，提高侦查效率和加快破案速度。

通缉，主要是对正在逃跑的重大杀人犯罪嫌疑人，向有关地区公安机关发出通缉令，请求协助查缉抓获；通报，主要用于查明无名尸体，碎尸案件的被害人身源；通报杀人现场遗留的痕迹和物品；通报杀人后抢走的财物名称、数量、种类和特征；通报杀人案件的重点嫌疑对象等，以求发现杀人案件的有关线索和犯罪嫌疑人。

（三）巡逻盘查

巡逻盘查在杀人案件侦查中，经常用于被杀未死的被害人和知情群众提供了作案人的体貌特征、损伤特征、血迹特征、逃跑方向、同行人或可能藏匿的部位等，或正在审查中的杀人嫌疑人逃跑等情况。通过巡逻盘查可以发现杀人案件嫌疑人员，同时又可能查获随身携带有关犯罪证据或藏匿证据的地点。

（四）控制销赃

控制销赃，主要用于图财杀人案件。通过控制销赃，在作案人转卖、挥霍、转移或销毁中发现犯罪嫌疑人和赃款赃物。控制销赃的前提必须是对杀人案件中被劫取财物的数量、名称、特点等要了解和掌握。只要这样在控制中才可能直接抓获犯罪嫌疑人而破获全案，或追缴部分损失由此发现线索，或协查犯罪嫌疑人为本地或外地破获一批刑事案件。

（五）公开搜查

在杀人案件的侦查中，公开搜查是一项经常运用的重要措施。在杀人案件侦破过程中，经常会使用这项措施收集杀人犯罪的有关痕迹和物品，发现杀人犯罪嫌疑人或原始杀人现场等。

通过对人身搜查，可以发现杀人凶器、绳索、毒物、血迹。发现犯罪嫌疑人的损伤或个人特征，获取重点嫌疑人的指纹、足迹、毛发和其他有关物证；通过对住处搜查，可以发现杀人凶器和其他作案工具，发现有关犯罪的物证和赃款赃物，发现有关犯罪的痕迹和原始杀人地点等；通过对露天场所的搜查，可以发现作案人遗留的某些痕迹和物品，发现作案人藏匿的地点和场所，发现碎尸、无名尸现场，有时可直接发现犯罪嫌疑人。

（六）并案侦查

侦破杀人案件并案的依据条件主要是：发案时间具有共性特征，几起杀人案件大都发生在某一时间或某一段时间之内；发案地点具有共性特征，几起杀人案件大都发生在某一地点或某一区域范围内；被侵害对象具有共性特征，几起杀人案件的被害人大多是妇女、外来人或持有财物者等；案件性质具有共性的特征，几起杀人案件均属于入室盗窃杀人、拦路抢劫杀人或强奸杀人等；作案方法手段具有共性特征，几起杀人案件作案人在杀人的方法手段、使用凶器、对尸体的处理等方面具有共同特点；现场遗留的痕迹、物品有共性特征，属于同一个人或同一伙人所留。

（七）辨认

辨认，是杀人案件中经常采用的一项措施。主要包括对人的辨认、对尸体的辨认、对物的辨认和对地点的辨认。对人的辨认，主要是对杀人犯罪嫌疑人的辨认。如果在受伤未死的被害人或知情群众，对作案人的形象特征记忆清楚的情况下，可组织他们进行辨认；对尸体的辨认，主要是指对尸体和碎尸的辨认，目的是查明死者身源。对无名尸或碎尸通过法医清洗、拼接和整容可直接组织群众进行辨认，也可辨认尸体的照片；对物的辨认，一是对杀人现场中作案人遗留的各种物品的辨认，包括杀人凶器、其他作案工具和各种遗留物品。二是对杀人现场中被害人遗留物的辨认，目的是查明死者身源，确定死者。三是对杀人案件赃款赃物的辨认，目的是发现犯罪嫌疑人；对地点的辨认：主要是对杀人现场、抛尸现场、碎尸现场以及某些与杀人案件有关的出事地点，组织被害人、知情人或犯罪嫌疑人进行的辨认，目的是为侦查提供线索和依据。

（八）讯问犯罪嫌疑人

对杀人案件的犯罪嫌疑人获取犯罪证据后，就要对其采取拘留、逮捕等措施。作为侦查人员要抓住人犯刚刚被拘捕的有利时机，抓紧时间进行讯问。这一阶段的主要任务是：审讯犯罪嫌疑人，迫使其认罪服法，搞清杀人犯罪的全部事实和经过；甄别犯罪嫌疑人口供的真伪；补充犯罪证据；深挖余罪，扩大战果；完备法律文书、移交材料。

1. 做好审讯前的准备工作。审讯杀人犯罪嫌疑人，是一场严肃而复杂的斗争。侦查人员要利用所处的主动地位，施计用策，消除人犯的种种侥幸心理，获取真实的供述。要想搞好对杀人犯罪嫌疑人的审讯工作，除取决于审讯人员的政策、法律和业务水平及侦查经验外，还必须认真做好审讯前的准备工作。例如，要组织好审讯力量，要求参加审讯人员要具有较高的政策、法律和业务水平，有一定斗争经验，这样才能应付在审讯中可能出现的各种复杂情况；要全面熟悉案情，掌握案件的来龙去脉和细节，这样在审讯中才可能运用自如，灵活地应付犯罪嫌疑人所采用的各种对审讯的伎俩；要制订审讯计划，审讯计划要制订得周密、灵活、要有针对性。要掌握杀人犯罪嫌疑人的心理状态，这样才能对症下药、取得审讯的成功。

2. 审讯中要搞清的主要问题。在审讯杀人犯罪嫌疑人中，对于犯罪事实要注意搞清以下几个方面的问题：（1）行凶杀人的时间、地点、杀人方法手段；（2）被害人的致伤原因、致死情况和原因；（3）杀人的凶器、药物的种类、名称、来源及下落；（4）犯罪嫌疑人与被害人之间的利害关系；（5）犯罪嫌疑人的预谋过程、杀人动机及目的；（6）犯罪嫌疑人杀人犯罪的全部实施经过；（7）是一人作案还是共同犯罪，如果是几人共同犯罪，要搞清各犯罪嫌疑人在犯罪过程中的地位、作用，分清主次、轻重；（8）注意深挖余罪，审查有否其他罪行。

3. 对证据的审查。通过对犯罪嫌疑人的审讯，要把整个案件材料进行一次全面审核。使各方面的有关材料能前后一致，去伪存真，有理有据，充分完备。在对证据材料的审查中，要做好甄别口供、补充证据、深挖余罪和扩大战果工作。最后写出《起诉意见书》，移交材料。

‖ 第三节　几类杀人案件的侦查要领 ‖

一、杀人碎尸案件的侦查要领

杀人碎尸案件，是指作案人故意非法剥夺他人生命之后又行分尸灭迹的特大案件。这类案件的碎尸地点隐蔽，抛尸现场多，范围大，侦破难度较大。根据杀人碎尸案件的特点，侦破杀人碎尸案件，除按照杀人案件的一般侦破方法工作外，在具体工作中要注意抓好以下几个环节：

（一）开展现场勘查　细致检验尸块

当接到报告后，应立即赶到现场进行勘查和检验。这类现场常易受到自然条件和人们无意的破坏，因此，在勘验中更要认真细致。要特别注意抛尸现场的地理位置、环境条件，交通情况和居民的居住情况等，以便确定其他抛尸现场的位置。同时，要迅速组织相关人员，在其他可能隐匿尸体的场所，寻找尸体的残肢，以便进一步的勘查检验。

在勘查中，要注意对包尸物品的检查。作案人在运尸和抛尸的过程中，不可能明目张胆地将尸块暴露于外，常常要借助各种物品对尸块进行包裹和伪装，这对于侦查工作来说是一个极为有利的条件。无论这些包尸物品是从何处索取，只要对这些物品及物品上的附着物进行认真检验，就可为查明死者身源、发现原始作案现场提供可靠依据。

（二）查明死者身份　调查因果关系

继抛尸现场勘验后，就要尽快查明死者身源，认定死者，为进一步开展侦查工作打下基础。查明死者身份主要通过辨认尸体和现场遗留物品、查访失踪人员、向有关地区印发协查通报、比对公安信息库认定被害人、利用媒介等手段。准确认定死者身份，是查明案情的关键。在核对认定死者身份中，应该邀请死者的家属、亲人、朋友、邻居或同事参加。不仅要注意对性别、年龄、体态、身高等一般特征的核对，而且要注意对疤痕、畸形、痣、疣、血型等特定特征的核对；不仅要注意对现场遗留物品、包尸物品等特定物品的核对，而且要注意对出走时间、地点等方面的核对；同时要开展 DNA 同一认定，准确确定死者身源。当死者身份确定后，就要针对死者的日常活动、生活表现、社会交往等情况展开细致的调查，从可能导致案件发生的因果关系入手发现犯罪嫌疑人。

（三）研究关联现场 查找原始现场

在死者身份一时难以确定的情况下，侦查人员首先就要认真研究关联现场上尸块的包裹物、捆扎物、附着物、尸块断面的残留物、运尸工具痕迹等情况，分析碎尸现场具备的环境条件；其次要以多个抛尸现场的分布与方位的关联性分析为重点，判断作案人抛尸的路线、距离和工具，进而推断碎尸现场的方向和范围，为查找原始杀人现场奠定基础。

（四）追查现场物证 发现犯罪嫌疑人

作案人为顺利抛藏尸块，多会对尸块进行包扎伪装。因此，对于现场的尸块；尸块的包裹物、捆扎物以及上面的附着物；现场遗留物品等，侦查人员不仅要认真地搜集提取，更要仔细地鉴别和研究这些物品的质料、特征，有的还需要进行技术检验鉴定。进一步通过追查这些物品及物品上的痕迹、字迹、号码、附着物发现犯罪嫌疑人。

有些杀人碎尸案件，通过调查和采用一般侦查措施仍然难以获取犯罪证据时，就要根据案件的犯罪嫌疑人的具体情况，研究选用适当的技术侦查手段，如秘搜密取、外线侦查、刑事特情、侦听录音等措施以获取侦查线索和犯罪证据。

二、系列杀人案件的侦查要领

系列杀人案件，是指在一段时间内，连续发生的一个人或一伙人所为的多起杀人案件。由于系列杀人案件涉及的时间长，人员多，地域广，侦查难度较大。在侦查中除按一般杀人案件的侦破方法工作之外，重点应考虑以下几点：

（一）加强串并案件工作

入室抢劫杀人、拦路抢劫杀人、抢劫金融系统杀人、强奸杀人以及针对不特定目标的报复杀人等几类杀人案件容易形成系列案件。因此，公安机关刑侦部门应当重视上述几类案件的串并案件工作。在侦查实践中，应当注意串并同一性质的常规案件（如系列抢劫、系列盗窃、系列强奸、系列伤害而未死人的案件），丰富侦查线索。同时，侦查工作要选择侦破条件较好的同类"小案"作为切入点，积极开展侦查工作，突破系列杀人案件。

（二）准确划定侦查范围

准确地划定侦查范围是有效开展系列杀人案件侦查的重要前提和基础。系列杀人案件具有的持续性、规律性特征，为准确划定侦查范围提供了诸多有利条件。划定系列杀人案件的侦查范围主要从以下几个方面入手：

1. 研究涉案地点的空间分布。在侦查实践中，系列杀人案件作案人实施犯罪行为的轨迹多呈现出一定的规律，一般包括：作案区域为四面出击的放射型、作案地域向一个方向延伸的直线型、作案地域集中在两个先对点上的哑铃型和主要围绕城乡接合部跳跃作案的圆弧形。因此，侦查人员应当充分考虑上述作案的轨迹规律，注意研究案发地点之间的空间关系、内在联系、交通条件和长途奔袭作案的时间关系，判断作案人可能的落脚点和重点活动区域。

2. 回溯系列杀人案件的首案。在系列杀人案件侦查中，判定始发案件地点尤为重要，要结合全案的串并情况，分析系列案件的内在联系和发展规律，尽量确定系列杀人案件的首案发案地，进而围绕首案的现场环境、地域特点、地理状况以及案件因果关系、案发诱因等综合分析，开展侦查。

3. 分析非发案地区的侦查价值。系列杀人案件空间跨度大，侦查中要注意研究所有涉案区域内的非发案地区与案件的内在特点、作案人的心理状态之间的关系，探求其中隐含的侦查价值。

4. 抓住系列杀人案件中的特殊个案。某些系列杀人案件中的特殊个案具有特别的意义。例如，杀人未遂，被害人能够反映出有价值的侦查线索；有的作案人杀人后抛尸、藏尸具有间歇性，作案过程明显分为两个阶段，且间隔时间较长，一般应判定作案人在抛尸现场附近有滞留并具有存放尸体的条件；有的案件在发案区域、作案环境、来去路线以及作案时间与系列案件中的其他案件有明显的特殊性，一般可以据此推断作案人是在居住地方位、返回途中还是居住地就近作案。

（三）多策并举 立体侦查

系列杀人案件涉案地域广、涉案数量多，且案情复杂，持续发案，采用一般案件的侦查方法难以奏效。因此，要形成侦、防、管、控多策并举、多管齐下的立体侦查格局。

1. 伏击守候。伏击守候，是发现和捕捉系列杀人案件犯罪嫌疑人的有效手段之一。只要系列杀人的作案人继续作案，就有可能被现行抓获。在守候中，要准确掌握作案人的特征，这是发现和抓获作案人的前提；要研究作案人的作案活动规律，正确确定作案人活动的重点部位，形成蹲守网络；要搞好人员组织，研究临场处置方案；要持之以恒，坚持不懈，灵活改变蹲守方式，才能达到蹲守目的。

2. 巡逻盘查。巡逻盘查，是发现和抓获系列杀人案件犯罪嫌疑人的有效措施之一。只要作案人继续杀人犯罪，就有可能在巡逻盘查中发现。在巡逻盘查中，要注意研究作案人的活动规律，科学部署巡逻盘查的区域、路线和时间，要根据案件的具体情况确定巡逻盘查的方法。同时要备有警用武器、交通工具、通信设备、注意与其他侦查措施相结合。

3. 设卡堵截。系列杀人作案人持续作案必须具备时空条件，必须选择一定的作案路线，因此，在作案人可能的途经道路、发案的周期时间点超前部署警力堵截作案人是侦破系列杀人案件的主动措施之一。

4. 隐蔽力量侦查。隐蔽力量是侦破系列杀人案件的有效措施，运用隐蔽力量不仅可以为案件侦查提供线索，而且也可以为案件侦查提供证据。在犯罪嫌疑人被采取强制措施的情况下，也可以进行狱内侦查，获取杀人犯罪证据，达到破案目的。

5. 调查摸底。调查摸底是发现系列杀人案件犯罪嫌疑人最基本、最有效的方法之一。很多系列杀人案件的犯罪嫌疑人都是通过深入群众调查摸底中发现的。在调查摸底中，可以根据罪犯特征、杀人凶器、现场遗留的痕迹和物品等方面开展调查。

（四）开展信息化侦查

对系列杀人案件现场条件丰富、作案规律性强的特点，应充分挖掘破案条件，利用信息化资源和手段及时侦破案件。侦查实践中，应充分利用指纹信息等侦查业务信息开展信息比对；利用旅业信息等公安管理信息查询进行信息碰撞；充分利用视频、通信、卡扣、围栏等电子信息开展轨迹查询；充分利用高危信息等公安内网信息开展情报研判等信息化手段展开侦查工作。

三、疑似被侵害失踪人员案件的侦查要领

疑似被侵害失踪人员，是指可能受到不法侵害的失踪人员。由于此类案件没有显性的犯罪事实存在，公安机关侦查部门往往对符合疑似被侵害失踪人员条件、暂不符合刑事立案标准，但极有可能形成命案的线索及时开展"立线侦查"工作。对于疑似被侵害失踪人员主要应围绕以下几个方面的工作开展调查：

（一）核实失踪人员个人信息

侦查人员应及时向报案人和失踪人员亲属及关系人详细了解失踪人员的个人信息，包括：姓名、性别、年龄、职业、生活习惯、性格特点、特殊癖好、体貌特征、随身携带财物、经济状况、失踪前的活动情况、社会交往情况以及矛盾关系情况、可能引发失踪的突出事件等。尤其对与失踪人员有矛盾关系的可疑人员应重点调查，看其是否具备作案时空条件。

（二）发布协查通报及开展信息比对

侦查人员应向相关地区及时发布疑似被侵害失踪人员的协查通报，同时提取失踪人员及近亲属的 DNA 样本，并与全国未知名尸体信息管理系统和全国公安机关DNA 数据库中的信息进行比对查找，从而确认失踪人员是否被害。

（三）调查失踪人员金融账户变动情况

侦查人员应对失踪人员的银行账户、持有股票及有价证券等涉及金融财务方面的情况开展全面调查，尤其要注意查询失踪人员在失踪前后，其账户内资金的交易情况，并调取有关录像资料进行综合分析研究，从而发现是否有可疑人员变更过失踪人员的金融账户。

（四）调查失踪人员失踪前的轨迹信息

侦查人员应借助公安大情报平台及视频监控信息对失踪人员失踪前后的吃、住、行、消、乐、医等信息，宾馆住宿登记、暂住人口登记、交通旅行票务，以及出入境记录等方面的信息进行查询、调查、核对，从而发现是否有可疑人员尾随失踪人员或与失踪人员同行。

（五）调查失踪人员的相关通信信息及互联网信息

侦查人员应对疑似被侵害失踪人员使用过的通信工具（如手机、座机）、计算机设备、互联网信息及移动互联网信息（如 QQ、微博、微信、陌陌等）进行调查，从而发现是否有可疑人员在失踪人员失踪前与其有过联系。

（六）调查失踪人员的相关车辆信息

对于人车一起失踪或失踪人员在失踪前曾乘坐出租车或私家车等车辆的案件，侦查人员应按照"由像到车，由车到人"的思路，对道路交通、治安卡口等相关部位特定时段的视频监控图像及时进行固定、提取、分析，再结合车辆 GPS 信息、卡口信息以及被害人手机通信信息，对涉案车辆进行查找，从中发现重要线索。

通过以上调查工作，对有证据证明失踪人员确实被害，符合立案条件的案件，应当依法立案侦查，按照杀人案件侦查的相关规定和要求展开深度侦查。

四、雇佣杀人案件的侦查要领

雇佣杀人案件，是指犯罪行为人为达到某种目的，以钱财或其他利益为条件，雇请他人谋杀与犯罪行为人有着某种特殊关系的人的犯罪案件。

（一）围绕案件现场确定案件性质

1. 从侵入现场方式确定案件性质。为了保证作案成功，通常受雇者会选择和平进入现场或接近被害人。对于室内现场，受雇者会选择提前潜入、配好钥匙或由雇主留门等方式进入现场，因此现场门窗很少有被破坏的痕迹；对于室外现场，受雇者往往会选择守候突袭等方式。

2. 从现场迹象确定案件性质。由于受雇者主要的作案目的就是"取人性命"，因此现场会反映出受雇者对目标、时机的选择较准、下手较狠，为确保死亡往往对被害人的致命部位实施多次攻击。现场即使表现出强奸、抢劫等现象，也应根据尸检情况以及现场勘查情况综合分析，将最根本的杀人动机与其他临时产生的犯罪动机加以区分。

3. 从现场伪装确定案件性质。受雇者与被害人的陌生关系会使受雇者认为伪装行为没有必要，通常情况下受雇者杀人后会立即离开现场，不会对现场痕迹和尸体进行处置。但是，有的案件中，应雇主的要求，受雇者也会对现场进行一定程度的伪装。

（二）围绕矛盾关系开展调查

在雇佣杀人案件中，雇主与被害人之间往往因感情纠葛、经济纠纷、职务升迁等原因产生不可调和的矛盾，这种矛盾关系通常持续的时间较长，并且在一定范围内会有所暴露。因此在案件侦查过程中，要牢牢把握这种矛盾关系，深入走访，全面查证。对于具有矛盾关系但不具备作案时空条件的犯罪嫌疑人不能轻易排除，要通过各种公开或秘密的手段进行深入调查。

（三）围绕预谋准备开展调查

虽然雇佣杀人案件准备充分，但由于在预谋阶段雇主和受雇人活动较为频繁，警惕性相对较低，暴露在公共视野以及各种公共视频监控范围内的概率较大，因此对该环节的深入排查可为整个案件的侦破工作打下坚实的基础。对该预谋阶段的调查主要应把握以下几个方面：

1. 移动通信以及网络通信痕迹调查

雇主与中介人、中介人与受雇人、中介人之间或雇主与受雇人在预谋阶段往往要通过公用电话、手机、QQ、微信等通信工具或网络通信工具，针对被害人的情况、佣金以及实施方案等信息进行频繁联络，而案发后可能会中断一切联系，因此通过对重点嫌疑人案发前后的通信痕迹进行深入调查、分析可以获取有价值的线索。

2. 可疑人员及车辆活动痕迹调查

受雇人为了确保顺利实施杀人行为从而拿到佣金，作案前一般会根据雇主提供的被害人的相关信息，对被害人进行跟踪，对犯罪现场进行踩点，以便寻找、选择最合适的作案时机。因此围绕被害人被害前的活动情况，可以通过对相关道路、场所视频监控图像的分析研究，查找可疑人员和车辆。对可疑车辆，可以进一步通过机动车登记信息、违章信息、驾驶员登记信息等公安信息系统，按照"以车找人"的思路查找犯罪嫌疑人。

（四）围绕佣金流向开展调查

雇佣杀人案件中，雇主一般会直接或通过中介人向受雇人支付一定的佣金。支付佣金一般会分步进行，在预谋阶段雇主会支付一部分佣金作为受雇人的活动经费；作案后再支付余下的部分。因此对重点犯罪嫌疑人银行账户资金流向的调查，能够对查找受雇人以及证明案件事实具有一定的帮助。

五、枪杀案件的侦查要领

枪杀案件，是指故意非法使用枪支、弹药剥夺他人生命的犯罪案件。持枪杀人是一种严重的暴力犯罪，是公安机关侦破打击的重点。发案后，必须迅速组织力量，积极侦查，及时破案，给犯罪嫌疑人以应有的打击。

根据枪杀案件的特点，侦破枪杀案件，除按照杀人案件的一般侦破方法工作外，在具体工作中还要注意抓好以下几个环节：

（一）追缉堵截逃犯　勘查枪杀现场

侦查人员赶赴现场后，如果知情人提供了犯罪嫌疑人的体貌特征、着装打扮、逃跑时间和方向，在能追缉得到的情况下，应立即组织力量追缉堵截。

勘查枪杀现场，首先，要注意对现场遗留痕迹和物品的发现、检验、研究、记录和提取；其次，要注意研究尸体枪弹损伤的种类、射入口还是射出口、射击的角度和距离；再次，要注意对现场和尸体上血迹的颜色、形态、分布的研究和分析；

最后，要注意发现、寻找枪支、弹头、弹壳和人体以外的弹着点，特别要注意观察和测量这些物证在现场中的位置、距离、方向和角度。

（二）研究枪杀现场　判断案件性质

继现场勘查和访问后，要对枪杀现场进行全面的分析和研究，然后判断枪杀案件的性质，为开展侦查工作打下基础。

1. 研究枪杀现场。判断射击距离：主要是判断在射击时，作案人所持的枪支与被害人之间的距离，是属于接触性射击、近距离射击还是远距离射击。判断的主要根据是射入口的形态和现场情况；判断射击方向：主要是判断弹头飞行的前进方向。即子弹从何而来，怎样穿过人体，又飞向何方。应根据尸体的损伤情况，结合现场情况进行全面分析判断；判断体位姿势：主要是判断在射击时，作案人和被害人均呈何种体位姿势，是呈立位、跪位、坐位、卧位还是蹲位等。主要根据尸体的损伤情况，射击的方向、角度、距离和高度等进行全面分析判断。

2. 判断案件性质。枪杀案件的性质判断，不仅要判断自杀、他杀、意外事故，而且还要判断属于哪一类原因的杀人。判断的主要根据是：现场勘查材料、现场访问材料和尸体检验材料。

（三）寻找枪支来源　查证犯罪嫌疑

在侦查过程中，要以作案人使用的枪弹种类、性能为重点。通过尸体检验和弹壳、弹头、弹着点检验鉴定，确定枪支的种类。如果作案人使用制式建档枪支作案，则可以弹壳底部撞针痕迹为依据，检索枪支档案信息，确定枪支来源；如果作案人使用非制式枪支作案，也可以通过物证调查，查明使用这类枪支的范围、地域和职业特征，进一步以制造、具备、拥有和使用枪支为条件，"由枪到人，由人到案"开展侦查工作。

（四）实施串并案件　丰富侦查线索

侦查工作要从同类涉枪案件串并侦查入手，依据枪弹痕迹串并相关案件。同时，还应当对持枪杀人案件发生之前的盗抢枪支案件线索进行梳理，查明不同性质案件之间的内在联系，由盗抢案件串并持枪杀人案件，拓展侦查视野，丰富侦查线索。

【小结】

杀人案件是严重侵犯公民人身权利的重大刑事犯罪案件，历来受到公安机关刑侦部门的关注。本章在梳理杀人案件分类和一般特点的基础上，主要围绕杀人案件的一般侦查方法，重点介绍了杀人案件的现场勘查工作、案情分析工作、侦查途径的选择和主要的取证措施等几个重点工作环节。同时，对几类典型杀人案件的侦查要领进行概括。在本章的学习过程中，在掌握杀人案件一般侦查方法和步骤的同时，要注意树立良好的证据意识，严格依法开展侦查活动，正确实施取证措施。

【思考题】

1. 在侦破杀人案件过程中，现场勘验的重点有哪些？法医检验尸体的主要目的有哪些？

2. 在侦破杀人案件过程中，案情分析重点应当解决哪些问题？

3. 在侦破杀人案件过程中，可供选择的侦查途径有哪些？

4. 在侦破杀人案件过程中，有哪些主要的取证措施？

5. 阐述杀人碎尸案件的侦查要领。

【推荐阅读】

1. 许昆，张德智，王峥. 命案侦查操作规范. 中国人民公安大学出版社，2012.

2. 王铁兵. 杀人犯罪案件侦查要略. 群众出版社，2003.

3. 依伟力. 命案现场勘查与分析. 中国人民公安大学出版社，1999.

4. 陈世贤. 命案现场分析. 群众出版社，2004.

5. 最高人民法院、最高人民检察院、公安部、国家安全部和司法部 2010 年 5 月联合发布，《关于办理死刑案件审查判断证据若干问题的规定》和《关于办理刑事案件排除非法证据若干问题的规定》。

第十七章　盗窃案件的侦查

【教学重点与难点】

教学重点：盗窃案件的特点；盗窃案件的侦查方法。

教学难点：盗窃案件的数字化侦查方法和技术。

‖ 第一节　盗窃案件概述 ‖

盗窃案件，是多发性刑事案件，量大面广。根据盗窃财产的价值，盗窃案分为一般案件、重大案件和特别重大案件，其具体立案标准在不同的时期和不同的地区有所不同。在侦查实践中，盗窃案件很容易形成系列性案件，因此大多数盗窃案件是通过并案侦查，或以审查深挖的方式来侦破的。

一、盗窃案件的概念

盗窃案件，是指以非法占有为目的，秘密窃取数额较大的公私财物或者多次窃取公私财物的犯罪案件。

数额较大，指的是盗窃一次数额较大；至于对前后两年之内仍在追诉期限之内的盗窃数额可以累计计算，也是以其这一次构成犯罪为前提。另外，对于有情节严重情形的，"数额较大"的标准可以按照一般规定标准的百分之五十确定。而盗窃一次，不只包括事实上的一次，还包括法律评价上的一次，即刑法理论上的"徐行犯"。所谓徐行犯犯罪，是指为逃避法律追究，把本来一次可以完成的犯罪行为，在特定的空间范围、较短的时间范围内，分数次来完成的犯罪。

根据最高人民法院、最高人民检察院发布的自 2013 年 4 月 4 日起施行的《关于办理盗窃刑事案件适用法律若干问题的解释》，个人盗窃公私财物价值人民币 1000 元至 3000 元以上的，为"数额较大"；个人盗窃公私财物价值人民币 3 万元至 10 万元以上的，为"数额巨大"；个人盗窃公私财物价值人民币 30 万元至 50 万元以上的，为"数额特别巨大"。

多次盗窃，指两年内其中任何一次都不单独构成犯罪但累计超过三次的盗窃。如果三次累计数额超过数额较大的标准，则构成盗窃案件。若多次盗窃符合徐行犯罪特征，由于徐行犯法律评价为一次犯罪行为，事实上的多次不再是其他影响犯罪构成的事实，只以累计后的数额是否达到立案标准作为盗窃案件成立的条件。如果不符合徐行犯罪特征，按多次盗窃处理，三次本身是基本犯罪构成事实，超过三次的次数是盗窃案件成立的条件。

多次盗窃，不包括入户盗窃、扒窃，也不包括携带凶器盗窃，因为三者一次行为即构成犯罪。

二、盗窃案件的分类

盗窃案件种类较多，为便于对盗窃案件进行分类统计，并分析同类案件的作案手段和特点，以采取有针对性的侦查措施。在侦查实践中，通常会对盗窃案件进行分类，常见的分类有：

（一）入室盗窃案件与街面盗窃案件

根据盗窃案所发生的场所，一般把盗窃分为入室盗窃和街面盗窃。对于非法进入供他人家庭生活，与外界相对隔离的住所盗窃的，应当认定为"入户盗窃"。而街面盗窃通常发生在住所以外，包括街面扒窃、街面拎包、盗窃车内物品案件等。在侦查上作此种分类是由于在侦查方法上，入室盗窃案件和街面盗窃案件存在较大的差异。

（二）夜盗案件和白闯案件

根据盗窃案件所发生的时段一般把盗窃案件分为夜盗案件和白闯案件。夜盗案件，是指发生在夜间的入室盗窃案件；而白闯案件也称"白日闯"，是指发生在白天的入室盗窃案件。

（三）技术盗窃案件和普通盗窃案件

技术盗窃案件一般指所盗窃的手段和方法需要具备一定的专业技术，如撬盗保险箱案件、盗窃机动车案件、盗刷信用卡案件、技术开锁盗窃案件等。而普通盗窃案件通常指那些不需要专业技术手段的一般盗窃案件。

（四）内盗案件、外盗案件、监守自盗和内外勾结盗窃案件

对于侵入单位盗窃的案件，按照作案人与被盗单位的归属关系、知情程度分为内盗、外盗、内外勾结盗和监守自盗四种类型。

此外，在侦查实践中还有地域性团伙盗窃案件、流窜盗窃案件、系列性盗窃案件的提法，主要是由于这些案件都有其各自的特点，如地域性团伙盗窃案件往往具有鲜明的地域性特征，大多是同乡结伙作案，分工明确，手段类似，侦查中破一起就能带出一串，便于侦查中按地域性团伙的特点开展侦查。

三、盗窃案件的特点

（一）多有预谋踩点活动

作案人起意盗窃后，一般要进行"踩点"活动，通常表现为以买东西、找人、参观浏览等名义暗中窥测，选择盗窃目标、熟悉现场周围环境、了解事主及单位工

作人员的生活、工作规律，确定进出现场的路线及侵入部位，选定作案时机。

（二）作案手段具有习惯性

盗窃案件大多系惯犯所为，在多次作案中形成了较稳定的习惯手法，表现为盗窃目标、盗窃时间的相似，盗窃物品、作案手法、作案工具、潜入和逃离现场的方式相同等方面的习惯性。

（三）盗窃现场一般留有破坏痕迹

作案人要盗取室内的财物一般要破坏两重障碍物；一重是房屋的门窗、墙壁或屋顶；另一重是存放财物的箱柜、抽屉。作案人多使用破窗、撬门、凿壁、拧锁、砸锁、撬锁、撬柜、钻洞、锯割等方法破坏障碍物，因而必然会在破坏部位留下相应的工具的痕迹。

（四）现场大多留有手印、脚印等痕迹

盗窃案件的作案人在实施盗窃时，不可避免地会留下一些手印、脚印。虽然有的作案人作案后采用各种方法毁灭现场上的手印、脚印，但仍可能有疏忽的地方，特别是在能见度低、心情慌张的情况下，不可能将手印、脚印全部抹掉。

（五）有赃款、赃物可查

盗窃案件都有被盗的赃款、赃物，作案人对赃款、赃物必然有搬运、隐藏、使用、销售等处理过程，这就为警方以赃查人，侦破盗窃案提供了有利条件。

第二节　盗窃案件的侦查方法

一、盗窃案件的现场勘查

盗窃案件现场留存大量的有关作案人的信息，如现场门窗、箱柜被撬坏，撬压破坏痕迹储存着作案人所用何种工具的信息；也有现场周围的群众在发案前后耳闻目睹的可疑信息。侦查人员在勘查盗窃案现场时，应尽可能获取各类与作案人有关的信息，以便采取有针对性的侦查措施开展侦查。

（一）详细询问事主和知情人

询问的对象主要包括案件的发现人、事主、财物保管人员、现场周围的群众。询问的主要内容是：发现盗窃案件的经过；被盗财物的情况；发现被盗前后的可疑情况。询问要按规定进行，并制作询问笔录。

（二）对盗窃现场进行实地勘验

盗窃案件实地勘验的重点是：一是作案人进出现场的通道，即出入口；二是对现场中心部位的勘验；三是对现场外围进行搜索性勘验；四是对现场所处的具体位置及周围环境进行观察、记录。

（三）几类盗窃案件的紧急处置

1. 盗窃枪支弹药、爆炸物、放射性、剧毒性物品的案件。发案地公安机关要快速报告上级公安机关和当地党政领导，加强首脑机关、要害部门的警戒，控制各交通要道，采取追缉、堵截等紧急措施。对作案人可能逃出本地区的，应当迅速向临近地区通报案情，请求周围地区公安机关协助查控，张网以待。

2. 盗窃国家绝密文件资料的案件。侦查指挥员应当依照国家保密法的规定，迅速向上级公安机关和保密委员会报告，同时，有针对性地全面部署查控工作。

3. 盗窃国家珍贵文物、动植物的案件。侦查指挥员应迅速查明被盗物品的名称、数量及主要特征，立即通报海关、边防、机场、口岸等部门，以便控制走私出境。对报案及时的，应立即部署查缉工作，力争在作案人携赃潜逃过程中将其捕获归案。

4. 盗窃有价证券的案件。侦查人员要立即查明被盗有价证券的基本情况，迅速指派专人与相关银行、储蓄所、证券交易机构、信用卡发卡机构、提货部门或使用部门联系挂失，同时进行布控，并要求有关单位协同控制，一旦发现作案人，当场抓获，或将发现的可疑情况及时报告公安机关。

5. 盗窃财物体积大、数量多的案件。这类案件被盗物品特征明显，如果发案时间短，作案人尚在携赃逃跑途中，或作案人的人身形象暴露较明显，侦查人员应立即查明被盗物品的种类、数量、特征，迅速部署追缉、堵截、查控工作。

二、盗窃案件的案情分析

（一）分析盗窃案件的性质

盗窃案件的具体性质，首先应根据盗窃的动机、目的，分析判断是图财性盗窃、破坏性盗窃还是工具准备性盗窃。图财性盗窃的主要目的是获取钱财，目标明确，现场往往有明显的搜寻财物迹象。破坏性盗窃往往并不着眼于所窃财物的经济价值，破坏才是目的，盗窃是手段，如一些通过盗窃工业设施打击竞争对手的案件。工具准备性盗窃是通过盗窃来获取后续作案用的工具，如盗窃机动车作为其他犯罪活动的工具等。

如果是单位被盗，则应分析是内盗还是外盗，或者是内外勾结盗。如果分析是外盗，还要再进一步分析是本地附近的人作案的可能性大还是外来流窜犯作案的可能性大。分析判断的主要依据是看盗窃的目标是否准确、时机是否得当，以及对现场环境、现场内部情况的熟悉程度。如果是居民住宅内财物被盗，主要分析判断是否是知情人作案，是熟人作案还是陌生人作案，是远盗还是近盗，是本地人作案还是外来流窜犯作案。分析判断的依据也主要是依据盗窃目标是否准确、时机是否得当，本地和外县、市、省有无同类相似盗窃案。

（二）分析作案时间

分析判断盗窃时间的主要依据是：被盗财物是何时存放的，何时发现还在，何时发现被盗；事主在被盗前是何时离开现场的，离开时门窗箱柜是否上锁，离开的时间有多长；现场上遗留的与盗窃犯罪活动有关痕迹的新鲜程度、干燥硬化程度如何，有无能反映盗窃活动时遗留的雨前雨后、雪前雪后、霜前霜后、露前露后的痕迹变化特征；现场所处的具体地理环境和周围群众的工作、生活规律如何，过往人员何时较多，何时最少，作案人在何时下手行窃最不易被人发现，以推断什么时间发生被盗的可能性最大；门卫和值班巡逻人员是否离岗位，何时离开岗位，离开岗位的时间有多长；事主和周围群众何时听到现场发出可疑声响，或何时看见可疑迹象、可疑人；如果判断是流窜犯作案的可能性大，还可根据当地的行车时间、旅店位置等推断作案人来去现场的时间。

（三）分析作案手段

盗窃的手段方法可以反映出作案人是偶犯还是惯犯，对现场情况是否熟悉，是本地人还是外来人作案；使用何种工具盗窃，可以反映作案人的职业特点，为查找作案人提供线索和方向，有助于缩小侦查范围。分析判断的主要依据就是现场的状况和破坏痕迹的特征。

（四）分析作案人数

作案人数的分析，一是根据遗留在现场上的脚印、手印判断人数。如果在盗窃现场遗留有几种不同的脚印和几种不同的手印，说明作案人不止一人。根据脚印的大小不同、花纹各异以及手印花纹特征的差别，可以判断是几人作案。在分析判断时首先要排除事主和无关人员留下的脚、手印，同时还应结合其他情况分析作案人有无为了转移侦查视线小脚穿大鞋进出现场的可能。对现场的脚印，除注意在中心现场发现外，还要认真在现场外围搜索，以发现"望风"作案人留下的足迹，使判断的依据全面、准确。二是根据盗窃财物的体积、数量、重量，结合运赃的方法判断人数。如果赃物的体积大、数量多、分量重，一个人无法搬走，现场上没有往返多次搬运的痕迹，也不具备使用运输工具的条件，或虽有使用运输工具的条件，但未遗留有运输工具的痕迹，说明可能是几人结伙作案。三是根据事主和其他知情群众提供的情况进行分析判断作案人数。

（五）分析作案人的特征与条件

根据现场上遗留的作案人的手印、脚印、步法特征，判断其体貌特征；根据被盗物品的重量、体积、存放部位，分析判断作案人的体能；根据作案人使用的工具和物品分析判断其所具有的特殊技能。根据作案工具及使用情况分析作案人具有相应的知识、技能和取得这些工具、物品的条件；根据被盗物品的种类、用途分析判断作案人的爱好、特长和专业知识及社会地位、交际关系、阅历等。在对作案人的特征分析的基础上，再结合作案过程和现场情况进一步刻画作案人应具备的条件。

（六）分析盗窃行为过程

作案人实施盗窃一般要经过一系列的过程和环节，如预谋、准备工具、踩点、选择目标和时机、侵入或接近目标、实施盗窃、逃离、处理赃物等。不同个体的实施盗窃行为过程有很大的差异，会带有明显的个体特点。

三、盗窃案件的侦查途径

盗窃案件的具体情况不同，在侦查具体案件时，要多角度选择最佳侦查途径实施侦查。盗窃案件常用的侦查途径有以下几种：

（一）传统侦查途径

1. 追缉堵截。对于报案及时、赃物特征明显、体积大、数量多的盗案或者作案人人身形象暴露明显的盗窃案，接到报案后，应迅速查明被盗财物种类、数量等特征，尽早实施追缉堵截行动，力争在作案人携赃逃跑的过程中将其抓获，做到人赃俱获。

2. 控制销赃。对于已查明被盗财物种类、名称、数量和特征的盗案，应该从调查、控制赃款、赃物入手开展侦查。首先针对赃物的特点和性能，判明作案人可能前往销赃的地区和场所，然后有针对性地采取不同控赃措施，以物找人，发现作案人。例如，根据案情需要，有的可通过印发协查通报，请求有关地区、单位协助发现控制赃物；有的则可口头部署秘密治安积极分子查控；有的可适当公布案情，发动群众提供可疑线索，有的则应布置相关行业利用公开管理，营业之便，注意秘密发现可疑人和赃物等。

3. 重点排查。根据案情分析，判断是本地区、近距离、小范围内的人作案的，应该在确定的侦查范围内开展调查摸底，寻查作案人。侦查人员要发动和依靠基层民警、治保会、治安积极分子、有关单位的领导排查，向他们介绍盗窃作案人应该具备的条件，如具有盗窃时间，工具、盗窃动机、案前案后经济反常、行为反常、职业、技能与作案人作案时反映的手法相符，身高、体态、生理病理特征、个人爱好、嗜好与分析刻画的作案人条件相符，具有知情人作案的知情条件等，发动和依靠他们把符合上述条件的人检举、揭发出来，以便侦查人员有目标地查证甄别，取证破案。

4. 调查物证。对于在现场勘查中发现、提取了作案人遗留的衣服、鞋子、帽子、手套等物品的盗窃案件，应该从现场遗留物品入手开展侦查，查明现场遗留物证的出处、产地、销售、使用范围等，追根寻源，以物找人，发现盗窃作案人，进而通过辨认、搜查、讯问、鉴定等方法取证破案。

5. 巡查守候。作案人使用某种方法手段盗窃得逞后，在侥幸心理驱使下，常常采用同样的方法、选择类似的时间和目标连续作案，也就是说盗窃案件中惯犯常常采用习惯手法连续作案，这种犯罪的活动规律为警方采取秘密巡查、守候伏击，抓获现行提供了可行性和有效性。对于分析判断为惯犯、流窜犯所为的盗窃案件，应该采用此法侦查。

6. 审查深挖。盗窃案件中累犯较多，许多在押人员都有积案在身。对于在清查、巡逻和盘查中查获的有盗窃作案嫌疑的可疑人员，要加强讯问、审查，将其作案手段、方法、侵犯目标、作案时间等方面的规律特点与本地区或其他地区以前发生的类似未破盗案联系起来，进行比较，发现嫌疑后，认真审查，将其以前所作案件一并查清，追破积案，达到"破一案带一串，抓一人挖一伙"的侦查效果。尤其是对抓获的扒窃、盗窃机动车、拎包、外来流窜犯更应加强审查。

（二）网上数字化侦查途径

1. 网上信息检索。盗窃案件侦查的网上信息检索途径主要有以下几种：对于在现场勘查中发现和提取了作案人所留指纹和足迹的盗窃案件，可以通过检索指纹和足迹库来发现作案人；对于在现场上发现和提取了DNA检材的盗窃案件可以通过检索DNA数据库来发现作案人；对于在侦查中获取了作案人的特征、通信号码以及其他个人标志性信息的，可以通过姓名地址查询来发现作案人。

2. 网上案件串并。网上案件串并是盗窃案件侦查的常见途径，一般在技术串并的基础上通过检索案件数据库来串并同类案件；也可以根据作案手段特点等案件要素直接检索案件数据库来串并同类案件；还可以根据案件特征检索人员数据库，分析以往打击处理过的盗窃犯罪人员的结构和特征。然后对上述方式获取的信息进行汇总分析研判，以发现侦查线索，网上排查作案人。

3. 网上信息研判。在对案件要素深入分析研判的基础上，梳理出可以进行网上信息研判的相关条件和要素，以逐一对这些条件和要素通过网上信息资源进行追踪检索和查询。

4. 网上视频侦查。对于盗窃案现场有视频监控设施的，应调取监控图像进行分析，一方面可以从图像中获取作案人的特征、随身携带工具、行为动作等以获得相应的侦查线索；另一方面可以通过进出现场沿线的监控视频进行轨迹追踪，以发现作案人的行踪去向或落脚藏身的地点。

5. 网上数据整合分析。对于通过对作案人的分析刻画，在能确定作案人同时分属于不同的人员类属，且该类属都有相应的网上数据资源可供查询的情形下，无法确切获知作案人的真实情况时，可以通过多类属数据的整合分析和研判以缩小侦查范围。

四、盗窃案件的取证措施

（一）现场勘查

有现场的盗窃案件要有现场勘查笔录、照片及现场图，提取犯罪嫌疑人遗留在现场的痕迹、物品，如衣物、手套、作案工具等。

（二）检验鉴定

现场提取的毛发、指纹、足迹等应做鉴定，对现场痕迹如撬门、破锁、挤压等形成的现场周围的其他痕迹也要做鉴定。对追缴的、犯罪嫌疑人退赃的赃物应由物价部门做出估价鉴定。办案人员应制作《扣押、追缴、没收物品估价委托书》；物价鉴定部门应制作《扣押、追缴、没收物品估价鉴定结论书》。

（三）搜查及追赃

应力求缴获全部作案工具，制作搜查笔录和扣押物品清单。对已缴获的作案工具有鉴定价值的，必须经过技术鉴定。力求获取原始赃证物，查获的所有赃款、赃物应拍照片，附卷作为案件证据，原则上赃款、赃物应随卷移送。例如，确实必须先发还失主的，应作详细的记录，制作《发还物品清单》。无法取得原始赃证的，必须有赃款、赃物下落的确凿证明。例如，赃款已被挥霍，应查明挥霍的时间、地点、方式及有关证明人，获取用赃款购买的实物。赃物被变卖的，力求找到买主，取得原物或证明。

（四）辨认作案现场

一般应尽可能组织犯罪嫌疑人辨认作案现场，制作现场方位图和辨认笔录。要注意辨认过程材料的完整性。

（五）询问

询问被害人或被盗单位。问清被盗时间、地点、被盗经过，如何发现被盗，被盗物品的数量、特征、种类、购买时间及价值。问清被盗赃款的具体数额、面值张数，被盗钱物存放于何处，单位被盗的要取保管人证，法人出证的无效。并注意向被害人提取可证明被盗物品价值的证据，如购物发票等。同时应通过询问知情人或发案现场群众获取案件的有关证据。

（六）讯问

查明犯罪嫌疑人主体身份证明。包括盖有户籍所在地派出所户籍专用证明章（不可用公章）的户籍复印件和住所地派出所或居（村）民委员会出具的现实表现证明材料。查明犯罪嫌疑人的前科劣迹和其他材料。包括刑事判决书（裁定书）、劳动教养决定书、释放证明、假释证明、暂予监外执行通知书等复印件或抄件，并加盖印章，且有证明该材料的出处。

（七）其他

案件来源及侦破经过应写明何时、何地、何部门接何人报案，报案的内容及措施，以受案单位名义填写。对当事人以书面材料举报的，办案人员也应按要求如实写明。之后，写明接报案后，采取何种侦查措施查破案件，于何时在何地抓获犯罪嫌疑人。还应写明所采取的强制措施的时间、种类。

作案后果或造成危害影响的证据材料。例如，盗窃外国人钱物、盗窃珍贵文物、珍稀动物、军用物资、救灾钱款、银行、金库等，给上述单位或个人造成损失、社会影响的材料。

有关物证的保存。对赃款、赃物、作案工具等有关物证应制作扣押手续，如实填写品名、数量、特征，并妥善保管，不得损坏、遗失或调换。对无法保存的物品，应拍摄照片，制作《销毁物品清单》。

‖ 第三节　几类常见盗窃案件的侦查要领 ‖

一、入室盗窃案件的侦查要领

入室盗窃案件，一般是指侵入室内场所秘密窃取公私财物的案件，此类案件在城乡都较常见。

（一）详细询问事主，认真勘查现场，走访现场附近群众

应了解事主何时、何因离家，有否闭窗关门落锁，何时发现被盗；被盗财物的名称、种类、特征、价值如何；家中成员有无动用财物的可能；怀疑何人有盗窃的可能，依据是什么。在询问事主的同时，要访问现场附近群众，侧重访问是否发现可疑的人和事，可疑人的人身外貌特征、口音、交通工具，来去方向等。勘查现场，主要查明作案人破坏障碍物的手段方法，发现和提取遗留在现场的破坏工具痕迹和手印、脚印等痕迹物品。

（二）分析判断案情，确定侦查范围

根据现场勘查访问所获的信息材料，分析作案是知情熟人还是陌生人，是现场附近的本地人还是外来流窜犯作案。在此基础上进一步分析作案人的人身形象、个人特点，以缩小侦查范围。

（三）调查摸底，发现作案人

如果判断作案人可能是知情熟人或是现场附近的本地人，就应该以现场为中心，在一定范围内公布案情，发动群众，提供嫌疑线索。摸底排队时要把那些具有盗窃前科、具有盗窃动机、具备盗窃时间、发案时去向不明、案发前后经济反常的人纳入侦查范围，重点调查那些不务正业，有盗窃前科的以及有嫖、赌、吸毒等恶习的人员。

（四）控制销赃渠道

入室盗窃的财物主要是现金、有价证券、金银首饰、手机及贵重物品，除现金留作挥霍外，其余赃物多要变卖销赃，金银首饰要变换成现金，因此，侦查中要快速部署控赃措施。对具有明显标记、特征的赃物，如黄金首饰、手机和笔记本电脑等物应迅速印发赃物协查通报，请有关部门和相关行业，注意发现控制赃物和作案人。对于盗窃工业原材料、工业设备的重要零配件的案件更应关注其销赃渠道，通过掌握控制其去向来发现侦查线索。

（五）并案侦查

入室盗窃多为惯犯、流窜犯所为，犯罪多具有连续性，有的在同一县市连续撬盗多户，有的跨地区盗窃。侦查时要注意查询、联系当地或相邻地区有无相似的盗案，及时组织并案侦查。要及时运用网上信息资源串并同类案件，沟通案件信息，发现侦查线索。

（六）充分运用数字信息资源

由于社会信息化的发展，可供利用的社会信息资源非常丰富。入室盗窃案件的侦查也应注意此方面信息的发现和利用。如应注意被盗处所的固定电话的未接来电，有些入室盗窃案件的作案人会通过拨打固定电话来确认室内是否有人；应注意被盗的手机、通信设备及银行卡是否被作案人使用过，可以通过使用记录来发现侦查线索；还应注意现场或其周边道路是否有监控，应通过监控图像来发现作案人的行踪轨迹；等等。

二、扒窃案件的侦查要领

扒窃案件，是指作案人在人多拥挤的地方或公共场所，秘密窃取他人随身财物的犯罪案件。由于扒窃案件取证困难，再加上很多被害人被窃后往往自认倒霉，而很少报案，给侦查带来了一定的困难。因此，应根据扒窃作案人流动性大、现场变动大、扒窃手法简单等特点，建立反扒专业队伍，充分利用公共场所的监控设施，采用外线跟踪，严密控制阵地，寻迹发现现行，当场抓获现行扒窃人员。

（一）线路跟踪，发现扒窃人员

要根据扒窃活动的规律、特点，选择发案突出的线路，组织人员，随车跟踪，抓获现行扒窃犯。在发现了扒窃嫌疑人后，要采用外线跟踪的方法，适时贴靠上去，待机抓现行。一定要掌握好时机，抓早了没证据，抓迟了扒手易逃跑、转移赃物、失去证据。要先隐蔽自己，待其扒窃时抓获，一般是抓住其手腕，要求做到人证、物证、旁证三证俱全。抓到扒手后，要连同被扒失主和周围证人，一同带往公安机关，以便取证，为处理扒窃犯提供证据。

（二）阵地控制，守候扒窃高发区域

要建立反扒窃的防线，依靠反扒专业人员、秘密力量、治安积极分子三方力量，把住车站、码头扒窃犯的进出关，商店、市场、影剧院的阵地关，经常有人守在点上，控制阵地，做到贼来我知，贼动我打。还要控制娱乐场所、旅社、寄卖店等特种行业，发现挥霍、销赃、隐藏赃物的地点。

（三）视频巡查，发现扒窃犯罪

要在扒窃案件高发、易发的区域安装监控设施，并安排专业监视，发现扒窃作案人员立即指令巡逻民警出警缉捕，并及时进录像取证。发现扒窃出警抓捕时，要注意防止作案人拒捕伤人，特别是遇上惯扒团伙犯很可能拒捕。所以缉捕人员应以2~3人为一组行动，带好武器、警械，发动群众协助完成任务，在人多拥挤的情况下，不要使用枪支，以免误伤群众，在车上一般使用手铐抓捕扒窃作案人。

（四）网上布控，预警扒窃嫌疑人员

由于扒窃作案流动性较大，每逢重大节日或人员聚集的活动时，往往会吸引大量的扒窃作案人员伺机行窃。因此，可将有扒窃作案前科的嫌疑人员进行网上布控，监控其流动情况，对于有多名扒窃前科人员聚集的地区布置有针对性的清查和防控措施，以发现嫌疑和获取证据。

（五）基础采集，动态管控

要加强扒窃犯罪作案人员信息和案件信息资料的收集和管理，注意档案资料的积累，对扒窃犯的作案地区、手段、指纹、团伙关系、人身形象等方面的情况都要记录存档，输入违法犯罪人员信息库，并与流动人员信息管理系统相连接，以实现对扒窃前科人员的动态管控。

（六）提审外地抓获扒窃作案人员带破本地案件

应注意从外地抓获处理的扒窃作案人中发现线索。扒窃犯罪以惯犯居多，常常多次扒窃，流动作案。有的扒窃作案人在此地扒窃后逃脱，但在其他地区作案时被抓获。因此，侦查时，要注意审查本地和邻近地区已被抓获处理的扒窃犯，从中发现在侦案件的线索。对邻近地区可印发协查通报，请求有关地区刑侦人员发现本案赃物，及时沟通信息。对于发现的外地抓获的扒窃人员信息，应通过网上信息资源查询其在本地是否有相应的活动轨迹，以及期间是否有扒窃案件发生，根据查询结果可赴外地提审，以带破本地的扒窃案件。

三、盗窃机动车案件的侦查要领

随着公、私汽车的拥有量逐年增多，汽车租赁业、修理业和二手车市场的日益繁荣，随之而来的盗窃机动车案件也呈持续高发的严峻态势。盗窃机动车案件由于现场遗留的痕迹物品少，作案人在现场滞留的时间短，追赃困难等，使得侦查的难度较大，通常需要多警种协作并结合社会管控才能有效打击盗窃机动车犯罪。盗窃机动车案件的侦查除运用传统的现场勘查、调查访问、排查及讯问犯罪嫌疑人等方法外，还应针对盗窃机动车案件的特点，做好以下几项工作：

（一）收集建立盗窃机动车犯罪人员的情报信息库

尽可能实现盗窃机动车案件的报案受理、立案原始台账制度化，并力求做到与车辆的生产销售信息、登记入户信息、车辆信息、车主信息、违章记录等相关信息统筹联系，实现案、车、人、犯信息的整合应用，最大限度发挥网上信息资源的应用效能。

（二）开展被盗机动车的联网串并侦查

在侦查盗窃汽车案件的过程中，应将立足点放在抓捕现行和控制赃物两方面，以此来扩展犯罪线索，带动侦查破案，追查犯罪团伙，打击流窜犯罪，要在"由案到人"开展侦查的同时，积极开拓"由人到案"的侦查途径，坚持通过串并案侦查工作起到"破一起带一串，打击一大片"的侦查功效。

（三）加强社会面的管控，严密堵截销赃渠道

一是发挥专业优势，拓展线索来源。盗窃汽车的案件与交通运输业、汽车修理业、中介业、开锁业、拆装业等有着一定的联系，往往成为犯罪分子进行赃物运输、改装、销售的地下场所和窝点。对此，各级公安机关要正确引导、管理、控制

上述行业，有针对性地在高危人群、汽车修理行业、二手汽车市场、加油站等物建不同层面的专业特情，强化阵地控制建设，充分掌握涉车情报信息，获取深层次及预警性的犯罪情报，从中发现蛛丝马迹，为侦查破案拓展线索来源。

（四）发挥卡点收费站的作用，堵截可疑车辆外逃

要对现有的出城卡口、收费站的监控设备进行技术改造，对过往车辆实行监、录并举，为侦查破案提供强有力的支撑。同时，要强化以110指挥中心为龙头，采取"巡线、设点、堵口、夹击"多管齐下的措施，布网围追堵截抓捕现行犯罪分子。

（五）组织专门力量守候伏击，加强夜间检查盘问力度

对凌晨时分在车站码头、公园广场、马路街道、工地厂房游荡的形迹可疑人员，要重点审查盘问。对治安相对复杂的场所和发案频繁的地段，要定时不定时地采取设卡盘查的方法，对来往的可疑车辆、人员集中盘查，尤其是对外来人员中驾驶车辆的更要查清来源，以达到抓现行及控赃的目的。

（六）充分利用视频监控以及车载GPS系统发现侦查线索

当前各地主要路口进出城点都有视频监控，在盗窃机动车案件发生后应及时派人查看监控录像。通过查看现场区域、周边的道路沿线以及国道沿线的视频监控录像（包括全球眼、单位自行安装的监控装置、居民住宅的监控装置）信息，分析确定作案时间、作案人数、作案手段破车方式等；查看高速公路进出口（收费站）的监控视频录像，分析逃跑路线及时间，为实施快速堵截提供依据；查询高速公路违法驾驶视频抓拍信息，直接获取驾驶人员的面部特征、是否利用手机、车辆特征等，为采取相应侦查措施提供依据。对于安装了GPS定位装置的应及时获取车辆的位置信息，以发现嫌疑人。

（七）建立盗窃机动车案件侦查的警种和区域协作机制

在各警种之间，派出所等基础单位要根据盗窃汽车案件的发案规律特点，摸清防范工作中存在的薄弱环节，有针对性地采取防范对策，加强110路面控制，做到"路上巡、面上管、卡上查、点上蹲"，及时发现停放在路边汽车附近的可疑人员和凌晨行驶的可疑车辆。交巡警部门要加强对汽车上牌、入户、过户的管理和控制，坚决取缔无牌无证、假冒假证车辆上路行驶，在日常的路面查验时发现可疑车辆，协助追缴赃车，抓捕人犯，及时把嫌疑车辆和人员移交给刑侦部门。治安部门要加强对本辖区各修车行、拆车行、二手车交易市场等单位的整顿管理，坚持在流动人口、外来人口、出租车司机中发展治安信息员，充分掌握各类情报线索，为我所用。刑侦部门要以加强阵地控制、物建特情和串并侦查为抓手，大力加强网上作战效能，实现"从人到案"的侦查破案模式。技侦部门要及时运用专业手段，加强对案发时手机信息、数据的碰撞、比对，获取更多的破案途径。在各地公安机关之间，要大力加强制度化、规范化的侦查协作机制建设，进一步消除省际刑事信息壁垒，对发案信息、高危前科人员做好案前、案后的信息交流和共享，切实增强打

击盗窃汽车犯罪的针对性和有效性。

【小结】

盗窃案件通常要占全部刑事案件的80%以上，是侵犯公民财产权利的主要犯罪形式。在侦查实践中，大多数盗窃案件是通过并案侦查或以从人到案的方式来侦破的。入室盗窃案件侦查应注意收集案件发生发现的具体情况，获取有价值的痕迹物品；对有赃物控制条件的盗窃案件应及时布控；并注意搜集同类案件信息以及时串并。扒窃案件的侦查应立足于抓现行，在侦查中主要是通过巡查来发现嫌疑目标，并进行外线跟踪，以抓获现行。盗窃机动车案件比率逐年上升，集团作案和团伙作案非常突出，对此类案件的侦查应及时调阅道路监控录像，发现被盗机动车的去向以及犯罪团伙作案用的开道车，以发现规律，破获案件。

【思考题】

1. 入室盗窃案件的侦查要点是什么？
2. 扒窃案件的侦查要点是什么？
3. 盗窃机动车案件的侦查要点是什么？

【推荐阅读】

1. ［美］珍妮·博伊兰（Jennifer Boylan）. 为罪犯画像. 张亚东译. 上海译文出版社，2002.

2. 李双其，曹文安，黄云峰. 法治视野下的信息化侦查. 中国检察出版社，2011.

第十八章　抢劫案件的侦查

【教学重点与难点】

教学重点：抢劫案件的侦查方法；街面两抢案件的侦查要领。

教学难点：系列性抢劫案件的并案侦查方法。

‖ 第一节　抢劫案件的类型与特点 ‖

一、抢劫案件的概念

抢劫案件，是指以非法占有为目的，使用暴力、胁迫或其他方法，强行劫取公私财物的犯罪案件。"暴力"是指使用刀、枪、棍、棒、炸药、绳索等器械或徒手对财物的持有者或保管者实施行凶、伤害、殴打、捆绑等手段，迫使被害人交出财物或劫走财物；"胁迫"是指以暴力为后盾，使用威胁、语言恫吓等手段，致使被害人被迫交出财物或夺取财物；这里的"其他方法"指作案人使用暴力、胁迫以外的其他针对被害人抵抗力实施的手段，致使被害人失去、丧失、减弱或放弃抵抗，从而劫取财物的手段，如使用麻醉物抢劫等。

二、抢劫案件的类型

1. 根据抢劫地点的不同，抢劫案件可分为入室抢劫案件、拦路抢劫案件和交通工具上抢劫案件。

2. 根据抢劫的对象、目标的不同，抢劫案件可分为抢劫银行或者其他金融机构案件、抢劫出租车案件等。

3. 根据抢劫的手段，可把抢劫案件分为伤害行凶抢劫、暴力强制抢劫、持械胁迫抢劫、恫吓威胁抢劫、爆炸破坏抢劫、药物麻醉抢劫、驾驶汽车抢劫、色情勾引抢劫等。

三、抢劫案件的特点

(一) 被害人与作案人有正面接触

抢劫这种犯罪形式注定了作案人的暴露性，作案人无论采用何种手段，必然与被害人及周围的目击者有一个或长或短的接触过程。因此，作案人的人身形象、作案过程、作案方法、作案手段等多有所暴露，这为侦破抢劫案件提供了极为有利的条件。

（二）有赃可查

抢劫案件作案人是以获取财物为主要目的，因此控制劫取的赃物是侦破抢劫案件的重要途径；同时作案人在抢劫案件发生前一般会表现出对某种财物的需求，发案后在一定时间内会持有该赃物，即使销赃也会留下相应的线索，这为其暴露奠定了基础。

（三）抢劫之前大多有预谋准备活动

抢劫案件的作案人，为顺利达到抢劫财物而又逃避打击的目的，大多事先会进行预谋准备活动。抢劫案件作案人在作案前常以各种名义"踩点"，了解周围环境及活动规律，选择作案目标及作案时机，因此在作案的外围现场会留有其"踩点"的迹象。

（四）结伙作案居多，作案手法带有习惯性并且连续作案

抢劫案件作案成员多结伙作案，他们在作案前往往多次聚集在一起，进行预谋和策划，以达到抢劫目的，因此为侦破案件提供了线索。同时，惯犯实施抢劫案件较多，在作案手段、环境、侵害对象选择上表现出习惯性，在作案次数上表现出连续性。作案人抢劫手段的习惯性和实施犯罪的连续性，有利于在侦查中采取并案侦查、巡查守候、查对犯罪情报信息等各项有效措施。

（五）抢劫案件现场一般有痕迹和其他物证可寻

作案人来去现场必然留下一些痕迹、物证，如脚印、预伏痕迹、交通工具痕迹等；在抢劫过程中因被害人的抵抗会在现场遗留作案工具、人体脱落物、随身物品等，同时作案人也会表现出衣衫不整，身上留有伤痕的迹象；入室抢劫案件现场还会留有翻动、寻找、破坏等痕迹，这为侦查取证提供了有效途径。

‖第二节　抢劫案件的侦查方法‖

一、抢劫案件的现场勘查

（一）对有关人员进行访问

对于被害人的访问应重点查明：抢劫的时间、地点和作案人来去现场的方向、路线；作案手段、作案工具、作案过程；被劫财物的情况；被害人与作案人有无周旋、搏斗的过程；作案人的情况；被害人的情况；等等。

此外，还应注意访问被害人的家庭成员、同事、邻居、朋友，现场附近的知情群众以及作案人来去现场的知情人。在访问中，要请他们回忆与案件有关的可疑人和可疑事，案发前后出现在抢劫现场的人，特别是在出事地点走出、停留、窥视、观察的；随身携带物品与抢劫物品相似的；体貌特征与案件中反映出来相似的；对被抢物品有所需求的等。

（二）对抢劫现场进行实地勘验

在勘查现场时重点发现和提取下列痕迹物品：

1. 作案人在作案时使用过的作案工具、交通工具，戴过的手套、头套，以及作案时用于掩饰的其他物品。

2. 作案人在出入现场和作案过程中遗留的痕迹物品、逗留坐卧痕迹等。特别是作案人遗留的衣服、鞋帽、烟蒂、指纹、鞋印、工具痕迹、人体的分泌物、脱落物、排泄物，留有字迹的纸片等。

3. 对被害人进行人身检查，以判明损伤情况，作案工具的种类，作案的时间、手段等。

4. 调取现场及进出现场道路的监控录像。

（三）对现场周围进行现场搜索

通过对作案人来去现场的道路和附近的隐蔽处所进行搜索，发现隐藏在现场周围或者尚未逃离的作案人；寻找与犯罪有关的痕迹、物品等，如作案人来去现场留下的鞋印、交通工具痕迹、预伏痕迹、失落的赃物、随身物品等有关的痕迹物证；搜寻被害人尸体、人体生物检材、衣物等；寻找隐藏、遗弃的赃款赃物等，发现并排除可能危害安全的隐患；确定作案人逃跑的方向和路线，追踪作案人，为侦查工作提供线索。在现场搜索、追踪中，发现与抢劫犯罪有关的痕迹、物证，应当予以固定、提取。

（四）视情采取紧急查缉措施

对判断作案人逃跑时间不长、逃跑的方向、路线明确的；携带的赃物数量多、体积大，特征明显的；对作案人的体貌特征、衣着打扮较为明显的；对驾驶机动车辆作案或者乘机动车辆逃跑的；作案过程中受了外伤，或者在搏斗中衣服被剥脱、撕碎、沾有血迹、泥土、颜料，能够引起注意的；对其他有可能将其追捕截获的应当及时采取设卡堵截、巡逻盘查、对重点场所的检查等紧急查缉措施。有条件的，也可采用步法、警犬追踪。

二、抢劫案件的案情分析

抢劫案件发生后，在通过前期处置和现场勘查初步掌握了案件情况之后，应当对案情进行全面分析，重点要抓住以下几个方面进行：

（一）判断作案人是有预谋抢劫，还是临时起意抢劫

有预谋抢劫，一般表现为：作案人对侵害目标的情况比较熟悉，在作案前常有踩点、窥测、预伏在隐蔽处等预谋活动，作案时机有所选择，作案时自带作案工具等。

（二）判断作案人是附近的本地人，还是距离现场较远的外地人

从对现场周围环境的熟悉程度，对侵害目标选择的熟悉程度、准确程度，作案人的打扮、口音，是否备有交通工具，作案时是否蒙面、伪装、不说话或者故意改变声调等，以及侵害目标和作案人使用工具的地域习惯性等方面进行分析、推断。

（三）判断作案人是惯犯，还是偶犯

应注意从作案行为过程来进行分析，看其作案时有无多余动作，实施作案的地点和时机选择是否合理，作案时的心理状态是否紧张，以及其作案的决心、经验、案件的结果等方面进行分析、推断。

（四）判断作案人的特征

依据被害人的陈述、现场的痕迹物证和目击证人提供的有关侦查线索综合分析推断作案人的体貌特征；依据作案人使用工具的情况和条件、谈吐中暴露的情况、衣着打扮和随身物品显露的情况等，综合分析推断作案人的身份职业；依据个案的特征综合分析推断作案人的作案习惯性。

（五）分析作案人对赃物处理的方式

依据赃物的种类、数量、性能、特征，以及案件的性质和当前所体现的规律等因素分析判断作案人对赃物是自用、转赠、暂时隐藏还是销赃；结合当地销赃的场所及其情况分析推断作案人选择的销赃渠道和方法。

（六）分析作案人使用的交通工具情况

依据作案人接近被害人的方式，以及现场的周围环境，作案人逃离现场时方向和路线等综合分析作案人是否有交通工具，可能具有何种交通工具。同时注意对进出现场沿线的视频监控进行查看，以发现可疑的交通工具，并结合案发时间和地点进行综合分析判断可能系作案人使用的交通工具。

三、抢劫案件的侦查途径

根据抢劫案件的特点，可从以下途径开展侦查：

（一）从网上信息查询入手发现嫌疑对象

根据作案手段、赃物罪证、嫌疑人体貌特征、现场指纹、足迹、作案工具等案件要素进行网上信息资源检索比对，从中发现嫌疑人。侦查人员要结合现场状态和作案人条件，在相应的数据库中进行查询比对，以发现符合所刻画的作案特征与条件的嫌疑对象。可以从网上串并同类案件以获取更多的线索；也可以从网上查询已破案件以分析同类案件的结构和特点，为侦查寻找方向；还可以从网上查询被打击处理过的抢劫前科人员，以分析其高危人群；此外，还可检索公安网上信息，从外地发布的破案信息和协查通报中发现侦查线索；等等。

（二）从控制赃物入手发现嫌疑对象

抢劫案件一般都有赃款赃物可查，侦查中要注意通过对赃物的调查控制来发现作案人。对于及时销赃的，要根据赃物的种类、数量、特征、暗记、商标等确定销

赃的渠道并布置有关单位、部门加以发现控制。对于场外销赃的，在作案人可能居住、活动的区域，发动群众提供可能拥有赃款赃物的嫌疑线索。对于外来流窜作案可能性大的或者可能到外地销赃的，要及时发出赃物通报，请有关地区的公安机关协助查控赃物。对于作案人抢劫的多是被害人的随身物品如金银首饰、手表等，侦查员要抓住自用、变卖等环节，发动群众控制发现这些赃物。对于赃款的调查控制，主要把握作案人挥霍使用、还债、赌博、储蓄四个渠道，布置力量，秘密调查、监控，发现线索。对于车辆的控制，要注意把握作案人使用、修理、停放、变卖的环节。对于暂时不急于销赃的，要注意善于运用侦查谋略，提供、制造销赃的环境，促其销赃，达到人赃俱获的目的。

（三）从伏击守候抓现行入手发现嫌疑对象

针对惯犯往往用习惯手法连续作案的，此次得逞后还会选择相似条件继续作案的特点，如果在同一地区连续发生同类抢劫案，应组织警力对作案人可能再次作案的场所进行伏击守候，张网以待，相机捉拿现行。采用这种方法时要注意与巡查、跟踪监视配合，注意隐蔽，要精心设计、持之以恒。

（四）从发布协查通报串并外区域案件入手发现嫌疑对象

抢劫案件的侦查中，侦查人员应当将案件的详细情况，通过案情通报、公安网络，提供给有关单位，为并案创造条件。因此，侦查机关应当建立区域间信息交流和案情汇报、汇集研究制度，通过现场勘查、网络检索、查对犯罪情报信息、区域联防协作等方法发现并案线索。对各地发生的作案手段、现场遗留的痕迹等相同或相似的案件，如果分析是同一个人或同一伙人所为时，应及时并案侦查，迅速通报有关地区联合侦破，统一指挥，协同作战。

（五）从寻查辨认入手发现嫌疑对象

对于作案人可能是本地人作案或在本地有落脚点的，被害人对作案人的体貌特征记得较清楚，侦查人员可带领被害人在作案人可能出现的区域场所、路线进行寻找犯罪嫌疑人。

（六）从调取通信及视频等数字信息入手发现侦查线索

对案发现场安装有电子监控系统或装置的，可从中调取视听资料，通过辨认、上网比对等方法，能很快地锁定侦查目标，发现作案人。对在作案人驾驶的车辆逃跑的沿途安装有电子监控系统或装置的，要充分利用监控资料，发现侦查线索，有条件时要及时采取设卡堵截，尽快擒获作案人。对作案人遗落在作案现场的购物单、发票、缴费凭证等证据，可顺藤摸瓜发现侦查线索，尽快达到破案的目的。特别要注意的是，对一些重特大恶性抢劫案件，要依法办理相关手续，在电信部门配合下，搜寻作案人使用的手机信息，从中发现犯罪嫌疑人。

（七）从审查深挖查获的可疑人入手扩大战果

对在日常工作或清查、巡逻盘查中发现的形迹可疑人员，应加强审查，以发现可能系其所为的抢劫案件。对已采取强制措施的抢劫犯罪嫌疑人，要组织专门力量进行审讯深挖，根据其作案特点结合未破的抢劫案件或其他案件细致追查，深挖余案，扩大战果。

四、抢劫案件的取证措施

抢劫案件需要查明的案件事实包括：抢劫作案人的身份；抢劫立案侦查的抢劫行为是否存在；立案侦查的抢劫行为是否为犯罪嫌疑人实施；抢劫作案人实施犯罪行为的动机、目的；实施抢劫行为的时间、地点、手段、后果以及其他情节；犯罪嫌疑人的责任以及与其他同案人的关系；犯罪嫌疑人有无法定从重、从轻、减轻处罚以及免除处罚的情节；其他与案件有关的事实。一般可通过以下措施获取证据，证实犯罪。

（一）现场勘查

对抢劫现场实地勘查，是获取抢劫作案人作案的原始证据的途径之一；对被害人及证人的询问是为查明抢劫案件事实真相，收集、核对证据，查明抢劫作案人获取证人证言的途径。

（二）调取视听资料

对案发现场安装有电子监控系统或装置的，可能会把抢劫案件的过程记录下来，可从中调取视听资料，为证实犯罪提供证据。

（三）人身检查

为了确定被害人、犯罪嫌疑人的个体特征、伤害情况或者生理状态等，可以进行人身检查。犯罪嫌疑人如果拒绝检查，侦查人员认为有必要的，经办案部门负责人批准，可以进行强制检查。人身检查笔录是证实抢劫案件发生的重要证据。

（四）辨认

为了查明抢劫案情，必要的时候，侦查人员可以让被害人、犯罪嫌疑人或者证人对与抢劫有关的物品、文件、尸体、场所进行辨认。对辨认结果，要作出客观的分析判断，并与其他证据联系起来考察，以免因被害人破案心切或记忆不清而发生差错。不能仅凭指认就将其作为拘捕犯罪嫌疑人的依据。

（五）搜查

为了收集抢劫案件证据、查获作案人，在依法办理了搜查手续后，侦查人员可以对犯罪嫌疑人以及可能隐藏作案人或者抢劫证据的人的身体、物品、住处和其他有关的地方进行搜查，获取赃款、赃物、作案工具及其他鉴定材料等以供鉴定，获取证据。

（六）扣押

在对抢劫案件现场的勘验、检查中，应当对能够证明犯罪嫌疑人有罪或者无罪的各种物品和文件予以扣押；但不得扣押与案件无关的物品、文件。对与抢劫犯罪有关的物品、文件的持有人无正当理由拒绝交出物品、文件的，现场勘验、检查人员可以强行扣押。

（七）技术鉴定

刑事技术鉴定的范围，必须是与查明案情有关的物品、文件、电子数据、痕迹、人身、尸体等。对抢劫现场遗留有作案人手印、鞋印、作案工具、人体分泌物、脱落物、排泄物等痕迹物证的抢劫案件，应采集犯罪嫌疑人相应的痕迹物证进行技术鉴定，作出肯定或否定的结论，从而获取证据。

（八）查询、冻结

在对抢劫案件的犯罪嫌疑人依法进行侦查的过程中，如发现犯罪嫌疑人的存款、汇款是抢劫犯罪所得，可以依照有关部门法律规定查询、冻结。

（九）讯问

对采取强制措施的犯罪嫌疑人，可以通过讯问获取其有关犯罪的事实，并对其供述进行核实，边审边查，侦审结合，获取证据。

‖ 第三节　几类常见抢劫案件的侦查要领 ‖

一、街面"两抢"案件的侦查要领

街面"两抢"也称街面"双抢"，是指作案人以抢夺为主，采用徒步、骑自行车、驾驶摩托车的方式在市内街道、郊县交通要道、交通主干线，桥梁、金融机构及其附近抢夺或抢劫行人、驾驶机动车者的随身携带物品的案件。近年来，在街头抢夺或抢劫案件发案率呈直线上升，特别是驾驶摩托车抢夺或抢劫案件影响大，极易演变成抢劫杀人等重大、特大恶性案件。

（一）开展街面巡逻发现和控制"两抢"案件

要根据发案的具体情况，因地制宜，因案施策，采取公开和秘密巡逻相结合、车巡和人巡相结合、全天候巡逻和重点时段巡逻相结合的方法，消除案件高发地段、高发区域的治安隐患，努力遏制发案，进一步压缩犯罪空间。并在准确掌握"两抢"案件的多发时段和区域，特点和规律的基础上，加强对可疑人员、可疑车辆的盘查，以发现嫌疑对象和侦查线索。

（二）信息研判，扩大线索来源

要建立打击"两抢"犯罪的规范化处置模式，从案件受理、信息采集、现场处理、案件处置、路面查控等各个环节予以规范。并应通过"两抢"案件发案通报和预警机制实现"两抢"案件发破案信息的共享。并强化"两抢"案件的情报信息的搜集、分析和研判，通过案件串并案扩大线索来源，发现侦查线索。

（三）有效利用街面监控网络，打击现行

街面"两抢"案件的时间和地点虽有不确定性，但总的来说还是有规律可循的，在某个时段、某个区域内发生的案件还是会呈现出典型性的规律，尤其是尾随银行取款人案件，犯罪分子驾驶摩托车选择作案目标的特点还是比较明显的，所以应充分利用街面监控网络，加强对街面案件高发时段、重点区域的视频寻查以打击现行。同时，案发后调取发案区域的视频图像进行分析也能发现控制犯罪，为侦查破案提供线索。

（四）阵地控制，严密行销渠道管理

犯罪分子实施作案以后，必然要设法逃离及进行销赃，而抢得的赃物大多涉及金银饰品、手机等物。应通过加强出租车行业、二手手机市场、摩托车修理店、打金店、典当行的管理和控制来突破案件。同时要加强流动人口的落脚点控制。对一些携带摩托车前来租房或到旅馆住宿的外来人员，要列为管控重点，推行流动人口社会化委托式管理，按照实名、实情、实时的要求，加强对暂住人口的信息采集、录入、比对。积极物建治安信息员，落实分层次管理，切实加强对重点人员的管理，以发现嫌疑对象，获取侦查线索。

（五）快速反应，及时追缉堵截抓获作案人

对于被害人报案及时的要快速出警，部署查缉堵截措施。对现行案件，发挥"110"指挥中心的协调、联动长效机制，加强各警种之间协同配合，大力提高快速、联动反应能力；要注意发挥交巡警部门在街面查控非法车辆的优势，从整治假牌、无牌、被盗抢嫌疑车辆，整治非法运营工作中发现和查缉可疑车辆和犯罪嫌疑人；要强化队所协作，交巡警、派出所密切配合，在辖区发现可疑车辆和犯罪嫌疑人的线索。

（六）策略审讯、深挖余罪

对抓获的犯罪嫌疑人不仅要收集其犯罪证据，深挖余罪，同时要注意收集是否有其他人的犯罪线索。

二、抢劫银行或其他金融机构的案件侦查要领

抢劫银行或其他金融机构案件，是指抢劫银行或者其他金融机构的经营资金、有价证券和客户的资金等。抢劫正在使用中的银行或者其他金融机构的，视为"抢劫银行或者其他金融机构"案件。

（一）快速出警，及时启动防暴预案机制

抢劫银行及其他金融机构案件作案人作案快，逃跑快，多备有机动车作为交通工具，因此侦查这类抢劫案必须实行预案机制，及时部署追缉堵截措施。同时要快速出警、快速勘查现场、快速调查访问，要以快制快。赶到现场后要向被劫单位、被害人、现场的目击者了解作案人特征，使用的凶器、枪支种类，驾驶的车辆类型、牌号、颜色、逃跑方向、路线，被劫财物的数额、包装物等基本情况，立即部署追缉堵截工作。同时，要立即将案情报告上级机关，请求调集各方警力协助查控，将本地通往外地的交通要道严密布控，形成追缉堵截查控网络。此外，要及时向邻近的县、市、省区公安机关发出紧急协查通报，请求协同堵截、缉捕犯罪嫌疑人。

（二）调取监控，发现嫌疑人员或交通工具

对在金融机构、公共场所安装监控系统的，可从中调取资料，发动有关人员识别犯罪嫌疑人。对作案人抢劫得逞以后，逃到一定的地点，分赃、弃车，分散潜逃的，要向有关地区适当公布案情，发动群众协同公安机关查找其所用交通工具等犯罪物证。利用道路交通监控体系进一步发现犯罪嫌疑人及其交通工具的去向。对发现的作案人使用的交通工具应注意提取作案时所留指纹、鞋印，通过查档发现线索。

（三）模拟画像，寻找嫌疑

要根据被害人和现场目击者提供的作案人的人身形象，模拟画像。利用模拟画像在作案人可能居住或隐藏的地区开展调查，发现作案人线索。

（四）从枪支、爆炸物品入手，发现线索

对于持枪抢劫的，可对现场提取的枪弹痕迹及其物证进行检验鉴定，确定枪支种类，据此查对枪弹痕迹档案，发现使用的枪支来源。从枪入手，可通过全面清理枪支情况，发现被盗、抢、丢失的枪支情况，发现作案人线索。对于使用爆炸物抢劫的，可从调查爆炸物品的来源、使用范围入手，发现作案人线索。

（五）以车找人，发现线索

从发现抢劫使用的车辆的去向、使用者的情况等，发现线索。对于实施抢劫使用的车辆是案前盗抢的，要根据被盗抢机动车的地点及机动车的销赃范围分析作案人的大致范围，开展调查访问、以车找人。

（六）并案侦查

要及时向有关省市通报案情，沟通案件信息，将其在本地和其他地区所作案件并案侦查，各地公安机关协同侦查，集中诸起案件现场的痕迹物证，联系个案的地理环境、交通情况，为开展侦查打开突破口。

（七）通报案情，请求协查

对发生抢劫银行或者其他金融机构案件的案情应及时通报给有关单位，请求其密切配合侦查。特别要注意控制赃款的携带、挥霍、使用环节以发现犯罪嫌疑人。

此外还可从作案人遗留的血迹、指纹及其他痕迹入手，进行查档以发现重点嫌疑人线索。根据作案人遗留的可疑物品调查其来源以发现侦查线索。

三、麻醉抢劫案件的侦查要领

麻醉抢劫案件是指作案人以非法占有为目的，以药物麻醉为主要作案手段，对公私财物的所有人或经管人施以麻醉，使其抵抗力削弱或暂时丧失抵抗力，趁机劫取公私财物的犯罪案件。

（一）现场勘查，发现提取含麻醉剂的检材

发案后要及时询问被害人，进行现场勘查，将作案人数、手段方法，被劫财物、作案人体貌特征、口音，使用的麻醉剂等情况调查清楚。注意提取作案人的指纹、字迹、随身物品等痕迹物证。注意及时将被害人的血样、尿样，现场遗留的含麻醉剂的饮料、食物进行检验，确定麻醉品的类型。要从现场痕迹、物品及被劫车辆、赃物入手开展侦查工作。

（二）调查麻醉药品，发现侦查线索

对作案人使用的特殊的、国家明文禁止的、市场不易购得的麻醉药品，应当查清其出处、用途和流向，以利于个案的侦破。

（三）网上信息资源查询，发现犯罪嫌疑人

麻醉抢劫案件的被害人与作案人有较长时间的接触，被害人对作案人的特征留有深刻的印象。要从被害人提供的情况和查对犯罪情报资料入手，开展调查发现犯罪嫌疑人。

（四）并案侦查，强化侦查协作

侦查麻醉个案，由于现场痕迹物证、线索少，侦查有一定难度。同时，这类案件惯犯作案、流窜作案多，查控难度相对较大。因此，要从并案侦查入手，强化协作意识，密切协作配合，充分发挥整体作战的效能。

（五）深挖余罪，扩大战果

对抓获的麻醉抢劫犯罪嫌疑人，在审讯中要注意结合本地和外地的同类未破案件，加强审讯，深挖余罪，追破积案。

【小结】

抢劫案件的作案人与被害人都有一定的正面接触，因此在现场访问时应注意问清楚作案人的体貌特征、作案手段等内容。在侦查此类案件时，快速出击，及时采取紧急措施是成功率较高的侦查方法。街面"两抢"案件主要发生在城市，近年来日趋严重。此类案件的侦查应立足于快速出警，及时部署查缉堵截措施；及时调阅街面监控录像发现线索；及时串并案件；以车找人，发现犯罪线索；严密巡逻盘查、伏击守候，抓获现行。抢劫银行和其他金融单位的案件多为恶性案件，案犯多有前科，侦查时应注意串并同类案件。麻醉抢劫案件的侦查应注意发现和提取被害人的血样、尿样，对现场遗留的含麻醉剂的饮料、食物进行检验，确定麻醉品的类型。

【思考题】

1. 抢劫案件有何特点？
2. 抢劫案件的侦查途径有哪些？
3. 抢劫案件的取证措施有哪些？
4. 街面"两抢"案件的侦查要点有哪些？
5. 麻醉抢劫案件的侦查要点有哪些？
6. 抢劫银行或其他金融单位的侦查要点有哪些？

【推荐阅读】

1. ［美］韦恩·W. 贝尼特，凯伦·M. 希斯. 犯罪侦查. 但彦铮等译. 群众出版社，2000.

2. 公安部政治部. 案件侦查教程. 群众出版社，2003.

3. 周路. 当代实证犯罪学新编. 人民法院出版社，2004.

第十九章　强奸案件的侦查

【教学重点与难点】

教学重点：询问强奸被害人；强奸案件现场勘查；查找强奸犯罪嫌疑人的主要途径和措施。

教学难点：报案人指认有明确对象的强奸案件侦办。

‖ 第一节　强奸案件的概念与特点 ‖

一、强奸案件的概念

强奸案件，是指使用暴力、胁迫或其他方法，违背妇女意志，强行与之性交的犯罪案件。这里所说的暴力，是指作案人对被害妇女的人身所实施的殴打、捆绑、堵嘴等强制方法；所谓胁迫，包括暴力胁迫和非暴力胁迫两种情况。其中暴力胁迫，是指以暴力为后盾而进行的恐吓、逼迫，如手持凶器，以杀害、伤害相威胁，或虽为徒手，但以殴打、卡死等相威胁；非暴力胁迫是一种纯粹的精神强制方法，如以揭发妇女的隐私、破坏妇女的名誉或断绝其生活来源等手段相要挟，使妇女在精神上承受巨大的压力，而屈从于作案人的意志。所谓其他手段，是指除暴力、胁迫手段之外的、足以使妇女处于无法抗拒或无力反抗状态的一切手段。例如，利用妇女熟睡或患病之机实施奸淫；用酒将妇女灌醉或投放安眠药及其他麻醉药品，使其昏睡后实施奸淫；利用封建迷信活动实施奸淫等。

凡与不满 14 周岁幼女发生性行为者均构成奸淫幼女罪。不论幼女形式上是否同意，亦不论作案人采取什么手段，都以强奸罪论处。

二人以上共同实施强奸犯罪的为轮奸。

在侦查实践中，根据发案地点的不同，把强奸案件分为入室强奸和拦路强奸。

侦查部门受理的强奸案件，主要有两种情况。一是侦查部门在受理案件时犯罪人身份、踪迹不明的强奸案件。二是报案人指认有明确对象的强奸案件。本章重点阐述对前者的侦查方法。对于后者，侦查工作的重点是：双方是否发生过性行为或性行为是否违背妇女意志，其侦查要领，本章将在最后专门阐述。

二、强奸案件的主要特点

（一）犯罪时间和犯罪空间具有一定的选择性

犯罪空间多选在偏僻的野外或者比较僻静的房舍内，时间多选在周边无人滞留或行经的时段。选择这样的时间和空间，可以使被害人处于孤立无援的境地，便于犯罪得手，同时又可避免被人发觉和抓获，便于犯罪后逃跑。

（二）作案人因与被害人的正面接触时间较长而暴露充分

强奸案件，作案人从与被害人开始接触到逃离现场，有一个较长的过程。被害人一般能够比较具体地提供作案人的人数、大致年龄、身高、体态、面部特征、发型，以及作案人衣着的式样、颜色、质料、新旧程度等特征，有的甚至能够提供作案人的特殊标记及口中的气味、身上的狐臭等更为具体的特征。被害人还能够比较具体地提供作案人的行为过程和行为特征。如果是二人以上实施轮奸的，被害人还可能听到作案人彼此呼唤的名字、绰号、暗语及其他内容。

（三）现场遗留有与实施强奸行为相关的痕迹物证

强奸犯罪现场，除了像其他犯罪现场一样留下作案人的手印、脚印外，还会出现身体印压痕迹。现场还往往遗留有毛发、精斑、血污等痕迹物证。在被害人抵抗、搏斗过程中，可能撕掉作案人的衣片、纽扣，抓掉作案人的毛发或其他随身物品，如口罩、手帕、钢笔、钥匙等。

被害人是强奸案件中相关痕迹物证的重要载体。搏斗中可能导致被害人的身体损伤，强奸过程中可能造成被害人阴部损伤，犯罪嫌疑人的精液、毛发、唾液、汗液、脱落细胞等可能遗留于被害人的衣服和身体上。因此，被害人是现场勘查的重要对象。

（四）强奸犯罪行为具有一定的连续性和习惯性

强奸犯罪作案人一次犯罪得逞，往往会继续作案，有的甚至在短时间内连续作案。作案人实施的多次强奸犯罪活动，在其惯性心理（有的最终形成一种心理定式）的作用下，其所选择的犯罪对象、犯罪时间、犯罪空间及采用的犯罪手段，有一定的规律可循。有的强奸犯罪作案人具有一定程度的变态心理。这些都是据以串案分析、实施并案侦查或通过信息查询确定犯罪嫌疑人的有利因素。

‖ 第二节　强奸案件的侦查方法 ‖

一、详细询问被害人，及时勘查现场

强奸案件的线索来源，可能是被害人的报案或控告，也可能是其家属或其他有关群众的报案或检举。侦查人员受理案件之后，首先应该及时询问被害人。

（一）询问被害人

受理案件后，应迅速对被害人进行询问，着重问明下列问题：

1. 案件发生的时间和地点。

2. 作案人是怎样进入现场和接近被害人的。如果是入室强奸，要问明作案人是怎样侵入室内的；如果是拦路强奸，要问明作案人与被害人是怎么相遇的，作案人来自何方，是否发现有尾随、守候等迹象。

3. 作案人是采取什么手段对被害人实行强制的。是使用暴力，还是胁迫，还是施以其他方法。

4. 被害人与作案人是否进行过搏斗。如果有搏斗，被害人是否在作案人身上造成了损伤，伤在什么部位；被害人是否撕破了作案人的衣服、破在何处；作案人遗落在现场的物品有哪些。

5. 作案人实施强奸行为的具体过程。

6. 作案人抢走了哪些财物，其数量、品名、特征如何。

7. 作案人逃走的方向，是否使用了车辆。若有，还需问明车辆的种类、颜色、特征、新旧以及牌号。

8. 作案人的情况。作案人的人数、年龄、身高、体态、发型、脸型、眉状、鼻型、耳型，穿什么衣裤及鞋帽，嘴里有无烟味、酒味或其他特殊的气味，操什么口音。

9. 作案人在作案过程中谈及过何人、何事。

询问中侦查员要提醒被害人提供遗留有或可能遗留有作案人精斑、血迹、唾液、汗液、脱落细胞的内衣、床单或其他擦拭物。侦查人员应尽早安排相关人员陪同被害人去医院做必要的检查，并做详细记录。

（二）认真勘查现场

对于强奸案件现场的勘查，应以被害人的陈述为线索进行。

1. 现场访问。在现场勘查过程中，要对周围的群众进行必要的走访。通过走访主要了解：案件发生时他们看到或听到过什么；发生案件时有哪些人到过现场或由现场附近经过，其面貌特征如何；对谁有怀疑，根据是什么；被害人的思想品德、生活作风如何，是否与人有恋爱、婚姻纠纷和不正当的两性关系；还应注意了解以往该地是否有类似的案件（包括未遂案件）发生。

2. 现场勘验。

（1）入室强奸案件现场的勘验重点。对入室强奸现场进出口的勘验：观察现场所在地理位置、房屋结构，现场房屋四周与什么建筑相毗连；有哪些道路或通道；注意分析作案人对出入口和出入路线的选择；要注意在出入路线和出入口发现作案人徘徊、潜伏、侵入和逃出时留下或遗弃的痕迹和物品。

对现场中心部位的勘验：在入室强奸案件中，要注意对作案人实施强奸行为处铺垫物的勘验。着重观察床及床上的被子、床单、枕巾、沙发、地板等物的状态，注意这些物品上有无阴毛、精斑、血迹以及其他痕迹物证。注意观察现场势态，哪些陈设物品因搏斗、撕打被损坏，哪些物品因作案人使用、触摸、移动而可能留下手印。勘验现场中心部位还须注意了解作案人在实施强奸犯罪的同时，是否兼有抢劫等犯罪行为。勘验时，应注意了解现场是否有物品的短缺，注意勘验有无柜门、箱盖、抽屉被破坏的情况。在现场中心部位，还应注意发现、搜集作案人实施犯罪所用的捆绑物、堵嘴物和有关工具。例如，绳索、毛巾、布团、卫生纸等。

（2）拦路强奸案件现场的勘验重点。拦路强奸案件现场勘验的重点是：应以实施强奸犯罪的地点为中心，围绕作案人潜伏、尾随、拦截和逃跑等地点，寻找发现、提取各种有关物证。

发现、确定强奸地点：应根据被害人陈述和被强奸的过程及现场的地形环境寻找主体现场。确定强奸地点后应认真勘验、寻找、发现有关痕迹物证。主要是：地面的印压痕迹；作案人的足迹；作案人留下的生物检材，如精斑、毛发等；作案人使用的凶器；作案人留下的其他痕迹物品。

对潜伏、拦截、尾随和挟持地点、地段、路线的勘验：首先，应注意发现作案人预伏、守候所留下的坐卧痕迹、足迹，某些物体上的手印和丢弃的果皮、糖纸、烟蒂、剩余食物、纸片等物品，以便为侦查破案提供条件。其次，应注意发现交通工具痕迹，如有嫌疑的交通工具，应对车内进行详细勘验。最后，应观察现场地形、地物、分析作案人实施犯罪前可能来自何方，作案后又可能逃向何处，为侦查方向和范围的确定提供依据。

3. 现场视频资料调取。强奸案件的现场勘查，应注意调取以现场及其周边、作案人来去现场可能行经的道路为空间范围，以案件发生之前、之中、之后这一特定时段为时间范围的视频监控资料，从中发现可疑人员和车辆。

4. 现场电信数据查询。重点是借助相关电子围栏查询与案件相关的时空点、时空轨迹相契合的电信数据，锁定嫌疑手机号；或依据作案人活动的时空轨迹，对相应基站的电信数据采取模糊查询的方式，锁定嫌疑手机号。

5. 现场DNA物证的勘验。DNA物证是认定强奸犯罪的有力证据。被害人身体和犯罪现场是DNA物证的勘验重点。

强奸案中被害人身上DNA物证的种类及勘验要点：第一，精液、精斑：一般在被害人的阴道、外阴、内衣、裤子、衣物上提取。第二，唾液斑：主要在被害人乳头、面部、颈部的咬痕位置提取。第三，血液、血痕：一般多遗留在被害人身体上、衣物、毛发间。同时应注意被害人指甲缝内可能遗留的犯罪嫌疑人血痕、衣服纤维、上皮组织等物证。第四，毛发：被害人外阴、两腿间、衣服上、手中可能遗留有犯罪嫌疑人的毛发。第五，强奸致孕案件如不做人流或引产术，可在妊娠4个月后，在产科医生协助下抽取羊水沉淀胎儿细胞或抽取胎儿脐带血做亲子鉴定。如已人工引产，可取胎儿脑组织做鉴定。

强奸案中现场DNA物证的种类及勘验要点：第一，室内现场可利用生物检材发现仪（多波段光源）在现场的床单、衣物、毛巾、卫生纸、避孕套等物品上查找精液（斑）、阴道分泌物、阴毛、血迹等生物物证检材。第二，室外现场可在现场散落衣物碎片、临时铺垫物上寻找精液（斑）、血迹、毛发，在作案工具上寻找血迹等。作案工具及尸体上还可能附着泥土、花粉、草籽等微量物证。第三，现场的烟蒂、矿泉水瓶、酒瓶、水杯上可提取唾液斑。第四，绳索、毛巾、手套、麻醉或迷幻药物的包装物及其他作案工具上可提取到微量的接触性脱落细胞。

强奸案中对 DNA 物证的提取，应由具备专业知识的技术人员严格按照科学规范进行，所有参与现场勘查的人员必须采取严格的防护措施，防止对 DNA 物证造成污染。

二、分析判断案情，确定侦查方向与范围

一般来说，对于强奸案件侦查方向与范围的确定，可以从以下几个方面入手：

1. 从作案人说话的口音，分析其为本地人还是外地人。

2. 研究现场遗留物及其附着物的用途、产地、销售或发售范围、职业或行业特点，分析作案人的职业和技能。条件充分时，还可据以确定作案人的具体工作单位。

3. 根据作案人的衣着打扮、言行举止及皮肤的颜色、手的粗糙程度，分析作案人是城市人还是农村人，是从事脑力劳动的还是从事体力劳动的，可能从事什么具体工作。特定情况下可以判明其是否为监所在逃人员、刑满释放人员。

4. 根据作案人的谈吐、提及的人名，分析他是什么地方的人，从事什么工作。

5. 根据作案人对现场及周围环境的熟悉程度，结合现场地形、地物的复杂程度，判断作案人是本地人还是外地人。

6. 根据犯罪的特定时间、地点及其规律，分析其是否与现场附近某些单位工作人员的作息时间有关。

7. 根据作案人实施强奸、猥亵行为时的言行特征，分析其是否有前科劣迹。

8. 如果经串案分析认定若干起案件为同一犯罪主体所为，那么，还可以根据这些案件发案时间和地点的规律性及其内在联系，确定作案人的居住范围。

三、查找强奸犯罪嫌疑人的主要途径和措施

（一）依据作案人的体貌特征和附加特征开展侦查

1. 追缉堵截。如果报案及时，侦查人员到达现场较为迅速，作案人尚未远逃，可依据被害人提供的作案人的体貌特征和附加特征，及时部署追缉堵截，缉拿犯罪嫌疑人。当现场足迹条件、嗅源条件、环境条件较好时，可依据现场痕迹进行步法追踪、警犬追踪，辅助追缉。

2. 控制医疗单位。若作案人在犯罪过程中形成了外伤，则应及时布置一定范围内的医院、诊所、单位卫生科（室）加以控制，要求其发现可疑情况及时报告。

3. 巡查辨认、守候辨认。如果确定的侦查范围不大，或者分析认为犯罪嫌疑人可能会出入某些场所，那么，侦查人员可以秘密带领被害人在一定的地方进行巡查辨认或守候辨认。

4. 发动群众提供线索。在确定的侦查范围内，依靠街道居委会、治保会或农村基层党政组织，充分发动群众提供符合作案人体貌特征的对象。

5. 信息查询。如果分析认为作案人可能具有犯罪前科劣迹，则可以通过查询犯罪信息系统中存储的违法犯罪人员照片、特征，寻找犯罪嫌疑人。

6. 调阅相关的影像资料。例如，由被害人翻阅一定区域范围内的居民身份证底卡照片，特定单位、学校的有关合影照片等，从中辨认、发现犯罪嫌疑人。

（二）视频侦查

如果在作案过程及作案前后的某个环节作案人的形象有可能被特定的监控设施所摄取，侦查人员应及时调取相应时空的视频监控资料，发现、鉴别可疑人员、车辆，通过拓展、延伸，寻踪追击，确认犯罪嫌疑人身份。

采取视频侦查措施，应注意借助视频资料，寻找犯罪嫌疑人与其他数字信息——如电信数据（在视频资料显示犯罪嫌疑人使用移动电话的情况下）、金融数据（在视频资料显示犯罪嫌疑人接触 ATM 的条件下）——的关联点，开展多种形式的数字化侦查，确认犯罪嫌疑人的身份。

（三）电信数据侦查

在通过电信数据查询锁定犯罪嫌疑人手机号的前提下，再通过机主身份信息查询、话单查询、手机卡与电子串号关联查询、购卡环节调查、手机定位、通话内容监听等途径，获取犯罪嫌疑人身份信息或活动地点信息。

（四）现场物证的数据库查询

1. DNA 数据查询。DNA 数据库实现了由人到案、由案到人、由案到案的新型技术破案，主要是通过计算机网络，将 DNA 数据共享，将现场生物物证 DNA 分型数据与物证库中数据进行库内比对，能快速查询、认定犯罪嫌疑人，并有利于串并系列强奸案件，缩小侦查范围，从而尽快破案。

2. 其他数据查询。如果现场提取有作案人指纹，或者如果作案人驾驶的车辆特征或牌号被目击、被监控装置摄取，如此等等，均可通过数据查询，直接或间接认定犯罪嫌疑人，串并案件，扩大侦查战果。

（五）运用 Y－STR 技术进行家系排查

Y－STR 基因座为男性所独有，呈单倍型连锁遗传及父系遗传，强奸案现场的男性犯罪嫌疑人的生物检材，如精斑、血迹、烟蒂等，在确定犯罪嫌疑人数量、排除或指控犯罪嫌疑人等方面，均较常染色体 STR 有明显的实用价值。强奸案件发生后，如果确定的侦查地域范围内婚姻关系稳定、家族聚居、家族脉络清晰，可以在特定地域范围内进行 Y－STR 基因座家系排查，一步步缩小侦查范围，最终可以在一个相对较小的范围内，结合刻画出的作案人条件、个体特征、特定物证，直接确认犯罪嫌疑人，这一侦查途径和措施可以节省大量警力、物力与财力。

已建立起 Y – STR 基因座数据库的地区，家系排查可以直接进行数据查询；尚未建立起 Y – STR 基因座数据库的地区，家系排查可以分家族、分支、分层采样比对，同时将样本数据加以存储，以推进数据库建设。

（六）前科查询与排查

1. 全面性前科查询与排查。对有强奸犯罪前科和有作案思想基础的人进行排查、调查，是侦查强奸案件的传统途径和措施之一。在数字化时代，前科排查应该借助于相关信息系统和信息平台，实施有针对性的网上信息查询，重点查询与作案人的体貌特征及其他个体特征相符、具备作案条件的前科人员。

2. 专门性前科查询与排查。实践表明，刑满出狱不久的人员、从监所逃跑的人员，尤其是其中有强奸犯罪前科的人员，是强奸案件的易涉案群体。强奸案件发生后，侦查人员应及时进行信息查询或走访调查，全面掌握相关时空范围内的刑满出狱人员、监所逃跑人员，并结合作案人体貌特征条件及有关物证条件，从中排查、确认犯罪嫌疑人。

（七）并案侦查

1. 与未破案件实施并案侦查。强奸犯罪行为具有一定的连续性和习惯性，侦查强奸案件，应注意对同类案件信息的网上查询，对其中发案时间、地点、手段、人数和作案人的体貌特征、遗留痕迹和物证等加以分析、比较。假如认定为同一犯罪主体所为，则应对犯罪的时空轨迹、规律加以认真研究。

2. 与已破案件实施并案侦查。实体调查、网上查询强奸案件发生后被拘捕的、或强奸案件发生前曾被盘查过的相关类型案件的犯罪嫌疑人，与已破案件并案，是侦查强奸案件的一个重要途径和措施。在强奸案件中，一些惯犯常常连续作案，也有的在一定阶段内实施多种犯罪活动。他们在此案件中逃避了打击，在彼案件中可能被查获；在甲地犯罪后逃脱，在乙地犯罪时则可能落入法网。因此，侦查人员应注意及时同有关方面沟通联系，特别应注意通过网上案件信息查询，从已破案件中发现线索，查找犯罪嫌疑人。

（八）其他一些侦查途径

1. 遗留物调查。如果现场遗留有凶器等物品，则应通过以物找人的途径调查寻找物主，从而发现犯罪嫌疑人。

2. 赃物控制。对于那些伴随有抢劫犯罪的强奸案件，根据赃物的具体特点，布置控制赃物，应坚持实体控制与网上控制并重的原则。

3. 结伙条件查询、排查。轮奸妇女的，在确定的侦查范围里，应按照强奸犯罪成员的体貌特征和结伙条件及其他相关条件，开展网上信息查询或实体摸底排查。

4. 架网监控。如果作案人强令被害人再次赴约，并且被害人也已假意答应或被迫答应，那么，可以通过周密设计，张网以待，待作案人企图再次实施犯罪活动时，将其捕获。

四、获取证据，证实犯罪

（一）组织辨认

一是人身辨认，即组织被害人和目击群众对强奸犯罪嫌疑人进行辨认。二是组织相关证人对涉案遗留物和赃物进行辨认。

（二）搜查

如果犯罪工具、赃物或其他与案件相关的物品藏匿在犯罪嫌疑人或其亲友的住所内，可以依法采取秘密搜查或公开搜查措施。

（三）检验、鉴定

强奸案件中，对案件现场收集的各种痕迹、物品，常常需要通过法医检验、痕迹检验、刑事化验等技术手段进行检验鉴定。

首先，对作案人遗留在现场及被害人身上的足迹、指纹、毛发、精斑、血迹、信件等进行技术检验，并与获取的样本进行比较鉴定。特别是精液、唾液等生物物证可以做 DNA 同一认定，具有重要的证明作用。其次，把黏附在嫌疑对象身上、衣服上的泥土、叶绿素、孢子、花粉、草籽等微量物质，与现场的同类物质进行种类认定。再次，把现场扯落的纽扣、扯碎的衣片、扯断的鞋带等，与嫌疑对象的衣服、鞋子进行整体分离痕迹鉴定。最后，应注意提取遗留在犯罪嫌疑人身上的物证，尤其是在查获犯罪嫌疑人比较及时的情况下，应注意从犯罪嫌疑人的手上、生殖器上或其擦拭物上提取女性阴道上皮细胞，注意从犯罪嫌疑人身上、衣服上提取可能附着的被害人的毛发、衣物纤维、血迹、人体组织等，并对它们进行检验鉴定。在强奸案件侦办中，无论是从被害人身上检验出与犯罪嫌疑人基因类型相同的斑迹、物品，还是从犯罪嫌疑人身上检验出与被害人基因类型相同的斑迹、物品都同等重要。

五、侦查强奸案件应注意的问题

（一）注意发现和揭露谎报、误报强奸的情况

谎报的强奸案件可能出于诬陷他人、掩盖未婚先孕、通奸丑闻等动机。对于谎报的强奸案件，只要把当事人及其指控的作案人情况以及双方的相互关系调查清楚，把当事人的陈述中关于被奸经过的具体情节及其与现场现象之间的关系研究清楚，便不难发现破绽，从而揭露事实真相。

（二）注意保护被害人的名誉

在办理此类案件中，应由女民警调查询问，认真做好被害人的思想工作，使被害人切实理解准确地提供真实情况对案件侦查的意义。并且询问语言要文明，要讲究方式方法，不要多次地、反复地询问取证，一定要保护被害人的名誉，注意做好保密工作，防止扩大影响。

（三）严格依法办事，维护公德良俗

首先，严禁进行可能造成危害、侮辱人格或有伤风化的侦查实验。其次，如果必须对被害人进行活体检查，应由女法医或在指定的医院由女医生检查。再次，对嫌疑人，不能公开拔取阴毛，或取其精液作检验样品，必要时，可提取血液作为样本，同现场精斑作鉴定比对。最后，在侦查中需要组织被害人寻找、辨认犯罪嫌疑人，或到约会地点与犯罪嫌疑人接触时，一定要注意保护被害人，保证其绝对安全。

六、报案人指认有明确对象的强奸案件侦办要领

这类强奸案件，尽管犯罪嫌疑人明确，但现场只有案件当事人双方，缺少第三者证据，办案中经常会遇到两个方面问题：一是双方对是否发生过性行为各持一端，一方指控，另一方否认；二是双方承认发生过性行为，但对是否违背妇女意志各执一词，一方指控违背妇女意志，另一方坚称双方自愿。

（一）需要查明双方是否发生过性行为

对有无性行为发生问题的侦查，与需要查找犯罪嫌疑人的强奸案件的侦查措施基本相同，其难点在于，该类案件报案迟缓的情况占有一定比例，因此证据调查具有一定的难度，侦查活动需要更加深入、细致、精益求精，应该启发被害人回忆、提供可能仍然保留有各种微量物证的衣物、用品，对于附着在衣物、用品上而肉眼不易发现的稀薄精斑，可用紫外灯照射查找，在紫外线下遗留有精斑之处会发出银白色带紫晕的荧光。对于附着在衣物、用品上的毛发、纤维应仔细寻找、提取。对于提取到的物证，应及时进行检验鉴定。侦查工作不能先入为主，应该将侦查推论建立在证据的基础之上，如果没有获取相应的证据，不能凭主观判断勉强作出结论。

（二）需要查明性行为是否在违背妇女意志的情况下发生

实践中，认定是否违背妇女意志，应把握以下原则：第一，是否违背妇女意志，只能以行为当时为标准。第二，妇女是否同意发生性交，是就妇女内心的真实意愿而言的。第三，不能仅仅以妇女有无反抗或反抗是否明显来确定是否违背妇女意志。第四，是否违背妇女意志，还要看犯罪嫌疑人是否使用了暴力、胁迫或者其他手段。

侦办这类案件，必须把握好案件的证明标准，做好证据的收集、审查与运用工作：第一，要注重对双方当事人表述的细节问题的调查印证。注意将被害人的陈述、犯罪嫌疑人的供述中的细节问题分别与相应的事发环境、时间、空间、痕迹、物品、伤情进行研究、分析、勘验、检查、检验、鉴定、实验，通过比对，对各自的矛盾点和符合度加以评断，去伪存真，判别真伪。第二，要注重对双方当事人表述的细节问题的系统分析。对是否违背妇女意志的认定，需对双方表述的案件细节进行全面的梳理和分析。例如，双方之前的关系；双方当前的婚姻状况及性生活状态；案发的时间、地点、周边环境；案发时女性的衣着、言语、形体表现；报警时

间的选择，报警时的状态；如何报警，亲身还是委托朋友、亲属；在报警前是否与嫌疑人进行过交涉等。第三，注意对证人证言进行研究。强奸案中，证人证言一般不能直接证明案件过程，通常是证明被害人事后诉说案件过程或与案件有关的事实，如其所了解的犯罪嫌疑人与被害人的关系，听被害人诉说何时被何人采取何种方式强奸，被害人述说时的情绪与态度等，这些对于帮助判断当事双方的言词证据是否客观、真实，应否采信，进而正确认定案件事实都能起到印证作用。第四，注意调查报案人有无诬陷动机，如敲诈勒索，保护自己名誉，等等。第五，轮奸案件，应注意通过策略的讯问艺术，分别获取不同犯罪嫌疑人的供述，并通口供印证，判明真相。

【小结】

本章概括了强奸案件的概念和主要特点，阐明了侦查部门受理的强奸案件主要有两种情况：一是犯罪人身份、踪迹不明的强奸案件。二是报案人指认有明确对象的强奸案件。对犯罪人身份、踪迹不明的强奸案件的侦查，必须先查明犯罪嫌疑人的身份，然后再调查取证、破案、终结侦查，现场勘查、查找犯罪嫌疑人、调查取证各个环节侦查活动的推进，并将行之有效的传统侦查方法与现代高科技侦查方法有机结合起来，如视频侦查、现场电信数据查询与技术侦查、现场 DNA 物证的勘验与 DNA 数据及其他涉案数据查询、运用 Y－STR 技术进行家系排查等。对于报案人指认有明确对象的强奸案件，侦查活动应该重点放在查明事实真相、准确定性、有效证明方面，特别是在双方当事人对是否发生过性行为或性行为是否在违背妇女意志的情况下发生各持一端时，能够有效查明和证明事实真相。

【思考题】

1. 强奸案件的主要特点是什么？

2. 对强奸案件被害人应重点询问哪些内容？入室强奸案件和拦路强奸案件现场的勘验重点分别是什么？

3. 查找强奸犯罪嫌疑人通常的侦查途径和措施有哪些？侦查报案人指控有具体对象的强奸案件，应如何查明性行为是否是在违背妇女意志的情况下发生？

【推荐阅读】

1. Henry Lee's Crime Scene Handbook. London. Academic Press，2001.

2. "反对暴力侵害妇女儿童犯罪合作项目" 课题组. 公安机关办理性侵害案件工作指导手册. 中国人民公安大学出版社，2006.

3. 王静. 生物物证在侦查涉嫌强奸案件中的作用. 法制与社会，2012（14）.

4. 郝宏奎. 犯罪现场勘查. 中国人民公安大学出版社，2010.

5. ［美］李昌钰，邓洪. 神探李昌钰. 海天出版社，2000.

第二十章　爆炸案件的侦查

【教学重点与难点】
教学重点：爆炸案件的特点；爆炸案件的侦查方法。
教学难点：爆炸案件的实地勘验。

‖ 第一节　爆炸案件概述 ‖

一、爆炸案件的概念

爆炸案件，是指以爆炸手段，故意炸死他人或炸毁私人住宅、公共建筑和交通设施，危害公共安全的犯罪案件。爆炸案件对人民生命、财产安全、社会稳定构成严重威胁。随着科学技术的发展，智能型爆炸犯罪日益增多，其危害性和隐蔽性也日益加剧，公安机关将此类案件列为严重暴力案件之一，重点加以打击。

二、爆炸案件的特点

（一）预谋性强，犯罪动机和因果关系比较明显

爆炸犯罪，一般都经过较长时间的预谋过程，从产生犯罪动机，到准备工具及爆炸物，制造爆炸装置，选择爆炸场所和安放爆炸物实施爆炸，要经过相当长的一段时间。爆炸案件多数都有比较明显的因果关系，根据其爆炸部位和具体侵害目标可以对作案人的犯罪动机和目的作出比较正确的判断。

（二）作案人具有爆炸技术，有接触或获得爆炸物品的条件

作案人要实施爆炸，必须掌握安装或使用某种爆炸物的知识和技能。作案人的爆炸技能与其从事或曾经从事过的职业、专业和个人爱好有密切关系。作案人要采取爆炸手段实施犯罪活动，还必须具备接触和取得爆炸物（雷管、炸药）的条件。

（三）爆炸现场容易遭受双重破坏

爆炸现场在爆炸产物和空气冲击波的作用下，现场的物体会被炸碎、熔化、抛掷、破裂等。这种破坏很大程度掩盖了犯罪人留下的痕迹和有关物证。爆炸之后，由于抢救伤员、灭火救灾、转移物品等人为因素，使现场痕迹物证再次遭到破坏，给现场勘查工作带来一定的难度。

（四）现场发现及时，暴露快

由于爆炸时会发出巨响、冒出浓烟、产生火光，这会使现场周围甚至离现场较远地区的群众都能及时地听到、看到，同时感受到强烈的震撼，使之及时发现爆炸现场。爆炸发生后，附近的群众往往能够迅速赶到现场。

（五）现场留有爆炸特有的物证较多

爆炸特有的物证包括爆炸残留物、爆炸抛出物、爆炸破坏痕迹等。以上爆炸痕迹物品经发现提取后，可以作为分析爆炸物种类、数量和来源，分析犯罪分子的爆炸知识和爆炸技能等情况的重要依据。

‖ 第二节　爆炸案件的侦查方法 ‖

一、爆炸案件现场的紧急处置

爆炸发生后常造成人员伤亡，引发火灾或建筑坍塌。现场可能还会有其他爆炸装置，随时可能再次发生爆炸。有时还可能引发现场其他易燃易爆物品的连锁燃烧或者殉爆。由于群众的围观，救援工作的开展，现场秩序可能出现混乱。对爆炸现场的上述紧急情况，需要采取相应的紧急措施妥善予以处置。

（一）现场的封锁与控制

为了维护现场秩序，确保抢险救灾、现场勘查的顺利进行，爆炸发生后，应当迅速封锁、控制现场。封锁、控制的范围，要视现场的范围大小及周围环境状况而定。一般应包括爆炸区和抛射物散落区。对中心现场，还应当进行特别封锁。对运行中的列车上发生的爆炸案件，应当注意封锁爆炸发生地点、停车抢险、救援地点、报站中心车厢及其最后停靠地点以及从爆炸发生地点到最后停靠地点之间的铁路沿线。

封锁控制范围确定后，即应设置警戒标志和障碍物，封锁交通，并部署专人警戒。警戒过程中，应当注意劝阻人群围观，禁止无关人员和车辆进入现场，查验进出现场人员的证件和携带物品。此外，还应当注意发现爆炸事件的目击者，以便及时调查访问。

（二）伤员的救护与财产的抢救

如果现场有人员伤亡，应当及时通知医疗部门，迅速调派人员和车辆赶赴现场进行抢救，同时要求医院做好急救准备。在抢救中，应当尽可能不破坏现场的中心部位。对于现场的尸体，不要移动。对于受伤的犯罪嫌疑人也要注意抢救，同时要严加看管，彻底搜身。对于犯罪嫌疑人随身携带的物品及衣服应予以妥善保管；提取其指甲内的污垢，检验其中是否有炸药成分；对生命垂危的，要抢录口供。

对爆炸引起的火灾要通知消防部门进行灭火。灭火时要注意保护现场，并注意观察火焰和烟雾的颜色。对现场的危险物品和贵重物品，要迅速转移或隔离，并妥善保管、登记，防止丢失和冒领。

（三）排除现场险情

1. 爆炸装置的排除。现场中发现未爆炸的爆炸装置后，为防止爆炸装置突然爆炸，造成不必要的伤亡，保障排爆的顺利进行，须对现场进行封锁和控制。控制范围应当根据爆炸装置的能量、所处位置和周围环境的情况来确定。

控制范围划定后，应当立即部署警戒，封锁附近交通路口，对危险区域内的人员，应当尽快组织疏散撤离。警戒线内，不准无关人员进入和逗留，必要时要切断电源、关闭煤气阀门。同时，还应当做好消防与救护的准备，以便意外发生时进行抢险。排除爆炸装置之前，还须对现场进行必要的检查、记录和清理。排爆现场以下情况必须预先查明：爆炸装置的位置、设置的方法和有无支撑；爆炸装置的外形、体积、外包装材料、外表有无连接线；可能的险情和需要采取的防范及应急措施。在时间允许的情况下，应当采用照相、录像、绘图和笔录等方式对现场及爆炸装置进行固定。对爆炸装置周围的物品，尤其是易燃易爆物品应当予以清除，同时设计好排爆人员快速撤离的路线和爆炸物品转运的路线。在爆炸装置周围应当备好掩护排爆人员的掩体。

排爆工作技术性强，危险性大，必须由专业人员操作，严禁非专业人员在情况不明的情况下，触动爆炸装置。排爆过程中，除排爆人员外，其他人员一律退到安全区域。为了防止意外爆炸造成更严重的损失，对于可移动的爆炸装置应当尽可能转移到洞穴、深沟或其他空旷地进行处置，但要注意远离供热、供气、供电、通信、输油等管线；对于不可移动的爆炸装置，在拆除前，应当尽可能将附近的重要物质转移到安全地点，对于不便移动的物质及其周围的建筑物等，应尽可能遮蔽、防护。为了判断爆炸装置是否可以移动和转移，可以预先在远处用绳索拉动，或借助于防爆盾牌的防护，用带钩的长竿触动或拉动爆炸装置。在排爆前，应注意发现、提取爆炸装置表面的痕迹及其他物证。有条件的，还应当用仪器或试剂对爆炸装置进行检查，以分析器结构、炸药种类、发火顺序。条件允许时，应尽量采取人工解体的方式排除爆炸装置。需要注意的是，不同类型的爆炸装置的解体方法不尽相同，应针对其发火原理，灵活处置。对于没有条件，没有时间进行人工解体的爆炸装置，可以采取人工引爆的方法予以排除，但引爆前，应尽可能将其转移到安全地点。

2. 其他险情的排除。爆炸现场进行勘验之前，除应注意检查现场有无其他未爆炸的爆炸物品之外，还应当注意检查现场有无其他险情：残破的建筑物是否安全，若发现有倒塌的可能，应尽可能将其加固，没有条件加固的，应予以排除；现场的电线、开关是否连有可疑物品，高压线有无掉落、带电；发生过爆炸的室内，有无有毒气体泄漏；煤气管道是否被炸断漏气，有无可能造成爆炸的火源等。一旦发现险情，应当立即将人员撤离至安全区域，并采取切断电源、煤气，通风、带防护用具等措施排险。

（四）对持爆炸物顽抗、绑架人质的犯罪人的处置

有些犯罪行为人为了达到犯罪目的，以引爆爆炸物要挟政府和被害人，甚至以绑架人质相威胁。对此，应当慎重处置，以免发生危害结果。

处置此类案件，应将人质和群众的安全放在第一位。现场周围围观的群众和附近居民，应当尽快疏散，并对现场进行封锁控制。同时，应当做好消防和急救准备，对现场周围的易燃易爆物品，应予转移，不能转移的物品及建筑物应尽可能进行遮护。另外，还应派狙击手占据有利位置，以备必要时实施捕歼。对犯罪行为的犯罪动机、身份、经历、家庭状况应迅速进行调查，以供制定对策时参考。

通过谈判，对犯罪行为人进行政策攻心，促其缴械投降，是处置此类案件的最佳途径。谈判中，对其提出的一般性要求，可以答应；对其提出的根本无法满足的要求，也不要当场明确拒绝，可以用托词敷衍。同时，要注意引发犯罪行为人的求生欲望，劝其交出爆炸装置，释放人质。对于携带火焰引爆爆炸装置，或持电源与引爆电路分离的电引爆爆炸装置的犯罪行为人，可寻机接近，夺取爆炸装置。对持手动触发式爆炸装置的犯罪行为人，应慎重处置。

（五）对爆炸时在场人员的登记与复位

查明爆炸瞬间在场人员的姿势及死伤后的现场位置，对正确分析案情有重要的参考价值。在急救和抢险过程中，需要注意对爆炸发生时的在场人员进行复位登记。

在急救和抢险的同时，应迅速组织技术人员进行拍照、录像、制作笔录，把伤员所在位置、姿势和伤情记录下来。对送往医院的伤员，应派专人护送，对于垂死的伤员，应尽快进行询问；对治疗中换下来的伤员衣物应当妥善保管。对于现场的尸体，应先进行拍照、录像、制作笔录，然后再转移到适当地点，交由法医进行检验。如死伤人员中有外国人，有华侨、港、澳、台同胞，应及时与出入境管理部门联系，查明其姓名、性别、国籍等情况，迅速上报。除伤员送往医院抢救外，对于爆炸时在场的人员要予以挽留，逐一登记个人情况及爆炸发生时其位置及相临人员状况等，必要时应对全体在场人员进行拍照、录像。

二、爆炸案件的现场勘查

（一）爆炸案件的实地勘验

1. 确定和勘查爆炸中心点。爆炸中心点，简称炸点，是指安置爆炸物并引起爆炸，形成集中明显破碎痕迹的部位。确定炸点主要依据爆炸抛出物、爆炸残留物和爆炸痕迹分布的方位、炸点的形状、爆炸产物作用的角度，再结合现场环境、现场位置等因素进行综合分析推断。确定炸点后，除进行发现提取工作以外，还应对炸点进行技术测量和记录，要对炸坑的形状、直径大小和深度进行测量。要记录压缩区或粉碎区的大小，记录炸点的物质结构及炸点的烟痕、气味、残留物等。

2. 勘验爆炸残留物、爆炸抛出物。对爆炸残留物、爆炸抛出物的发现和提取

可以从炸点开始呈螺旋状或放射状向外搜索勘查，也可以分段分片进行搜索勘查。对于爆炸残留物、爆炸抛出物的发现、提取、搜集、固定和保存，必须遵循爆炸理论和爆炸抛出物及残留物分布的客观规律，只有这样才能提高对爆炸物证的辨认率、提取率和利用率。

3. 勘验爆炸痕迹。对于爆炸痕迹要先观察分析，再拍照固定，然后按程序测绘、记录和反复测量。爆炸可以形成以下几种痕迹类型：一是爆炸起始作用痕迹，是直接接触炸药的爆炸冲击作用形成的痕迹；二是爆炸抛掷作用痕迹，是爆炸产物和冲击波共同作用的痕迹；三是破碎穿孔痕迹，是爆炸气体产物直接作用于纺织物介质上形成的网状穿孔痕迹；四是冲击波作用痕迹，是在冲击波峰值的超压作用下形成的破坏痕迹，冲击波痕迹无高温作用痕迹。

4. 检查爆炸伤。爆炸伤，是指由爆炸力作用于人体而形成的各种损伤。人体在爆炸案件中形成的损伤可分为爆炸力直接作用伤和间接作用伤。通过对爆炸伤的勘验，要搞清几个问题：一是要判明爆炸案件的性质；二是判定炸伤与爆炸的关系，死伤者爆炸前的状态如何；三是要确定死伤者与爆炸案件的关系，确定死伤者中间有无爆炸案件嫌疑人。

5. 发现提取其他物证。犯罪人在爆炸现场遗留的有关痕迹物品，虽然在爆炸中可能被严重破坏，但是还是应该对炸点周围、现场的物体以及可能的出入通道和来去路线进行认真勘查，尽量从中发现犯罪痕迹物品。

6. 调取和固定现场周边"空中信息"。刑侦部门在开展传统勘查工作的同时，应当注意对现场周边的视频监控信息及时进行调取和固定，必要时可商请技侦部门同步出现场，对案发时段现场的通信信息进行"打包"固定。

(二) 爆炸案件的现场访问

1. 访问爆炸的发现人、报案人及周围的群众。详细询问了解爆炸时产生的声响、震动、火光、烟尘、气味等各种现象。

2. 访问现场受伤人员。应着重询问爆炸前后他们各自所处的位置；现场物品的变动情况；现场出现的可疑人、可疑事。要逐个定位并把定位结果制作成示意图，从中分析判断爆炸犯罪嫌疑人。

3. 访问被害人或被侵害单位负责人。对于以公私财产为爆炸侵害目标的，要询问了解爆炸发生的经过，以及爆炸前后的变化情况。例如，爆炸发生的时间，爆炸的位置，爆炸前现场的原始状况，各种物品的摆放位置，爆炸后的变化情况，现场有无易燃易爆物品。要询问发生爆炸单位的日常生产工作情况，能否提供可疑线索等。

4. 对死者家属、亲友进行访问。了解死者生前的社会交往情况、家庭关系、现实表现、政治态度等；了解死者生前和谁有矛盾，谁有可能对死者进行报复；了解死者生前有无反常表现，有无流露不满情绪和报复心态；了解有无获取爆炸物的条件和安装使用爆炸物的知识技能等。

三、爆炸案件的案情分析

（一）分析爆炸类型

分析爆炸类型，是指根据现场的爆炸痕迹、爆炸物品、爆炸现象、证人证言等判明爆炸本身的内在性质，即爆炸属于化学爆炸还是物理爆炸。分析研究爆炸类型是分析爆炸事件性质的基础，是进一步按照管辖分工处理爆炸事件的前提。因此，对爆炸类型的分析和判断是开展工作的首要环节。

1. 物理爆炸。物理爆炸，是指爆炸时物质只发生能量转换和物态变化，物质的分子间不进行化学反应，没有新的物质产生。因此一般情况下，物理爆炸现场无异味、无高温作用的痕迹、无闪光和烟痕。如果现场有锅炉、高压气瓶、高压炉等盛装容器时要注意研究其种类和现场状态。多数情况下，物理爆炸现场中的盛装容器只有局部裂痕或炸裂成两块，盛装容器周围物体上没有粉碎作用的痕迹。

2. 化学爆炸。化学爆炸，是指物质发生极为迅速的化学物理变化，同时释放出巨大能量的化学反应过程。一般情况下化学爆炸主要有以下特点：一是爆炸较为猛烈，周围的介质物体破坏严重，常有明显炸点；二是爆热大、爆温高、爆容大，爆炸伴有闪光，会形成高温作用的痕迹；三是声响大、有烟雾，现场物体上会产生烟痕；四是猛炸作用强，形成破片多，抛掷远；五是爆炸现场有不同的异味。

（二）分析爆炸事件性质

爆炸事件往往是由多种原因造成的，有的是自然条件促成的爆炸、有的是产品设计不合理或者工作人员违反操作程序引起的爆炸、有的则是作案人故意利用爆炸物品实施的爆炸案件。因此，侦查部门在介入案件之前要搞清爆炸是意外事件、责任事故还是爆炸犯罪案件。

1. 根据爆炸类型分析事件性质。弄清爆炸事件性质，必须首先分析判明发生的爆炸是物理爆炸还是化学爆炸。若是物理爆炸，则多为意外事件或责任事故；如属于燃料与空气混合物的化学爆炸，多数为事故；如果是炸药爆炸，则应当考虑爆炸案件的可能性较大。

2. 根据爆炸发生的环境和目标分析事件性质。如果在野外偏僻处发生爆炸，没有明显的爆炸目标，则可能是有人试爆。若有人员伤亡，可根据炸伤部位、引爆动作判断是自杀还是他杀；在城市人员相对集中的场所发生爆炸，多数情况下是爆炸案件；在居民区发生的爆炸，若爆炸地点没有存放爆炸物品，则多数是爆炸案件；若在仓库、工厂、机关单位发生爆炸，则要结合爆炸物品的存放情况、现场周围有无侵入痕迹，以及有无其他自然条件引起爆炸等多方面情况确定事件性质。

分析中可以采用排除法，在现场勘查、调查研究、模拟实验的基础上，逐一排除不可能的因素，最终确定爆炸原因和事件性质。

（三）分析爆心位置和爆炸顺序

爆心是指爆炸物爆炸的中心位置，实际是爆炸物装药的质量中心。爆炸顺序是指若干个爆炸物爆炸的先后顺序。分析确定爆心位置和爆炸顺序，对于查明爆炸源位置、作案目的和爆炸过程；对于勘验其他爆炸痕迹、抛掷物分布状况以及死伤人员复位；分析确定案件性质、获取侦查线索和犯罪证据，都具有重要的意义。

1. 分析爆心位置。爆心是爆炸物装药的质量中心，爆炸发生后，原本的"质量中心"就观察不到了，所以寻找爆心位置就是确定爆炸现场的中心位置。在侦查实践中，一般依据炸点的类型和炸点的相关痕迹；依据爆炸作用力的其他作用痕迹；爆炸产物作用的范围、方向和角度；依据人体爆炸伤痕迹；依据爆炸抛掷物分布规律和爆炸破坏复原等情况确定爆心位置。

2. 分析爆炸顺序。在同一现场有两个或两个以上爆炸物发生爆炸时，则需要判明爆炸物的爆炸顺序。在侦查实践中，一般依据炸点的位置、形态特征；依据爆炸产物作用的方向、角度以及在介质表面和附近物体上留下的冲击痕迹；依据抛掷物的散落层次、叠压顺序；依据重心较高的竖立物的重心倒向；依据炸点周围抛出碎介质的堆积分布情况；依据硬物质上爆炸裂纹情况、物体的多次转向运动轨迹情况；依据几次爆炸中，建筑物倒塌叠压顺序等情况确定爆炸顺序。

（四）分析炸药种类和重量

分析炸药种类和重量是爆炸案件分析的重要任务之一。迅速而准确地判明炸药种类和重量，能有力配合现场勘查工作，及时查清可疑物质是否为爆炸物，并为获取侦查线索、查明案件事实、证实犯罪事实提供依据。

1. 分析炸药种类。在侦查实践中，一般根据常见炸药的爆炸特征大致分析炸药种类。例如，TNT炸药爆炸会产生棕红色火光、发出响而脆的响声、冒黑烟、炸点有黑色烟痕、现场有浓烈的刺激性苦味；硝铵炸药爆炸会产生白色火光，同时伴有燃烧现象、发出沉闷的响声、炸点有灰白色烟痕、现场有涩味；黑火药爆炸会发出白色火光，伴有红色火焰、声响较小、产生白色烟雾，炸点有黄白黑相混的烟痕、产生臭鸡蛋气味；氯酸盐炸药爆炸会产生紫色光，伴有燃烧现象、声响类似黑火药爆炸、冒白烟、炸点有灰白色烟痕、现场有臭鸡蛋气味。同时，为进一步确定炸药种类，还应当采取临场快速检验法、薄层色谱法、仪器分析法以及离子定性定量分析法等方法进行检验。

2. 分析炸药重量。分析炸药重量是根据爆炸痕迹特征逆向反推的过程，而爆炸痕迹特征受炸药种类、炸药包装物及装药松紧程度、介质差异、炸点位置等诸多因素的影响而呈现出不同的状态，所以，分析炸药重量的工作难度极大。在侦查实践中，一般根据炸药盛装物的容积、爆炸产物起始作用痕迹、爆炸产物抛掷作用痕迹、爆炸产物极限作用痕迹、空气冲击波超压破坏痕迹、人体炸碎伤以及炸药残留物分布峰值综合分析、估算炸药重量。

（五）分析爆炸装置的类型

分析确定爆炸装置的类型，是通过对现场中的爆炸痕迹、爆炸遗留物和残留物的检验鉴定，在判明爆炸物样式的基础上，将已经爆炸粉碎的爆炸装置恢复到爆炸前初始状态的工作过程。分析爆炸装置的类型,第一,应当确定炸药的种类、炸药重量和装药形式;第二,要确定炸药包装物或盛装物的材质、形状和容积,以及原有用途或制作方法;第三,要判明引爆、控制装置的构造,即判断是火引爆还是电引爆,有无定时、延时、遥控引爆装置,并分析该装置的技术含量;第四,要确定爆炸装置中的填加物,如钢珠、铁钉、螺帽、钢筋头、汽车零件等;第五,要确定爆炸的捆绑物、悬挂物或支撑物;第六,判明爆炸装置的伪装物。

对爆炸装置的分析,主要依据现场勘验获取的爆炸痕迹、爆炸遗留物和残留物等现场物证进行分析;分析的过程,要对提取到的物品残片认真进行归类、拼接,对关键痕迹物品进行科学的检验鉴定,必要时也可以进行侦查实验,同时要注意结合现场爆炸痕迹和爆炸现象来分析爆炸装置。

(六)分析作案人条件

分析爆炸案件作案人条件,是以爆炸案件的物质分析为前提,对爆炸案件作案人的综合分析,一般包括作案动机、作案时间、特殊技能、个体特征、职业领域、地域范围、知情条件、反常表现等情况的分析。

一般情况下,可以根据作案目标和爆炸现场位置选择、爆炸危害后果和破坏程度、作案时间和时机选择、引爆方式和炸药威力、伪装技能和爆炸附加特征、现场常规痕迹和涉案物来源等情况综合进行分析和判断。

四、爆炸案件的侦查途径

(一)从因果关系入手开展侦查工作

爆炸案件的因果关系较为明显,这是开展侦查工作的有利条件。在爆炸私人住宅的案件中,作案人针对的目标是特定人员。在侦查过程中,要查清被害人的家庭关系、个人品格、社会交往、经济状况、婚姻恋爱关系等情况,从中确定可能导致案件发生的因果关系,然后在一定范围内开展侦查工作,发现与被害人有严重利害冲突的犯罪嫌疑人;在爆炸有重大影响的场所和人员相对集中的公共场所的案件中,要注意在高危人群以及仇视社会、具有极端个人主义的人员中发现犯罪嫌疑人。

(二)从死伤人员入手开展侦查工作

爆炸案件现场一般都有尸体和受伤人员,作案人如果没有采取遥控、定时等起爆方式引爆爆炸物的,一般来不及逃离现场,就有可能自爆毙命。因此,侦查工作应当从查明现场的人员情况入手,开展侦查。尤其针对无名尸体,应当通过爆炸伤的种类和伤情分析,判断其生前所在现场位置、距离爆炸点的距离、生前姿势、与爆炸物品的关系,进而推断死者是否为犯罪嫌疑人。对现场的尸体,特别是怀疑为犯罪嫌疑人的尸体,要进行详细的检验,以查明其生理、病理特征,受伤情况,衣着情况及随身携带物品情况,通过发布协查通报、认尸启事、组织辨认等方式发现犯罪嫌疑人。

（三）从现场物证入手开展侦查工作

根据现场提取和复原的爆炸物、爆炸装置以及现场遗留物，开展物证调查。追查爆炸物及爆炸装置的来源，通过爆炸物及爆炸装置的生产使用范围来排查嫌疑人；爆炸案件现场遗留物品一般包括炸药残留物、爆炸遗留物和其他遗留物品。炸药残留物，通过检验其成分，可以追踪其来源；爆炸遗留物包括起爆装置、包装物、添加物、支撑物、悬挂物的残骸等，通过调查这些物品的来源，可以发现嫌疑线索；现场无名尸体的衣物及其他遗留物，对于查明死者身份、确定犯罪嫌疑具有重要的意义。另外，现场遗留的可疑指纹、足迹是发现犯罪嫌疑人的重要线索。

（四）从犯罪嫌疑人的个体条件入手开展侦查工作

在爆炸案件调查过程中，应当注意从具有以下条件的人员中发现犯罪嫌疑人。第一，具备安置、投放和引爆爆炸物的作案时间，有接触爆炸现场行为或条件的；第二，有获取炸药、雷管等爆炸物条件，并且有装配爆炸装置的技术条件和技术能力的；第三，有类似现场遗留物和现场痕迹条件的；第四，具备案情分析所确定的其他犯罪条件的以及案发前后具有反常表现的。

（五）从犯罪现场"空中信息"入手开展侦查工作

对案发现场安装有电子监控系统或装置的，可从中调取视听资料，通过辨认、网上比对等方法，发现作案人；通过视频监控图像，详细了解爆炸案件发生的经过以及案件发生的前后情况，获取作案人的特征、携带物品情况、作案工具情况、行为动作等以获得相应的侦查线索；也可以开展视频轨迹追踪，以发现作案人的行踪去向或落脚藏身的地点；在确定作案人具有交通工具的前提下，要及时调取嫌疑车辆逃跑的沿途监控资料，以确定嫌疑车辆信息、车内人员信息、车内人员行为信息、逃跑轨迹等情况，为侦破案件提供线索。同时，通过对作案人在案发前后及案发当时的行为动作分析，为通信信息的分析和比对提供依据和条件。

五、爆炸案件的常用侦查措施

（一）串并案件

对连续发生的爆炸案件，应考虑采取并案侦查措施。将系列案件的物证和有关线索综合在一起进行分析研究，寻找侦查的突破口，获取更多的犯罪证据。

（二）搜查

对于已经发现嫌疑人的，要适时对嫌疑人的住处和活动逗留场所进行搜查，在搜查中重点寻找发现与爆炸装置和爆炸物品有关的物证，发现与犯罪动机和犯罪预备有关的书证。

（三）辨认

对于在犯罪现场遗留有犯罪工具和随身携带物品的案件，或者在作案过程中，作案人的相貌特征、人身形象有所暴露的案件，可采用辨认的措施，确定遗留物品与重点嫌疑对象的关系，或者重点嫌疑对象是否为目击者所见的作案人员。同时，对于犯罪现场身源不明的重点嫌疑对象，可以在法医详细验尸、提供死者体貌特征和衣着打扮的基础上，组织辨认以确定死者身份。

（四）检验鉴定

通过技术鉴定，对现场提取和搜查发现的有关痕迹、物品，进行定性定量分析，进而进行同一认定，为认定案件提供证据。

（五）侦查实验

在爆炸案件侦查过程中，为了确定爆炸案件中炸药的性能、种类和数量、爆炸物的包装和引爆方式、爆炸物品安放的位置、爆炸残留物及其他痕迹的形成以及核实犯罪嫌疑人的供述等问题，可以组织实施侦查实验加以验证。侦查实验要制定实验的实施方案，有计划地进行操作，并详细记录实验的过程和结果，有条件的可对侦查实验过程进行全程录像。对每次侦查实验的结果要进行比较和分析，以获取科学的数据。

（六）讯问犯罪嫌疑人

通过讯问犯罪嫌疑人获取其真实的供述和辩解，核实案件情节和细节，为定案提供可靠的证据。

【小结】

爆炸案件虽然占全部刑事案件的比例并不是很大，但是爆炸案件的发生却对人民的生命、财产安全构成严重威胁，造成相当严重的社会危害和影响。近年来，制造爆炸案件也成为恐怖分子实施恐怖袭击的主要手段。因此，采取必要的紧急措施开展有效的现场处置，防止造成更大的危害成为顺利开展侦查工作的首要环节。在侦查过程中，应当根据案件的具体情况，通过调查可能导致案件发生的因果关系、通过追查现场物证来源、通过核实现场死伤人员身份、通过排查具有作案条件的可疑人员、通过分析"空中信息"等途径有效地组织开展侦查工作。

【思考题】

1. 爆炸案件的主要特点有哪些？
2. 爆炸案件实地勘验的重点有哪些？
3. 爆炸案件现场访问要解决哪些问题？

【推荐阅读】

1. 李国安. 爆炸犯罪对策教程. 中国人民公安大学出版社，1997.
2. 王百姓. 爆炸犯罪案件侦查要略. 群众出版社，2004.

第二十一章　放火案件的侦查

【教学重点与难点】

教学重点：放火案件的特点；放火案件的侦查方法。

教学难点：火灾的定性。

‖ 第一节　放火案件概述 ‖

一、放火案件的概念

放火案件，是指故意放火烧毁公私财物，危害公共安全的犯罪案件。

根据我国《刑法》的规定，放火罪属于危害公共安全罪的一种。放火案件在刑事案件中所占比例虽然不大，但其危害后果却是十分严重的。因此，刑事侦查部门对放火案件的侦破必须予以高度重视，积极侦查，及时破案，对放火案件的作案人依法予以及时地揭露和严厉打击。

二、放火案件的特点

根据放火案件的性质及作案人的犯罪活动情况，放火案件具备以下几个主要特点：

（一）作案前多有预谋准备

作案人为了达到犯罪的目的，逃避法律的惩罚，在实施放火行为前，一般都要进行周密的预谋策划和充分的准备。在预谋准备中，一是选择作案目标，作案人为了泄愤报复，常选择比较致命和要害的部位，以造成更大的影响或使被害人付出更大的代价；二是熟悉作案环境，作案人常对选定目标的环境进行窥视和熟悉，寻找放火部位和来去现场路线；三是确定放火方法，作案人常根据确定的放火部位的性质和状态，选择点火方法，以便顺利达到放火犯罪目的；四是选择放火时间，作案人根据被害人的生活规律和现场环境条件，选择在什么时间放火不易被发现；五是准备放火工具，作案人根据选择的放火方法要充分准备点火物、引火物和助燃物等。

（二）因果关系明显

作案人实施放火犯罪，必然事出有因。在作案人与被害人之间大多数是有明显因果关系的。有的是出于私仇报复，作案人与被害人之间因某种原因发生矛盾而怀恨在心，以实施放火进行报复；有的是出于掩盖犯罪，作案人实施杀人、抢劫、盗窃、贪污等犯罪后，为了毁赃灭证，焚尸灭迹而实施放火；有的是为了获取保险赔偿而放火烧毁自己的房屋等。这些明显的因果关系，是查获作案人的重要依据。

（三）现场多遭破坏

放火案件的现场多遭严重破坏，难以保护。其原因主要有两方面：一是火势的蔓延，剧烈燃烧，使现场中的各种物品、作案人作案时遗留的痕迹和物品被烧毁，难以保全。二是在消防人员和群众扑救灭火的过程中，大量人员的践踏、破坏和现场中物品的搬动等，破坏了现场的原始状态，而且这种人为的破坏又是难以制止和控制的。这给勘查工作带来很大困难。

（四）损失后果严重

作案人为了达到犯罪目的，作案时多选择在要害的部位实施放火，同时放火案件多选择在深夜作案，发现时间晚，不易得到及时有力的救助。因此，放火案件的损失后果大多十分严重。

‖ 第二节　放火案件的侦查方法 ‖

根据放火案件的特点，在侦破放火案件中，应抓好以下几个环节：

一、放火案件的现场勘查

放火案件，大多是在扑救火灾后，通过勘查清理现场，调查访问群众，在追查起火原因时而确定性质，立案侦查的。因此，认真勘查现场是侦破放火案件的首要环节。因放火案件现场遭受破坏比较严重，对这类现场的勘查具有一定难度。根据这类现场的特殊性，侦查人员应会同消防专业人员一道，认真搞好勘查工作。

（一）放火案件的实地勘验工作

1. 检查现场出入口。对放火案件现场勘查的第一步，就是对现场中所有能进出现场的部位必须逐一认真地勘查检验，以确定火灾发生时的状态，是否有人由此出入，寻找确定作案人进出现场的部位，发现进出现场的痕迹，判断进出现场的方法。

在对现场出入口的检查勘验中，主要是检查勘验现场的门、窗，以及其他可能出入部位，注意碰动、撬压、蹬踩、挖掘等痕迹，注意作案人遗留的各种有关物品。同时，要注意这些痕迹和物品在现场中的位置、距离、方向和状态，以判断作案人出入现场的部位和方法。

2. 寻找有关痕迹和物品。在对中心火场的勘查中，要观察火场的整体状态；

要注意发现和提取有关犯罪的痕迹和物品；要注意研究痕迹、物品、尸体与现场有关物品的关系；要注意与被害人和救火人员搞好核实工作，便于通过现场遗留痕迹和物品的发现和研究，分析判断作案人在现场的作案活动过程。

在对中心火场的勘验中，要特别注意发现提取作案人遗留的放火物、助燃物和被翻动物品的位移、破坏情况。同时，要注意对外围现场的勘查和搜索，为分析案情提供依据。

3. 准确确定起火点。起火点，是火源最早燃烧的地点。在对放火现场的勘查中，准确地确定起火点至关重要，这是确定起火原因和案件性质的重要依据。如果起火点确定得准确，起火原因就可能确定得准确；如果起火点确定得不准确或确定不了，就认定起火原因缺乏依据。放火现场的起火点常因现场的环境条件不同，作案人实施放火的方法手段不同而不同，有的可以是一个，也可以是两个或几个。其主要特征是：在现场中燃烧的程度较重，大多是由外向里燃烧，并向四周扩大蔓延。

4. 寻找可能造成起火的其他因素。勘查放火案件现场，除寻找发现放火物、助燃物、有关遗留的痕迹和物品，确定起火点以外，还要根据现场的不同情况，寻找发现可能造成火灾的其他各种因素。例如，有否其他火源，有无电气设备，有无易燃易爆物品，有无吸烟、弄火、带火作业等情况，必须对现场所有能够引起火灾的各种因素进行充分考虑和仔细研究，并要认真查证核实，以作为判断起火原因的依据。

5. 认真检查被烧尸体。在勘查清理火场时，如果发现尸体，应请法医认真检验，确定死亡原因和致死方法。因火场中的尸体从死亡原因上讲，有可能是自杀，也有可能是他杀，还有可能是灾害事故致死。因此，要求在检验中应认真仔细，判断准确，根据要充分，为准确判断案件性质提供依据。

6. 调取固定现场周边电子信息。刑侦部门在开展传统勘查工作的同时，应当注意对现场周边的视频监控信息及时进行调取和固定，必要时可商请技侦部门同步出现场，对案发时段现场的通信信息进行打包固定。

（二）放火案件的现场访问工作

放火案件的现场访问，应该在现场勘查的同时进行。在访问中，主要以火场发现人、报告人、救火人、值班人、围观火场群众、被害事主、知情人等为访问对象，通常要搞清以下问题：谁是第一个发现火情的，是在什么时间、怎样的情况下发现的，当时火场的情况是怎样的；哪些人最早赶到火场扑救，最早救火的时间、部位，当时的火场情况是怎样的；有哪些人参加了救火，救火的详细经过；火灾发生前后，火场及其周围有哪些可疑迹象；火灾发生前的值班情况，谁是最后离开现场的，当时现场的状态；现场是否有账目、票据、贵重物品、爆炸物品、可燃物品或重要文件档案等，这些物品的情况如何；火灾发生的场所和部位，火场中有哪些可以引起火灾的因素，起火前状态如何；火灾的被害事主的表现如何，与社会上或单位内部哪些人有矛盾冲突；火灾发生后，周围群众的反应如何，有无关于起火原因的议论，怀疑哪些人放火作案，根据是什么。

二、放火案件的案情分析

（一）分析事件性质

放火案件的案情分析，应在认真勘查现场、深入调查访问的基础上进行。只有充分的事实材料，才能正确地确定案件的性质是故意放火、不慎起火还是自然起火，才能确定能否立案进行侦查。在通常情况下，发现下列情况之一的要考虑是故意放火：在火场的起火点处，发现有烧剩的火柴杆、棉花、蜡烛头、草把、油纸、汽油瓶等引火物的；在火场及其周围没有电源、火源、易燃易爆物品、没有失火和自然起火因素的；在火场中发现事先破坏消防设备、电讯设备，或打开住室门窗助长火势蔓延，或泼洒汽油、煤油、酒精等助长火势燃烧和蔓延的；在火场中发现有被盗迹象，如起火前损坏门窗、撬坏箱柜、发现丢失财物、文件、材料，烧毁或缺少账目和单据等迹象的；在火场中发现被害尸体，尸体被捆绑、堵嘴，或有其他损伤，或因泼油烧为炭化或灰化，或确认为死后焚尸的；在火场周围或相邻地区连续发生多次火灾，或在同一时间内多处起火，或在同一火场内有两处以上起火点的；在起火前，曾有人扬言要放火烧毁被害事主，或被害事主收到过匿名恐吓信的；在火被扑灭后，在火场及其周围发现有与放火有关的可疑痕迹和物品等。

（二）确定侦查方向

通过对案件的分析判断，确认是放火案件后，就要根据现场勘查和访问群众的事实材料，认真分析作案人的放火动机和目的，以便从因果关系入手，排查嫌疑线索，正确划定侦查范围和确定侦查方向。研究因果关系，确定侦查方向的依据，通常可考虑以下几方面：

1. 依据放火破坏的目标，确定侦查方向。作案人实施放火犯罪，必然受一定的犯罪动机所驱使，不同的犯罪动机，作案人所侵害的目标各不相同。作案人所侵害的目标的特征常常是犯罪动机目的的客观反映，依据作案人放火破坏的目标，常可判断其放火的动机和原因，从而确定侦查方向。

2. 依据现场物品的变化，确定侦查方向。虽然放火案件的现场因扑救火灾，作案人的伪装，以及烈火的燃烧，会受到很大程度的破坏，但改变不了现场实质的内涵。现场中各种物品的变化情况，常可反映出作案人实施放火犯罪的动机和目的。例如，现场物品数量的增减、位置的移动、完损状态、应用价值以及现场各种有关现象的变化等，基本上可以反映出作案人实施犯罪的顺序和过程。依据现场物品的变化情况，常可判断作案人放火的动机和原因，从而确定侦查方向。

3. 依据尸体的损伤状态，确定侦查方向。在勘查和清理火场中发现尸体，在确定为他杀后，依据尸体的损伤状态、形状特征、在现场中的位置等，结合现场情况，常可判断作案人放火的动机和目的，从而确定侦查方向。

三、放火案件的侦查途径

根据放火案件的特点，在确定侦查方向后，要抓住作案人与被害人之间因果关系明显，作案人多是本地人的主要特征，有针对性地采取相应的对策，深入开展专门调查，以尽快获取犯罪证据，缉捕作案人。

（一）调查因果关系，发现犯罪嫌疑人

因果关系明显，是绝大多数放火案件的明显特征。从调查因果关系入手摸排作案人，是侦破放火案件的重要途径。在对因果关系的调查中，要从调查被害事主的各方面有关情况入手，在其复杂的社会关系和人员交往中，查明各种导致放火犯罪的因素，从中发现案件的重点嫌疑人。然后再对重点嫌疑人开展调查，获取罪证。

（二）调查作案时间，发现犯罪嫌疑人

放火案件的作案时间一般比较容易确定。在现场勘查中只要能准确地确定作案人的点火方法，是完全可以推算出作案时间的，只要确定了作案时间，就可成为确定或否定重点嫌疑人的重要依据。只有在作案时间到过现场的人，才可能亲自点火作案。当查明重点嫌疑人具备作案时间后，就要及时对其他方面开展调查，以便获取证据，缉捕案犯。

（三）调查痕迹物品，发现犯罪嫌疑人

放火案件的现场，作案人经常遗留有引火物、助燃物和其他随身携带的物品。这些痕迹和物品只要确定是作案人所留，就可成为排查作案人的很好的依据。同时要注意对现场遗留的痕迹和物品进行生物物证和微量物证的检验和鉴定工作，充分发挥现代侦查手段的优势，为实施网上串并、网上比对、网上摸排创造条件。

（四）调查反常迹象，发现犯罪嫌疑人

对于放火案件，从调查发案前后表现出来的可疑人和可疑事入手，从有反常表现行为人员中发现犯罪线索，是侦破放火案件的重要途径。放火案件的作案人，在作案前要进行各种各样的准备活动。在作案后为了隐蔽自己，常常采用各种方法转移视线，其言行举止常常表现反常。从这些反常活动迹象中开展深入调查，常可发现可疑人。然后再进行深入调查，常常可以发现作案人。

（五）控制涉案赃物，发现犯罪嫌疑人

有的放火案件的作案人，是在现场盗窃、抢劫财物后实施放火的。如果经现场勘查和访问，已经确定了丢失财物的数量、名称、特征，以及其他有关可资辨认和控制的特征，就要从控制赃款赃物入手，发现作案人。

（六）查询网上信息，发现犯罪嫌疑人

根据作案手段、嫌疑人体貌特征、现场痕迹物证、作案工具等案件要素进行网上信息资源检索比对，从中发现嫌疑人。侦查人员要结合现场状态和作案人条件，在相应的数据库中进行查询比对，以发现符合所刻画的作案特征与条件的嫌疑对象；侦查人员也可以从网上查询被打击处理过的前科人员或者高危人群，以确定犯罪嫌疑人。

（七）利用视频和通信信息，发现犯罪嫌疑人

开展传统侦查工作的同时，侦查部门应当结合案发环境条件积极开展视频追踪、视频图像处理、通信信息比对、网络信息侦控等侦查工作。

对案发现场安装有电子监控装置的，可从中调取视听资料开展视频轨迹追踪，以发现作案人的行踪去向或落脚藏身的地点；或者通过研读视频信息，详细了解案件发生的经过以及案件发生前后的情况，获取作案人的特征、携带物品情况、作案工具情况、行为动作等以获得相应的侦查线索；在确定作案人具有交通工具的前提下，要及时调取嫌疑车辆逃跑的沿途监控资料，以确定嫌疑车辆信息、车内人员信息、车内人员行为信息、逃跑轨迹等情况，在及时布控抓捕的同时，将这些情况提供给技侦、网监部门，为通信信息和网络信息的分析和比对提供依据和条件。

四、放火案件的取证措施

放火案件现场破坏严重，难以取得犯罪证据，使案件的侦破速度缓慢，有时处于停滞状态。针对这种情况，必须从具体放火案件的实际情况出发，根据侦查工作的需要，运用相应的措施，以尽快获取犯罪证据。

（一）调查询问获取证人证言

侦查人员在案件调查过程中，应当调查重点犯罪嫌疑人是否具有作案的因素及其发生、发展过程和激化程度，案发前后是否有扬言报复、预谋准备、探听消息、散布流言和借故外出等反常活动和迹象。全面收集证实犯罪的证人证言。

（二）监控重点犯罪嫌疑对象获取相关证据

在取证过程中，可以对重点嫌疑对象的活动踪迹、接触人员进行监控，对其反常表现、销赃毁证等行为要有所掌握，必要时应立即采取措施控制赃物，扣押与案件有关的可疑物品。

（三）组织辨认获取证据

对放火案件现场提取的犯罪痕迹物品，或者被害人指控的从犯罪现场逃跑的重点嫌疑人员，组织有关人员进行辨认，获取证据。

（四）适时搜查获取证据

在侦查过程中，发现在嫌疑人家中或者其他处所可能存有与犯罪有关的证据时，对其可能隐匿罪证的场所依法进行搜查，寻找放火使用过的工具、容器、引火物以及其他与现场提取到引火物、遗留物相类似的物品。

（五）检验鉴定获取证据

对现场提取到的引火物、遗留物等物品要及时与犯罪嫌疑人家中相似的物品进行种类同一认定或者整体分离痕迹鉴定；对获取的犯罪嫌疑人的足迹、手印、DNA信息等应当与现场作案人遗留下的犯罪信息进行比对鉴定，获取犯罪证据。

（六）讯问犯罪嫌疑人

对于犯罪嫌疑人或者重大嫌疑对象，应抓紧时间依法进行讯问，查明放火的情节和作案过程，了解放火的动机目的和作案手段，并反复与现场情况和已掌握的证据进行核实，必要时可以开展侦查实验获取证据。同时，通过讯问犯罪嫌疑人，进一步收集和补充犯罪证据，保证办案质量。

【小结】

放火案件作案人一般在实施放火犯罪行为前多会有较为充分的预谋和准备，同时放火案件现场多会遭到双重破坏，因此侦破放火案件一般难度较大。在实际侦查过程中，为了更好地确定事件性质、解决案件中某些技术性问题，公安机关刑侦部门可商请消防部门共同开展侦查工作。同时，在确定侦查方向后，抓住案件因果关系明显、作案人多是本地人的主要特点，有针对性地采取相应的措施，发挥现代侦查手段在侦破放火案件中的优势，深入开展调查，以尽快侦破案件。

【思考题】

1. 放火案件的主要特点有哪些？
2. 放火案件实地勘验的重点有哪些？
3. 如何确定放火案件的侦查方向？
4. 放火案件的侦查途径和取证措施有哪些？

【推荐阅读】

1. 胡向阳. 犯罪现场分析. 中国法制出版社，2010.
2. 张玉镶，文盛堂. 当代侦查学. 第3版. 中国检察出版社，2010.

第二十二章　投放危险物质案件的侦查

【教学重点与难点】

教学重点：投放危险物质案件的特点；投放危险物质案件的侦查方法。

教学难点：投放危险物质案件的现场勘查；投放危险物质案件的案情分析。

‖ 第一节　投放危险物质案件概述 ‖

一、投放危险物质案件的概念

投放危险物质案件，是指投放毒害性、放射性、传染病病原体等物质致人重伤、死亡或者使公私财产遭受重大损失的犯罪案件。

这类案件虽然在刑事案件中所占比例很小，但作案人作案的方法手段比一般刑事案件更诡秘、隐蔽和狡猾，其危害就更加严重。因此，刑事侦查部门对所发生的投放危险物质案件，一定要积极侦破，依法惩处犯罪人员。

二、投放危险物质案件的特点

（一）现场投放危险物质特征比较明显

在投放危险物质杀人案件的现场中，一般都有中毒死亡的尸体或未死的受害人。在中毒的尸体上可明显反映出中毒症状，中毒未死者可表现出各种不同的中毒症状，在投放危险物质现场中经常遗留有与投放危险物质有关的各种痕迹和物品。可见投放危险物质杀人案件的现场，投放危险物质的特征比较明显。

（二）作案前都有一定的预谋准备

投放危险物质杀人作案人在作案前都有一个或长或短的预谋准备过程，从其决意投放危险物质杀人开始，常要首先索取毒物，选择投放危险物质时间、选择投放危险物质地点、选择投放危险物质方法、选择投放危险物质时机等。有的作案人在投放危险物质前还向有关人员了解毒物性能、剂量和用法，有的在投放危险物质前还会做一些投放危险物质试验，证实所投放危险物质的性能是否可以毒死被害人。

（三）大多因果关系比较明显

在投放危险物质杀人案件中，作案人与被害人之间大多数都有比较明显的因果关系。双方之间的这种矛盾一般都有一个产生、发展、演变和恶化的过程。这种因果关系的表现多种多样，而近期的原因常常就是导致投放危险物质杀人的直接因素。

（四）作案人有取得危险物质的条件

作案人能够利用危险物质杀人，无论其危险物质由何而来，必须有接触和索取危险物质的条件。作案人对所使用危险物质的性能、剂量以及使用方法等也常常是比较了解和掌握，这些常与作案人的职业、身份、社会交往等有着密切关系。例如，医务人员、药店营业员、危险物质保管员等。

（五）投放危险物质方法诡秘多样

作案人实施投放危险物质杀人，常根据投放危险物质的地点环境、种类和被害人的具体情况来决定其投放危险物质的方法。作案人一般会将危险物质混入饭、菜、汤、饮料或药物中，使被害人在正常的吃喝中将危险物质服入体内中毒死亡；或将毒气导入被害人的住室，或将挥发性毒物放入被害人住室，使被害人在正常的呼吸情况下吸入毒气，中毒死亡；或者利用治病之便，将危险物质混入药物中注射于被害人体内；有的用毒蛇咬伤被害人，使蛇毒进入人体；有的将危险物质混入化妆品、洗涤用品等日常生活用品中，使毒物由皮肤进入体内等。

‖ 第二节　投放危险物质案件的侦查方法 ‖

一、投放危险物质案件的临场处置

针对可能造成重大社会影响的投放危险物质案件，公安机关接到报警后要迅速行动，采取各种灵活的处置措施"救危灭险"，避免引起大规模的恐慌和混乱。

（一）启动紧急事件和重大案件工作预案

针对投放危险物质案件，公安机关应当迅速成立指挥部，立即启动处置紧急事件和重大案件工作预案。指挥部的负责人应由当地公安机关的主要领导担任，并调集治安、交巡警、刑侦等相关警种，明确分工，快速开展处置和调查工作。现场指挥部一般应设在现场附近的建筑物或指挥车辆内，保证指挥和调度的顺畅。

（二）紧急疏散群众，迅速抢救受伤人员

为了防止发生大面积的恐慌，要采取内紧外松的方式，一般可以消防演习、防震演习等名义紧急疏散群众，以防止因疏散混乱而发生踩死踩伤人的恶性事故。

封锁控制范围确定后，即应设置警戒标志和障碍物，必要时，可在附近的道路进行交通管制，并部属专人警戒。警戒过程中，应当注意劝阻人群围观，禁止无关人员和车辆进入现场，查验进出现场人员的证件和携带物品。此外，在围观群众中可以布置"便衣警力"，注意发现犯罪嫌疑人或案件知情人，以便及时采取相应措施。

对现场伤亡人员，应当及时通知医疗部门，迅速调派人员和车辆赶赴现场进行抢救，同时要求医院做好急救准备。在抢救中，应当尽可能不破坏现场中心部位。

（三）组织搜索，查控涉案物品

在保障安全的前提下迅速组织警力开展搜索。侦查人员可以要求超市的物管人员、商场的保安等涉案单位或部门的有关人员参加搜索。在搜索过程中，对于可能被投放危险物质的物品，要在侦查人员的指导下进行封存；对于可疑物品要交由侦查人员处置，以备进一步检验鉴定；如果发现有危险物品已流入社会，应立即组织力量查找其下落，防止造成人身伤害。

（四）适时通报案情，稳定社会情绪

此类案件侦破之前原则上不予新闻报道。在处置这类案件过程中，为了防止造成社会恐慌，影响案件的处置和侦查工作，原则上不允许新闻记者进入中心现场拍摄，不接受新闻记者的采访，不对外进行宣传报道。对在社会上造成较大影响，在一定范围内造成紧张气氛，需要澄清事实真相的，在处置结束后由公安机关统一拟定新闻通稿，经审核同意后统一发布。同时，要加强对互联网的实时监控，加强正面引导，以稳定社会情绪。

二、投放危险物质案件的现场勘查

根据投放危险物质案件的特点，在侦破投放危险物质案件中主要应抓好以下几个环节：

（一）投放危险物质案件的实地勘验

投放危险物质杀人案件的现场，因抢救被害人，作案人故意伪装，被害人家属急于处理丧事等原因常常受到破坏和变动，给勘查工作带来困难。因此，勘查工作就更要认真和及时。勘查投放危险物质现场的主要任务是：检验中毒尸体；发现提取化验检材；发现提取作案人遗留的痕迹和物品，为判断案件性质、确定侦查方向、制订侦查计划提供依据。

1. 发现提取化验检材。在勘查投放危险物质现场中，注意发现提取化验用检材，是现场勘查的重要工作之一。在发现和提取中，主要有死者的呕吐物、排泄物；剩余的药物残渣；盛装和包装毒物的器皿和物品等。对于这些物品，不仅要注意在中心现场的发现和提取，而且要注意在外围现场的发现和搜索；不仅要注意在公开部位的发现，而且要注意在隐蔽部位发现；不仅要注意对这些物品的发现和提取，而且要注意这些物品在现场的位置、数量、性状、气味等方面的勘查和研究；不仅要注意采用正确的方法提取，而且要注意妥善保存，以备分析案件和毒物化验使用。

2. 发现提取其他遗留痕迹、物品。在投放危险物质现场中，犯罪嫌疑人常会留下足迹、手印、纸张、伪造的遗书、信件、日记等，或遗留与犯罪有关的其他痕迹和物品。在注意发现这些痕迹物品的同时，要注意观察在现场中的位置、距离、与尸体的关系、与现场有关物体的关系等。

3. 注意对现场环境状态的勘查。在对投放危险物质案件现场的勘查中，要注意现场的环境和状态。例如，现场门窗是否关闭、插好；室内的通风条件如何；炉灶的位置、煤气管道是否漏气；对存有的粮食、面粉、蔬菜、食品等注意检查，看有无掺入毒物的可能；要注意现场中的其他人、家畜、家禽是否也同时中毒等。这对于判断案件性质、作案过程都有重要意义。

4. 注意对中毒尸体的检验。在对投放危险物质杀人现场勘查中，检验中毒尸体是一项重要工作，是侦破投放危险物质杀人案件不可缺少的重要手段。检验中毒尸体的目的在于确定死亡原因、确定死亡时间、确定投放危险物质方法、提供毒物种类的线索，提取化验用的检材。如果发现中毒未死者，要积极组织医生抢救，在抢救的同时配合医生抓紧时间询问。

（二）投放危险物质案件的现场访问

在勘查中毒现场的同时，要抓紧时间深入群众，对报案人、发现人、死者家属、亲友、知情群众以及参加抢救的医务人员等进行调查访问。这是侦破投放危险物质案件的重要环节。

在访问中，应根据每起案件的具体情况确定访问内容。其目的是通过对被害人中毒经过的了解，能够大体了解毒物的种类、发现投放危险物质重点嫌疑对象。访问的内容主要是有关现场情况、被害人情况和投放危险物质嫌疑人情况等。例如，中毒时间、中毒地点、中毒症状、毒物来源、被害人的饮食情况、健康情况、平常表现，与外界有关人员的来往情况，案件发现的经过，多人中毒时的具体细节情况，嫌疑人的嫌疑根据和线索等。

三、投放危险物质案件的案情分析

（一）确定物质种类

在有关化验用的检材提取后，就要尽快地确定毒物的种类，便于在侦破工作中根据毒物发现投放危险物质犯罪嫌疑人。

确定毒物种类的方法，主要是对尸体和现场中提取的毒物进行化验鉴定，来确定毒物的名称和数量。这不仅是侦查破案的需要，也是审判工作的需要。但在实际工作中，有的案件可以及时检验并及时得出检验结果，但有的案件往往因各种原因和条件的限制，不能及时检验或不能及时得出检验结果。为了不影响侦查工作的正常进展，常常需要根据调查访问、出现症状和尸体检验工作对毒物作出初步判断，以此为依据开展侦查工作。

（二）判断案件性质

继现场勘查和访问后，要对案件情况进行综合的分析和研究，以便确定侦查方向，开展侦查工作。

对于中毒死亡的尸体，在确定性质时，应该考虑有服毒自杀、投放危险物质他杀、误食中毒、灾害事故或医疗事故等几种可能。应根据具体案件情况的特点，认真分析是属于哪种情况。当分析判断为投放危险物质他杀之后，常常还要对属于哪种原因的投放危险物质杀人案件作出判断。判断的主要依据是现场情况、尸体情况、访问群众情况和对被害人有关情况的调查等，综合起来进行全面的分析判断是属于哪一类原因的投放危险物质杀人，为确定侦查方向和侦查范围打下基础。

（三）分析案件情况

当确定投放危险物质他杀后，就要对投放危险物质案件现场的各方面情况进行分析，为排查重点嫌疑人提供依据。

1. 判断投放危险物质时间。准确地判断投放危险物质时间，目的是根据作案时间发现和寻找投放危险物质犯罪嫌疑人。投放危险物质案件的作案时间有具体投放危险物质时间、出现症状时间和被害人死亡时间，如果能够准确地判断其中之一，其余时间就可以推断了。判断投放危险物质时间的主要依据是：法医确定的尸体死亡时间、被害人出现症状时间、被害人生前最后一顿进餐时间、知情群众反映嫌疑人与被害人在现场活动的时间等。

2. 判断投放危险物质方法。根据不同的投放危险物质方法常可推断投放危险物质作案人的职业特征。投放危险物质犯罪作案方法的共同特点是乘人不备，在对方疏忽大意的情况下，设法使毒物进入被害人体内。对作案人投放危险物质方法判断的依据主要是法医检验尸体确定的投放危险物质方法，现场勘查所见到的有关情况和访问群众中所获得的有关情况等也可以判断投放危险物质方法。

3. 判断投放危险物质地点。大多数投放危险物质案件的投放危险物质地点比较明确，常常是被害人死亡的地点。但有的投放危险物质案件比较复杂，出现甲地投放危险物质，乙地出现症状，丙地死亡的情况。对于这种异地投放危险物质案件，由于涉及的地点多，范围广，在判断中，首先要将被害人生前活动的来龙去脉搞清楚，然后再逐个在落脚地点开展调查，调查其居住、饮食、接触人员和活动内容等问题，这样不仅能搞清作案地点，而且案件的重点嫌疑对象也会很快暴露出来。

4. 判断投放危险物质动机。正确地判断投放危险物质动机，对于正确判断案件性质，属于哪类原因的投放危险物质杀人、作案人与被害人之间的因果关系等，均可提供依据。判断投放危险物质动机，主要是从调查被害人的各方面有关情况入手。例如，调查被害人生前的表现、生活作风、经济变化、同事关系、家庭关系以及社会交往等，作案人的投放危险物质动机往往就比较明确了。

四、投放危险物质案件的侦查途径

确定侦查方向后，就要对投放危险物质案件开展调查和侦查工作，尽快获取犯罪证据，达到侦破案件的目的。

（一）对因果关系的调查

投放危险物质杀人案件的作案人与被害人之间大多都有比较明显的因果关系。因果关系是确定投放危险物质杀人嫌疑人的主要依据，有的因果关系比较明显，有的并不十分明确。所以，在调查中要注意作案人行动的诡秘性，他们不可能大张旗鼓地投放危险物质作案，所以也不会人人皆知。在调查中必须深入细致，要特别注意伪装老实，隐藏较深，不易引起人们怀疑的作案人。

（二）对投放危险物质时间的调查

重点嫌疑对象是否具备投放危险物质时间，是判断该人是否具备杀人条件的重要依据。所以对投放危险物质时间的调查是一项细致而重要的工作。在对投放危险物质时间的调查中，要注意有的作案人在作案时间上做文章，警惕他们制造谎言和假象来迷惑侦查人员，不要轻易相信他们自己的表白和供述。要注意有的作案人事先约好证人作假证，有的作案人自己不亲临现场投放危险物质，而是借助第三者之手有意或无意地将毒物投给被害人。

（三）对投放危险物质地点的调查

投放危险物质杀人作案人在投放危险物质作案时间里，应该到过投放危险物质地点，否则是无法亲手将毒物投给被害人的。所以，是否到过投放危险物质地点是确定投放危险物质嫌疑人的依据之一。调查投放危险物质地点通常与投放危险物质时间联系起来，在调查中，要特别注意作案人的狡猾性和隐蔽性，不少作案人自己不亲自到投放危险物质地点投放危险物质，而是借助第三者之手来投放危险物质；注意出现症状的地点和死亡地点不在一起的异地投放危险物质案件的调查。

（四）对危险物质来源的调查

投放危险物质杀人的作案人必须具备有接触毒物和索取毒物的条件，这也是最基本的条件。即使因果关系再明显，但不具备接触和索取毒物的条件，也就不可能投放危险物质杀人。所以，毒物来源是确定投放危险物质嫌疑人的重要条件，查明毒物来源是侦破投放危险物质案件的必要环节。这项工作的目的就是要查明毒物的出处，因此，在调查中，要注意对嫌疑人身上、家中、工作单位以及有关部位的发现和提取。

（五）对遗留痕迹、物品的调查

现场中作案人遗留的痕迹和物品，是证实作案人杀人犯罪的有力证据。对现场遗留痕迹和物品的调查中，要广泛深入发动群众，深入调查其产地、来源、销售和使用范围等，为寻找犯罪嫌疑人提供依据。同时要注意发挥刑事技术鉴定在案件侦查中的作用。

（六）对其他有关方面的调查

除上述诸方面的调查外，有些投放危险物质案件还反映出其他方面的有关情况。例如，有的反映出作案人的职业特征、体貌特征、衣着打扮或讲话口音等；有的反映出作案人投放危险物质杀人后劫取财物的数量、名称、特征等，对于这些方面的条件，要深入发动群众，认真开展调查，使之能更多、更快地获取犯罪证据。

五、投放危险物质案件的取证措施

（一）深入调查，获取证人证言

在侦查过程中，注意对犯罪嫌疑人作案前后的言行、表现和相关活动进行深入调查，多方面收集与投放危险物质案件有关的证人证言。

（二）毒物化验，获取证据

此类案件中犯罪嫌疑人使用的危险物质是重要的物证之一。现场勘查时提取的一些可疑物品，如危险物品的包装物、盛装物和现场的可疑食物等，通过毒物化验确定毒物种类，以便与重点嫌疑对象家中的可疑物品毒物化验结果进行比对，从而获取揭露和证实犯罪的证据。

（三）尸体解剖，获取证据

在侦查过程中，通过尸体解剖可以确定中毒时间、中毒物和毒物的种类、数量、投放手段等，这些是证实犯罪的重要证据。特别是在现场勘查未提取到其他痕迹物品的情况下，通过尸体解剖获取犯罪证据便成为重要的取证手段。

（四）搜查获取犯罪证据

作案人采取投放危险物质作案，一般会在其住所、衣兜、提包内留有未用完的毒物、盛装毒物的器皿或者毒物残渣等，只要仔细搜查嫌疑人的住所及其衣物，一般可以获取犯罪证据。

（五）讯问犯罪嫌疑人获取证据

在侦办投放危险物质案件过程中，讯问犯罪嫌疑人获取真实的供述具有重要的意义。通过讯问犯罪嫌疑人可以了解和掌握其投放的手段和方法等较为隐秘的犯罪情节，为搞清案件的来龙去脉提供可靠的依据。

【小结】

投放危险案件虽然在刑事案件中所占比例很小，但作案人作案的方法手段比一般刑事案件更诡秘、隐蔽和狡猾，因此侦破难度较大。在实际侦破过程中，应当谨慎开展犯罪现场勘查工作，注意从中发现侦破案件的线索和认定案件的证据；在调查过程中，应当重点围绕案件因果关系、投放危险物质的时间和地点、危险物质来源、现场遗留痕迹物品和作案人的其他特征认真细致地开展排查工作以尽快发现犯罪嫌疑人。

【思考题】

1. 投放危险案件的主要特点有哪些？
2. 在侦破投放危险物质案件中，发现提取化验检材应当注意哪些问题？
3. 投放危险物质案件的侦查途径和取证措施有哪些？

【推荐阅读】

1. ［美］约翰·霍德. 刑侦实验室：犯罪现场真相揭秘. 礼宾，苏舟，余辉译. 海南出版社，2003.

2. 张玉镶，文盛堂. 当代侦查学. 第3版. 中国检察出版社，2010.

第二十三章　诈骗案件的侦查

【教学重点与难点】

教学重点：街面诈骗案件的侦查；电信诈骗案件的侦查。

教学难点：如何从诈骗犯罪的作案手段中发现侦查突破口。

‖ 第一节　诈骗案件概述 ‖

一、诈骗案件的概念

诈骗案件，是指犯罪嫌疑人以非法占有为目的，用虚构事实或者隐瞒真相的方法，骗取款额较大的公私财物或财产性利益的犯罪案件。本章所研究的诈骗案件，以《刑法》第 266 条所规定的范围为限。近年来，随着市场经济的逐步建立和人、财、物的大流通，各类诈骗案件也日趋增多，欺诈手段花样百出并不断翻新，特别是网络电信诈骗犯罪活动日趋猖獗，诈骗案件目前已成为仅次于盗窃案件的第二大侵财型案件，给人民群众造成了重大的财产损失。

二、诈骗案件的类型

从侦查实践来看，当前的诈骗案件主要有以下类型：

（一）迷信诈骗

这类诈骗大都发生在农村，作案人抓住受骗人有严重的封建迷信的心理弱点，打着算命、卜卦、相面或"消灾"的幌子，经常活动在集市或乡镇街道上。袭击的目标多是 40 岁以上的中老年妇女。作案人员以相面、卜卦、问路令受害人上钩。

（二）古玩诈骗

这类诈骗主要利用人们想找点子挣钱的心理，多以邮票、铜钱、古董、古币等古物为诱饵。作案者一般 3~4 人，一人充当卖主，几人扮演买主。

（三）假物诈骗

这类诈骗多发生在街头巷尾的路面上，作案人常用的诱饵是假首饰、假金戒指、假金项链等，作案人一般物色目标后，趁其不注意，将以上某种物品扔在能让受害人看到的地方，在受害人发现准备捡起来时，作案人现身要求平分，以骗取受害人支付捡到物价值一半的钱财。

（四）赌博诈骗

这类诈骗多出现在汽车站、公园、街头、长途客车等人员较多的地方，而且多用扑克牌、象棋当作赌具，以是否猜准牌或输赢为赌码，由一人设局，几个同伙装作是与设局者不相识的过路人，轮番上场下注，并屡屡赢钱，以吸引围观者上套。

（五）乞讨诈骗

这类诈骗的作案人多是女性和少年，有的妇女化装成尼姑，走乡串门，穿梭于街头，以行善化缘为幌子，以建庙、建尼姑庵为诱饵，诱引善良的人们"行善积德"，捐助钱财，使好心的人上当受骗，这种诈骗多发生在汽车站或农村。

（六）婚介诈骗

这类诈骗以大龄征婚妇女或男子为行骗对象，嫌疑人以征婚为由寻找个体经商的、略有积蓄的大龄女（男）性，交往一段时间取得对方的好感后，借口倒卖一批金沙或做一个很挣钱的买卖缺乏资金，要求对方出部分资金，获利后平分。被骗人大多出于情感因素或利益考虑将或多或少的现金交给嫌疑人，之后嫌疑人便杳无音信了。

（七）生意诈骗

这类诈骗犯罪有以下六种伎俩：推销高利润项目非法集资法，兑换外币法，买卖文物、玉器法，买卖药材法，介绍做生意法，"白纸变钱"法。

（八）借用诈骗

这类诈骗犯罪多发生在刚取得信任的陌生人之间。作案人先和你闲聊，待取得你的信任后，要求借用你的手机或摩托车，然后以手机没电或出去办事为由，骗取手机或摩托车。

（九）冒充诈骗

该类诈骗犯罪分子往往冒充国家机关或企事业单位工作人员进行诈骗，以给人办事为名收取好处费或以查案或办理相关业务为名进行诈骗；冒充银行工作人员，以检查人民币号码为由，利用"手彩"方式行骗；冒充煤气公司、电力公司等部门工作人员入户收费或推销物品等。

（十）中奖诈骗

这类诈骗多发生在路边小卖部，作案人以买某种香烟、易拉罐中奖的方式，使你信以为真，然后以低价转卖，自认为有利可图的店主往往就上当受骗。近来，还出现了利用手机短信中奖法、以假奖票参加福利彩票现场抽奖活动中奖法等新手法。

随着通信和网络的日益发达，上述传统的面对面接触式诈骗活动也渐渐地通过电话、QQ、短信和互联网等非面对面接触方式实施，从而给传统的欺诈方式披上了高科技的外衣。

三、诈骗案件的特点

不管是传统的诈骗犯罪还是电信网络诈骗犯罪，其行为特征都是以欺诈方式骗取他人的财物，而欺诈方式主要包括虚构事实和隐瞒真相，都是利用信息的不对称性，让受害人相信所谓的"事实"，导致受害人上当受骗，损失财产。但从侦查的角度，诈骗案件具有与其他刑事案件不同的一些特点：

（一）作案人与被害人之间多有较长时间的接触和联系

作案人要以欺诈方式骗取他人的财物，就必须要接触和联系被害人，只有通过各种方式让被害人信以为真，才能得逞。传统的诈骗案件其财物大多是以实物形式转移的，因此，作案人往往与被害人之间有一段较长时间的正面接触过程。在这一过程中，作案人物色对象、试探观察，寻找弱点，设置圈套，而其体貌特征、个人特点、穿着打扮、语言口音等方面都会暴露得比较充分，会给被害人留下一定的记忆。而电信网络诈骗则由于钱财的转移是通过银行转账方式进行的，作案人与被害人之间往往没有面对面的正面接触，但作案人同样需要通过一定的联系方式与被害人接触，如打电话、发短信息、QQ聊天、网上购物等，其体貌特征虽然不会暴露，但同样会留下与被害人接触联系时的语音、通信记录、聊天记录、转账记录等数字化信息。

（二）作案人在行骗过程中会留下相应物证和信息

作案人在行骗时，通常会需要一些道具，如假物诈骗中的假金元宝、假金项链；生意诈骗中的药材、高科技产品；古玩诈骗中的假古玩等。而在电信网络诈骗中也会留下一些银行账号、QQ号、电话号码、网址等相关的信息。这些物证和信息可以为查获作案人提供线索，还可以经提取后作为认定犯罪的证据。

（三）作案人常使用同类手段结伙连续作案

诈骗案件往往都是结伙作案，团伙成员有明确的分工，有负责行骗的，有负责做托儿的，有负责掩护的，还有负责驾驶交通工具逃离现场。而一些电信网络诈骗的团伙分工则更为明确，有专门负责搜集通信号码、有负责发短信的，也有负责接打电话、有负责编诈骗台词的、有专门负责取款转账的等。

诈骗犯罪分子专门设计一个骗局并不容易，同样的骗局往往要使用很多次，如果采用该骗局行骗得手后未被发现，往往会继续作案，时间一长，就形成习惯性作案手法，并在以后的作案中不断反映出来。当然，作案人并不会在同一个地点长期使用同一种诈骗手法行骗，一次得手后即会换一地点继续行骗，多次行骗后则会换一个区域作案，形成跨区域流窜作案。

（四）欺诈手法和过程往往经过精心设计

几乎所有的诈骗案件的作案方法和过程都是有预谋的，都经过精心设计，甚至形成了一定的固定"模式"。诈骗犯罪作为智能型的犯罪，为提升行骗的成功率，作案人都会事先进行反复酝酿，周密策划，骗局设计得一般都十分巧妙，一般人不太容易看出破绽。行骗时通常都会投人所好，对症下药，在作案之前都会精心装扮以使其符合所扮演的角色，并编造好使人受骗的具有诱惑性的花言巧语，在不同环节设置好各种各样的陷阱，诱骗被害人上当。但诈骗案件很少使用暴力，体现出较为明显的智能性。

（五）作案目标的选择具有针对性

作案人在行骗时对目标的物色也是有选择的，一般会选择那些具有一定的财力，或随身携带的物品有一定价值的人作为目标；同时还会观察目标是否会上当，主要是受骗者有无贪小便宜的思想，或缺乏判断能力，作案人一般会通过语言、动作或设置一定的场景进行试探，以筛选出容易受骗上当的人；此外，还会考虑行骗的安全性，即所物色的目标是否容易摆脱和控制也是一个必须要考虑的因素，主要是为防止一旦骗局败露能顺利脱身，所以，一些单身女人、老人更容易成为行骗的目标。

‖ 第二节　街面诈骗案件的侦查方法 ‖

街面诈骗案件通常是指发生在商场、超市、邮局、车站、城镇居民区、胡同、街道、路口、银行、马路等人口密集和人口流动量较大的公共场所的诈骗犯罪案件。街面诈骗案件的侦查除一部分通过调查访问、审查深挖以及巡逻盘查抓现行等传统侦查方式破案外，更多的还是依托公安网上信息资源分析研判并结合数字化侦查手段破获，常见的有以下几种：

一、信息研判法

信息研判法就是充分利用各类网上信息资源，借助一些公安信息平台的应用工具进行信息查询、分析、研判，以发现犯罪嫌疑对象和侦查线索的侦查方法。对于诈骗案件的信息研判，首先，需尽可能多地获取案件的基本信息，特别是可供信息研判的相关条件和特征。这些信息通常包括：作案人的体貌特征，如性别、体貌特征、口音、衣着等；作案手段和作案过程，包括受害人在何时、何地、何种情况下与诈骗犯罪嫌疑人接触，犯罪嫌疑人采用何种诈骗手段欺骗受害人，在行骗过程中犯罪嫌疑人以什么身份出现，使用过什么物品、道具进行诈骗；被骗财物情况，如被骗财物的种类、型号、特征、数量、规格、号码、新旧程度、价值等情况等；有关犯罪的其他情况，如犯罪嫌疑人人数、作案工具、作案后逃跑方向等。

其次，要从上述基本的案件信息中概括和提炼出可供信息查询、分析和研判的特征与条件，选择合适方法搜寻网上信息资源，以发现嫌疑。这些特征与条件主要包括：可用于案件信息研判的作案手段与特点；可用于人员信息研判的人身特征、姓名、身份证号码等；可用于各类物品信息研判的机动车号码、手机号码等。

最后，就要根据案件的具体情况选择合适的信息应用与研判方式，就诈骗案件而言，主要方法有：

（一）利用动态管控报警信息的方法

目前，各地公安机关大多建立了刑嫌人员动态管控报警平台，通过对发生在本地的某一类诈骗案件，浏览动态管控报警平台中诈骗前科人员信息，根据作案手段，发现和查找同手段前科人员，同时利用案件信息梳理本地区同类案件，进行前科人员与案件信息之间的核查分析，以破获案件。

（二）利用外地已抓获诈骗人员信息倒查本地旅馆住宿记录

由于诈骗犯罪具有较强的流窜性，因此对外地网上公布抓获的或负案在逃的或抓获人员的以前同住人员信息，通过流动人口管理系统和案件信息管理系统倒查本地历史住宿记录及同期发案情况，以确认外地抓获人员是否也在本地作案来破获案件。

（三）利用独立布控平台的方法

利用独立布控平台"单向报警"的功能，把分析研判梳理的诈骗重大嫌疑对象布入该平台，随时跟踪其轨迹，如果再进入本地，可以通过侦查人员进行守候跟踪，进一步证实其嫌疑，必要时予以抓捕。当然这个人只是嫌疑对象，不是逃犯，只是研判人员经过分析研判出来的重大嫌疑对象，主要目的是跟踪其轨迹，再通过跟踪调查以发现嫌疑而破获案件。

二、高危管控法

由于街面诈骗案件是多发性和常发性案件，且往往是结伙作案。因此，可以通过高危人群分析，并进行有针对性的高危管控而破获案件。具体的做法主要有：

（一）联系高危地区公安机关确定诈骗高危地区的方法

由于同一个地方犯同类诈骗案件的人较多，全国各地相对抓获该地区人员会很多，那么与户籍地公安机关的联系也会频繁，因此，该公安机关应该了解该诈骗作案手段主要集中的高危地区，从而可以大大缩小高危地区的范围，能更有效地以该范围为条件筛选有本地作案嫌疑的人员，发现侦查线索和嫌疑对象。

（二）进行拓展高危地区范围的数据碰撞

在侦查中对某一类诈骗案件，在确定高危地区之后，进行相应的信息搜寻时由于范围较小而未能获得有价值的线索，此时可以通过扩大信息搜寻的范围，如从县（市）籍贯代码（六位）扩大到地（市）代码（身份证前四位）或省代码（身份证前两位），从而扩大数据碰撞范围，增加碰撞时间段，从中发现嫌疑对象。

（三）通过对高危地区人员旅馆照片辨认锁定诈骗嫌疑对象

街面诈骗犯罪作案的流窜特点决定其必须以旅馆为落脚点，在排除以假身份证住宿的情况下，作案人员照片的真实性与作案时必须与事主面对面接触形成有利的辨认条件，对一些诈骗作案人员体貌特征比较明显，或者体貌特征随着年龄增长改变较少的情况，通过搜索旅馆中诈骗案件高危地区人员的身份证照片，通过比对辨认可以实现突破案件。

（四）通过对已破获诈骗案件中事主的访问确定高危地区

在案件串并的基础上，通过对已破同类诈骗案件中事主的访问，更加详细地了解诈骗过程和作案手段，来确定该类诈骗手段的高危地区，开展有针对性的高危地区人员搜寻，以发现嫌疑对象或侦查线索。

（五）通过对同一类诈骗案件细微特征分析确定不同高危地区

诈骗犯罪的地域性决定着不同地区相同诈骗手段往往有着不同的诈骗特征。通过对诈骗人员使用的道具、交通工具、语言暗号、口音、着装、体貌、身高（矮）等特征进行深入细致的分析，来确定高危地区，实现破获案件。

（六）通过对诈骗案件高危地区人员分析为其他街面刑事案件提供信息支持

街面诈骗案件有时会引发其他抢劫、伤害、杀人、抢夺等案件，通过对这些诈骗高危地区作案特征的细致分析，为破获其他街面案件提供信息支持。实现诈骗犯罪信息积累应用的拓展。

（七）通过对诈骗犯罪高危地区人员实时监控实现破案

由于诈骗犯罪作案人员地域性明显，特别是有几类诈骗手段在当地乡镇已成为"脱贫致富"的经验，个别地方已经形成了专业加工诈骗道具的地下工厂，达到了"一条龙"的专业服务。这些专业乡镇人员一次外出诈骗成功回来后，往往又会带动其他亲戚或朋友再次外出行骗。相应的信息应用平台和人员实时监控系统，可以实现对这些高危地区专业乡镇人员的实时监控，并通过"从人到案"侦查工作模式，来实现精确打击，破获案件。

三、视频侦查法

视频侦查法，是指侦查人员在侦破街面案件过程中依法调取视频图像资料，利用图像技术、识别技术、计算机技术、电子信息显示技术及其他相关技术，结合其他侦查措施，通过关联、碰撞、分析、比对等方式应用视频图像资料，实现对诈骗犯罪动态分析和判断，从中获取线索和证据，以查获犯罪嫌疑人的侦查方法。由于街面诈骗案件大多发生在公共场所，而这些区域往往安装有监控设施，通过视频侦查打击街面诈骗犯罪是侦查实践中较为常见的手段。就街面诈骗案件侦查而言，主要可通过以下视频侦查方式来发现嫌疑，确认犯罪：

（一）通过视频巡查发现现行街面诈骗案件

视频巡查一般由监控人员利用视频监控的平台，对街面可疑情况进行实时监控，一旦发现有街面诈骗犯罪活动，就立即通知就近警力对其进行盘查。但街面诈骗犯罪在监控图像中并不容易识别，因此需要街面巡逻警力的配合，一是在街面诈骗高发地段布置相应的警力进行巡查，当发现可疑人员和车辆时，通知视频监控人员，对目标实施"接力"跟踪；二是在易发案的路段或者街面犯罪人员经常出没的地方，再利用视频监控的优势实时监控嫌疑人的行踪，一旦发现其进入预定地区，则立即实施抓捕；三是利用视频监控对犯罪嫌疑人的反常行为进行识别，就是根据平时街面犯罪嫌疑人在踩点、寻找目标、作案及逃跑过程中的行为方式进行识别，并据此在视频中寻找嫌疑目标，以发现犯罪，打击现行。

（二）　通过视频追踪发现嫌疑对象

在接到街面诈骗案件报案后，根据案情分析和受害人的描述，确立嫌疑人轨迹，调取监控视频，然后组织受害人辨认。在明确犯罪嫌疑人的行踪及特征情形下，由监控人员及时调取沿途视频监控资料，并继续进行视频追踪，发现作案人的行踪去向及落脚藏身的地点，及时组织警力实施拦截，并随时向出警人员通报情况，出警人员则根据监控员提供的信息准确处置警情。

（三）　通过视频图像分析与研判发现嫌疑对象

主要是通过案发当时的视频监控图像，对图像信息进行详尽的分析，确认时空位置；确认作案人员、人数以及各自的分工情况；确认作案中使用过的物品、接触过的物品以及丢弃的物品；确认作案中使用的作案工具、交通工具、通信工具；确认相关的行为动作，如取款、打电话等。并在基础上获取作案人员的特征及图像，掌握其动态特征，分析团伙成员关系，分析其作案特点和规律，掌握其行动轨迹等。进而以此为基础展开调查，发现嫌疑对象。

（四）　通过视频监控与其他信息的关联分析发现嫌疑对象

由于街面诈骗案件往往是系列性、多发性案件。可以将一定时间、一定空间内作案手法相似的案件信息与视频图像信息进行关联比对、分析和研判，如与车辆信息和行驶轨迹的关联分析；与通信信息的关联分析；与刑嫌人员的动态管控信息的关联分析；与其他案件有诈骗前科人员信息和流动人口管理信息的关联分析等。一方面通过关联分析发现嫌疑目标，另一方面也可以预测嫌疑人再次作案的时间、地点，然后进行重点监控，一旦发现作案立即实施抓捕。

‖ 第三节　电信网络诈骗案件的侦查方法 ‖

电信网络诈骗案件，是指利用电话、手机、互联网及数据通信方式向特定的或不特定的人打电话、发送信息，虚构事实、隐瞒真相，骗取公私财物或财产性利益，数额较大的诈骗案件。

电信网络诈骗通常以不特定人群为诈骗对象，是组织较为严密的团伙诈骗犯罪。犯罪组织内部一般分为几个层级，分工精细且明确，各个层级之间既相互协作又相互独立。有负责准备诈骗模板、硬件设备和场所等，还负责从内地招募"接线员"进行培训，以使"接线员"成功冒用电信、邮政、公安等部门人员的名义进行诈骗；还拥有一些精通电信技术的人员，负责搭建并维护硬件技术平台；还有专门的接听人员、转账人员、取款人员。而此类犯罪的首要分子往往位于境外遥控指挥，所以电信网络犯罪还体现出明显的跨境性、智能性的特点。

电信网络诈骗案件是非直接接触类犯罪，侦破难度较大，往往需要借助于网侦技术力量来实施侦查。目前，相对比较成熟的侦查方法主要有以下几种：

一、通信号码查控法

电信网络诈骗案件通常需要通过电话转接、虚拟号码以及网络电话为主要手段，依托电话的多重转接或藏匿来源，进行身份虚拟，最终实现诈骗。因此，通过电话来源追踪开展案件侦查是常见的侦查途径。目前，电话类诈骗案件所使用通信方式主要为400电话、一号通和网络电话，下面将着重对这三类电话的特点及侦查进行介绍。

（一）400电话的侦查途径

首先，查明涉案400号码的归属地和代理商，通过代理商对涉案400号码的销售、使用、充值情况进行调查，获取相关线索。我们可以通过以下途径进行查询：

1. 400号码都会有一个后台捆绑号码，通过对应的基础通信运营商的网络管理部，就可以查询到涉案400号码的捆绑号码，并查明对应归属地。然后通过归属地运营商查明代理商及销售情况。

2. 通过网上搜索，寻找涉案400号码代理商销售网页，查明涉案400号码是否为该代理商所有并查明销售情况。

3. 在获取涉案400号码的销售、使用、充值情况后，我们可以发现诈骗分子真实的作案手机和作案地；购买号码时所留的联系方式、支付手段；修改密码和设置号码时的登入IP；充值时所使用的虚拟身份和电话。

4. 结合案件其他线索来发现或确认犯罪嫌疑人。

（二）一号通电话侦查途径

一号通电话的申请和操作模式与400电话基本类似，对与一号通电话的申请和侦查途径参见"400电话的侦查途径"。需要强调的是，由于电信诈骗犯罪产业化的原因，申请、设置转移电话以及充值的人员可能是提供通信服务的人员，并非直接的犯罪嫌疑人，所以在利用一号通电话中开户人信息、同时开通号码和一号通密码信息进行串并案过程中，要注意甄别。

（三）网络电话侦查途径

网络电话，又称VOIP电话，简单地说就是通过互联网与手机、座机进行通话，技术上主要依靠语音网关、软交换软件和落地网关将语音的模拟信号和数字信号进行相互转化，实现从互联网到传统电话网的传递。目前利用VOIP电话进行诈骗犯罪的情况越来越多。对于网络电话侦查主要可通过以下步骤开展侦查：

1. 通过受害人电话在信令网内进行信令追踪，查询信令的来源，发现落地服务器。通过收集受害人被骗时使用的电话号码，并根据明确的通话时间，在受害人相对应的电话运营商的七号信令系统内进行反查。寻找是哪个局端发送信令消息给用户电话的，然后再寻找是哪个局端发到这个局端的。通过对局端的信令点编码的分析，可以知道这个设备是属于哪一级运营公司的。

2. 通过运营商落地服务器发现代理商的对接服务器，并且通过互联网追踪诈骗分子与代理商对接的服务器。找到诈骗分子使用的服务器后，根据条件获取诈骗分子服务器内的通话数据、使用何种软交换软件等线索。其中服务器通话数据可以直接显示窝点 IP、冒用的电话号码、受害人电话、通话次数和为诈骗提供线路的代理商服务器 IP。

3. 通过诈骗分子所租赁的服务器及其所安装的软交换软件的供应商进行工作，获取服务器中的犯罪证据。同时还可以对诈骗分子租赁服务器、购买网关设备和软交换软件时所使用的虚拟身份、联系方式、支付手段进行顺线侦查。另外，可以通过国际警务协作，获取诈骗分子的虚拟身份、联系方式、支付手段，甚至是服务器数据。

4. 通过代理商提供的诈骗分子支付话费的银行账户，可以发现这些账户应为资金管理团伙所使用的较为安全的资金账户，是在诈骗资金物理隔断后，进行初步利益分配和费用支付的账户。由此，根据账户资金的进出情况，发现取款团伙、开卡买卡人员、网络平台人员、电话窝点成员的资金账号，顺线侦查，发现嫌疑对象。

二、银行账号及资金流分析法

按电信网络诈骗犯罪赃款流转特点及作用大致可将涉案资金流转分为两个阶段：转账取款阶段和转账洗钱阶段。转账取款阶段，是涉案资金从犯罪分子提供的所谓"安全账户"化整为零到取款账户，取现后再转存到下一级账户（转账洗钱账户）的过程。涉案赃款经取款人取现转存后，就进入了转账洗钱阶段，资金主要是直接流向地下钱庄、支付电话诈骗团伙成员的工资、支付平台费用等。根据上述的资金流转特点及涉案账户特征，可沿着"安全账户"—取款卡—取现—转存—转账洗钱账户—下级各犯罪成员账户这条资金流转主线，寻求突破途径。

（一）根据资金从"安全账户"流向取款卡环节发现线索

1. 通过串并案侦查，最大限度地掌握涉案的"安全账户"和取款卡，获取更多的涉案信息。一是可通过案犯冒充的公安机关、欠费电话的号码及登记地址、欠费金额、案犯提供的所谓"安全账户"等涉案信息出发串并案件，实现由"案"到"账"的涉案卡信息拓展；二是从涉案账户的关联查询出发拓展涉案卡，可从个案的赃款去向入手查询，发现一批取款卡，再倒查取款卡，发现有哪些"安全账户"也曾往里打过赃款，从而通过倒查又发现一批"安全账户"，依此类推；三是从个案赃款在化整为零过程中的分级转账，包括案犯在案前尝试性的转账发现"安全账户"。

2. 全面挖清账户信息。对查明的涉案卡，要通过银行查询全面挖清账户信息。不仅要查清基本的开户信息及流水明细信息，还要全面查清电话银行、电话信使、电话查询、网转 IP 地址等隐藏信息，从中发现侦查线索。

3. 注意发现转账洗钱账户。根据"安全账户在不规范的情形下会出现和转账洗钱账户的关联"这一特征，结合转账洗钱卡的账户特征，注意从中发现转账洗钱账户。

（二）根据资金从取现到转存环节中发现线索

1. 确定取款的时间及点位分布。通过涉案赃款的资金流向，确定取款卡及取款的时间、ATM 机网点，并要对取款点位分布及相应时间进行标注，为下一步查找视频和分析转存范围做好准备。

2. 调取取款视频监控。一旦确定取款的卡号、时间、网点后，就要跟进调取 ATM 取款机的视频监控，ATM 机视频为正面拍摄，辨认比对条件较好，而且视频保存时间一般在 3 个月左右。应注意获取案犯图像资料以及发现接打电话的情形。

3. 确定转存的时间、范围。根据案犯就近转存和当日转存的特征，结合取款时间及取款点位的分布情况，我们可以分析确定其转存的时间及范围。在确定的时间和转存范围内，查看各银行网点的视频监控，比对取款人视频图像，发现转存的行为。也可根据确定的时间和转存范围，结合取款金额，查询研判各 ATM 存款机的流水明细，发现可疑的存款记录，再结合存款视频和存入账户的特征，发现转存行为。还可通过确定的时间和转存范围，结合取款金额，翻阅查询各银行网点的存款凭证，发现可疑的存款记录，再结合存款视频和存入账户的特征，发现转存行为。

（三）根据资金从转账洗钱账户流向犯罪成员账户环节发现线索

1. 发现转账洗钱账户。一般可从从转账取款资金流、转存环节、转账洗钱资金流、取款人实名开户查询等途径发现。根据资金账户特征，从上述四个途径里，结合转账洗钱账户的本质特征，实现转账洗钱账户的发现和拓展。

2. 研判各类犯罪成员。一是对取款人进行研判，调取转账洗钱账户的柜台存款凭证，根据签名确定取款人；二是对地下钱庄进行研判，可从大额整笔转入、大额整笔取现或网银转出、网转地址及取款地（网点）相对稳定等方面进行分析；三是电话诈骗成员进行研判，可从小额有零头转入、一两天结算一次、生活卡等方面进行分析；四是对网络电话平台进行研判，从小额整数转入、生活卡等方面进行分析。最后对上述分析结果进行汇总，确定各类诈骗犯罪成员。

三、关联信息分析法

关联信息分析法主要是网上获取线索、证据与网下落地查控结合，以发现电信网络诈骗犯罪的嫌疑对象。应充分依托公安内部各地的刑事案件管理系统、社会通信网络及互联网，采取网上串并，将各类案件信息进行整合关联分析，确定发案地，寻找追踪涉案人员。注意获取相关的通信信息、银行账户及资金流转信息以及在互联网的各网站服务器中要及时调取交易记录、聊天记录，获取订单情况、交易数据。获取犯罪嫌疑人使用的虚拟身份，如淘宝网账号、QQ 号、电子邮件、游戏账号、论坛账号以及网站地址。根据获取的虚拟身份进行跟踪监控，确定真实的 IP 地址，再确定现实中的实际地址，也就是实现落地查控。并进一步从虚拟身份查出真实身份，发现相关联的通信号码、银行卡等相应信息，以发现嫌疑对象和侦查线索。

由于电信诈骗案件大多系境内外勾结实施犯罪，而犯罪首要分子和骨干成员大多位于境外，因此，打击电信诈骗犯罪应加强国际合作。在犯罪相对突出的地区和国家警方间建立打击电信诈骗犯罪联络员制度，建立跨国协作网络平台，互通犯罪情报信息、共享数据资源，并在政策、法律上研究落实追赃返赃。

【小结】

诈骗案件特别是电信诈骗案件有日趋严重的趋势，其诈骗手段种类繁多，形式多样，一些非直接接触式的诈骗犯罪给侦查带来了很大的困难。诈骗案件犯罪嫌疑人与受害者之间大多有一定的接触和联系，会留下一些可供侦查的信息和物品，大多数诈骗案件都是团伙作案，成员之间有明确的分工合作，诈骗方式往往经过精心设计，并精心选择目标实施诈骗。街面诈骗案件的侦查应针对街面诈骗犯罪的具体特点，通过信息研判、高危管控和视频侦查等方面来取得突破。电信诈骗案件则应注意其非直接接触式犯罪的特点，通过通信号码查控、银行账号及资金流分析以及关联信息分析与拓展等方法来发现侦查线索。

【思考题】

1. 诈骗案件有哪些特点？
2. 街面诈骗案件的侦查方法有哪些？
3. 电信诈骗案件的侦查方法有哪些？

【推荐阅读】

1. 张志勇. 诈骗罪研究. 中国检察出版社，2008.
2. 魏勇. 侦查电信诈骗案须从革新侦查理念与机制入手——以台湾与广州警方的侦查现状的比较为视角. 法治论坛，2010（4）.

第二十四章　绑架勒索案件的侦查

【教学重点与难点】

教学重点：侦查绑架勒索案件应遵循的原则；侦查绑架勒索案件的基本途径与措施。

教学难点：密控交付赎金现场和利用交付赎金环节推进侦查；安全解救人质。

‖ 第一节　绑架勒索案件概述 ‖

绑架勒索案件是刑法规定的绑架犯罪的一种。绑架勒索案件，俗称绑票案件，是指作案人采用暴力、胁迫或其他方法，秘密地将特定人员控制、藏匿起来作为人质，并以人质安危为筹码，暗中向人质的亲属或其他关系人勒索财物的犯罪案件。

绑架勒索案件有以下特点：

一、从犯罪主体形式看，绝大多数绑架勒索案件系共同犯罪

绑架勒索是一种经历过程相对较长，涉及环节和方面相对较多的犯罪，作案人要踩点、实施绑架、对人质进行控制、与人质亲属取得联系、窥探人质亲属的反应及侦查活动、采取较为稳妥的方式取得赎金，因此单独一人作案通常情况下是非常困难的，多系两人以上共同作案。

二、从犯罪准备情况看，作案人在犯罪前有较长时间的预谋策划过程

在实施犯罪前，拟绑架对象的身份、经济状况、活动涉及场所、活动范围、活动方式、活动路线、通信方法、亲属情况等都是作案人要了解的基本内容，他们还会对拟绑架对象的活动进行一定的跟踪窥探。作案人要对绑架时间、地点、方式进行选择，对作案工具和关押人质的场所予以准备，对勒索的联系方式和取得赎金的方式进行筹划。

三、从犯罪表现形态看，呈现出"现在进行"状态，犯罪行为同侦查行为具有较强的对抗性

侦查部门受理的绑架勒索案件通常有两种情况，一是在人质被绑架之后，作案

人进行勒索之前或勒索的过程中受理案件；二是在人质亲属已交付赎金、人质已获释或被害后受理案件。前一种情况占绝大多数，在此情况下，从犯罪行为过程看，作案人只是完成了"绑架"行为，"勒索"尚在进行之中，案件表现为持续发展的动态过程。一般情况下，作案人希望在不暴露身份的前提下达到勒索目的，获取赎金。为此，作案人会采取各种手段威胁人质亲属，阻挠其报案，并玩弄各种花招窥探侦查活动，实施各种反侦查伎俩，使侦查活动呈现出极大的对抗性，受到极大的制约。

四、从犯罪手段看，诡秘狡诈，智能化程度较高

一起典型的绑架勒索案件涉及"选择目标—窥探对象—准备工具—实施绑架—关押人质—索要钱财—确定交付赎金方式—现场交接（有的案件则无须现场交接）—释放人质"诸多环节。作案人在各个环节上都精心策划，周密准备，慎重实施，以规避侦查并对侦查活动施以干扰。一是作案前周密预谋策划，以规避侦查。二是在绑架环节上行动诡秘、快速，力图不留破绽。三是关押人质场所及活动极其隐蔽，有的作案人频繁更换关押地点，甚至使被关押的人质处于一种流动状态。四是采取自认为不会暴露身份的方式方法同人质亲属等关系人联系。五是勒令交付赎金的方式方法不断花样翻新，日益狡诈。拿取赎金环节是作案人最工于心计的犯罪环节，他们往往指定特殊的交付赎金处所，采取特殊的方法拿取赎金，同时采取多种反侦查花招，刺探情况，自我保护。利用金融业便捷的服务项目及其管理上的某些薄弱环节勒令交付赎金，更是作案人经常采用的伎俩。六是跨区域作案，增加警方侦控难度。

五、从案情的发展看，作案人必然会与人质亲属或其他关系人联系，并提出交付赎金的数额与方式

作案人在实施绑架行为后必然会尽快地同人质的亲属或其他关系人联系，而且这种联系通常不是一次能够完成的，作案人在联系中始终处于主动地位。即使在作案人已经"撕票"的情况下，他们也不会轻易放弃勒索的尝试。

作案人会向人质亲属提出赎金的数额、交付赎金的期限、交付赎金的方式；双方联系过程中还会议及释放人质的条件、时间、地点与方式。尽管，作案人出于反侦查的动机会一再变换交付赎金的时间、地点与方式，但其最终会通过各种办法拿取赎金。

六、在犯罪过程中，作案人会利用一定的交通工具和通信工具，拥有一个或几个扣押人质的处所

交通工具，包括自备的交通工具和公共交通工具，用于实施绑架和拿取赎金；通信工具则用于同伙之间的联络、向人质亲属勒索赎金；对人质的关押则需要一处

或多处比较隐蔽的处所；一些作案人在绑架与拿取赎金的过程中还会使用一定的暴力工具。这一切，一方面便利了犯罪的实施，另一方面客观上也为侦查活动的开展提供了依据。

‖ 第二节 侦查绑架勒索案件应遵循的原则 ‖

绑架勒索案件的侦查具有以下特殊性：第一，侦查过程的对抗性。第二，侦查目标的双重性：揭露、证实、缉捕犯罪嫌疑人和安全解救人质。第三，侦查条件的依赖性。即侦查活动很大程度上依赖于人质亲属的配合。第四，侦查失误所造成的后果的严重性。即案件侦破失误可能导致人质被害的惨重后果。

鉴于该类案件侦破的上述特点，侦查活动必须遵循以下原则：

一、人质安全第一的原则

1. 一切侦查措施与手段的取舍均应以不危及人质安全为标准。

2. 侦查活动方式应服从人质安全的需要。

3. 及时指导人质亲属表达接受谈判的意愿。

4. 指导人质亲属在谈判中设法确认人质状态并声明人质安全是交付赎金的不可退让的前提条件。

5. 认同人质亲属准备赎金的活动，以备不时之需。

二、秘密侦查的原则

秘密侦查原则是人质安全第一原则的派生原则。多数作案人在勒索赎金的同时，总会威胁人质亲属"一旦报案就撕票"，为了确保人质安全，不暴露人质亲属已经报案的事实，侦查活动必须秘密进行。同时，秘密侦查也是麻痹作案人，争取侦查主动权的需要。

（一）秘密接触人质亲属及其他关系人

侦查人员同人质亲属等关系人的接触、包括必要的入户接触必须秘密进行，注意方式方法；人质亲属已经报案及警察已经介入的事实应尽可能控制知情面；同时，采取秘密侦查手段时亦应注意对人质亲属保密。

（二）调查活动应秘密进行

对各类见证人、知情人的调查走访均应秘密进行；调查中应尽可能直接与被调查人单独联系，调查活动应在适宜的地点进行；侦查人员若需同被调查人所在单位接触时，应与该单位主要党政领导接触，尽量控制知情面；对可能关押人质的旅店、洞穴、出租屋等场所的调查、清查应假借策略的名义或身份进行。

（三）监视、控制活动应秘密进行

对作案人指定的交付赎金的地点及其他接头地点的控制、对携带赎金的人质亲属的保护、对作案人使用的 IC 卡电话或其他公用电话的控制、对作案人可能提取现金的金融机构和 ATM 自动取款机的监视、控制均应秘密进行。在人质未获救之前，外线跟踪应坚持"宁丢不露"的原则。

（四）缉捕活动应秘密进行

对犯罪嫌疑人的缉捕应尽可能秘密进行，尤其是在人质尚未被解救、犯罪嫌疑人尚有同伙未被抓获、或者对参与犯罪活动人员的人数尚不完全掌握的情况下，对已发现的犯罪嫌疑人的缉捕必须秘密进行，以免打草惊蛇，甚至危及人质安全。

（五）对人质的解救应隐蔽行动，出其不意

查明关押人质的地点后，即应及时采取解救行动，该行动与缉捕行动有时同步实施，有时又分别进行。

解救行动应以查明关押人质地点的环境情况及看守状态为前提，策略上应以隐蔽为本，战术上应以神速为本，出其不意，攻其不备，力求在不与作案人发生对峙的条件下将人质安全救出。

1. 接近关押人质的地点应隐蔽行动。

2. 尽量利用关押人质的场所无人看守或看守薄弱的时机采取行动，或者先创造条件调开看守力量或削弱看守力量，再采取行动。

3. 在看守比较严密的条件下也可化装接近，相机解救。

4. 秘密缉捕犯罪嫌疑人之后，及时进行突审，利用犯罪嫌疑人或其提供的情况，设计解救。

5. 隐蔽接近，利用时间差实施强攻。

三、争取人质亲属真诚合作的原则

人质亲属是侦查所需信息的重要来源，是敌我双方无形的对抗中我方施计用谋的重要中介和支点。侦查过程中必须争取人质亲属的真诚合作。

（一）消除隔膜，避免误解，达成共识

在人质亲属的心中，人质安然获释、赎金不受损失、作案人得到惩罚三者的权重前一项依次大于后一项。针对这种情况，侦查人员应向人质亲属讲明：警方在侦破此类案件过程中奉行"人质安全第一"的原则。以消除隔膜，避免误解，使双方达成共识，形成合力，密切配合，协调行动。

（二）确保警方与人质亲属联系的持续性，防止贻误战机（略）

（三）特定情况下随时准备向人质亲属作出暂时的让步和妥协（略）

（四）劝阻人质亲属避开警方单方面私下与作案人交易，并注意暗中掌握和控制既成事实的私下交易活动

一方面，侦查人员应向人质亲属说明，避开警方单方面私下与作案人交易并不是确保人质安全的最佳选择；另一方面，一旦人质亲属决意避开警方单方面私下与作案人交易，则应暗中予以掌握和控制，适时采取相应的解救、处置措施。

四、倚重谈判、注重谈判指导的原则

绑架勒索案件中的人质谈判是一种特殊类型的人质谈判，通常情况下警方并不公开自己的侦查活动，谈判只是在人质亲属与作案人之间展开，它实质上是一种以人质亲属为中介的、在警方和作案人之间展开的间接人质谈判。警方在谈判中居于幕后，起主导和指导作用。这种间接人质谈判在稳定作案人情绪、保障人质安全和刺探侦查线索、设计缉捕作案人方面具有不可替代的独特功能。

侦查人员在受理案件后即应着手谈判指导工作。首先，应缓解人质亲属的紧张心理和急于求成的主观愿望；其次，应针对作案人可能提出的要求和侦查活动的需要，预先设计出各种谈判备选方案；最后，应向人质亲属交待在谈判中应把握的原则和应注意的策略以及应变技巧。

必要时，侦查人员应全天候陪同人质亲属，同步监听电话通信，并以书面形式就一些关键性问题的应对方式进行现场同步指导。

谈判与谈判指导应因案施策，相机行事。通常情况下，谈判应把握一些基本要点，并且要善于利用谈判获取侦查线索与证据材料。

（一）间接谈判的基本要点

1. 人质亲属必须向作案人表达谈判意愿，以缓和气氛，确立双方"合作"的基础。

2. 谈判中应坚持探明人质的生死安危状态，获得人质安全的证据，并向作案人声明人质安全是交付赎金不可退让的条件。

3. 以合理的借口与客观的理由打破作案人指出的交付赎金的最后时限，一般不作出无法兑现的承诺。

4. 当作案人提出数项条件时，应从最容易满足的项目谈起，谈判中应注意运用"以小拖大"的策略。

5. 尽可能拖长对话时间，以从中获取尽可能多的侦查信息与证据资料。

6. 谈判中在善于妥协的同时，要善于坚守底线，把握主动。

例如，在与人质通话问题上，交付赎金的时间、地点、方式问题上，乃至交付赎金数额、前往交付赎金者的人数问题上，都可以用合情合理的理由坚守底线，以利于拖延时间并为侦查赢得战机。

（二）利用谈判获取侦查线索和证据资料

1. 多提问题，诱使作案人多讲话，借以获取有价值的信息。

2. 有意拖延谈话时间，为技侦人员对主叫机定位、甚至现场缉捕犯罪嫌疑人创造条件。

3. 录取并充分利用作案人的语音资料。

作案人语音资料在侦查中的功能是多方面的：

（1）通过有控制的语音资料辨听，有助于发现犯罪嫌疑人。

（2）通过对语音资料的研究，有助于分析判断作案人的方言特点、文化程度、职业身份及其对有关情况的知情程度，为侦查提供依据。

（3）通过对语音资料背景声音的分析有助于分析作案人发话时所处的环境、乃至具体位置。

（4）通过对语音资料中附加的特定信息的分析利用，有助于查找犯罪嫌疑人。

（5）为破案后认定、证实犯罪嫌疑人奠定基础。

‖ 第三节　侦查绑架勒索案件的基本途径与措施 ‖

一、询问人质亲属及有关知情人，调查、发现可疑对象

（一）询问人质亲属，从与人质家庭有各种交往关系的知情人中确定或顺线寻找可疑对象

发案之后，侦查人员应启发人质亲属对各种交往关系进行梳理、排队，从中捕捉可疑线索、确定嫌疑对象。特别是其中有吸毒劣迹者、赌博负债者、在股票交易中赔本者、经营破产者、债务缠身者、有侵财犯罪前科劣迹者、与人质及其亲属有经济纠纷等矛盾纷争者应重点予以关注。

有时，作案人是通过人质的亲戚、朋友、邻居、同事等交往关系了解到作案必需的信息。侦查中，一旦排除了人质亲属直接关系人作案的可能，就应该通过排查这些关系人的交往情况，顺线调查犯罪嫌疑人。

（二）调查走访现场群众，从作案人踩点和实施绑架过程中暴露出的蛛丝马迹捕捉线索

作案前，作案人通常会在人质住处及其他固定活动场所进行窥探、踩点。绑架行为通常也发生在人质的固定活动处所或固定活动处所之间的路途上。

上述踩点、绑架活动在特定时间、空间范围内总会有不同程度的暴露。侦查人员应及时对已知的目击人或相关场所可能的目击人进行询问；对离开的目击人应采取追踪调查、滚动调查、对应时段的拦截访问等方式予以寻找、询问；对作案人与人质的活动路线或可能的活动路线应进行沿线访问。

访问中应重点了解作案人或可疑对象的人数、体貌特征、语言特点、讲话内容、使用通信工具的情况、凭借的交通工具及其种类、颜色、新旧、牌号等情况。

有条件的，还应注意提取现场足迹、轮胎印痕等痕迹物证。

在此基础上，应依据作案人的体貌特征条件、交通工具条件排查犯罪嫌疑人。

（三）对人质亲属住宅附近群众进行秘密访问和布置，以调查发现形迹可疑人员（略）

（四）询问作案人在作案过程中使用过的公用电话机主，了解作案人的有关情况

一旦作案人使用有人值守、收费的公用电话勒索赎金，侦查人员应迅速询问公

用电话机主,了解打电话人的个人特征、通话内容。并应进一步了解打电话者是否有其他同行的人,其特征如何,相互之间有何对话;是否打过别的电话及通话的具体内容;从何方乘何种交通工具而来,向何方乘何种交通工具而去,交通工具的具体特征如何。

(五)询问作案人涉足的金融机构的服务人员,调查收集侦查线索

如果作案人采取指令人质亲属将赎金汇入特定账户的方式勒索赎金,侦查人员应及时到作案人开户的金融机构,向服务人员了解开户人的体貌特征等情况,并注意调看金融机构的监控录像,从中确认作案人,为侦查活动提供形象依据。同时,应注意收集作案人留下的笔迹等证据资料。

如果作案人已将赎金取出,亦应注意调查收集其在取钱过程中所暴露的情况。

二、调查物证,以物找人

绑架勒索案件的踩点现场、绑架现场、投放书信现场、作案人拨打公用电话现场、交付赎金现场、释放人质现场等类现场都有一定的勘查价值。侦查人员应重视对各类现场的寻找、确定、保护、勘查,以充分利用现场痕迹物证开展侦查。

如果作案人采取投放书信的方式与人质家属联系,那么,可以通过对笔迹的分析,对书写材料的分析、检验与调查,对书面语言所反映出的书写人情况的分析,结合对作案人知情条件和作案时空条件的分析,缩小侦查范围,以至直接查找犯罪嫌疑人。

如果作案人投放的书信系剪切书报文字粘贴而成,那么,除了要对文字所粘贴的纸张来源进行调查外,还应对文字原出处材料及其来源进行调查,以顺线查找犯罪嫌疑人。

三、采取技术侦查、视频侦查、网监侦查等侦查措施,锁定作案人身份、踪迹和人质关押地点

(一)电信数据侦查

电信数据侦查的前提是查清作案人的活动时空点和时空轨迹。绑架勒索案件作案人活动点多线长,时空跨度大,联系人员多,为电信数据侦查提供了有利条件。一是调取人质手机话单,以确定其最后行为轨迹,同时分析其交往人员,尤其是最近交往人员中是否有涉案嫌疑人。二是借助相关电子围栏查询与案件相关的时空点、时空轨迹相契合的电信数据,锁定嫌疑手机号。三是依据作案人活动的时空轨迹,对相应基站的电信数据采取模糊查询的方式,锁定嫌疑手机号。四是以人质手机运行轨迹为已知条件,查询伴随运行的手机数据,锁定嫌疑手机号。五是通过对勒索手机定位和话单分析,捕捉有关犯罪嫌疑人身份、踪迹和人质关押地点的线索。六是对勒索手机购卡环节调查,特别是对一同卖出的手机卡的调查,可以由此及彼,查明作案人联系用手机号,为查明作案人身份、踪迹、通话内容、人质关押

地点提供依据。七是确定勒索用 IC 卡电话、公用电话的位置，为调查访问和抓获现行提供依据。八是对人质亲属接听的勒索电话进行全天候的监听，对通话予以录音，并对录音资料进行系统的分析研究，从中捕捉侦查线索。

（二）视频侦查

作案人实施踩点、跟踪窥探绑架对象、银行开户、购买手机与手机卡、实施绑架、关押人质、索要钱财、拿取赎金、释放人质或撕票等一系列活动，都会与一定的时空点或时空轨迹相联系，侦查人员在掌握其中一个或数个时空点的情况下，可调取并研究分析相应时空范围的视频监控资料，从中发现可疑人员和车辆。通过拓展、延伸，寻踪追击，可以发现更多的涉案时空点，乃至确认人质关押地点、作案人的身份、踪迹。

开展视频侦查，侦查人员应充分研究和运行人员、车辆、手机、视频四者轨迹之间的内在联系，或以侦查人员了解到的两个以上涉案时空点或时空轨迹为已知条件，调取相应的视频资料，确定重复出现在相应时空的人员或车辆，锁定嫌疑人员和车辆；或以锁定的涉案手机卡运行的两个以上时空点或时空轨迹为已知条件，调取相应的视频资料，确定重复出现在相应时空的人员或车辆，锁定嫌疑人员和车辆。

采取视频侦查措施，还应注意寻找视频资料与其他数字信息的关联点，开展多种形式的数字化侦查，确认犯罪嫌疑人的身份、踪迹。

（三）网监侦查

一是要及时调查了解人质的网上及移动社交工具，如 QQ、微博、微信、MSN等，以及被害人所使用的网上支付、移动支付工具，并要及时予以监控，以从中发现线索。二是对人质近期线上及线下（互联网、移动端等）新的社交客户端人员及网上交流内容进行调查，以判明其中是否有作案人。三是对已掌握的涉案信用卡应及时查询，及时布控。四是对已掌握的可疑手机的智能移动端进行监控分析，及时掌握其移动社交工具、号码及关联人，对发现的可疑人员进行信息监控和调取。五是如果作案人系通过互联网与人质亲属联系，应对网上联系情况进行实时监控，通过调查作案人现实上网活动地点、调取既往上网活动情况（内容、地点、身份、交往情况）、控制发现新的上网动态，为查明作案人身份、踪迹提供依据。

（四）数字化侦查方法的综合运用

在侦查绑架勒索案件的过程中，应该将如上所述的电信数据侦查、视频侦查、网监侦查以及其他各种数字化侦查方法加以整合，关联运用、组合运用，以提高侦查效能。侦查中应该紧紧围绕"人、车、电、网、像、物（即人员信息、交通工具信息、通信信息、网络信息、影像信息、物联网信息）"六大类数字信息进行交叉比对，以查明作案人身份，锁定作案人踪迹。

例如，对作案人作案过程中使用的交通工具的信息查询，应该全面考虑以下信息：涉案时空范围内可能进入、经过涉案现场的车辆的卡口信息、视频信息、GPS

信息，高速公路缴费信息以及汽车租赁信息等。

四、把握交付赎金环节，密控交付赎金现场

在交付赎金的环节上，警方应双管齐下，对交付赎金现场的预先密控和对携带赎金的人质亲属的尾随跟踪并举。

（一）警方应尽可能争取在确定交付赎金地点、时间上的主动权

侦查人员应指导人质亲属以赎金安全为由，尽可能将交付赎金的地点确定在有公众活动的公共场所，时间上力争避开深夜，以便于警方对现场布控。

（二）警方应尽力创造条件，设计化装随同人质亲属或独自以人质亲属的身份前往交付赎金（略）

（三）尾随跟踪携带赎金者的侦查人员在跟踪途中不能轻举妄动，以防被暗中窥探的作案人察觉

跟踪警察应事先与携带赎金的人员拟定稳妥的应变联络方式与暗语暗号。必要时可采取技侦手段，动态监听作案人对携带赎金人员的电话指令或突然接触。

（四）对作案人临时改变交付赎金地点应有充分准备，并设计好应变方案，安排足够的便衣应变机动力量（略）

（五）对作案人拿取赎金及逃离的特殊方式与花招要多方设想，对现场必须严密布控

侦查人员必须认真对待作案人指定的每一个交付赎金地点，预测如果作案人真的在该地点拿取赎金，其可能有几人来、凭借什么样的交通工具来、以何种方式拿取赎金、从何方沿何路径而来、由何方沿何路径而去。在此基础上有的放矢，周密制定相应的处置预案。

（六）对作案人在交付赎金地点采取的反侦查伎俩甚至武力反扑措施应有充分的预料

鉴于作案人可能会对现场情况进行窥探、观察，或雇人前往拿取赎金，甚至会在现场外围布置枪手，因此现场控制绝不能掉以轻心，对拿取赎金的接头人也应区别情况相机处置。

1. 对约定的交付赎金现场应预先密控。

2. 注意观察发现并秘密录像固定现场疑人疑事。

3. 慎重处置拿取赎金者。

一旦有人如约前来拿取赎金，密控人员应对取钱人的角色有所分析，如果取钱人系受雇前来、不明真相，那么，对其草率行事就会打草惊蛇。所以在对取钱人的角色难以明辨的情况下，应先秘密跟踪，待判明情况后再伺机采取行动。

密控人员及秘密跟踪人员在对取钱人实施缉捕之前，应对现场环境情况进行研究，以防"螳螂捕蝉，黄雀在后"。

五、通过研究已获自由的人质提供的情况查找犯罪嫌疑人

有时警方是在人质获释后才受理案件；有时警方虽然在人质被绑架后即受理了案件，但迫于客观条件限制不得不通过交付赎金的办法求得人质的自由。此时破案只能在人质获释之后。侦查中，警方应对人质被绑架期间的经历进行详尽的了解，从中捕捉有价值的侦查线索，寻找犯罪嫌疑人。对人质应重点询问以下内容：

1. 被绑架期间接触的所有人员的具体情况及其谈话内容。

2. 被绑架期间到过的所有地方、场所及其特征。侦查人员应启发人质仔细回忆并具体描述这些地方、场所的特征、它们之间的位置关系、距离及其同被绑架地点之间的位置关系、距离。侦查人员可以引导人质以已知地点或已知参照物为起点，寻找曾被关押的地点及其他与作案人有关的地点。

3. 被绑架期间乘坐的所有车辆的起始地点、车辆的种类、特征、牌号。

4. 被绑架期间作案人与同伙、人质亲属及外界联系的方式方法、具体细节及借助的通信工具情况。

5. 绑架及释放的过程及具体细节。

6. 人质对案情及作案人的分析判断。

最后，需要说明的是，绑架勒索案件的取证措施，包括现场勘查、调取视听资料、人身检查、辨认、搜查、扣押、技术鉴定（包括对涉案物品、文件、电子数据、痕迹、人身、声纹等项目的技术鉴定）、查询、冻结、讯问等，与其他类型案件的取证措施大同小异，犯罪嫌疑人一旦被查获，取证和证明就相对容易，在此不再赘述。

【小结】

本章从阐述绑架勒索案件六个方面的主要特点入手，在此基础上阐明了侦查活动中所必须遵循的四大原则，这些原则中包含着对相应侦查方法的阐述。最后阐述了侦查绑架勒索案件的五大基本途径与措施。在本章学习中，学生应深刻领会案件特点、侦查原则、侦查途径与措施三者之间的内在逻辑关系，从联系的观点、整体的观点学习、理解和掌握本章知识。绑架勒索案件的侦查具有极强的可操作性，因此学生对一些原则性要求必须严格遵行；同时绑架勒索案件是一种进行状态的犯罪，对抗性极强，又需要随机应变，因此学生对本章知识需要融会贯通，做到既知其然又知其所以然，能够灵活运用。此外，学生还需要动态关注绑架勒索犯罪及侦查方法的最新发展，与时俱进地摄取新的知识。

【思考题】

1. 绑架勒索案件的主要特点有哪些？其对侦查的意义何在？

2. 侦查绑架勒索案件需要遵循哪些原则？为什么？

3. 侦查绑架勒索案件的主要侦查途径和措施有哪些?

4. 如何密控交付赎金现场和利用交付赎金环节推进侦查?

【推荐阅读】

1. 郝宏奎. 绑架犯罪案件侦查与处置要略. 群众出版社, 2004.

2. 李松岩. 近十年绑架案件侦查研究综述. 辽宁警专学报, 2012 (5).

第二十五章 有组织犯罪案件的侦查

【教学重点与难点】

教学重点：有组织犯罪的特点；有组织犯罪案件的侦查方法。

教学难点：有组织犯罪案件的侦查策略。

‖ 第一节 有组织犯罪概述 ‖

一、有组织犯罪的概念

有组织犯罪的概念，是在 20 世纪 80 年代后期才出现的，1991 年联合国举行"反对有组织犯罪国际研讨会"后才被广泛采用。[①] 目前，学术界对有组织犯罪案件还没有一致的界定。国际上，一般认为有组织犯罪主要有广义与狭义之分。广义的有组织犯罪，包括黑社会犯罪和集团犯罪，狭义的有组织犯罪则仅指黑社会犯罪。在国际社会中，包括联合国预防与控制犯罪机构的官方文件都认为有组织犯罪即指黑社会犯罪，二者的含义基本上是一致的。国际上通常将黑社会（性质）犯罪泛称为有组织犯罪，将黑社会（性质）组织泛称为有组织犯罪集团。有组织犯罪与有组织犯罪集团虽然密切相关，却是两个不同的概念，前者是指行为，后者是指组织。

我国的《刑法》并未采用国际上通用的"有组织犯罪集团"或"黑社会组织"，而是规定为"黑社会性质组织"。我国《刑法》规定的"黑社会性质组织"是犯罪集团与黑社会组织之间的一个过渡形态。目前我国刑法学界比较权威的观点则认为：黑社会组织（有组织犯罪集团）是指由三人或多人所组成的，在一定时期内存在的，为了实施一项或多项犯罪并（或）介入合法经济或政治以获得金钱、物质利益或权力而一致行动的，有一定经济实力和势力范围的，有组织结构的暴力性集团。[②]

本章从侦查、控制和预防犯罪的角度出发，认为：有组织犯罪是指以犯罪为目

① 公安部教材编审委员会. 刑事侦查学. 群众出版社，1999：807.

② 何秉松. 中国有组织犯罪研究. 群众出版社，2009：246.

的，非法组织、领导、参加，秘密结成较稳定的犯罪集团或黑社会组织，连续进行犯罪活动的行为。

二、有组织犯罪的类型

（一）家族型犯罪组织

这是指以一个家庭或一个家族的成员为基础形成的黑社会性质犯罪组织，即以血缘关系为核心形成的犯罪组织。在我国，家族型的犯罪组织是有组织犯罪的一种基本类型。

（二）地域型犯罪组织

这是以一个地方由同学、朋友、同乡等关系的人为主组织起来的犯罪组织，即以地缘关系形成的犯罪组织。地域型的犯罪组织往往以累犯或惯犯为头目，以本地的一伙犯罪分子和游手好闲之徒为骨干而形成的，是典型的地方流氓恶势力。

（三）封建帮会型犯罪组织

这是以封建帮会的形式组织起来的犯罪组织，是地方流氓恶势力的一种类型。这类形式的犯罪组织带有浓厚的帮会色彩，一般都沿用帮会的名称和头衔。

（四）狱友型犯罪组织

这是由同一个监狱服刑期满被释放后的人相互勾结而形成的一类有组织犯罪集团。在这类犯罪组织的头目和骨干中，多数是惯犯和累犯，或是有前科记录的人。这种类型的犯罪组织犯罪经验丰富，手段凶残，犯罪能量大，逃避打击的能力强，并且多拥有武器，一般进行严重的刑事犯罪活动，因此，这类犯罪组织社会危害最大。

（五）犯罪联合体型犯罪组织

这是由各种犯罪团伙和集团联合组成的一类犯罪组织形式。一般地说，犯罪联合体主要有松散型和稳定型两种类型。

松散型的犯罪联合体，是指由互不隶属的两个或两个以上的犯罪组织为了共同的犯罪目的在同一犯罪过程中分工合作而形成的"一条龙"式的犯罪链。例如，走私、运输、贩卖、制造毒品的犯罪，往往不是一个犯罪组织就能够完成的。在许多场合，是由两个或两个以上的犯罪组织相继完成的，有些毒品犯罪是跨国性的，是相互勾结起来的跨国性犯罪组织分工合作的结果；稳定型的犯罪联合体，是指由两个或两个以上的犯罪组织联合组成的犯罪组织。各犯罪组织是犯罪联合体的一个不可分割的组成部分，但还允许保持自己原有组织的相对独立性，而总体上要服从于联合体。这种犯罪联合体组织庞大，人数众多，分工明确，犯罪能量大，社会危害最严重。

（六）恐怖型犯罪组织

近几年来，在全球范围内频频发生的恐怖事件，呈现出恐怖犯罪与有组织的犯罪逐步融合的趋势。20世纪90年代初以来，全球范围内泛滥的国际恐怖主义开始在中国西部边疆地区滋生蔓延，并逐步形成恐怖型犯罪组织。

现阶段，我国恐怖型犯罪组织的组织形态还不成熟，组织成员社会层次较低，基本上处于松散的组织状态；同时，这类组织却以反稳定的经济基础，经常靠实施抢劫、盗窃等犯罪积累活动经费。暴力恐怖犯罪组织的不成熟性及缺乏稳定的经济来源，使其保持在恐怖主义犯罪组织的初级发展阶段。但这类犯罪组织，已经具备了极端宗教恐怖主义及民族分裂恐怖主义的思想基础及行动目标，并且多以爆炸、制造骚乱等极端暴力手段，侵害无直接利害关系的群众或党政机关，造成严重的社会危害和社会恐慌。

三、有组织犯罪的特点

（一）犯罪组织具有成熟的组织结构与管理方式

根据已破获的有组织犯罪案件及政府的相关调查资料显示，我国现有的犯罪组织一改原有团伙犯罪临时拼凑的现象，组织化程度越来越高，不仅基本成员固定，且多具有递进式的层级体系；管理方式也日趋成熟，现有的黑社会性质组织已开始模仿现代企业管理模式。在继承旧有帮会与黑社会组织传统的基础上，模仿国际上成熟的黑社会犯罪方式，使得现阶段中国犯罪组织具有了独特的存在形态。这些有组织犯罪集团在内部管理上，形成了"分职务、分层级"呈金字塔形的组织指挥系统，实行垂直领导，并通过一系列"管理规章、福利制度和奖惩措施"来约束组织成员。

（二）犯罪组织经济实力较强且所涉犯罪领域较广

有组织犯罪势力无孔不入，快速渗透到建筑采矿、物流客运、餐饮娱乐等主导行业以及肉类海鲜、生猪蔬菜、烟酒批发等与市民生活密切相关的行业。这些犯罪组织通过暴力威胁的方式，将垄断经营、强迫交易的触角扩展到社会生产生活的各个方面并逐步积累起较强的经济实力。现阶段的黑社会性质犯罪组织已经实现了公司化、企业化，将犯罪活动与公司经营交织在一起。为谋取更大的经济利益，逐步壮大其经济基础，还大肆偷税漏税，严重扰乱社会经济秩序。

（三）犯罪手段由硬暴力逐渐向软暴力转化

有组织犯罪发展初期，往往通过寻衅滋事、敲诈恐吓或滥杀无辜的方式，完成犯罪组织的原始积累。一旦树立起组织的"威望"或"名声"，其犯罪手段便由初期的硬暴力逐渐向软暴力转化，表现为只需言辞威胁，辅之不伤皮肉的惩戒措施，便能达到攻心为上，"不战而屈人之兵"的犯罪目的。现阶段，有的黑社会性质组织甚至利用社会中的重要日期、新闻舆论热点等问题，操控群体性事件，向政府施压以获取丰厚的利益回报。

（四）犯罪组织对政权的渗透与腐蚀程度加大

现阶段黑社会性质组织的发展，有一个非常显著的特点，即对官方特别是警方的腐蚀、渗透并与之勾结。这些组织凭借其强大的经济实力，拉拢贿赂党政官员尤其是政法机关的工作人员为其提供保护，逐渐形成官与黑共生的模式；另外，黑社会性质组织通过违法犯罪活动进行资本积累，具备了一定经济实力之后，以非法所得进入合法产业，成为披着合法经营外衣的商业巨头，从而凭借其经济上的特殊地位获取政治地位，直接获取人大代表、政协委员等政治光环，染指国家公权力。

‖ 第二节　有组织犯罪案件的侦查方法 ‖

一、有组织犯罪案件的侦查策略

（一）经营式侦查策略

传统犯罪侦查多在犯罪结果发生之后进行，根据有关人员的报案进行调查，收集证据以作起诉之用，在进行调查前，很少作出整体性规划，此即回应型侦查策略，常用于简单的个体犯罪侦查。然而有组织犯罪具有计划性、阶层性、共生性、暴力性、存续性、秘密性等特点，与一般个体犯罪有本质上的不同；而且有组织犯罪多为无被害人的合意型犯罪，通常没有被害人报案，因而需要侦查部门主动调查。经营式侦查策略要求，侦查部门在调查开始便以侦查追诉处罚有组织犯罪为目标，对侦查工作进行整体性规划，确认有犯罪集团从事的各种犯罪，呈现犯罪集团的存在状况，辨识控制犯罪集团的所有成员，以成功瓦解整个有组织犯罪集团。成功实施经营型侦查策略，需要结合多种技术性侦查措施，包括电子监控、金融分析、卧底侦查等。

（二）蚕食式侦查策略

蚕食式侦查策略，是指对黑社会组织，以化整为零的方式对组织成员由下至上进行调查，就个别成员的个别犯罪案件事实逮捕，逐步蚕食式地控制组织成员，削弱犯罪组织的势力，最终达到瓦解犯罪组织的目的。

（三）切入式侦查策略

有组织犯罪侦查需要运用有组织犯罪资料库或其他情报渠道，对犯罪组织的运作及其所从事的犯罪活动进行全面了解，搜集各种情报资料，在此基础上选择最有利的侦查策略。针对犯罪组织在组织结构方面的差异，侦查部门可以采用切入式侦查策略，即对于某些层级体系较为简单的犯罪组织，可以从中层成员入手，再分别向组织的上层和下层发展调查取证。

二、有组织犯罪案件的情报工作

有组织犯罪与传统社会中"孤立的个人反对统治关系的斗争"[①]之传统意义上的犯罪不同，带有自身的某些显著特点，是一种最高形态的犯罪，因此，要做到有

---

① 马克思，恩格斯. 马克思恩格斯全集. 第 3 卷. 人民出版社，1960：379.

的放矢、对症下药，有效地打击、控制涉黑犯罪，必须广辟情报来源，全方位收集有关有组织犯罪的各方面线索。收集的途径有：

（一）通过公开管理收集情报信息

要系统开展对本地涉黑组织及其成员活动情况的调查研究，充分利用公安部门公开管理的优势，牢固占领重点行业、场所等反黑阵地，及时发现和掌握黑恶势力的活动情况。同时，利用户籍管理、治安管理、出入境管理等手段进行公开检查，以及大力发动群众举报线索，从中收集涉黑涉恶的情报信息。

（二）通过场所控制收集情报信息

对有组织犯罪集团经常涉足的行业和场所，通过公开与秘密相结合的方式，掌握有关犯罪情报信息，及时发现这类犯罪活动的窝点和嫌疑人的交往联络活动。

（三）通过隐蔽力量收集情报信息

建立起以特情、耳目等秘密力量为依托，覆盖整个社会面的立体化犯罪情报信息网络，使侦查部门耳聪目明，及时洞察有组织犯罪活动。

（四）通过秘密手段收集情报信息

通过秘密侦查手段收集，这是反黑情报收集的辅助渠道、特殊方法。通过这种方法经常可以获取一些价值含量高的情报，主要方式有监听、秘密拍摄、跟踪、监视住所等。

（五）其他收集情报信息的方式

通过各种公开途径和境外调研的工作，系统搜集国外、境外，尤其是易于对我国进行渗透的港、澳、台地区及周边国家涉黑组织的各种犯罪情报信息。

三、有组织犯罪案件的侦查工作

（一）多策并举，获取涉案线索

1. 发动群众，获取涉案线索。获取黑社会性质组织犯罪案件线索，在很大程度上依赖于群众的检举、揭发和控告。因此，公安机关应以公开逮捕、公开宣判等形式向群众展现政府打击黑社会性质组织犯罪的决心和能力。同时，公安机关可以通过多种形式建立与群众的联系和交流，如设立举报信箱、举报电话，公安部门与宣传部门联合召开新闻通气会，拍摄电视专题片，利用新闻媒体广做宣传；组织娱乐服务场所行业业主、企业事业单位负责人、街道办事处工作人员以及居民进行座谈；在本地电视台、报纸上开辟警方专栏、热线等，畅通群众举报渠道，有条件的还可以在互联网上设立电子举报箱，以便更快捷地接受群众举报。

由于黑社会性质组织犯罪案件中的证人、知情人等常常慑于黑社会性质组织的淫威而有较多的思想顾虑，不敢大胆向公安机关提供有关情况，因此侦查人员要主动深入群众中，采取有针对性的策略和方法，或者广泛走访，或者个别调查，或者正面疏导，或者侧面询问，取得群众的配合和支持，发掘案件线索情况。

2. 梳理重点案件，获取涉案线索。黑社会性质组织为追求巨大的非法经济利益，大多借助组织的力量实施组织卖淫、聚众赌博、贩卖毒品、敲诈勒索等犯罪活动，因此认真梳理此类重点刑事案件以及打架斗殴等治安案件，可以发现黑社会性质组织犯罪的蛛丝马迹。一些利润高、管理不力、经营秩序混乱的行业，往往是黑社会性质组织犯罪滋生和蔓延的温床，如娱乐业、个体运输业、建筑业、餐饮业等。因此，各警种应充分发挥各自的职能，对娱乐业、个体运输业、建筑业、餐饮业等进行定期调查摸底，及时掌握有关动态，收集发生在这些行业、场所的黑社会性质组织犯罪案件线索。各地公安机关对辖区内的上述行业、场所要做到底数清楚、控制严密，对情况复杂、问题突出的单位要重点控制，采取公开与秘密相结合的手段使其始终处于掌控之中，及时发现黑社会性质组织活动的迹象和犯罪线索。

（二）运用谋略，组织开展侦查

发现黑社会性质组织犯罪迹象和线索后，及时运用"内外结合"、"公秘结合"、"拉出来，打进去"、"分化瓦解"等侦查谋略，组织开展侦查工作。必要时可运用侦查技术手段，建立秘密探查力量，掌握黑社会性质组织成员的人身情况、落脚藏身的窝点、主要罪行及其证据，以及"保护伞"的有关情况。

1. 打入侦查。打入侦查包括两种方式：一种是侦查员的打入侦查，是指精心挑选的侦查员，在全面了解敌我双方情况下，打入犯罪集团内部开展的侦查；另一种是秘密力量的打入侦查，是指由公安机关的秘密探查力量打入犯罪集团内部开展的侦查。

在实施打入侦查时，要注意内线侦查和外线侦查密切结合，以便及时印证内线情报，发现和扩大新的线索，为内线侦查提供新的途径，并及时制止现行犯罪活动，获取充分的犯罪证据等。

2. 逆用侦查。有些有组织犯罪案件，在无法打入侦查的情况下，可根据时机采用逆用侦查。开展逆用侦查，可从被拘捕的有组织犯罪组织成员中选择逆用侦查对象，也可以在侦查有组织犯罪案件中，从组织内部选择个别有弱点的合适成员，在取得"把柄"后，将其作为逆用对象。

值得警惕的是，逆用侦查具有很大的风险。因为逆用的对象大多是因为惧怕法律惩罚才为我工作，其思想基础不牢靠，一旦情况变化，工作疏忽，就可能出现逃跑、"反水"、自杀等情况。因此，在侦查有组织犯罪案件中，一方面要加强对逆用侦查的指挥，另一方面也不能盲目地使用这一措施。

3. 分化瓦解。分化瓦解是侦查黑社会性质组织犯罪案件中的一项行之有效的策略。侦查人员可以利用不同犯罪组织之间的矛盾或同一犯罪组织内部成员之间的矛盾，也可以利用秘密探查力量施用计谋制造、激化、扩大犯罪团伙之间或同一犯罪团伙内部成员之间的矛盾，实施分化瓦解，打开缺口；在讯问犯罪嫌疑人时也应注意利用犯罪嫌疑人之间的仇怨关系或其他利害关系矛盾，并充分运用刑法关于检举、自首、立功等的规定对犯罪嫌疑人进行分化瓦解。

（三）实施抓捕，强化追逃工作

抓获全部涉案犯罪嫌疑人，既是核实和充实证据，分清罪责，深挖余罪、扩大战果的前提条件，也是彻底摧毁黑社会性质组织的必要条件。黑社会性质组织犯罪案件由于涉案人员众多，首要分子和骨干成员隐藏较深，且常常有"保护伞"通风报信，便于其闻风而逃。因此，对黑社会性质组织犯罪嫌疑人实施抓捕，既要防止一些犯罪嫌疑人逃跑藏匿，又要防止抓捕时机不成熟导致大抓大放，所以，在对涉案人员实施抓捕之前，应注意准确掌握抓捕对象的活动规律和藏身落脚的情况，制订周密的抓捕方案，将所有涉案人员尽可能一网打尽，以免造成工作的被动或陷入长期的、大范围追逃。实践中，对犯罪嫌疑人实施抓捕，可以使用秘密探查力量全方位贴靠，也可以在调查取证工作取得实质性进展的基础上组织集中搜捕。

（四）深挖"保护伞"，摧毁经济基础

深挖"保护伞"，是扫除侦破工作障碍的关键。在侦办黑社会性质组织犯罪案件中，要将"打黑"和"反腐"密切联系起来，摧毁黑社会性质组织的"保护伞"，因此在侦办此类案件过程中，公安机关应当与纪检、监察、检察等部门互通情报，密切协作。

同时，在侦办黑社会性质组织犯罪案件过程中，必须重视查证犯罪组织的财产，没收、追缴其违法所得，特别是对黑社会性质组织开办的企业、娱乐场所等经济实体，一经查实要及时会同有关部门予以查封，在经济上剥夺其再犯能力。同时，在日常工作中应与工商、税务等职能部门加强经济领域内的管理和执法行动的协调配合，一方面从中获取黑社会性质组织犯罪的线索，另一方面采取各种有效措施加大对黑社会性质组织在经济领域内违法犯罪的查处力度，彻底摧毁其赖以生存的经济基础。

（五）异地讯问，充实犯罪证据

面对有犯罪前科、心理素质好、反侦查能力强的黑社会性质组织犯罪嫌疑人，采取异地关押和异地审讯措施可以使其感到孤立无援，造成一定的心理压力，迫使其丢掉幻想，如实交代罪行。

在讯问黑社会性质组织犯罪嫌疑人时，利用犯罪嫌疑人的心理弱点，解除其顽抗依据，并在适当时候使用证据迫使其就范，是最常用和最有效的讯问策略。为此，讯问人员在讯问犯罪嫌疑人之前，要注意研究犯罪嫌疑人的个性和在押期间的心理状态，了解犯罪嫌疑人的社会交往、生活经历和生活环境情况；掌握犯罪嫌疑人的社会经验、技能特长及其思想倾向；明确犯罪嫌疑人在犯罪组织中的地位和作用；等等。只有这样，才能全面、准确地认识犯罪嫌疑人，并据此制订出有针对性的讯问策略和方案，选择恰当的突破口。

【小结】

有组织犯罪突破了传统意义上的犯罪界定，严重危害社会秩序和政权稳定。因此，在侦破此类犯罪案件上，合理的侦查策略、扎实的情报工作和"特殊"的侦查方式显得尤为重要。在学习本章时，应当重点理解侦查策略的内涵，把握"打入侦查"和"逆用侦查"的实施要点，同时，应当把握有组织犯罪成员的审讯策略和基本方法。

【思考题】

1. 有组织犯罪的类型有哪些？
2. 有组织犯罪的特点有哪些？
3. 有组织犯罪案件的侦查策略有哪些？
4. 收集有组织犯罪案件相关情报的途径有哪些？

【推荐阅读】

1. 何秉松. 有组织犯罪研究——中国大陆黑社会（性质）犯罪研究. 中国法制出版社，2002.
2. 重罡，璞玉. 当代中国"扫黑"纪实. 群众出版社，1997.

主要参考文献

［1］毕惜茜. 审讯原理与技巧. 中国人民公安大学出版社, 2013.

［2］毕惜茜. 侦查讯问理论与实务研究. 中国人民公安大学出版社, 2004.

［3］蔡俊章, 黄富源. 掳人勒赎犯罪解析与侦防策略. 台湾五南图书出版股份有限公司, 2008.

［4］陈刚. 信息化侦查教程. 中国人民公安大学出版社, 2012.

［5］陈瑞华. 刑事证据法学. 北京大学出版社, 2012.

［6］陈世贤, 利焕祥. 命案现场工作手册. 群众出版社, 2009.

［7］陈永生. 刑事侦查程序原理论. 中国人民公安大学出版社, 2003.

［8］戴蓬. 经济犯罪侦查对策新解. 中国人民公安大学出版社, 2011.

［9］高春兴, 苑军辉, 邹荣合. 犯罪现场勘查. 中国人民公安大学出版社, 2013.

［10］公安部政治部. 致命错误. 群众出版社, 2005.

［11］郭晓彬. 刑事侦查学. 群众出版社, 2002.

［12］郝宏奎. 反劫持谈判与战术. 中国人民公安大学出版社, 2006.

［13］郝宏奎. 犯罪现场勘查. 中国人民公安大学出版社, 2006.

［14］郝宏奎. 侦查中的隐性知识. 中国人民公安大学出版社, 2011.

［15］何秉松. 中国有组织犯罪研究. 群众出版社, 2009.

［16］何家弘. 同一认定. 中国人民大学出版社, 1989.

［17］何家弘. 证据调查. 中国人民大学出版社, 2005.

［18］侯友宜等. 谈判与危机处理. 台湾元照出版公司, 2002.

［19］胡向阳. 犯罪现场分析. 中国法制出版社, 2010.

［20］李顺万. 还原犯罪的真相: 侦查逻辑与方法. 重庆出版社, 2007.

［21］廖福田. 讯问艺术. 中国方正出版社, 2010.

［22］刘谋斌等. 系列犯罪案件侦查. 中国人民公安大学出版社, 2010.

［23］刘品新. 电子取证的法律规制. 中国法制出版社, 2010.

［24］刘为军. 刑事证据调查行为研究. 中国政法大学出版社, 2007.

［25］刘为军. 侦查中的博弈. 中国检察出版社, 2011.

［26］罗亚平, 郭威. 指纹学教程. 中国人民公安大学出版社, 2010.

［27］马海舰. 侦查措施新论. 法律出版社，2013.

［28］马忠红. 侦查学基础理论. 中国人民公安大学出版社，2006.

［29］孟宪文. 刑事侦查学. 中国人民公安大学出版社，2004.

［30］闵建雄. 命案现场分析概论. 中国人民公安大学出版社，2013.

［31］欧焕章. 犯罪现场勘查学教程. 警官教育出版社，1999.

［32］任惠华. 侦查学原理. 法律出版社，2012.

［33］孙展明等. 视频图像侦查. 中国人民公安大学出版社，2011.

［34］王安全. 疑难刑事案件侦查. 中国社会科学出版社，2010.

［35］王传道. 侦查学原理. 中国政法大学出版社，2001.

［36］王国民. 犯罪现场勘查. 四川大学出版社，2008.

［37］杨士隆，何明洲. 窃盗犯罪防治理论与实务. 台湾五南图书出版股份有限公司，2004.

［38］杨玉章. 三定侦查法. 群众出版社，2008.

［39］杨郁娟. 侦查模式研究. 中国人民公安大学出版社，2009.

［40］杨正鸣，倪铁. 侦查学. 复旦大学出版社，2013.

［41］杨宗辉，刘为军. 侦查方法论. 中国检察出版社，2012.

［42］杨宗辉. 侦查学总论. 中国检察出版社，2009.

［43］姚丙育. 杀人案件的侦破与实例. 中国人民公安大学出版社，2006.

［44］于成江. 侦查记录研究. 法律出版社，2010.

［45］曾正一. 侦查法制专题研究. "中央"警察大学出版社，2007.

［46］张成敏. 案史：西方经典与逻辑. 中国检察出版社，2002.

［47］张玉镶，文盛堂. 当代侦查学. 第3版. 中国检察出版社，2010.

［48］赵桂芬. 侦查心理学. 中国人民公安大学出版社，2008.

［49］徐定安，谢贤能. "'从像到人'的侦查新模式——视频监控的实战应用". //郝宏奎. 侦查论坛. 第6卷. 中国人民公安大学出版社，2007.

［50］［美］布伦特·E. 特维. 犯罪心理画像. 李玫瑾等译. 中国人民公安大学出版社，2005.

［51］［美］迪·金·罗斯姆（D. Kim. Rossmo）. 地理学的犯罪心理画像. 李玫瑾等译，中国人民公安大学出版社，2007.

［52］［美］科林·埃文斯. 证据：历史上最具争议的法医学案例. 三联书店，2007.

［53］［美］李昌钰. 神探李昌钰破案实录系列. 1~7册. 中国政法大学出版社，2012.

［54］［美］李昌钰等. 李昌钰博士犯罪现场勘查手册. 郝宏奎等译. 中国人民公安大学出版社，2006.

［55］［美］罗伯特·克拉克. 情报分析——以目标为中心的方法. 马中元译，

金城出版社，2013.

[56] [美] 珍妮·博伊兰（Jennifer Boylan）. 为罪犯画像. 张亚东译. 上海译文出版社，2002.

[57] [苏联] 拉·别尔金. 刑事侦察学随笔. 李瑞勤译. 法律出版社，1983.

[58] [英] 吉斯力·H. 古德琼斯（Gisli H. Gudjonsson）. 审讯和供述心理学手册. 乐国安，李安等译. 中国轻工业出版社，2008.

[59] [英] 杰瑞·莱特克里菲. 情报主导警务. 崔嵩译. 中国人民公安大学出版社，2010.

[60] [英] 坎特. 犯罪的影子. 吴宗宪等译. 中国轻工业出版社，2002.

[61] 郝宏奎，刘静坤. 如何科学地认定犯罪事实. 犯罪研究，2013（5）.

[62] 郝宏奎. 论侦查信息化. 中国人民公安大学学报，2005（6）.

[63] 郝宏奎. 侦查破案的基本规律. 山东警察学院学报，2008（1）.

[64] 郝宏奎. 侦查学原理研究30年探要. 山东警察学院学报，2009（1）.

[65] 何家弘. 我国侦查学二十年来理论发展要览. 山东公安专科学校学报，1999（2）.

[66] 刘品新. 论犯罪过程中的信息转移原理. 福建公安高等专科学校学报，2003（1）.

[67] 马忠红. 信息化时代侦查思维方式之变革. 中国人民公安大学学报，2011（1）.

[68] 王大中. 刑事案件现场勘查主体研究. 新版公安司法管理干部学院学报，2000（1）.

[69] 王大中. 侦查学的逻辑起点探析. 中国人民公安大学学报，2006（1）.

[70] 王磊. 视频侦查技术的应用. 河北公安警察职业学院学报，2013（6）.

[71] 张远煌. 侦查学学科建设的三大基本理念. 江苏警官学院学报，2003（1）.

[72] 周志涛. 可疑物品阵地控制模式的发展与演进. 中国刑事警察，2010（3）.